JN429278

예비교사를 위한

# 교직실무

이 책은 저작권법에 따라 보호받는 저작물이므로 무단전재와 무단복제를 금지하며, 이 책 내용의 전부 또는 일부를 이용하려면 반드시 저작권자와 동문사의 서면동의를 받아야 합니다. 무단전재나 무단복제 행위는 저작권법 제136조(벌칙)에 의거, 5년 이하의 징역 또는 5천만 원 이하의 벌금에 처하거나 이를 병과할 수 있습니다.

# 예비교사를 위한 교직실무

TEACHING PROFESSION PRACTICAL AFFAIRS FOR PRESERVICE TEACHERS

김종운 · 김영훈 · 김효은 · 박서희 · 이태곤 공저

동문사

# 머리말

교직에 첫발을 내딛는 신임교사들은 학생이라는 신분에서 현직교사라는 신분으로 마치 나비가 번데기를 뚫고 세상에 나오는 것처럼 현실충격(reality shock)을 경험하게 된다. 당장 20~30년 경력의 교사들과 마찬가지로 교과지도와 생활지도를 담당하며 학교업무를 처리하여야 한다.

현장에서 신임교사들이 겪는 어려움으로 가장 자주 언급되는 것은 학생 훈육과 관련하여 생활지도와 상담하는 일, 교과 내용의 구성 및 지도나 수업 진행방법, 교과지도에 대한 사전 준비의 부족, 체벌 문제나 학생을 대할 때의 감정처리 문제, 업무처리과정에서의 경험 부족, 학교폭력과 안전사고가 발생했을 때의 대처방법 미흡 그리고 학생 개개인의 문제를 해결하는 일이다. 특히 학생 훈육을 위해 학급을 훈육하는 능력은 신임교사의 가장 큰 관심이며, 이 관심은 자신이 과연 교직에 적합한지를 스스로 생각하게 한다.

2009년 개정된 교직이론과목에 교직소양 영역의 하나로 교직실무가 개설되었다. 이는 교직을 전공하는 학생들의 교육현장 적응력을 강화하기 위해 교사로서 실제 업무수행에 필요한 소양과 기본적인 지식을 함양하여 현실충격을 줄이고 준비된 교사로서 교단에 설 수 있도록 하기 위해서이다.

예비교사들이 교사로의 전이과정에서 어려움을 지혜롭게 극복하고 가능한 한 빠른 기간 내에 교육현장에 적응하도록 돕기 위해 다음과 같은 기초 위에서 이 책은 집필되었다.

첫째, 저자들은 모두 교육현장에서 교직실무 경험을 가지고 있고 예비교사에서 교사로의 전이 기간 동안 신임교사들이 겪는 충격과 적응까지의 어려움을 몸소 체험하였다. 이러한 저자들의 교직 경험이 이 책을 쓰는 데 있어서 가장 큰 바탕이 되었다.

둘째, 교사가 된지 5년 이내인 신임교사들과 20년 이상의 교직경험을 가진 경력교사들을 대상으로 면담을 실시하여, 교직실무 교과목에서 예비교사들을 위해 꼭 가르쳤으면 하고 제안한 내용들을 기초로 하였다.

셋째, 학위논문이나 학술지에 수록된 신임교사들이 겪는 어려움과 관련된 선행연구, 교사의 발달이나 헌신과 관련된 연구, 신임교사 및 현장교사를 위한 교직실무와 관련하여 시도 교육청 및 한국교원단체총연합회 등의 교원단체가 제공하는 자료 등을 기초로 하였다.

이 책은 모두 4부로 구성되어 있다. 제1부에서는 '교직에 대한 이해'라는 제목으로 교직에 대한 기본적인 이해를 돕고 교사로서 직무를 수행하는 데 있어서 요구되는 기본적 소양을 길러 주는 데 필요한 내용으로 구성하였다. 구체적으로 1장에서는 교직과 교사의 중요성과 다양한 교직관을 제시하여 교직에 대한 학생들의 올바른 이해를 돕고자 하였다. 2장에서는 초임교사가 겪게 되는 적응상의 어려움을 교사발달이라는 관점에서 다음 단계로 이행하기 위한 발달요인을 제시하여 그러한 발달요인을 스스로 길러갈 수 있도록 구성하였다. 3장에서는 바람직한 교사의 자질에 진지하게 고민해 볼 수 있는 계기를 마련하고자 하였다. 4장에서는 교사의 법적 지위와 권리 그리고 의무에 대해 다루었다.

2부에서는 '학생 생활지도의 이해'라는 제목으로 초임교사들이 학교현장에서 가장 어려움을 겪는 생활지도와 상담의 이론과 실제에 대한 기초적인 지식과 실제 활용 가능한 기법을 중심으로 구성하였다. 이를 위해 5장에서는 오늘날 청소년의 심리적 특징과 청소년들이 겪는 심리적 문제들을 살펴보고, 초임교사들이 이러한 문제들에 대처할 수 있는 방안을 함께 제시하였다. 6장에서는 학생들과 소통을 잘하기 위한 생활지도와 상담에 대한 기초적인 지식과 이론을 배울 수 있도록 구성하였다. 7장에서는 학교현장에서 생활지도와 상담을 잘하기 위한 상담 및 진로지도의 실제를 구체적으로 배우고 익힐 수 있도록 구성하였다. 8장에서는 최근 급증하는 학교 안전사고 예방과 예기치 않은 학교 안전사고 발생 시 처리 절차 그리고 최근 설립된 학교안전공제회의 이용 방법으로 구성하였다.

3부에서는 '학급경영의 이해'라는 제목으로 빛깔 있는 학급경영을 하기 위한 원리와 실제, 교육과정의 편성과 운영의 실제 그리고 잘 가르치는 교사가 되기 위한 수업 계획, 실시, 평가 및 장학의 실제를 다루었다. 구체적으로 9장에서는 학급경영의 원리와 함께 나만의 빛깔 있는 학급경영 계획 수립을 위한 실무적 지식과 사례를 제공하였다. 10장에서는 2022 개정 교육과정의 구성 및 편성의 방향과 학교 및 학교교육과정 편성과 운영의 실제에 대한 실무적 지식으로 구성하였다. 11장에서는 초임교사 수업력 제고를 위한 각종 장학과 장학 시 이루어지는 수업연구에 대비한 교수 – 학습지도안 작성법 등을 다루었다.

4부에서는 '학교업무의 이해'라는 제목으로 학교 행정업무를 교육활동의 일부라고 여기고 그 수행에 있어 적극적이고 창의성을 발휘할 수 있도록 학교업무의 실제를 다루었다. 즉, 일을 겁내지 않고 효율적이고 창의적으로 마무리할 수 있는 실무적 지식을 제공하였다. 구체적으로 12장에서는 교사의 복무, 휴가, 휴직, 상훈, 징계 그리고 보수체계에 대하여 다루었다. 13장에서는 교사의 임용, 최근 실시되고 있는 교원평가제도 그리고 교사의 승진, 전직, 전보, 파견제도 등에 대하여 살펴보았다. 14장에서는 공문서 작성과 최근 시행된 학교회계 시스템인 에듀파인 시스템에 의한 회계 관리 방법 등을 구체적으로 다루었다.

교직실무 교과목은 교육이론을 포함한 실제 업무 부분들이 서로 복잡하게 얽혀 있어 집필과정에 많은 어려움이 있었다. 무엇보다 방대한 자료의 수집과 정리 그리고 예비교사의 입장에서 집필에 넣을 자료와 제외할 자료를 취사선택하느라 저자들은 여러 번 선택의 순간에 놓였다. 뿐만 아니라 제한된 지면의 특성상 애써 수집하고 정리한 자료를 삭제할 때는 자신의 몸의 일부를 도려내는 듯한 아픔도 겪어야 했다.

이러한 중요한 판단 및 취사선택의 순간 우리의 판단과 취사선택의 기준은 저자들의 수고로움의 경중을 떠나 온전히 예비교사 혹은 신임교사의 입장에서 필요한 교직실무 내용이 무엇인지 여부에 따랐다. 따라서 특별히 교직을 꿈꾸는 교원양성대학과 교직과정의 학생들이 교직실무를 쉽게 이해하고, 교직수행에 필요한 안목과 태도 및 실제적 자질을 함양할 수 있도록 하는 데 중점을 두었다. 이 책을 통해 예비교사나 초임교사들이 교직을 수행하는 데 있어서 필요한 도움을 얻을 수 있기를 바라는 마음 간절하다.

이 책을 마무리하면서 저자들의 역량이 부족하여 내용의 기술이 다소 미흡한 부분들도 있을 것이다. 그러한 점은 앞으로 수정하고 보완해 나갈 것을 독자들에게 약속하며 저자들에게 전달해 주시기 바란다.

이 책이 나오기까지 관심을 가지고 도와주신 동문사 이중수 사장님과 새로운 책을 집필하도록 동기를 불러일으켜 주신 유재영 상무님 그리고 애써 주신 편집부 여러분에게 감사를 드린다.

2024<br>새들의 고향 을숙도를 바라보며<br>저자 대표 김종운

CONTENTS

# 차 례

## PART II. 학생 생활지도의 이해

CONTENTS

## PART IV. 학교업무의 이해

PART

I

# 교직에 대한 이해

CHAPTER

# 01

# 교직과 교사

교육의 목적은 기계를 만드는 것에 있지 않고 사람을 만드는 것에 있다.

-장 쟈크 루소-

Oxford 대학의 Pring 교수는 1991년 교수 취임연설에서 어느 학부모가 고등학교 신임교사들에게 보낸 편지를 공개하였다. 이 학부형은 교사들이 도덕성을 가지고 있어야 하며 교육은 참된 인간을 만들어야 한다고 강조하였다. 다음은 학부모가 보낸 편지의 일부분이다.

"저는 어느 강제수용소에서 살아남은 사람입니다. 저는 그 누구도 목격해서는 안 되는 것을 목격하였습니다.: 배운 기술자들에 의해 건립된 가스실. 교육받은 의사들에 의해 독살된 어린이들. 훈련받은 의료인에 의해 살해된 유아들. 고등학교와 대학 졸업생들에 의해 사살되고 불태워진 부녀자들과 아이들. 그래서 저는 교육에 대해 의심합니다. 저의 요구는 여러분의 학생들이 인간이 되도록 도와 달라는 것입니다. 여러분의 노력이 배운 괴물들, 숙련된 정신병환자, 교육받은 Eichmann 같은 사람들을 결코 배출하는 데 사용되어서는 안 됩니다. 읽기, 쓰기, 셈하기는 우리의 아이들이 더욱 인간적이 되도록 하는 데 기여할 때만 중요합니다."

-Pring-

교육의 목적은 인격의 형성에 있다. 교육의 목적은 기계적인 사람을 만드는 데 있지 않고 인간적인 사람을 만드는 데 있다. 또한 교육의 비결은 상호존중의 묘미를 알게 하는 데 있다. 일정한 틀에 짜인 교육은 유익하지 못하다. 창조적인 표현과 지식에 대한 기쁨을 깨우쳐주는 것이 교육자 최고의 기술이다.

-아인슈타인-

## 1. 교사의 중요성

흔히 '교육은 국가의 백년대계'라고 한다. 이는 한 국가의 흥망성쇠가 교육의 질에 달려 있음을 의미한다. '교육의 질은 교사의 질을 능가할 수 없다.'라는 말을 생각할 때, 결국 국가의 장래가 교육의 질에, 보다 정확하게 교사의 질에 달려 있다고 할 수 있다. 국가의 미래를 가늠할 교육이 교사에 의해 이루어진다고 볼 때, 교사의 역할과 임무는 막중하다고 할 수 있다.

동서양을 막론하고 국가 발전의 초석이 되는 교육과 그 교육적 성과를 높이기 위해 교육에 영향을 주는 제 요인에 대한 많은 연구가 있었다. 많은 연구들을 통해 얻어진 결론은 재정적 투입, 교육과정 수립, 교수전략, 교수방법 개선, 학습자 특성 이해 등 교육행정적인 물리적 그리고 구조적 환경도 중요하지만, 교육의 성과에 가장 중요한 영향력을 미치는 요인은 교사인 것으로 밝혀졌다.

대표적인 국내 연구들 중에서 이성진은 '교사는 학생들의 교육적 환경의 핵심을 구성하면서 교육의 과정에서 가장 강력한 영향력을 가진 사람이다.'라고 주장하였으며, Coleman은 '학생당 교육비, 소장 도서 수, 시설 그리고 교육과정 등의 차이는 학업성취에 의미 있는 차이를 보이지 않는다. 다만 교사의 특징이 학교의 다른 모든 측면을 합한 것보다 더 많이 학생의 학업성취에 영향을 미친다.'라고 하였다.

만약 좋은 교사에 빈약한 시설과 빈약한 교사에 좋은 시설 중 하나를 선택한다면 좋은 교육을 위해서는 전자를 택할 수밖에 없다. 이와 같이 교육에 있어서 핵심은 교사이며, 교사의 자질은 학교에서 학생에게 주어지는 환경요인 중 가장 큰 영향력을 갖는다.

헨리 반다이크는 다음과 같이 무명 교사(The unknown teacher)를 예찬하고 있다.

나는 무명교사를 예찬하는 노래를 부르노라.
전투를 이기는 것은 위대한 장군이로되,
전쟁에 승리를 가져오는 것은 무명의 병사로다.
새로운 교육제도를 만드는 것은 이름 높은 교육자로되,
젊은이를 올바르게 이끄는 것은 무명의 교사로다.

그가 사는 곳은 어두운 그늘, 가난을 당하되 달게 받도다.
그를 위하여 부는 나팔 없고,
그를 태우고자 기다리는 황금마차 없으며,
금빛 찬란한 훈장이 그 가슴을 장식하지 않는도다.
묵묵히 어둠의 전선을 지키는 그 무지와 우매의 참호를 향하여 돌진하는 그이어니,
날마다 날마다 쉴 줄도 모르고 젊은이의 적인 악의 세력을 정복하고자 싸우며,
잠자고 있는 영혼을 일깨우도다.

게으른 자에게 생기를 불어 넣어 주고,
하고자 하는 자를 고무하며 방황하는 자에게 안정을 주도다.
그는 스스로 학문하는 즐거움을 젊은이에게 전해 주며
지극히 값진 정신적 보물을 젊은이들과 더불어 나누도다.

그가 켜는 수많은 촛불,
그 빛이 후일 그에게 되돌아와 그를 기쁘게 하노니,
이것이야말로 그가 받은 보상이로다.
지식은 책에서 배울 수 있으되
지식을 사랑하는 마음은 오직 따뜻한 인간적 접촉으로써만
얻을 수 있는 것이로다.

공화국을 두루 살피되 무명의 교사보다
예찬을 받아 마땅한 사람이 어디 있으랴,
민주사회의 귀족적 반열에 오를 자,
그밖에 누구일 것인고.

'자신의 임금이요, 인류의 머슴인저!'

앞의 시와 같이 교사의 중요성은 아무리 강조해도 지나치지 않다. 그런데 여기서 한 가지 주목해야 할 것은 교사가 가르치는 학생의 연령층이나, 지식의 종류에 상관없이 그 중요성은 동일하다는 것이다. 인간발달의 특성으로 볼 때, 유치원 교사는 초등학교 교사보다 더 중요한 교육을 하고, 초등학교 교사는 중학교 교사보다 더 중요한 일을 하며, 중학교 교사는 고등학교 교사보다 더 중요한 교육을 하고 있다고 하겠다.

흔히 교사를 예술가에 비유하기도 한다. 교사가 학생들을 하나의 예술 작품이 될 수 있는 가능성의 소유자라는 믿음을 가지고 예술가로서 능력을 발휘한다면, 그 작품은 훌륭한 작품으로 완성될 수 있을 것이다. 그런 의미에서 교사는 예술가요, 학생은 그러한 예술가의 혼이 담긴 완성된 작품이 될 수 있는 재료라 할 수 있다.

여기서 교사의 중요성을 몇 가지 살펴보고자 한다.

첫째, 교사는 전인적 인간을 길러 내는 일을 하는 사람이다. 이 세상의 모든 직업들이 궁극적으로 인간을 위한 것이다. 하지만 교사는 인간을 위해 그들의 삶에 필요한 교양과 향후 직업 생활에 필요한 자질과 능력 및 전문적 기술을 길러 준다는 점에서 가장 직접적으로 인간을 대상으로 하는 직업이다. 즉, 교사는 전인으로서 필요한 지덕체는 물론이고 학생들의 정서, 사회성, 정치, 경제, 문화 등 행복한 삶에 필요한 모든 부분에 관여하게 된다. 그러므로 교사는 학생들에게 지식을 가르치는 것과 함께 전인으로서의 인간을 기르는 일에 특별한 관심과 노력을 기울여야 한다.

둘째, 교사는 사회진보에 중대한 역할을 하는 사람이다. 교사는 인류가 이룩해 놓은 문화유산을 다음 세대에 전달해야 하는 임무를 지니고 있는 동시에 교육을 통해 문화 창조의 주역으로 활동해야 한다. 뿐만 아니라 살기 좋은 사회를 건설하는 일에 선구자적 역할을 해야 할 사명이 있다. 막심 고리키가 그의 소설 「어머니」에서 '한 사람의 열 걸음보다 열 사람의 한 걸음으로'라는 말을 하였듯이, 교사는 현상 유지에 급급한, 무사안일의 소극적인 자세가 아니라 교육을 통해 모든 학생들이 사회발전에 기여할 수 있는 사람이 되도록 선도적 입장에서 노력해야 한다.

셋째, 교사는 국가와 민족의 발전에 지대한 영향을 미치는 사람이다. 교사는 개인적으로 볼 때에 학생과의 가장 친밀한 사적인 관계에서 인간관계를 맺는 동시에, 사회적 입장에서 보면 국가나 민족의 장래에 지대한 영향을 미치는 공공사업자라 할 수 있다. 교사는 국가와 민족의 운명과 밀접한 관계를 갖는 전문직인 것이다. 선진국일수록 국민교육을 공공사업으로 보고 막대한 재정을 교육에 투자하며 의무교육을 강화하고 있는 것은 교육이 곧 국가와 민족의 흥망성쇠와 깊은 관계가 있다는 것을 뒷받침하고 있다. 그러므로 교사가 미래의 국가와 민족의 발전에 지대한 영향을 주는 인간을 통합적으로 육성한다는 점에서 중요하다.

## 2. 교직입문의 동기와 장단점

### 가. 교직입문의 동기

교육부가 한국직업능력개발원과 함께 조사한 2017년 초·중등 진로교육 현황조사 결과에 의하면, 우리나라 초중고 학생들의 장래 희망직업 1위가 교사인 것으로 조사됐다. 초등학생의 경우는 1위 교사, 2위 운동선수, 3위 의사 순이었고, 중학생의 경우는 1위 교사, 2위 경찰, 3위 의사 순이었고, 고등학생의 경우는 1위 교사, 2위 간호사, 3위 경찰 순이었다.

교사들에게 교직을 선택하게 된 동기를 묻는다면, 대체로 두 가지로 나뉜다. 하나는 학생들과 함께 어울리면서 그들에게 도움을 주는 일이 너무 좋아서이고, 다른 하나는 가르치는 일을 함으로써 스스로도 공부하게 된다는 것이다. 이외에도 많은 비중을 차지하지는 않지만, 연간 약 3개월의 방학이 있다는 점과 다른 사람의 영향도 포함된다.

이처럼 교사가 되고자 하는 사람이나 교사가 된 사람들의 교직 입문의 동기는 다양하다. 일반적으로 적성, 보수, 근로조건, 사회적 지위, 자아실현, 사회 기여도 등은 사람들이 직업을 선택할 때 일반적으로 고려되는 요건이다. 이러한 일반적 요건과 함께 가르치는 일에 대한 관심, 동기, 적성, 애정, 학창시절 스승으로부터의 영향, 봉사에 대한 희망, 그리고 교직활동의 결과 받게 되는 보수 등은 교직 입문을 결심할 때 주로 고려되는 요소이다(정일환, 권상혁, 1993).

Ornstein과 Levine(2000)은 교직입문의 동기로 아동에 대한 사랑, 지식 전수 욕구, 가르치는 데 대한 관심과 열정, 사회에 대한 봉사 등을 주요 동기 요인으로 제시하고 있으며, 그 외 직업의 안정성, 연금 수익 등을 들고 있다. Parkay(1995)는 근무시간과 방학, 급여 인상, 교직입문의 용이성 등을 들고 있다.

교직 선택에 영향을 미친 사람을 조사한 결과들을 보면, 미국의 경우에는 주위 사람의 권유가 낮은 비중을 차지하지만 우리나라의 경우에는 직접적이고 강력한 동기로 작용한다. 이는 우리나라의 경우, 교직 선택에 영향력을 미친 사람으로 학창시절의 존경했던 옛 스승과 함께 부모님과 형제자매 그리고 친인척이 많다.

한편 교사는 교직에 입문하기 전까지 12년간의 초 · 중등교육과 교직과정 이수를 포함한 4년간의 대학교육, 수습교육에 해당하는 4~5주간의 교생실습을 거쳐 교직에 들어선 교사는 직업인의 한 사람으로서 이후 생활 내내 다양한 특징을 지니면서 변화해 간다. 그중에서도 초기의 교직경험은 특별한 의미를 지니는 시기라고 볼 수 있다.

전문직에서 초기 경험은 그 직업이 지향하는 목적 달성과 자기 발전을 위하여 가장 핵심적인 작용을 한다. 교사들이 평소에 갖게 되는 교육활동의 습성은 바로 이 시기를 통해서 대부분 이루어진다.

모든 조직 사회에 새롭게 입문하는 사람은 새로운 위치에서 요구되는 행동을 학습해야 하고, 특히 조직 사회의 위계적 구조에도 익숙해져야 하는 중요한 단계에 있다. 초임교사들은 오랜 학교생활을 거쳤지만, 학생이 아닌 교사로서의 재입문 과정을 희망과 기대뿐만 아니라 두려움과 불안으로 맞이하게 된다.

학생의 신분에서 교사의 신분으로 적응하는 것은 교육을 받는 편에서 교육을 하는 편으로, 질문을 받는 쪽에서 질문을 해야 하는 쪽으로 역할이 바뀌게 되는 것이다. 이때 초임교사들은 교직에 입문하기 전에 가졌던 기대와 실제 교직생활에서의 체험과의 차이에서 '현실충격'을 경험하게 된다(Veenman, 1984).

이처럼 교직입문의 동기는 교사가 되기 위한 수습기간인 교육실습을 통해, 나아가 초임교사가 되어 적응 기간을 통해 좌절되기도 하고 새로운 측면에서 정립되기도 한다.

## 나. 교직의 장점

한국직업능력개발원의 설문조사에서 나타난 바와 같이, 초·중·고 학생들이 가장 선망하는 직업이 바로 교사이고, 그렇게 교사가 되고 싶어 하는 이유는 무엇일까? 교직도 하나의 직업이라는 관점에서 다른 직업에 비해 나름의 장점과 단점을 가지고 있다. 여기서는 한숙경(2003)과 김의석 등(2007)이 제시한 장단점을 중심으로 살펴본다.

### 1) 비교적 안정된 직업이다.

교직은 한번 임용되면 법에 저촉되는 행위를 하지 않는 한 62세까지의 정년이 법으로 보장되는 안정된 직업이다. 일반적으로 대기업에 입사하는 평균 연령이 약 28세이고, 퇴직하는 평균 연령은 한국노동연구원이 2001년 노동부의 임금구조 기본통계조사를 토대로 분석해 23일 발표한 결과에 따르면, 우리나라 임금근로자가 실업자가 되거나 고용주와 자영업자, 무급 가족종사자 등 비임금 근로자로 전환되는 연령은 평균 35세인 것으로 조사됐다. 이와 함께 대기업일수록 준고령자가 회사 내에서 '살아남을' 확률이 낮은 것으로 분석됐다. 500명 이상 대기업에서 50세 근로자가 55세까지 계속 근무할 수 있는 확률은 29.5%에 불과했다. 예를 들어, 50대 초반 근로자 100명이 있다면 이 중 70.5명이 일자리를 잃는다는 이야기다. 자신이 선택한 직업을 자의가 아닌 타의로 그만 두어야 한다는 불안 없이 평생을 바쳐 일할 수 있다는 것은 교직이 갖는 하나의 장점이며 매력이다.

### 2) 하루 8시간 근무와 긴 방학이 있다.

교사의 근무시간이 짧은 것은 아니지만 실제적으로 학교에서 보내는 시간은 많지 않으며, 근무시간 중에 융통성을 가질 수 있어 다른 직종에 비해 여유 시간을 많이 가질 수 있다는 것이다. 정규의 시간을 제외한다면 비교적 자유로운 시간적 여유를 가질 수 있고, 근무시간 이후에 대학원 수학이나 자기연찬을 위해 시간을 활용할 수 있다.

최근 서울시교육청의 조사는 이를 잘 반영해 주고 있다. 2008년 서울시교육청이 서울지역 900개 공립학교 교사 5만여 명을 대상으로 조사한 결과, 이 중 35%인 1만 7,663명이 석사학위를 가지고 있었는데, 이는 서울지역 초·중·고 교사 3명 중 1명은 석·박사학위를 갖고 있다는 것을 의미한다. 이는 5년 전인 2003년 25%(1만 2,265명)에 비해 10%가 증가한 수치다. 중·고교 교사의 석·박사 비율은 각각 43%와 1.6%로 초등학교(28%, 0.7%)보다 높았다. 중·고교 교사 절반 정도는 석·박사라는 얘기다. 눈에 띄는 것은 석·박사 소지자 중 30% 정도가 20~30대 젊은 교사였으며, 그 비율도 해마다 늘어나는 추세라는 점이다.

또한 교사들은 교직의 가장 큰 매력을 방학에서 찾기도 한다. 방학을 이용하여 전문성 신장을 위한 연수나 대학원 과정에 진학할 수 있으며, 여행이나 휴식을 즐길 수 있다.

### 3) 사회 발전에 공헌을 할 수 있다.

모든 직업의 특성상 사회에 기여하지 않는 직업이 없겠지만, 교직은 인간의 잠재 능력의 계발을 통하여 전인적 인간을 길러내며 우수한 인재를 사회에 공급한다는 측면에서 사회 발전에 이바지하는 직업이라 할 수 있다.

교직을 통해 소크라테스가 말하는 쇠파리를 기르는 교육을 할 수 있다. 즉, 소크라테스는 작은 쇠파리 한 마리가 몸집이 큰 소 전체에 영향을 준 것처럼 자신이 살던 시대의 쇠파리였다고 자신을 비유하였다. 정치계로 나간 사람은 정치계에 청렴한 목민의 새바람을 일으키는 정치계의 쇠파리가 되고, 경제계로 나간 사람은 기업윤리를 지키고 기업의 이익을 사회에 환원하는 경영을 하는 경제계의 쇠파리가 되도록 기르는 것이다. 이런 점을 생각하면 끝없는 자부심과 긍지, 그리고 보람을 가질 수 있는 직업이 바로 교직이다.

### 4) 자율의 폭이 비교적 넓고 보람이 크다.

학교교육에서 교사의 주요 활동은 교과지도와 생활지도이다. 이들 활동은 다른 사람의 지시나 간섭을 받지 않는 자율적이고 창의적인 활동이다. 교사는 교과지도를 통해 학생들의 지적 호기심을 자극하고 배움에 대한 동기를 유발하여 배움의 즐거움을 느끼게 할 수 있다. 학생들의 성장과 발달, 그리고 긍정적인 행동의 변화를 지켜보며 보람을 가질 수 있다.

이해관계가 걸린 타인을 대하거나 기계나 서류 작업을 되풀이하는 다른 직업에 비해 교직은 자율성과 창의성, 그리고 가르치는 보람이 있다는 점에서 큰 매력을 가지고 있다.

### 5) 자기실현을 할 수 있다.

진로선택에서 욕구이론을 주장한 Roe는 직업을 모든 수준의 욕구를 충족시킬 수 있는 유일한 단일상황이라고 주장한다. Roe는 Maslow의 욕구위계론을 근거로 인간은 직업을 통해 기본적·생리적 욕구, 안전 욕구, 소속과 애정 욕구, 자존 욕구, 그리고 최상인 욕구인 자아실현 욕구까지 모두 만족시킬 수 있다는 것이다.

교직은 Maslow가 말하는 모든 수준의 욕구를 충족하는 데 가장 좋은 직업이라고 할 수 있다. 뿐만 아니라 최상위 욕구인 자아실현을 촉진하는 데 어느 직업보다도 유리하다. 학생을 가르치는 것이 곧 교사 자신의 성장이라는 관점에서 본다면 이것을 위해 교직보다 좋은 직업은 없다.

## 다. 교직의 단점

### 1) 정신적으로나 육체적으로 고된 직업이다.

보통 교직이 참 편한 직업이라고 생각하는 사람들이 많다. 겉으로 보이는 교직은 자기가 하고 싶은 공부나 하고 매일 청소년을 대하며 그들과 함께 생활하는 즐거운 직업인 것처럼 느껴질 수 있으나, 교사의 본업인 학습지도와 생활지도에 많은 시간과 노력이 요구된다.

학습지도의 경우 우선 교재 연구를 해야 한다. 교재 연구에 따른 수업 자료를 준비해야 하고 지도계획을 세워야 한다. 그리고 실제 수업을 하여야 한다. 교사는 주당 일정한 시간량의 수업을 담당하여야 하는데, 이것은 육체적 피로를 감내해야 하는 일이다. 학습지도를 통해 교사는 학생들에게 가르치는 즐거움도 느낄 수 있다. 그럼에도 불구하고 현재 교사들이 담당하고 있는 수업량은 가르치는 즐거움을 느끼기에는 다소 부담이 크다고 할 수 있다.

한편 교사들은 생활지도에 가장 큰 어려움을 호소한다. 사회 다변화와 가정의 붕괴 등으로 결손 가정이 많고, 제대로 된 가정교육을 받지 못한 학생들을 지도하는 일은 학습지도로 지친 교사들을 한 번 더 지치게 한다. 뿐만 아니라, 교사는 본래의 업무 외에 교육청 등으로부터 내려온 공문서를 처리하는 등 많은 잡무를 해야 하는데, 이러한 잡무가 교사의 몸과 마음을 더욱 피로하게 한다.

### 2) 경제적으로 처우가 미흡하다.

전통적으로 우리는 교직을 청빈한 직업으로 여겨 왔으나, 교사도 일상적인 생활인이기에 의식주는 물론이고 교사로서 문화생활을 통해 교양을 쌓고 품위를 유지하기 위해서라도 어느 정도의 경제적인 여유가 보장되어야 한다.

교사가 학생을 가르치는 일에만 전념하고 거기에 만족하려면 생활에 걱정을 하지 않아도 좋을 만큼 경제적 지원이 마련되어야 한다는 것은 필수적이라 하겠다. 최근 교사들의 처우가 개선되어야 한다는 것은 유네스코 등에서 국제적으로 이미 확정된 사실이다. 교원의 처우 개선과 사회경제적 지위의 향상은 우리나라 교원정책의 중요한 과제였으나, 아직도 미흡한 편이다. 따라서 교사의 경제적 처우는 꾸준히 개선되어야 할 것이다.

### 3) 비교적 단조로운 직업이다.

교직생활은 비교적 변화가 적고 단조롭다. 앞에서 살펴본 교직의 장점 중 하나인 안정성은 어떤 측면에서 보면 변화와 도전 그리고 모험이 없는 단조로움이라 할 수 있다. 다른 직종에 종사하는 사람들은 새로운 환경에서 새로운 만남을 찾고, 때로는 도전과 모험을 경험하고 때로는 성공과 실패를 경험하면서 나름대로의 보람을 찾는다.

교직에서는 매일같이 같은 또래의 학생을 대하고 그들에게 거의 같은 내용을 반복해서 가르치게 된다. 교직생활을 통해 지적 발견과 창조의 기쁨, 그리고 학생의 바람직한 성장을 보는 데서 보람과 기쁨을 발견하지 못한다면 교직은 지루한 여정으로 느껴질 것이다.

일반적으로 교사가 교감이나 교장으로 승진하는 데는 많은 노력과 세월이 필요하고, 수적으로 제한되어 있기 때문에 교감과 교장의 수는 전체 교사의 10% 미만이다. 승진의 기회가 제한되어 있다는 것은 교직이 매력 없는 직장이 될 수 있으며, 교사들 간에 승진을 위한 과도한 경쟁은 교직풍토를 비인간화시키고 교사의 본업인 학생지도를 경시하게 할 가능성도 있다.

### 4) 사회물정을 모르는 '우물 안 개구리'가 될 수 있다.

교직의 특성상 교사들은 자기보다 어린 학생들을 대상으로 그들보다 더 많은 것을 알고 더 잘하는 사람으로 자처하고 생활하기 쉽다. 그 결과는 교사를 우물 안의 개구리로 만들 수 있다. 교사는 늘 옳은 것, 그리고 바른 것만을 생각하고 생활하는 경향이 있다. 이것은 학교 사회에서는 그것이 가능할 수 있으나, 실제 사회생활에서는 한 가지 가치만이 통용되는 것이 아니고 다양한 가치들이 함께 공존한다.

어떤 면에서 외골수로 살아가려는 교사의 이런 모습들은 일반 사회인에게는 융통성 없이 꽉 막힌 사람으로 보이기 쉽다. 그러면서도 한편으로는 교사가 실제 사회에 대하여 잘 알고 거기에 잘 적응해 가면 교사로는 적절한 사람이 못 된다고 비난하기도 한다. 따라서 교사는 오로지 공부만 하고 학생을 가르쳐야 하고, 다른 생활상의 문제에는 관심을 가지지 않는 사람이 훌륭한 교사라고 생각한다. 하지만 평범한 생활인으로서의 교사가 현세를 초월하여 살아갈 수 없는 것이다. 다만 교직에 충실하려는 자세를 가지는 것만으로도 교사는 때로는 외롭고 힘겨운 삶을 살아야 하는 것이다.

### 5) 사회적 인정이 낮고 윤리적 기준이 높다.

교육의 중요성과 교사의 사회적 공헌에 비해 교사들이 사회적으로 받고 있는 존경의 정도, 사회적 대우는 낮다고 할 수밖에 없다. 그것은 교사의 사회적 공헌에 비해 사회적 인정과 대우가 그만큼 미흡하다는 사실을 반증한다. 안타깝게도 우리나라의 경우 이 사실을 부인하기 어려울 뿐 아니라, 최근 들어 교권이 침해받고 교원의 위상을 추락시키는 사례가 빈번히 일어나고 있어 교직의 매력을 떨어뜨리고 있다.

한편 교직에 종사하는 사람을 성직자나 성인군자와 같은 완벽한 사람으로 보는 경향은 교사들에게 심리적 압박감이 된다. 흔히 '교사가 그런 행동을 하다니', '선생님이 그런 말을 하면 안 되지' 등과 같이 교사를 보통 사람과 다르게 보는 경향이 있다.

사회 구성원 모두는 한때 학생이었고 교사로부터 배운 경험을 가지고 있기 때문에 교육, 교사, 학교에 관한 일이라면 어느 정도까지 교육평론가가 되려고 한다. 이러한 경향 때문에 교사는 항상 지역 주민, 나아가 온 국민에 의해 감시 받는 직업인이다. 바로 이것이 교사의 행동의 자유를 제한하고 심리적 압박감을 주게 된다.

### 6) 훈육상의 어려움이 점점 커지고 있다.

교육의 대중화가 이루어진 현대사회에서 교사는 소수 정예를 교육의 대상으로 했던 과거와는 다른 부담을 갖게 된다. 즉, 가정환경이 다르고 각자 다른 특성을 가진 개인차가 심한 다수의 학생들은 다루어야 한다는 부담은 교사가 갖고 있는 큰 어려움의 하나이다.

교사 1인당 학생 수의 비율이 여전히 높은 환경에서 반항하는 학생, 문제를 갖고 있는 학생, 학습부진아, 집단따돌림과 학교폭력에 노출된 학생 등 여러 가지 문제에 대처해야 한다. 학습지도, 생활지도, 인간관계, 그리고 교우관계 등 여러 측면에서 학생들을 잘 이끌어 주어야 할 책무가 교사에게 부여되어 있다. 때에 따라서는 오지나 도서벽지에 근무해야 할 경우도 있다. 오늘날 교육이 여러 측면에서 도전받고 있는 현실은 교직 선호에 대한 매력을 훼손하는 요인으로 작용할 수 있다.

## 3. 교직관

교직관이란 교직에 임하는 교사의 태도, 즉 교직에 대한 지각을 의미하되, 인지적 측면뿐만 아니라 교직에 대한 태도와 가치관도 함께 수반한다. 교직관 속에는 교사 자신의 교육에 대한 기본 철학에서부터 실제 교육활동 및 추구하는 교사상에 이르기까지 다양한 요인들이 포함된다.

손향숙(2003)의 연구에 의하면, 교직관의 형성 과정에서 교사 자신이 성장하는 동안의 여러 가지 개인적 경험과 자신이 받아온 교육과정 및 추구하는 이상과 같은 개인적이며 주관적 요인들과 함께 그가 속한 사회의 정치, 경제, 사회적인 요인들도 교직관 형성에 중요한 역할을 한다.

우리가 어떤 인생관과 세계관을 갖고 있느냐에 따라 삶에 대한 자세와 태도가 달라지듯이, 교직에 임하는 기본적인 자세와 태도는 근본적으로 어떠한 교직관을 갖고 있느냐에 따라 달라진다. 예를 들면 교직에 대한 기본적인 시각과 관점에 따라서 교사의 학생관이 달라지고, 교사의 교육방법이 달라지며, 교사의 학급운영 방법과 교원단체에 대한 생각이 달라진다는 것이다. 따라서 교직관에 따라 교사 당사자의 교직과 교직단체에 대한 가치관과 태도에 커다란 차이를 가져오며, 그러한 차이는 결국 교육이라는 직무수행에 중대한 결과를 가져오게 된다.

물론 순수한 이념모형만으로는 특정 교직모형이 존재할 수 있을 것 같이 보이지만, 각 유형의 교직관은 이념적 모형에 불과할 뿐 실제로는 여러 가지 교직관이 혼재하여 상호 보완적으로 작용하고 있으며, 각각의 장단점을 지니고 있다.

여기서는 서영숙(2006)과 안창선 등(1999)을 참고하여 다섯 가지 유형의 교직관과 기타 교직관을 제시한다.

### 1) 성직관

성직관은 교직이란 종교적인 소명의식을 가진 사람들만이 담당할 수 있다고 보는 견해이다. 이는 교육이 본격적으로 실시되기 시작한 중세 시대부터 가지기 시작한 교직에 대한 전통적인 인식으로서, 당시에는 교육이 신부나 목사 등에 의하여 인간의 인격형성을 돕는 정신적 활동 중심으로 이루어졌기 때문이다. 성직관의 주요 덕목은 사랑과 헌신, 희생과 봉사, 정신과 영혼의 활동이다.

이러한 시각에서 교직을 바라보면, 사회·경제적 지위는 숙명적인 것으로 기꺼이 감내하고 정치적 참여나 권리 주장, 물질적인 보상, 처우개선, 승진, 전보 등 세속적인 관심사에는 집착하지 않는 것이 교사의 도리라 여겨진다.

이와 같이 성직관은 교사의 높은 윤리성과 인성을 강조한다는 점에서 긍정적이다. 특히 자라나는 학생에게 교사는 동일시의 대상이기 때문에 모범적인 생활을 보여주고 높은 인격으로 학생을 감화시키는 일은 충분히 강조되어 마땅하다 하겠다.

그러나 성직관은 전통사회에서 요구되었던 교직관으로 과거 사회의 적합한 윤리적 규범과 이념을 내면화한 교사를 현대사회에서도 인격자라고 하기에는 논리적으로 근거가 너무 희박하다는 점, 사명감과 소명의식, 그리고 고매한 인격을 소유하면 조건을 충족한 것으로 여김으로써 전문성을 보다 소홀히 한다는 점, 그리고 교사에게 일방적이고 과도한 인내와 희생의 요구는 인간으로서의 기본적인 욕구로 억제되어 교사의 권리신장과 교육력 향상에 부정적 영향을 줄 수 있다는 점 등의 문제점을 가지고 있다.

### 2) 노동직관

교직에 대한 노동직관은 자본주의 사회에서 교사의 직무와 지위는 노동자의 그것과 동일하다는 현실적 인식에 근거하고 있다. 우선 노동자의 성격은 자본주의 사회에서의 노동의 의미로부터 규정된다. 노동자는 한 시민으로서 권리를 갖는다는 점에서 노동에 대한 권리를 주장할 수 있다. 여기에서 노동자가 시민으로서 권리를 향유한다는 것은 노동자가 한 인간으로서 존엄성을 갖는다는 원칙에 입각해 있다.

노동자가 비록 사용자에게 예속되어 있다고 하지만, 원칙적으로 사용자와 대등한 권리를 행사할 수 있다는 것이다. 즉, 노동자는 근로조건과 사회 · 경제적 지위를 향상시키기 위하여 단체를 결정하고, 사용자와 단체교섭권을 벌이며, 노동자의 권익을 관철시키기 위하여 태업, 파업과 같은 단체행동을 할 수 있는 노동3권을 갖고 있다는 것이다.

교직에 대한 노동직관을 견지하는 사람들은 교사 역시 일반 노동자와 같이 노동을 생활수단으로 삼고 있는 노동자라고 생각한다. 이들의 입장에 따르면, 사회 · 경제적 지위에서 보면 교사는 봉급생활자이며 정신노동자로 규정된다. 교사는 고용 주체인 국가나 학교법인에 대하여 사용자와 노동자의 관계를 맺는다.

이러한 노동직관은 교육과 교직의 문제를 이상적이고 당위적인 차원에서가 아니라, 실제적이고 사실적인 차원에서 접근함으로써 자본주의 사회에서 교육 또는 교직에 관련된 부정적인 문제를 파헤치는 데 일정 정도 기여하고 있다. 또한 노동직관은 교사들의 사회·경제적 지위를 향상시키고, 교육에 대한 외부의 부당한 침해를 차단하려는 노력에 있어서는 긍정적인 평가를 내릴 만하다.

그러나 비판적인 입장에서 본다면 이들이 주장하는 노동자의 개념은 사실 모호하다는 점, 노동직관에서 주장하는 노동3권의 보장 역시 신중하게 접근해야 할 문제라는 점, 그리고 교직을 노동직으로 보는 견해는 많은 국민의 정서와 상당히 동떨어져 있다는 점에서 국민 정서에 부합하지 못하는 주장을 하는 것은 보다 신중을 기해야 할 것이다.

### 3) 전문직관

교직을 성직이나 노동직으로 보는 관점과는 달리 전문직으로 규정하려는 관점은 오늘날 가장 널리 받아들여지고 있다. 전문직관은 앞서 살펴본 성직관과 노동직관의 장점을 통합하려고 하는 입장이라고 할 수 있다. 전문직관은 교직을 지적·정신적 활동과 애타적 봉사활동을 위주로 하는 직업으로 규정하고 있다. 이는 고도의 자율성과 윤리성을 존중하며 바람직한 인격형성을 추구하는 측면에서 볼 때 성직관과 유사하며, 교원의 자질향상과 교권확립, 사회·경제적 지위의 향상을 위하여 교직단체를 조직하여 보다 적극적으로 그리고 진취적으로 교원의 권익신장과 지위향상을 쟁취해야 한다고 볼 때는 노동직관과 유사하다. 하지만 대부분의 경우에 있어 교사의 단체행동권이나 동맹파업권에 대해서는 인정하지 않거나 유보하는 것을 전제로 하고 있다는 점에서 노동직관과는 입장이 다르다(김재우, 1996).

또한 하나의 직업이 전문직으로 인정을 받기 위해서는 전문직의 특성을 충족시켜야 하는데, 교직은 전문직의 특성에 대부분 부합된다. 즉, 교사의 직무를 수행하자면 전문적인 교육이론, 교육방법, 수업기술 등이 필요하고 교사의 교수활동은 지적·정신적 기초 위에서 이루어진다. 교사가 되기 위해서는 장기간의 전문적인 훈련과 엄격한 자격요건을 갖추어야 하며, 업무수행상 자율성이 보장되어야 한다. 그리고 교직은 다른 어떤 직종보다도 교육을 통한 사회적 책임과 사회적 봉사를 강조하고, 전문직 단체를 통하여 전문성의 신장에 힘쓰며 권익보호와 교원 윤리 확립을 통해 교권을 신장하려고 한다(한국교원단체총연합회, 1997).

이러한 전문직관은 교사의 자율성과 전문성을 강조하고 교원의 사회·경제적 지위의 향상을 위해 노력한다는 점에서 긍정적으로 평가할 수 있다. 그러나 다음과 같은 몇 가지 한계를 가지고 있다.

첫째, 교직이 전문직으로 인정을 받으려면 적어도 직전 교육 연한, 현직교육, 사회적 우대, 직업의 생애성, 직업윤리, 자율성, 전문직 단체의 기능과 역할 등과 같은 전문직의 속성을 충족시켜야 한다. 그러나 현재 우리나라의 초·중등교사가 이들 속성을 얼마나 충족시키고 있는지 생각해 보면 제대로 충족시키지 못하고 있는 실정이다.

둘째, 우리의 경우에는 법규와 제도적 장치의 미비 그리고 교사들의 노력 부족으로 전문직의 자리를 현실적으로 확보하지 못하고 있는 실정이다.

셋째, 교직이 논리적 당위성의 차원에서는 전문직이라는 추론이 가능하나, 교육의 범속화가 교직의 범속화를 초래하여 실제에 있어서는 교직은 비전문화된 양상을 보이고 있다.

넷째, 성직관이 교육의 정치·경제·사회적인 측면에 무관심하다면, 전문직관은 정치적 중립성을 표방하고 있다. 그러나 오늘날 교육은 정치적 영향을 가장 많이 받고 있는 분야 중의 하나이다. 그중에는 교육적으로 긍정적인 측면도 있으나 부정적인 측면도 없지 않다. 예를 들면, 교육개혁이 교육 관련자들의 자발적인 문제의식과 실천적 의지에 의해 주체적으로 추진되기보다는 정치적 필요에 따라, 심지어는 집권 정당의 이해관계에 따라 정책이 입안되고 추진되는 경향이 강하다. 이러한 경우 적극적인 정치적 대응이 학생들에 대한 정치적 악영향을 보다 효율적으로 차단할 수 있다. 따라서 단순히 정치적 중립성이라는 소극적인 주장만 할 것이 아니라, 보다 적극적으로 효율적인 대안을 마련할 필요가 있다.

### 4) 기술직관

기술직관은 교직이 교과의 내용을 전수·전달하는 기능직의 일종이라는 입장이다. 이 교직관은 참다운 교육이란 반드시 가르쳐야 할 것만을 가르치되, 학생들을 인간답게 하는 것이라고 보고 교직은 사회와 문화 속에서 형성된 교과 내용을 가르치는 방법과 기능이 요구된다는 입장이다. 즉, 교사는 학생들을 올바르게 길러낼 수 있는 방법과 기술을 지니고 있어야 한다는 것이다.

### 5) 봉사직관

교직은 다른 직업과 마찬가지로 봉사적 성격을 지니고 있다는 견해이다. 보통 봉사는 고객과 봉사자와의 관계에서 이루어지는 것으로, 봉사자는 고객을 위하여 최대한의 서비스를 제공하여야 한다는 점이 강조된다.

교직에서 일상생활의 유지 수단으로 경제적 측면을 완전히 배제할 수는 없지만, 다른 어떠한 직업보다 봉사적 성격을 강하게 지니고 있는 직업이라는 입장이다. 예를 들면, 교직에서 학생들을 위한 봉사적 성격을 제외시킨다면 그것은 지식전달의 형식적 요건만 남아 이미 교직의 본질을 잃은 것이라고 해도 과언이 아니라는 것이다.

특히 봉사는 봉사정신과 헌신이 있어야 한다. 이러한 교직관에서는 교직에 몸담은 교사는 교육적 사랑과 헌신으로 학생들을 키우는 교원의 지고한 사랑이 있어야 한다는 입장이다. 교직생활의 보람은 그것이 주로 타인을 위한 봉사 활동이라는 사실에서 찾아 볼 수 있다. 교사는 교육에 대한 사랑과 제자 사랑을 기초로 하여 학생을 바른 길로 인도하는 것을 그 본분으로 삼고 있으며, 자기 자신의 이득이나 이해관계를 생각하기에 앞서 학생의 성장과 발달에 정성을 기울이는 것을 우선시한다.

### 6) 기타 교직관

앞에서 살펴본 다섯 가지 주요 교직관 이외에 공무원관, 샐러리맨관 그리고 탈전문직관이 있다. 먼저 교직을 공무원관의 시각으로 보는 관점은 실제적으로 교육현장에서 통용되고 있는 견해로써 한국 교육제도의 관료주의적 속성을 반영한 것으로, 교사에 대해 강력히 통제하고 교사의 층(層)으로서의 자각과 단결을 억제하여 교사의 자주성을 박탈하기 위한 논리이다. 이러한 공무원관은 교사의 국가적·사회적 책임과 그 역할의 공공성을 강조하면서도, 그 책임과 역할에 걸맞는 위치에서 한 발짝도 나아가지 못하게 하는 장치가 되고 있는 교직관이다(이일만, 1995). 다음으로 샐러리맨관은 일반인의 차원에서 그것도 주로 중간계층에서 보는 입장으로 근근이 소시민 생활을 영위해 가는 중·하위층 봉급생활자로 인식하는 입장이다.

마지막으로 탈전문직관은 현재의 교사양성의 주된 근간이 교직의 전문성 강조라고 보며, 이런 관점에서는 교사가 교수학습활동의 전문가 혹은 효율적인 교수학습전문가가 되어야 한다는 강박 관념에 빠지게 된다고 보는 입장이다. 교수학습전문가의 양성에 대한 집착은 기능주의적인 교원양성을 가져다줄 뿐이라고 보고 오히려 교직의 발전을 막아 왔으며, 앞으로도 막을 것이라고 보는 입장이다. 따라서 교직의 전문성에 집착하는 데서 탈전문직으로 전환할 때, 교사들은 사회적으로 잃는 것보다 정신적으로 얻는 것이 더 많을 것이라는 관점으로, 이는 교사 역할에 대한 인식을 새롭게 하는 데 도움이 된다. 이는 교수학습이나 교과 지식을 전달하는 기능인으로서 제한시켜 놓은 기능주의적인 교사상에서 벗어나, 사회적으로나 자기실현에 최선을 다하는 사람이라는 입장이다. 이러한 관점은 기존의 교육대학이나 사범대학 무용론까지 주장하며, 교직과목의 활성화나 교원 재교육 및 연수의 활성화를 더욱 강조한다.

앞에서 살펴본 바와 같이, 성직관은 교사 자체에 비중을 두는 관점이고, 전문직관은 교직의 특성에 비중을 두는 견해이며, 노동직관은 다른 사회적 직업과 비교하여 노동직이라는 견해이고, 봉사직관은 여타 직업과 비교하여 교직도 일종의 서비스 직업이라는 견해이다(정태범, 2003). 또한 그 특성이 교직 내부 특성으로 나타나는 것은 성직관과 전문직관이며, 그 특성이 교직의 외부관계에서 나타나는 것은 노동직관과 봉사직관이다. 어떤 관점에서 언급되든지 교직은 그 전문성과 자율성이 중요 특성으로 존재해야 할 것이다.

## 4. 교직실무의 개념과 중요성

### 1) 교직실무의 개념

실무란 실제의 업무나 사무를 말하기 때문에, 교직실무란 실제로 학교에서 교직의 목적을 위하여 수행하는 교사들이 해야 하는 업무나 사무를 지칭하는 말이다. 교직실무는 교사가 되어 알아야 하는 지식(knowledge), 그 지식을 바탕으로 행해야 하는 교사의 가르치는 기술 및 행정적인 기술(skill), 그리고 그 지식과 기술을 가지고 직무를 발휘할 수 있는 교사의 능력(ability)을 총체적으로 말하는 것이다.

교직실무 교과는 예비교사들이나 실제로 임무를 수행하는 교사들이 업무나 사무를 수행하거나, 그것을 익히고 잘 적응하도록 하기 위하여 교육부 지침에 의하여 2009년부터 교원 양성과정 교육과정에서 필수과목으로 지정되었다(신현석. 2014). 교직실무 교과과정은 기존에 교원이 필수적으로 배워야 하는 교직이론, 그리고 실제적으로 교원들이 경험해야 하는 업무를 연결하는데 필요한 지식을 폭넓게 담고 있다.

### 2) 교직실무의 중요성

교원이 되어 처음 업무를 시작하는 교사들에게 업무적인 지식이나 정보를 습득한다는 것은 상당히 중요한 것이다. 이러한 업무의 목적을 충실히 그리고 효과적으로 달성하기 위하여 교직실무를 잘 습득한다는 것은 교사들에게 꼭 필수적인 것이라고 여겨진다. 이러한 교직실무의 중요성을 알아보면 다음과 같다.

첫째로 실무 능력이 없는 예비교사나 혹은 첫 발령을 받은 교사들이 실제적인 업무에 대한 전반적인 이해를 줄 수 있기 때문에 중요하다. 사실 예비교사는 첫 발령지의 업무에 대한 두려움이 있는 것은 당연한 것이다. 교직실무는 이러한 두려움을 해소하고 실제적인 업무에 대해서 물어보고 싶은 것에 대한 대답을 얻을 수 있기 때문에 교사들에게 꼭 필수적인 교과과목이다.

둘째로, 교직실무는 교사가 학생들을 가르치는 업무와 학교라는 조직을 유지하기 위해 알아야 하는 전반적인 지식을 습득할 수 있기 때문에 중요하다. 처음 발령받은 교사나 실제 업무를 이행하는 교사 자신의 개인적인 교사 업무 이해뿐 아니라, 학교라는 커다란 조직체를 이해하고 그 조직을 다른 교사들과 함께 유지시키기 위해 도움이 될 수 있기 때문에 교직실무는 중요한 과목이다.

## 현직 교사 집중 인터뷰

구직관련 포털 사이트인 job korea에서는 각 직업별 생생인터뷰 코너를 운영하고 있다. 그곳에 올라온 강화 모 고등학교 국어교사인 임 모 교사의 생생인터뷰를 살펴보기로 한다. 이를 통해 교사의 보람과 희망, 그리고 예비교사들에게 전하는 메시지를 알 수 있다.

Q. 본인의 간단한 소개 부탁드립니다.

A. 제 이름은 ○○○입니다. ○○고등학교에서 국어를 가르치고 있고, 2000년도에 강화로 들어와 3년차를 보내고 있습니다.

Q. 선생님이라는 직업에 대해 자랑 좀 해주세요.

A. 사실 하고 싶은 일을 하고 있는지라 불만족이 없습니다. 우선은 아이들이 좋습니다. 덩치가 산만한 남자애들이 버티고 있어 처음에는 겁도 났지만 순수하고 착한 걸로 따지면 강화 애들을 따라올 수가 없습니다. 작은 학교라 교직원 수가 적지만 서로를 챙겨 주는 정이 있습니다. 실질적으로 따지자면 누가 나가라 하기 전에는 제 일을 할 수 있다는 점입니다. 일반회사보다 보수가 적을지는 몰라도 안정된 수입은 교사의 좋은 점이라 생각합니다.

Q. 선생님 하면 학생들을 가르치는 것이 떠오르는데, 수업 외에는 하는 일은 무엇이 있나요?

A. 처음 교직생활을 하면서 수업 외에 과다한 업무 때문에 엄청난 스트레스를 받았습니다. 일에 치여서 얼굴에 온갖 짜증을 다 싣고 교실에 들어간 적도 많습니다. 하지만 경력이 조금씩 쌓이며 노하우란 것이 생겨서 조금씩 여유롭게 일처리를 하고 있습니다. 제가 맡아 온 일에 대해서 말씀드리면 대충 얘기가 될 것 같습니다. 첫해에는 도서업무를 맡았습니다. 학교도서관 관리와 학년이 바뀔 때 교과서업무를 보았습니다. 창고 같던 도서관을 옮기느라 고생한 기억이 있습니다. 작년과 올해는 교무과에서 일하고 있습니다. 주 업무는 교무일지를 쓰고 있고 더불어 작년에는 장학생 담당업무를 했고 올해는 학적(전입, 전출)을 보고 있습니다.

Q. 일을 하면서 힘든 적 또는 보람을 느낀 적이 있었나요?

A. 물론 업무도 힘들지만 교사의 힘겨움과 보람은 아이들입니다. 지나가시던 학생부장님께 여쭈었더니 보람은 월급날. 아이들이 제 마음을 몰라줄 때보다 힘들 때는 없습니다. 사람과 사람이 부딪치는 일이니만큼 좋은 일만 있다고 하면 거짓말일 겁니다. 수업을 끝내고 아이들이 감사하다고 큰 소리로 인사할 때부터 시작해 제 스스로 수업진행에 만족해하며 교실 문을 나설 때는 정말 뿌듯합니다. 말썽쟁이 학생의 감사하단 짧은 편지글에도 감동받고 학부모님들이 보내 주시는 격려에도 보람을 느낍니다. 아이들의 작지만 소중한 마음들은 모두 저에게 보람으로 다가옵니다.

Q. 선생님이 되기 위해 어떤 준비를 하셨나요?

A. 임용고사에 통과하기 위해 전공과 교육학을 공부하였습니다. 도서관에 묻혀 살기 시작한 것은 4학년 여름방학 정도였습니다. 친구들과 스터디를 하면서 노량진 학원에서 수업을 들었습니다. 불안한 마음에서 다니기 시작했지만 지금 생각해보면 노량진에서 얻은 것은 정보수집이었습니다. 학습면은 자신이 충분히 준비할 수 있다고 봅니다.

Q. 여가시간엔 주로 뭘 하시나요?

A. 현재 2학년 4반 담임을 맡고 있는 저는 9시까지 실시하는 자율학습 때문에 여가시간을 갖지 못하고 있습니다. 시간이 나면 수업연구를 하는 데 많은 시간을 할애합니다. 수업으로 인정받지 못하는 교사는 어떤 면으로도 학생 앞에 당당할 수 없다고 생각하기 때문입니다.

Q. 앞으로의 목표나 계획이 있으시다면?

A. 물론 아이들에게 기억되는 교사가 되고 싶습니다. 학창시절을 돌아봤을 때 따뜻하게 기억되는 선생님 한 분은 모두 있다고 생각합니다. 제가 아이들에게 그런 교사가 되고 싶습니다. 그리고 어느 정도 시간이 흐르면 장학사가 되고 싶습니다. 아직은 장학사란 이름 하나밖에 모르지만 장학사는 제가 도전해야 할 또 하나의 목표로 활력을 주고 있습니다.

Q. 마지막으로 선생님이 되고 싶어 하는 후배들을 위한 조언 부탁드립니다.

A. 대학 4년……. 임용고사를 준비하며 선생님이 되기만 하면 더 이상 바랄 것이 없다고 생각했습니다. 운 좋게도 교무실의 책상 하나는 언제라도 제가 앉을 수 있는 자리가 되었습니다. 그리고 더 이상은 바랄 것이 없습니다. 하고 싶은 일을 하기에 그 어떤 힘겨움도 참고 견딜 만한 것이 됩니다. 하고 싶은 마음만 있다면 교단에 서기 위해 몇 번이라도 도전하라고 말씀드리고 싶습니다.

김재우(1996). 교직교육론. 경기: 양서원.

김의석, 이우언, 정석환(2007). 최신 교육학개론. 경기: 양서원.

손향숙(2003). 신규 임용 교사의 교직관 조사. 학생생활연구, 11, 용인대학교 학생생활연구소, 43-59.

서영숙(2006). 울산광역시 중등학교 초임교사와 중견교사의 교직관 비교연구. 울산대학교 석사학위논문.

신현석, 이경호(2014). 교직실무. 서울: 학지사.

안창선, 남경현, 이욱범(2000). 교사론. 서울: 교육과학사.

이일만(1995). 교직의 성격에 관한 논의의 쟁점들-노동직관과 전문직관을 중심으로. 경상대학교 대학원 석사학위논문.

정일환, 권상혁(1993). 교사론. 서울: 교육출판사.

정태범(2003). 교사론. 서울: 교육과학사.

한숙경(2003). 신 교사론. 서울: 학지사.

한국교원단체총연합회(1997). 교원의 사회경제적 지위에 관한 교원 인식조사. 서울: 한국교원단체총연합회.

Orntein, A. C., & Levine, D. U.(2000). *Foundations of education, 7th ed.*, New York: Houghton Miffin Company.

Parkay, F. W.(1995). *Becoming a teacher, 3th ed.*, Boston: Allyn and Bacon.

Pring, R.(1995). Academic respectability and professional relevance. In Peter Gordon, ed., The Study of Education: Inaugural Lectures, Vol. 4, London: The Woburn Press.

Veenman, S.(1984). Perceived problems of beginning teachers. *Review of Educational Research, 54*, 143-178.

CHAPTER

# 02

# 초임교사의 발달과 헌신

## 나로 인해 세상이 변한다.

미국의 경영학 교수인 토마스(Kenneth W. Thomas)는 그의 저서 『Intrinsic Motivation at work』에서 사람들이 어떤 일에 헌신하게 하는 네 가지 조건을 들었다. 이들 조건이 채워질 때에 사람들은 보람을 느끼고 열정을 다하여 헌신케 된다. 그리고 그런 일꾼들이 있는 조직은 발전한다.

첫째는 자신이 가치 있는 일을 하고 있다고 느낄 때이다.

둘째는 그 일을 할 때에 자신에게 선택권이 있음을 느낄 때이다.

셋째는 그 일을 할 만한 기술과 지식이 있음을 느낄 때이다.

넷째는 그 일을 통하여 자신이 실제로 진보하고 있음을 느낄 때이다.

사람들은 자신으로 인하여 세상이 변할 수 있음을 느끼게 될 때에 보람을 느끼게 되고 보람이 있음으로써 헌신케 된다. "나로 인하여 세상이 변화된다."는 확신이 있을 때에 사람들은 인생을 투자한다. 그런 확신이 있게 될 때에 자신의 젊음과 미래를 투자한다. 엘리트일수록 더욱 그러하다.

어느 일터이든 그 일터에 몸담고 있는 일꾼들이 "내가 왜 여기에 있는가?"라는 물음에 "당신의 일이 세상을 올바르게 변화시킴에 값어치 있는 일"이란 답을 줄 수 있다면 그 일터는 온갖 유혹과 시련에도 흔들리지 않는다. 기업이 그러하고 정당이 그러하고 학교도 그러하다.

-김진홍 목사의 글 중에서-

흔히 초임교사의 적응상의 어려움을 가라앉느냐 아니면 헤엄치느냐(sink or swim)로 표현하기도 하고, 현실충격(reality shock), 생존, 그리고 전이 충격 등으로 표현하곤 한다.

교사 양성 기관을 거쳐 처음 교직생활에 접하는 초임교사에게 신규 발령 학교는 큰 의미가 있다. 직장인이면서 사회인으로서 직장에 첫발을 들여 놓기 때문에 초임 학교에서의 교직생활 적응이 평생 교사로서 역할 수행에 중요한 의미가 된다.

초임교사들은 첫 부임과 동시에 학생의 신분에서 사회인의 신분으로, 배우는 입장에서 가르치는 입장으로 바뀐다. 그러므로 초임교사들은 가르치는 일, 개인이 맡은 업무, 직장인으로서 동료교사들과의 관계 등을 고려하여 원만한 직장생활이 될 수 있도록 노력해야 하겠다.

여기서는 초임교사들이 겪는 어려움, 교사발달의 관점에서 본 초임교사의 특징, 교직발달 생애주기 모형 등을 살펴보고자 한다. 이러한 교사발달과정을 살펴봄으로써 초임교사들의 어려움과 특징을 사전에 인식하고 나름대로의 마음가짐과 대처 방식을 길러 갈 수 있을 것이다. 또한 초임교사의 교직발달 과정을 통해 발달단계에 맞는 발달과업을 달성하기 위한 계기가 될 수 있다.

## 1. 초임교사의 발달

### 가. 초임교사들이 겪는 어려움

교사 양성 기관을 졸업하고 학교 현장에 첫발을 내디딘 초임교사는 학생에서 교사의 입장으로 큰 역할 전환을 경험하게 된다. 이 기간 동안 초임교사들이 겪는 어려움은 다음과 같다(박은혜 등, 1998).

첫째, 초임교사의 비현실적 낙관주의가 도전을 받게 된다. 초임교사들은 직전교육 기간 동안 교사의 직무수행과 가르치는 일에 대해 누구나 할 수 있고 그렇게 어려운 일이 아니라는 비현실적인 낙관주의를 발달시킨다. 그러나 초임교사들은 직전교육을 통해 배운 이론의 현장 적용에 어려움을 느끼며, 학생지도와 통제의 어려움, 무한한 시간과 정력을 요구하는 교직의 소모적인 특성, 학생들의 개인차를 적절하게 다루지 못하는 것에서 오는 교사로서의 자질과 능력에 대한 회의 등으로 인해 직전교육에서 형성된 이상과 환상이 깨지게 된다.

둘째, 초임교사들은 교실현장에서 실제적으로 사용하는 기술과 직전교육을 통해 자신들이 학습한 이상 사이에는 커다란 차이가 있다는 것을 인식하게 되면서 당혹감을 느끼고, 시행착오를 거치면서 자신의 무능력을 탓하게 된다.

셋째, 초임교사들은 가르치는 것에 대하여 자신감을 잃게 되고 이러한 자신감의 결여는 전문인으로서뿐만 아니라, 개인으로서의 자신감도 상실하게 만든다. 또한 선배교사의 적절한 지원과 조언의 부족, 그리고 어려움을 나눌 수 있는 동료들과의 대화의 부족은 초임교사들이 사회적으로 고립감을 느끼게 한다.

초임교사들이 하는 일들은 다른 전문직의 초기 과정과 달리 교직 초기부터 경력 교사들과 본질적으로 유사한 역할을 수행하게 된다. 초임교사들은 학교 현장에 부임하자마자 심리적인 여유나 안정을 찾을 겨를도 없이 학습을 담당하게 되고 바로 수업활동을 전개해야 한다. 그래서 초임교사들이 이러한 상황에 적응하는 방식을 가라앉느냐, 아니면 헤엄치느냐(sink or swim)라고 비유하기도 한다(Lortie, 1993).

다른 전문직에 비해 실무를 접할 수 있는 기회가 적으며, 짧은 교육 실습 기간만 마치면 자격증을 교부받을 수 있다. 직전 교육이 아무리 우수하다고 해도 교육현장에서 겪게 될 모든 구체적인 상황에 대처할 수 있도록 가르치고 배울 수는 없다.

이런 어려움에도 불구하고, 초임교사들이 학교 현장에서 원활한 적응과 수업 현장에서의 문제해결을 위한 충분한 도움이 주어지지는 않는다. 초임교사들은 학교 현장에서 어려움을 겪게 될 때, 스스로 그 문제를 해결하기 위한 도움을 찾아야 한다(이윤식, 1999).

흔히 학교 현장에서는 상호 불간섭의 규칙, 학년 통일의 규칙, 일정거리 유지의 규칙, 적당히 넘기기 규칙과 같은 집단 규칙이 불문율로서 통용되고 있다(황기우, 1992). 따라서 초임교사가 도움을 구하기는 쉽지 않다.

하지만 경력 있는 선배교사들로부터 학습경험, 즉 지도 조언이나 정보 등의 실제적 도움을 많이 제공받은 초임교사일수록 조직 내 역할에 쉽게 적응하며, 직무만족도도 높다는 연구결과(조대연 · 권대봉, 1998)를 주목할 필요가 있다.

## 나. 초임교사의 발달 요인

발달이란 환경과의 접촉을 통하여 유기체에게 지속적으로 일어나는 변화를 의미한다. 교사는 초임교사로서 교직생활을 시작하여 교직 경력을 쌓아가면서 퇴직에 이르는 전체 교직 기간 중에 교사로서 필요한 여러 영역과 관련하여 가치관, 신념, 태도, 지식, 기능, 행동 등에 있어서 양적, 그리고 질적인 면에서 계속적인 변화, 즉 발달한다(이윤식, 1999).

교사발달이란 교사가 교직생활을 하면서 교직관, 학습지도 및 생활지도, 학급경영, 업무수행, 교수방법, 수업전략, 교육과정의 구성, 계획 및 실행 등과 같은 영역에서의 기술, 지식, 및 행동 등이 시간적 변화에 따라 교직 전 영역에 걸쳐 변화, 발전, 퇴보하는 현상이라고 할 수 있다(윤홍주, 1996).

초등교사 발달의 여덟 가지 사례와 중등교사 발달의 아홉 가지 사례를 수집하여 교사들의 발달과정을 비교하여 초임교사의 발달 요인을 도출한 것을 살펴보기로 한다(이윤식, 1999).

첫째, 교장이나 교감과 같은 관리자가 교사 발달에 지대한 영향을 미치는 요인이다. 존경할 만한 관리자를 만나 교직에 긍정적 인식을 가지고 적응 · 발달해 나가는 경우와 반대로 권위적이고 무능한 관리자를 만나 적지 않은 갈등과 실망을 느끼는 경우가 있다.

둘째, 선배교사들이 교사발달에 많은 영향을 미친다. 대체로 교직 초기단계에서 교사들이 교직에 적응·발달해 가는 데 선배교사들로부터의 도움과 지도과 매우 유익하다. 그러나 동시에 선배교사들의 무사안일한 태도, 학교에 대한 불평·불만스러운 태도, 그리고 후배교사에 대한 권위적인 자세는 후배교사들에게 커다란 실망감을 안겨 줄 수 있다.

셋째, 동료교사들 간에 서로 도움을 주고받고 유대감을 형성하는 것이 교사들이 교직에 적응·발달해 가는 데 유익하다. 좋은 정보, 아이디어, 지식 경험, 수업 자료 등을 교환하기도 하고 때로는 관리자나 학교에 대해 불만스러운 것에 대하여 사적인 대화를 통하여 스트레스를 푸는 경우도 있고, 심리적 지지 기반을 형성하기도 한다.

넷째, 선배교사가 되어 후배교사들에게 도움을 주거나 교육실습생을 지도하는 경험들이 교사들의 성장·발달에 유익하다. 후배교사들이나 교생들과의 접촉을 통해 자신이 가지고 있는 좋은 경험과 지식을 나누어주기도 하고, 자신의 교직생활을 되돌아보며 새로운 자극을 받기도 한다.

다섯째, 부장교사가 되어서 교사들에게 지도성을 발휘하는 경험들이 교사들의 성장·발달에 유익하다. 부장교사의 경험은 학교교육과 학교경영을 보다 넓은 시각에서 바라볼 수 있도록 하며, 교사들에 대한 인간관계 능력을 키워주고 학교 관리자의 역할에 대한 이해를 높인다.

여섯째, 교직 초기 단계에서 경험하는 수업공개에서의 성취감이나 교육활동, 학교행사, 특기지도 등에서의 성취감은 교사들로 하여금 자신감을 심어주고 긍정적인 교사발달을 도모하는 데 촉매제가 된다. 힘들고 어려운 준비과정을 통하여 행사를 성공적으로 이끌었을 때, 주위의 격려와 칭찬을 통하여 자신감을 얻는다. 뿐만 아니라 준비과정과 실행과정 그 자체를 통하여 교사들은 많은 연구와 노력을 통하여 스스로 많은 것을 배우고 느끼는 내적·심리적 보상을 받게 된다.

## 다. 교직 생애주기 모형

초임교사 시절은 자신이 교직에 적성이 맞는지 진지하게 고민하는 시기가 될 수 있으며, 이를 잘 극복하느냐 그렇지 못하느냐에 따라 교사로서 정체감의 형성 정도에 영향을 미치게 된다. 초임교사는 여러 가지 현실적 어려움에도 불구하고 열정을 갖고 새로운 교수 기술을 적용하려 하며, 새로운 역할에 적응하려고 한다(권낙원, 1998).

일반적으로 초임교사들은 교직 발달 단계상 인간적 자질, 전문적 지식 및 교육실천 능력이 불안정하고, 새로운 상황에 적응해 나가는 과정에 있는 교사들이다. 이들은 학생의 질문을 두려워하며, 교수방법에 대한 자신감이 결여되어 있고, 과거 자기 은사의 교수 방법을 모방하기도 하며, 많은 우여곡절과 시행착오를 겪으면서 교직의 첫해를 보낸다.

또한 선배교사들이나 교장, 교감 선생님의 권위주의적 태도에 스트레스와 갈등을 느끼기도 하며, 교직에 대한 전반적인 회의감과 어찌할 수 없는 무능감에 괴로워하는 경우도 있다(이윤식, 1991).

초임교사들은 표면적으로 학생들을 가르치는 일 그리고 학급 상황에 대처하는 일에 관심을 갖는 것처럼 보이지만 사실은 내면적으로 학교 현장의 전체적인 구조와 운영, 그리고 상황변수를 탐색하는 데 많은 관심을 기울이기도 한다. 또한 주위 사람들의 평가에 민감한 반응을 보인다. 그래서 학교의 관리자나 동료교사, 그리고 학생들로부터 인정과 칭찬을 받기를 기대하고 탐색 · 생존을 위해 노력한다(권낙원, 김정균, 1998).

우리나라의 교직 현실을 고려하여 교직 생애주기를 초임기, 향상기, 정착 및 발전기, 정체 및 심화기, 정리기의 다섯 가지로 구분할 수 있다(김상순, 2003). 모든 교사가 이 단계를 반드시 거치거나, 이러한 단계 모형에서 제시한 연령과 경력에 꼭 맞게 변화 · 발달하는 것이 아니라, 초임교사 개인에 따라 달라질 수 있다. 이들 5단계 교직 생애주기를 구조화한 것은 다음과 같으며, 교직 생애주기의 특징은 다음과 같다(이병진, 1996).

〈표 2-1〉 교직 생애주기 모형

| 연 령 | 교직 경력 | 교직 생애주기 |
|---|---|---|
| 25~30 | 0~5 | 초임기 |
| 30~40 | 5~15 | 향상기 |
| 40~50 | 15~25 | 정착 및 발전기 |
| 50~60 | 25~35 | 정체 및 심화기 |
| 60~ | 35~ | 정리기 |

### 1) 초임기(25~30세, 5년 미만)

이 단계는 최초로 교사 발령을 받아 학교의 조직 체계와 일상의 직무수행을 위해 학교 사회에 적응하는 수년간을 말한다. 이 시기는 직무수행 과정에서 직면하는 많은 문제들을 원만히 해결하고, 소기의 목적을 적절한 수준에서 성취함으로써 동료교사들과 교장, 교감으로부터 인정을 받을 수 있도록 열성을 다하는 시기이다.

### 2) 향상기(30~40세, 5~15년)

이 단계는 교사가 교직 사회화의 차원을 넘어 자신의 수업기술과 능력을 개선하기 위해 열정을 쏟는 시기라고 할 수 있다. 이 시기의 교사들은 새로운 교재, 방법, 전략들을 탐색해 내야 한다. 이를 위해 많은 학문적 활동의 참여와 상위과정을 밟을 필요가 있다.

### 3) 정착 및 발전기(40~50세, 15~25년)

교사로서의 자질이 높은 수준에 도달한 후, 보다 더 발전적인 전문가로서의 성장을 계속 추구하는 기간이다. 이 시기의 교사들은 그들에게 과해진 직무에 애착을 갖게 되고, 날마다의 일상적 교육활동에 안주함이 없이 더 나은 교육의 풍요를 지향하여 새로운 방안을 모색하고자 꾸준히 노력한다. 교사가 자신의 직무에 만족하고 열정을 쏟을 수 있는 핵심요소가 바로 여기에 있다고 하겠다.

### 4) 정체 및 심화기(50~60세, 25~35년)

교사가 교수활동에 좌절과 실증을 느끼는 때가 이 시기에 해당한다. 직무 만족이 좀처럼 나타나지 않고, 자신이 하고 있는 일에 대하여 회의를 갖게 된다. 교직 생애의 중간 단계에 이러한 느낌을 많이 갖게 되면 마치 초임교사 시절에 느꼈던 좌절감과 흡사하다. 따라서 대체로 이 시기에 이직이나 퇴직하는 경우가 많은 것이 특징이다. 반면, 교사들은 이 시기에 직업적 안정을 맞아 적절한 처우에 따라 기대에 부응한 활동을 하며 자신의 직업을 받아들이는 자세를 갖는다. 그렇다고 하여 더 높은 수준의 수월성이나 성장을 추구하는 것은 아니다. 다만 교사로서의 직무를 성실히 수행하고 있을 뿐이다.

### 5) 정리기(61~62세, 36년 이상)

이 시기는 교사가 직업을 떠날 채비를 하는 때로서 직업을 바꿀 것인가, 그렇지 않으면 그냥 물러날 것인가를 예비하는 시기이다. 직업을 새로 맞을 수 있을 경우에는 즐거운 시간이 될 수 있겠으나, 대안 없이 막연한 끝남의 예측은 씁쓸함을 떨쳐 버리기 어렵게 할 것이다. 교사가 교직을 떠난 이후의 시기도 해당된다. 오랫동안 교직에의 봉사를 떠나 일정한 직업이 없이 봉사를 하거나 손자들을 돌보거나 다른 직업을 찾는 기간을 말한다.

지금까지 살펴본 바와 같이, 교사의 발달 단계에 따라서 교사들이 도움을 필요로 하는 문제, 혹은 과제가 조금씩 다를 수 있다. 또한 교사의 교직 생애 주기 및 발달 단계에 따라서 교사의 요구가 다르기 때문에 서로 다른 내용과 방법으로 도움을 주고받아야 한다.

## 2. 초임교사의 헌신

### 가. 교사 헌신의 개념과 대상

#### 1) 교사 헌신의 개념

교사 헌신과 관련하여 일찍이 Getzels 등(1968)은 학교 조직을 대상으로 그 구성원들의 조직 행위를 본격적으로 연구하여, 조직에 대한 태도는 소속감(belongingness), 합리성(rationality), 동일시(identification)라는 세 가지 속성에 의해 결정된다는 결론에 이르렀다. 이들 세 가지 속성은 개인의 욕구성향, 조직의 역할기대, 그리고 조직 목표의 세 가지 요소들이 어떤 함수관계로 결합되는가와 밀접하게 관련되어 있다. 소속감은 개인의 욕구성향과 조직의 역할 기대가 일치할 경우에 발생한다. 합리성은 역할기대가 조직 목표를 성취하는 데 논리적으로 적합하다고 느끼는 정도를 가리킨다. 소속감이 높더라도 합리성이 부족하면 자신에게 부여된 역할이 조직 전체가 수행하는 일과 괴리되어 있다고 느끼게 되어 헌신 수준이 낮아진다. 동일시는 조직 목표가 개인의 욕구성향이나 가치체계에 통합되어 있는 정도를 나타낸다. 동일시가 결여되면 조직 목표가 개인의 동기를 유발하지 못하기 때문에, 조직 구성원은 주어진 역할에 몰입하기 어렵다.

Reyes(1992)는 교사 헌신을 학교 목표 및 가치에 대한 개별 교사의 심리적 동일시와 조직구성원의 신분을 유지하고, 개인적인 이해를 뛰어 넘어 직무에 전념하고자 하는 교사의 의지라고 정의하고 있다. Ingersoll 등(1997)은 교사 헌신을 교사와 학교 사이에 긍정적인 심리적 유대의 정도로 정의하였으며, Friestones와 Rosenblum(1988)은 개인이 자기에게 특별한 의미와 중요성을 갖는 대상에 대하여 갖게 되는 심리적 유대 또는 동일시라고 정의하였다.

이상의 논의를 종합할 때, 교사 헌신은 교사가 교육활동과 관련하여 가치 있다고 여기는 특정한 대상에 대하여 갖는 심리적 유대의 정도로 정의할 수 있다(홍창남, 2005).

### 2) 교사 헌신의 구성요소

교사 헌신의 구성요소에 대해서는 연구자들에 따라 다양하게 제시되어 왔다. 먼저 Tyree(1996)는 교직 헌신의 구성요소로서 동일시(identification), 관여(involvement), 충성심(loyalty)을 제시하고 이를 교과목, 학생, 교직 자체와 관련시켜 설명하고 있다. 여기서 동일시는 교직이 표방하는 가치, 규범 또는 역할에 대해서 교사들이 내면화하려는 의도를 의미하며, 관여는 정규적으로 기대되는 수업 부담 이외에 교과활동과 학생지도에 추가적으로 시간과 에너지를 기꺼이 투입하려는 교사들의 자발적 성향을 말한다. 충성심은 계속적으로 교직에 남아 있고자 하는 교사들의 의도를 말한다.

노종희(2004)는 교직 헌신의 구성요소를 전문 의식, 교육애, 열정으로 구분하였다. 전문 의식은 교사들이 긍지와 자부심을 가지고 만족스럽게 교직생활을 영위하려는 자세를 말하고, 교육애는 교사들이 학생 교육에 기본이 되는 가치, 규범, 역할 등을 수용하는 자세를 말하며, 열정은 교사들이 정규 근무시간에 관계없이 학생 교육에 자발적으로 참여하고 하는 태도를 의미한다.

이성은(2005)은 교직 헌신의 구성요소를 수업연구, 보상, 인간관계, 자율성의 네 가지로 구분하였다. 수업연구는 학생들과 함께 재미있고 만족스러운 수업을 진행하기 위해 얼마나 많은 시간과 노력을 투자하고 있는지의 정도를 말하며, 보상은 금전적 소득, 위신, 권력과 같은 외재적 보상과 경험적으로 발견되는 내재적 보상을 가리킨다. 인간관계는 동료교사, 관리자, 학생, 학부모와의 인간관계의 원만한 정도를 말하며, 인간관계가 악화되면 교사 헌신은 악영향을 받게 된다. 끝으로 자율성은 교사가 헌신하려는 데 동기를 부여하는 가장 근본적이고 중요한 요건을 말하는데, 작은 일에서조차 거쳐야 하는 복잡한 절차나 결재 과정은 교사의 열의나 욕구를 좌절시키기도 한다.

이와 같이 교사의 교직에 대한 헌신도는 연구자에 따라 그 구분 기준이 다르다. 최근에 들어서는 교사, 학부모, 학생, 그리고 학교경영자 사이의 인간관계 문제가 중요시되고 있으며, 단위학교 책임제 및 담임 재량시간의 신설 등으로 단위학교나 개별 교사의 자율성이 부각되고 있다.

### 3) 교사 헌신의 대상

Firestone과 Rosenblum(1988)은 교사들의 경우 헌신하게 되는 대상이 다양한데, 특히 학생, 교수활동, 학교조직에 주로 헌신하게 된다고 전제하고 헌신하는 대상을 중심으로 학생에 대한 헌신도, 교수활동에 대한 헌신도, 학교조직에 대한 헌신도로 구분하였고, 홍창남(2005)은 수업, 학생, 학교조직으로 구분하였다. 이처럼 교사의 헌신 대상을 무엇으로 보는가에 대해서는 연구자들 간에 대부분 일치하고 있다. 여기서는 정광희(2007)의 「한국의 헌신적인 교사 특성 연구」를 참고하여 정리하면 다음과 같다.

〈표 2-2〉 교사의 헌신 대상과 내용

| 헌신 대상 | 내 용 |
|---|---|
| 수 업 | • 수업 준비 철저<br>• 수업 능력 향상을 위해 각종 연수 참여<br>• 교재연구를 위해 많은 시간 투여<br>• 가르치는 일 자체를 좋아하고 열심히 수행 |
| 학 생 | • 학생 개개인을 인격체로 대우하는 교사<br>• 학생 개개인의 품성 개발을 최대한 돕는 교사<br>• 학생 개개인의 변화에 항상 관심을 기울이는 교사<br>• 학생 생활지도면에서 감화력과 영향력 있는 교사<br>• 학생들로부터 존경을 받고 학생들이 좋아하는 교사 |
| 학교조직 | • 학교에 대한 애정, 애착을 갖고 있는 교사<br>• 학교 운영 방향과 방침을 인지하고 행정 업무 수행을 성실히 하는 교사 |
| 기 타 | • 동료교사들로부터 성실하고 헌신적이라고 인정받는 교사<br>• 교사들의 본보기가 되며 존경받는 교사<br>• 학교경영자로부터 인정받는 교사<br>• 학부모들로부터 존중받고 인정받는 교사 |

## 나. 교사 헌신의 영향 요인

교사 헌신의 영향 요인은 인성, 교육관 등을 포함하는 개인적 요인과 학교 관리자, 과업수행 특성과 같은 학교 환경적 요인으로 구분할 수 있다(정광희, 2007). 이러한 요인들은 교사의 헌신을 강화하는 긍정적 요인이 될 수도 있고, 교사의 헌신을 저해하는 부정적 요인이 될 수도 있다. 여기서는 정광희

(2007)가 48명을 교사를 면담하여 50% 이상에서 공통적으로 발견되는 내용을 중심으로 도출한 것을 정리한 것이다.

### 1) 개인적 요인

교사 개인적 요인으로는 교직 사명감 요인, 교사 인성 요인, 교수 및 전공 교과에 대한 자신감, 교직 경력 요인, 가정 · 신체적 요인, 역할 모델 교사 요인 등이다.

첫째, 교사의 헌신에 영향을 주는 요인은 학생들에 대한 사랑과 교직에 대한 사명감이다. 즉, 학생들과 함께 하는 것을 좋아하고 학생에 대한 깊은 애정을 가지고 있으며, 교직을 사랑하고 소중하게 여기는 교사의 태도, 교사 스스로 학생들을 잘 가르칠 수 있다는 자기효능감, 교사로서의 자긍심 등과 관련되어 있다.

둘째, 무슨 일이든지 열심히 하고 철저하게 하는 교사의 인성적 특성도 교사들이 헌신하게 만드는 중요한 요인이다. 구체적으로 무슨 일이든지 열심히 하고 노력하며, 책임감이 강하고 다소 완벽주의 성향이 있는 교사의 개인적 성향, 혹은 성격적 특성이라 할 수 있다.

셋째, 전공 교과목이나 자신이 관심 있는 분야, 가르치는 방법 등에 대한 태도도 교사 헌신에 영향을 주는 요인이 된다. 특히 전공분야나 가르치는 일에 대해 자신감과 애정은 교사들이 계속적으로 헌신하게 만드는 긍정적인 요인이 된다. 이러한 특성을 가진 교사들은 스스로 교수에 대한 적성이나 능력을 발견하고 지속적으로 헌신하게 된다. 이러한 능력은 어느 정도 타고난다고 볼 수도 있다.

넷째, 교직 경력도 교사들의 헌신과 관련되어 있는 요인이다. 그러나 교직 경력이 짧다고 해서 교사 헌신도가 낮다거나, 경력이 많은 교사가 교직 헌신이 높다는 등 교직 경력 그 자체가 중요하기보다는 교직 경력에 따라 교사가 갖게 되는 마음의 여유와 안정, 교직이나 학생에 대한 새로운 시각의 발달 등이 교사 헌신에 영향을 주는 요인이다.

다섯째, 가정생활과 건강 등 개인생활 관련 요인도 교사 헌신에 영향을 준다. 가정생활이 안정되면서 시간적 여유가 생김에 따라 더 헌신적으로 일할 수 있게 되며, 교사의 건강, 체력적인 측면도 교사 헌신에 영향을 주는 개인생활 관련 요인이라 할 수 있다.

여섯째, 교사들이 어떤 선배 교사, 학교 관리자를 만나는가도 교사 헌신에 중요한 영향을 미치는 요인이다. 특히 교직 입문 초기에 좋은 선배교사나 역할모델이 되는 교사, 관리자들을 만나게 됨으로써 교직관을 새롭게 정립하거나 경력 개발의 방향을 설정하게 되고, 이를 계기로 교직에 더욱 헌신하게 된다.

### 2) 환경적 요인

교사 헌신에 영향을 미치는 학교 환경 요인으로는 학교 관리자 요인, 인간관계적 요인, 과업수행 요인, 전문성 개발 및 학습기회 관련 요인, 성공적 경험 요인, 승진제도 및 인센티브 요인, 학생의 사회경제적 배경 요인 등이다.

첫째, 교감이나 교장 등 학교 관리자들의 업무수행 형태와 교사에 대한 지원 여부 등은 교사 헌신에 직·간접적으로 영향을 미치게 된다. 학교에서 교장은 학교의 분위기, 교사의 사기, 교사의 교육활동 몰입 여부 등을 좌지우지하는 매우 중요한 위치에 있다. 명확한 학교운영 방침과 미래 비전을 가지고 있으며, 업무 능력이 뛰어나 학교장은 교사 헌신에 긍정적인 영향을 준다. 이러한 학교장은 대체로 교사들이 존경하고 인정할 만한 실력과 인격을 갖추고 있으며, 교사들은 이러한 학교장의 교육 방침을 신뢰하고 부응하여 헌신적으로 근무하게 된다.

둘째, 교사 헌신에 영향을 미치는 학교 환경적 요인은 학생, 학부모, 동료교사 등으로부터의 인정과 신뢰 등 외부로부터의 피드백과 같은 인간관계적 요인이 있다. 교사들은 주변의 인정, 신뢰, 기대에 부응하고 또 이를 유지하기 위해 더욱 열심히 헌신하게 되고, 또 주변에서 이러한 인정을 받은 경우 헌신이 계속 이어질 수 있는 힘이 된다.

셋째, 교사 헌신에 영향을 미치는 학교 환경적 요인으로 과업수행 특성은 교사들이 직무나 교수활동 수행 과정에서 갖는 자율성과 재량권과 같은 과업수행 요인이 있다. 교사들은 과업수행면에서 세세한 간섭과 지시, 규제보다는 자율성과 재량권이 주어질 때 업무에 더 헌신하게 된다. 즉, 교육활동에 있어 교사들의 자율성을 적극 보장해주고 동시에 교사들의 교권을 보장해 주는 학교에서 교사들은 더욱 열심히 근무하고 교직에 대한 만족도와 헌신도도 높아진다고 하겠다.

넷째, 교사들이 접할 수 있는 전문성 개발 및 학습기회도 교사 헌신에 영향을 주는 환경적 요인이다. 이는 교원 연수를 통해 새로운 지식, 기술, 정보를 습득하고 학생지도에 있어 새로운 시각을 갖게 됨으로써 교사들은 더욱 헌신하게 된다. 또한 교사들 간 교과모임이나 협의회, 학생 동아리 운영 등 상호교류 활동은 교사 헌신을 강화시키는 요인이다.

다섯째, 기대한 성과나 결과를 성취하는 것은 교사 헌신을 강화시키는 요인이다. 이는 교사 자신이 열심히 노력한 결과의 성취나 주요 성과물이 구체화되었을 때 교사의 헌신도가 높아진다.

여섯째, 승진제도나 인센티브, 보상 등도 교사 헌신에 영향을 미치는 요인이다. 그러나 이러한 요인들이 교사 헌신에 긍정적 영향을 주는가 아니면 부정적 영향을 주는가에 대해서는 논란이 있다.

일부 교사는 승진제도나 인센티브가 헌신과 관련이 되어서는 안 되는 요인으로, 보상이 주어지면 이는 헌신이 아니라는 것이다. 반면 어떤 인센티브가 없다면 교사들이 헌신하지 않거나 지속성을 유지하기 어려울 것이며 이는 교사들이 더 헌신하게 되는 계기, 혹은 출발점이 된다는 입장이다.

일곱째, 학교가 위치해 있는 지역사회 여건, 즉 학생의 사회경제적 배경도 교사 헌신에 영향을 미치는 요인이 된다. 가령 헌신적으로 운영해 온 학생 동아리 활동을 학교에 따라 운영하기도 하고 그렇지 않기도 하는데, 이는 학부모나 지역사회의 특성이 많이 작용하기 때문이다.

## 다. 헌신적인 교사의 특성

모든 교사는 교직에 종사하고 있지만 교직의 만족도, 혹은 헌신도에서 다소 차이가 있다고 할 수 있다. 그렇다면 헌신하는 교사는 어떤 특성을 지니고 있을까? Tyree(1996)는 헌신하는 교사의 특성을 동일시(iden- tification), 관여(involvement), 충성심(loyalty)의 정도로 보았으며, 노종희(2004)는 전문 의식, 교육애, 열정으로 보았다. 또한 이성은(2005)은 수업에 대한 열의, 교직 수행 그 자체에 대한 보람에서 오는 내재적 보상, 인간관계, 그리고 부여된 자율성 정도로 보았다. 이처럼 학자들마다 헌신하는 교사의 특성은 다소 차이가 있지만 큰 맥락은 같이한다.

여기서는 정광희(2007)가 16개 시·도교육청에서 헌신적인 교사로 추천한 148명 중 48명을 대상으로 심층 면접하여 얻어진 연구결과를 참고하기로 한다. 이 연구보고서에 의하면, 헌신적인 교사의 특성을 개인차원, 조직차원, 직무분야별로 구분하였다.

### 1) 개인차원 특성

헌신적인 교사들의 개인차원 특성은 크게 인성특성과 교육관 특성으로 다시 구분되며, 구체적인 교사의 헌신 특성은 다음과 같다.

〈표 2-3〉 헌신적인 교사의 개인차원 특성

| 영역 | 세부 영역 | 내 용 |
|---|---|---|
| 개인차원 | 인성 특성 | • 부지런하고 성실하다.<br>• 긍정적인 가치관을 가지고 있다.<br>• 책임감이 강하다.<br>• 자신감이 있다.<br>• 자신의 신념과 가치관이 뚜렷하다.<br>• 남을 배려하고 존중한다.<br>• 성취동기가 높다.<br>• 다소 완벽주의적 성향이 있다.<br>• 관리자로부터 인정받고자 하는 욕구가 강하다.<br>• 학생으로부터 인정받고자 하는 욕구가 강하다. |

| 영역 | 세부 영역 | 내 용 |
| --- | --- | --- |
| 개인차원 | 교육관 특성 | • 뚜렷한 교육관을 가지고 있다.<br>• 교육에 대한 명확한 비전을 가지고 있다.<br>• 학생들의 학교생활뿐만 아니라 개인생활 등에 종합적으로 관심을 갖는다.<br>• 학생의 교육적인 변화 가능성에 대한 신념이 뚜렷하다.<br>• 언제나 학생을 중심에 놓고 생각한다.<br>• 인성교육을 중시한다.<br>• 학생 개개인의 학업성취 향상을 위해 노력한다.<br>• 교직에 대한 만족도가 높다.<br>• 교육자로서의 열정, 사명감, 긍지, 그리고 자부심이 높다.<br>• 교육적으로 열린 사고 및 마음을 가지고 있다.<br>• 학생들을 사랑하고 사제동행(師弟同行)한다. |

## 2) 조직차원 특성

교직에 헌신적인 교사의 조직차원의 특성은 관계 특성과 과업수행 특성으로 구분되는데, 구체적인 헌신 특성은 다음과 같다.

〈표 2-4〉 헌신적인 교사의 조직차원 특성

| 영역 | 세부 영역 | 내 용 |
| --- | --- | --- |
| 조직<br>차원 | 관계 특성 | • 관리자들에게 협조적이고 관계가 좋다.<br>• 관리자들로부터 인정을 받는다.<br>• 동료교사들과 친하게 지내고 협동한다.<br>• 학생들과 친밀하다.<br>• 학부모와의 관계가 원만하다.<br>• 학부모들을 교육활동에 참여시키려 한다. |
| | 과업수행 특성 | • 과업수행이 창의적이고 유능하다는 평가를 받는다.<br>• 과업수행에서 성공적 경험을 많이 한다.<br>• 규정, 절차, 원칙을 중시하고 지킨다.<br>• 자신의 시간과 비용을 기꺼이 투자한다.<br>• 가족들의 희생이나 지원이 있다.<br>• 과업수행에 대해 보상이나 대가를 바라지 않는다.<br>• 변화에 대한 두려움이 적고 도전적이다.<br>• 과업수행 자체를 즐긴다.<br>• 무슨 일이든 잘하려는 마음이 강하다.<br>• 과업을 수행함에 있어 추진력이 있다. |

### 3) 직무분야별 특성

교사들의 주요 직무 영역을 교과지도 분야, 생활지도 분야, 학급운영 분야, 학교 행정업무 분야, 전문성 개발 분야로 보고 각 영역별 헌신적인 교사의 특성을 구체적으로 제시하면 다음과 같다.

〈표 2-5〉 직무분야별 헌신 특성

| 영역 | 세부 영역 | 내 용 |
|---|---|---|
| 직무 분야별 | 교과지도 | • 분명한 목표의식을 가지고 목표에 도달하려고 한다.<br>• 수업준비를 위해 많은 시간과 노력을 투여한다.<br>• 다양한 수업모형을 활용하여 수업을 진행한다.<br>• 수업내용을 재구성하여 학습효과를 높이려 한다.<br>• 다양한 예화와 자료를 활용한다.<br>• 동기유발과 학습효과를 높이기 위해 재미있게 수업을 진행한다.<br>• 학생들의 발달수준에 맞추어 수업을 전개한다.<br>• 수업 후 스스로 자기분석과 평가를 실시한다.<br>• 수업 개선을 위해 지속적으로 연구한다.<br>• 수업공개에 개방적이다.<br>• 자기교과에 대한 애정과 자부심이 강하다. |
| | 생활지도 | • 기본 생활습관을 강조하고 길러주기 위해 노력한다.<br>• 학생과 대화 및 상담을 자주 한다.<br>• 학생을 포기하지 않고 지속적으로 지도한다.<br>• 학생들과 많은 시간을 함께 한다.<br>• 학생 개개인에게 개별적인 관심을 가지고 지도한다.<br>• 학생들과 코드를 맞추기 위해서 노력한다.<br>• 불우하고 소외된 학생들에게 많은 관심과 애정을 쏟는다.<br>• 학부모 상담을 통해 가정과 연계된 생활지도를 전개한다. |
| | 학급운영 | • 학급의 특성을 살리기 위해 노력한다.<br>• 다양한 학급활동을 실시한다.<br>• 학급 학생들에게 꿈과 목표의식을 길러 주려고 한다.<br>• 학급 학생들과 일체감을 느끼고 소통하려고 한다.<br>• 학생들을 참여시켜 자율적이고 자치적인 학급운영을 한다.<br>• 조회, 종례 시간을 적극 활용한다. |
| | 행정업무 | • 학교 행정업무를 교육활동의 일부라고 생각하고 성실히 수행한다.<br>• 학교운영 목표를 잘 이해하고 인지한다.<br>• 불합리한 행정업무나 추진방식에 대해서는 자신의 의견을 분명하게 개진 한다. |
| | 전문성 개발 | • 전문성 향상을 위해 지속적으로 노력한다.<br>• 배우고 연구하는 것을 좋아하고 즐긴다.<br>• 각종 연수에 적극 참여한다.<br>• 다방면으로 자기개발을 하려고 한다.<br>• 시대적 변화나 필요에 따라 적극 배우려 한다.<br>• 교과모임이나 연구회 활동에 적극 참여한다. |

권낙원(1998). 교육방법의 문제와 발전과제에 대하여. 교육과정연구, 16(1), 197- 201.

김상순(2003). 초등학교 초임교사의 교직적응에 관한 연구. 우석대학교 석사학위논문.

노종희(2004). 초·중등교사의 교직 헌신의 개념화 및 측정도구 개발. 교육행정학연구, 22(2), 215-232.

류방란(2001). 중등학교 교사의 생활과 문화. 서울: 한국교육개발원 연구보고서.

류방란(2002). 초등학교 교사의 생활과 문화. 서울: 한국교육개발원 연구보고서.

박은혜, 이은화, 이현옥, 박은혜, 임승렬, 조은주(1998). 초임교사를 위한 입문교육 프로그램 모형개발에 관한 기초연구. 한국교사교육, 15(1), 220-239.

윤홍주(1996). 교사 발달 단계 및 직능발달 요인에 관한 연구. 서울대학교 석사학위논문.

이병진(1996). 교직 생애 주기에 따른 교원 연수 체제에 관한 연구. 교육학연구, 34(1), 315-345.

이윤식(1999). 장학론. 서울: 교육과학사.

정광희(2007). 한국의 헌신적인 교사 특성 연구. 서울: 한국교육개발원.

조대연, 권대봉(1998). 신임 교사를 위한 구조화된 현장 훈련. 교육학연구, 36(1), 93-115.

황기우(1992). 한국 초등학교의 교사문화에 관한 해석적 분석. 고려대학교 박사학위논문.

홍창남(2005). 학교 특성과 교사 헌신의 구조적 관계. 서울대학교 박사학위논문.

Firesone, W. A., & Rosenblum, S.(1988). Building commitment in urban high schools. *Educational Evaluation and Policy Analysis, 10*(4), 285-299.

Getzels, J. W., Lipham, J. M., & Campbell, R. E.(1968). *Educational Administration as a Social Process: Theory, Research, and Practice*. New York: Haper & Row.

Ingersoll, R. M., Alsalam, N., Quinn, P., & Bobbit, S.(1997). Teacher Professionalization and Teacher Commitment: A Multilevel Analysis. American Institutes for Research in the Behavioral Sciences. Washington, D. C.: National Center for Education Statistics (ERIC Document Reproduction Service No. ED 406 349)

Lortie, D. C.(1993). 교육사회: 교직과 교사의 삶(Schoolteacher: A Sociological study), 진동섭 역. 경기: 양서원(원전은 1975년에 출판).

Reyes, P.(1992). Preliminary models of teacher organizational commitment: Implications for restructuring the workplace. Washington, D.C.: Office of Education Research and improvement. (ERIC Document Reproduction Service No. ED 349 680).

CHAPTER

# 03

# 교사의 자질과 윤리

"남을 움직이려면 내가 먼저 움직여야 하고 남을 감동시키려면 내가 먼저 감격해야 한다. 마음속에서 우러나오는 말만이 정말 사람을 감동시킬 수 있다. 나의 정성은 학생들의 정성을 불러일으키고, 나의 정열은 학생들의 정열에 전파된다. 인간은 부르면 대답하는 존재다. 진정한 교육은 熱과 誠에서 이루어진다. 교육은 혼과 혼의 대화요, 인격과 인격의 부딪침이요, 정성과 정성의 호응이요, 정열과 정열의 만남이다."

-안병욱의 교육명언 중에서-

## 1. 교사의 자질

흔히 '교육의 질은 교사의 질에 비례한다.'고 한다. 그러므로 교사의 자질은 교육의 질을 결정하는 가장 중요한 요소라 할 수 있다. 교사의 자질이란 교사가 학생들을 효율적으로 교육하기 위해 구비해야 할 기본적인 태도나 능력을 총칭한다. 그렇다면 좋은 교사가 가져야 될 자질은 무엇일까? 여기서는 이형행(2004), 한은숙과 김종두(2008) 그리고 한상효 등(2006)을 종합하여 기본적 자질, 전문적 자질, 인성적 자질로 나누어 살펴보기로 한다.

### 가. 기본적 자질

교사는 기본적으로 이러해야 한다는 것이 기본적 자질이다. 이러한 기본적 자질은 교사가 되려는 사람이 갖추어야 할 최소한의 자질이라고 할 수 있다.

첫째, 교직으로부터 부름 받았다는 소명의식(calling)이 필요하다. 이러한 소명의식에 대해 이형행은 다음과 같이 말하고 있다. "교사의 임무는 단순한 직업이나 노동이 아니라 그에게 소명감을 조는 비전과 헌신에 의하여 인식되어야 한다. 비전과 헌신을 속성으로 하는 소명감에서 비롯되지 않은 교육은 살아 있는 교육이라 할 수 없다. 소명감이 있으면 교사는 참 스승이 될 수 있고, 어린이의 영적 성장을 돕는 참된 교육자가 될 수 있는 것이다."

이 글에서 엿볼 수 있듯이 교사에게 기본적으로 요청되는 것은 소명의식이며, 내일의 희망과 비전을 키운다는 열정과 최선을 다하려는 헌신에 의해 가능하다.

둘째, 인간을 존중하는 태도를 가져야 한다. 인간의 존재 그 자체에 관심을 두는 실존주의에서 '실존은 본질에 앞선다.'라고 말하고 있는 것처럼, 교육은 기본적으로 인간을 그 자체로서 존중하고 그 존엄성을 믿는 것으로부터 시작되어야 할 것이다.

학생들이 아직 어리고 잘 모를 것이라고 생각하여 경솔한 판단과 결정을 해서는 안 될 것이다. 인간은 인간이기 때문에 존중받아야 하고, 존중해야 하는 것이다.

셋째, 깊은 이해심과 사랑과 봉사의 정신이 필요하다. 교사는 필연적으로 어떤 복잡한 인간관계망 속에 들어가게 된다. 이러한 인간관계망 속에서 교사는 학생들을 사랑하고 배려와 친절, 그리고 따뜻함으로 대해야 한다.

흔히 "배가 고프면 상한 음식도 먹고 사랑이 고프면 욕도 먹는다."고 하고, "부정적 관심은 무관심보다 낫다(A common saying is that negative attention is better than no attention at all)."고 한다. 따라서 교사는 똑똑한 학생들을 칭찬하는 것과 아울러 관심과 배려가 절실한 학생에 대한 동정과 책임감을 갖추어야 하며, 성경에서 말하는 잃어버린 한 마리 양을 찾아 헤매는 목자와 같은 태도를 지녀야 한다.

넷째, 믿음과 아는 것을 행하는 사람이 되어야 한다. 학행일치, 그리고 언행일치라는 말이 있듯이, 소양과 인간애를 갖추었다면 교사는 그것을 실제로 실천해야 한다. 진심에서 우러나온 교사의 행동은 실로 말없는 놀라운 가르침이 될 수 있다. 이것은 교직에 종사하는 교사만의 특권이요 보람이며 신비스런 작용이 된다. 그런 이유에서 교사는 자기 자신의 인격을 다듬는 자기 성찰의 시간을 가질 필요가 있다.

다섯째, 학생들의 가슴에 희망을 심는 사람이 되어야 한다. 학생이 잘못을 저질렀을 때 야단치고 비관하는 얼굴이 아니라, 바른 길을 가도록 격려하는 얼굴, 오늘날 우리 사회의 어두운 측면에 낙망하는 것이 아니라 앞날의 비전에 용기를 가지는 얼굴, 세상이 부패하여도 하나하나의 어린 생명을 바르게 키움으로써 보다 좋은 사회를 만들려는 정열에 불타는 얼굴, 그리고 실패의 눈물을 흘리는 것이 아니라 이를 딛고 다시 일어서는 불굴의 신념에 찬 얼굴이어야 한다.

여섯째, 바람직한 교육관을 가져야 한다. 직업을 생계의 수단으로 생각하는 사람이 있고, 자신의 직업을 통해 사회 봉사하는 그 자체를 즐기는 이들도 있다. 일반적으로 교직관은 크게 성직자관, 노동직관, 그리고 전문직관이 있다. 어떤 교직관이 옳고 어떤 교직관이 그르다는 흑백 논리적이고 이분법적인 태도보다는 각 교직관이 가진 장점과 단점을 잘 알고, 각 교사 나름의 바람직한 교직관을 가질 필요가 있다. 이러한 바른 교직관이 정립된 바탕 위에서 교사는 학생을 가르치는 일에서 헌신의 기쁨과 만족을 얻을 수 있을 것이다.

## 나. 전문적 자질

교사의 전문적 자질은 교사로서 직무를 수행하는 데 필요한 자질을 말한다. 즉, 학생을 지도하고 수업을 운영하며 학교경영에 주인의식과 책임감, 적극적 참여의식을 가져야 하며, 창의력과 신속한 행정적 사무처리 능력이 필요하다.

첫째, 교과에 대한 정확하고 풍부한 지적 능력이 있어야 한다. 교육목적을 달성하기에 적합한 교육내용을 선정 및 조직하기 위해서는 우선 교과에 관한 정확하고 풍부한 지적 능력을 갖추어야 하며, 사회와 문화에 관한 폭넓은 지식을 바탕으로 교육내용을 통합적이고 다양하게 조직할 수 있어야 한다.

둘째, 수업운영자로서의 자질이다. 교육활동은 크게 교과지도와 생활지도로 구성되는데, 교과지도의 주요 활동은 수업활동이다. 교사는 교육내용에 대한 숙지와 학생에 대한 이해를 바탕으로 교육효과를 높이기 위해서 여러 가지 수업기술과 대화기술을 갖춰야 한다. 즉, 교사는 학생들에게 교육내용을 효과적으로 전달할 수 있도록 ICT 제작능력과 활용능력, 명확한 문장력, 그리고 회화적 표현력을 가지고 있어야 한다. 또한 건강한 심신, 호감을 주는 단정한 용모와 표정 및 몸짓이 요구된다.

셋째, 생활지도자의 자질이다. 생활지도는 학교 안팎에서 학생들이 겪는 다양한 문제에 대하여 개별, 혹은 집단으로 심리검사, 상담과 지도, 그리고 조언을 통해 이루어진다. 이러한 생활지도를 담당한 교사는 학생들의 신상과 가정환경, 심리적 발달 특징, 주요 관심사 등을 충분히 파악하여 학생들을 올바르게 이해해야 하며, 각종 심리검사를 실시하고 그 결과를 바탕으로 학생 상담을 할 수 있어야 한다.

교과에 대한 이해력, 국내외 정세에 관한 지식을 비롯하여 정치, 경제, 사회, 신체, 도덕, 심리, 종교 등의 문제에 대한 풍부한 다면적인 지식을 가지고 있어야 한다. 그리고 긍정적인 인생관과 세계관을 비롯한 확립된 올바른 가치관을 가지고 있어야 하며, 논리성, 비판력, 그리고 명확한 판단력을 갖춰야 한다.

넷째, 교육평가자로서의 자질이다. 올바른 평가를 하기 위해서는 다양한 평가방법의 특성을 알고 목적에 맞는 평가도구를 개발하여 활용하며, 그 결과를 바르게 해석할 줄 알아야 한다. 이를 위해서는 가치 기준이 명확하고 공정해야 하기 때문에 명확한 판단력과 공정하고 비판적 정신이 요구된다. 또한 평가의 결과를 바탕으로 교육활동의 과정에서 발생한 문제점을 파악하고 개선할 수 있도록 하기 위해서는 열린 마음과 반성적 태도, 그리고 탐구적 태도를 지녀야 한다.

다섯째, 학급경영자로서의 자질이다. 흔히 교사들은 학교의 분위기는 교장에 의해 주도되고, 학급의 분위기는 교사가 주도한다고 말한다. 그러므로 교사는 확고한 교육철학뿐만 아니라 계획성과 책임감이 있어야 하며, 지도력과 조직력을 비롯한 경영기술을 가지고 솔선수범해야 한다. 학생들과 친밀한 관계를 유지하고 학생들을 사제동행하기 위한 원만한 인격과 사회성, 공정성 및 탐구력이 필요하다. 그리고 교실환경을 쾌적하게 유지하기 위해 미적 감각이 발달해야 하며, 교구와 비품에 대한 정리정돈과 관리능력도 있어야 한다. 학교와 학급의 업무를 관장하기 위한 문서처리 등의 사무능력도 갖추어야 할 자질이다.

여섯째, 학교경영 참여자로서의 자질이다. Tiedeman과 O'Hara는 직업발달단계를 제시하면서 교사라는 직업선택 이후에 발달단계는 적응, 개혁, 통합을 거친다고 한다(김봉환, 정철영, 김병석, 2006). 이를테면 교사는 학교라는 직장에 들어가 인정과 승인을 받기 위해 노력을 개시한다. 그래서 새 집단이나 조직의 요구 또는 풍토에 적응하기 위해 자신의 일면을 수정하거나 아예 버리기도 하여, 새로운 상황적 요구에 대해서 수용적인 태세가 된다. 개혁단계에서는 일단 직장 내에서 인정을 받게 되면 주위 동료나 다른 사람들이 자기와 관점을 같이할 것이라고 믿고, 자신의 의견이나 주장을 행사하게 되는 것이다. 따라서 이 단계에 들어서면 개인이 집단에 의해 움직여줄 뿐만 아니라, 자기가 속한 집단에 대해 개인의 영향력을 미치게 된다. 통합 단계에서는 집단의 요구와 개인의 요구 간에 균형이 이루어지게 된다.

그러므로 교사는 학교 내의 여러 가지 행정조직에 소속되어 학교경영에 참여하게 되는데, 이를 위하여 교사는 주인의식과 책임감, 적극적 참여의식을 가져야 하며, 창의력과 신속한 행정적 사무처리 능력을 발휘해야 한다. 때로는 협력하고 때로는 바람직한 대안을 제시하며 학교경영에 참여해야 할 것이다.

## 다. 인성적 자질

성공적인 교사가 되기 위해 전문적 자질과 함께 교사의 인성적 특성 혹은 인간적 자질은 매우 중요하다. 교육이란 결국은 인간과 인간과의 만남이며 인격 대 인격의 만남이다. 학생들은 교사의 행동이나 가치관을 모방하고 반영하면서 성장하기 때문이다.

첫째, 직장인으로서의 자질이다. 교사는 교사이기 이전에 직장인으로 상사에 대한 예의바른 협력자, 동료 사이에서 좋은 벗, 하급자에 대한 선도자가 되어야 한다. 이는 직장에서 좋은 인간관계를 맺어야 한다는 것을 의미하는 것이다. 이를 위해서는 원만한 인격과 사회성, 적응력, 협동정신, 책임감, 신뢰감, 예절과 배려, 도덕성, 관용성, 동정심, 리더십, 진취적이고 적극적인 태도와 상호 존중하는 태도 등의 인성적 특성을 지녀야 한다.

둘째, 사회 모범으로서의 자질이다. 사회적 모범이 되어야 한다는 것은 쉬운 일이 아니다. 고상한 인격을 가지고, 사랑과 봉사를 실천하며, 청렴결백, 검소, 정직, 친절이 몸에 배어 있어야 한다. 물론 완전한 인간은 없으며, 이러한 특성들을 모두 갖춘 사람은 극히 드물 것이다. 다만 교사는 최소한 다른 사람에 비해 비교적 우위에 서려고 노력해야 할 것이다.

셋째, 변화촉진자로서의 자질이다. 교사는 교육을 통해 국가 및 사회발전에 기여하게 되는데, 이 과정에서 지도적 역할을 하기 위해서는 우선 애국심과 봉사정신이 있어야 한다. 또한 현대의 시대적 요청에 대한 정확한 인식과 사회의 발전적 미래상에 대한 비전과 세계화된 넓은 안목이 있어야 한다.

넷째, 끊임없는 자기연찬 및 연구자로서의 자질이다. 여기에서는 자기개발을 위해 노력하는 적극성과 발전 지향적 태도, 교육이론이나 교과에 관한 지식의 새로운 발전 동향에 대한 관심과 끊임없는 자기연구가 요구된다. 그리고 연구를 수행하기 위해서는 왕성한 호기심과 탐구력, 비판력, 논리적 사고력, 창의성 등이 있어야 한다.

다섯째, 교권신장의 주체로서의 자질이다. 교권신장을 위해 주체적으로 노력하기 위해서는 교사로서의 긍정적 자아개념과 주체성을 가지고 있어야 하며, 교원단체에 대한 적극적 참여의식과 단결심, 협동정신, 실천력이 요구된다. 지금 학교 현장은 국정감사자료, 교육청 평가자료, 교육위원회 요구자료 등으로 교육청으로부터 수많은 공문과 자료요구가 있어 교사가 전적으로 교육활동에 전념하지 못하도록 하는 경우가 빈번하다.

최근 한국교원단체총연합회와 교육부 간, 각 지역 교원단체총연합회와 교육청 간 협의를 통해 교원잡무경감 방안, 공문 줄이기 방안, 교무업무보조요원 배치 등 많은 가시적 성과가 있어 왔다. 그럼에도 여전히 교원의 잡무와 공문은 줄어들지 않고 있기 때문에, 교권신장의 주체로서의 자질은 중요하다고 하겠다.

## 2. 교사의 역할

교사의 역할이란 교사가 수행해야 하는 교육적 행위를 의미하는데, 보다 쉽게 '교사는 무엇을 하는 사람인가?'라는 말로 요약될 수 있다. 즉, 교사의 역할이란 교사로서 해야 하는, 혹은 할 것으로 기대되는 일을 말하며 교사의 자질은 그 일을 수행하는 데 필요한 적절한 능력과 태도를 말한다. 이런 점에서 교사의 역할과 자질은 밀접한 관련이 있다고 하겠다.

현대사회에서 교사는 단순한 지식이나 기능만을 가르치는 것이 아니라, 학생 개개인의 원만한 인격형성을 위한 제반 활동을 수행할 것이 요구된다. 즉, 교사의 역할은 학습지도뿐만 아니라 학생 개개인의 건전한 성장과 발달을 돕기 위한 전반적인 생활지도 활동까지를 포함한다. 정우현(1994)은 교사라는 직업이 생겨난 후 지금까지 믿어져 오는 교사의 역할을 다음의 세 가지, 즉 가르치는 역할, 학생의 사회화를 도와주는 역할, 교육의 수준과 능력의 가능성을 판단하고 평가하여 주는 역할로 구분하였다.

그렇다면 교육의 과정에서 교사들은 어떠한 역할을 할 것이 요구되는가? 혹은 어떤 역할을 수행하고 있는가? 교사가 수행하는 역할은 학급경영에서, 학습지도에서, 생활지도에서, 그리고 직장인이라는 측면에서 다양하다. 이처럼 교사가 수행해야 하는 역할을 여러 측면에서 살펴볼 수 있지만, Redle과 Wabbenberg(1954)는 교사와 학생의 심리적 관계를 중심으로 다음과 같은 14개 항목으로 나누어 제시하고 있다(이영덕 외, 1976).

## 가. 사회 대표자로서의 역할

교육의 중요한 기능 중의 하나가 인류가 이루어 놓은 지식과 문화를 학생들 전수하는 사회화의 기능이다. 교육에서 교사는 사회의 가치와 규범, 그리고 생활양식을 대표하는 위치에 있게 된다. 교사는 학생의 여러 가지 행동에 대하여 수용할 것은 수용해 주고 칭찬해 주며, 경우에 따라서는 조언을 통하여 사회와 문화가 기대하는 바가 무엇인지를 가르치며, 교사 자신의 태도와 행동을 표면적 교육과정과 잠재적 교육과정을 통하여 문화적 가치를 표현하게 된다. 그러므로 교사가 은연중에 하는 말과 행동이 학생들의 사회화의 질을 결정하는 중요한 역할을 한다.

## 나. 평가자 혹은 판단자로서의 역할

교사가 학교 현장에서 수행하는 많은 일들 가운데 학생에 관한 올바른 판단을 요구하는 경우가 많다. 학생들의 성적처리, 교과발달과 행동발달의 평가와 기록, 수상대상자의 결정, 처벌대상자에게 처벌규정을 적용하는 일 등 교사는 판단자, 혹은 평가자의 역할을 수행한다. 이러한 판단이 적절한 것이냐 그렇지 않은 것이냐는 교사의 자질과 윤리에 관한 문제이다. 교사의 평가나 판단 그 자체는 학생의 자아개념 형성에, 나아가 일생에 중요한 영향을 줄 수 있다. 이러한 사례는 우리 주변에서 쉽게 찾아볼 수 있다.

## 다. 지식 원천으로서의 역할

학생들에게 필요한 지식을 가르치는 일은 교사의 중요한 임무 중의 하나이다. 이런 이유에서 교사에게는 살아 있는 교과서의 역할이 기대된다. 교사가 가지고 있는 지식의 수준과 이해 정도는 학생들의 지적·정서적 자극이나 학업성취와 밀접한 관련이 있는 점으로 보아, 지적 탐구의 출발점이자 공급처로서 교사의 역할은 중요하다.

## 라. 학습 조력자로서의 역할

교사의 역할이 지식 전달자라고 하여 단순한 지식의 전달에 그쳐서는 안 될 것이다. 이는 오히려 교사에 대한 불신을 일으키고 사교육을 조장하게 될 가능성도 있다. 그러므로 교사는 교수·학습과정에서 학생들이 스스로 중요한 지식을 이해하고 새로운 지식을 찾아내며, 배운 지식을 적용하여 새로운 문제를 해결할 수 있도록 돕는 유능한 학습 조력자의 역할을 수행하여야 한다.

특정한 개념이나 원리를 학생의 발달단계에 맞게 설명하는 일, 학생의 학습 유형에 맞는 학습과정을 마련해 주는 일, 학습에 있어서 당면하게 되는 어려움을 극복하도록 조력하는 일 등은 일반인들이 쉽게 넘보기 힘든 전문적 능력을 필요로 하는 일들이며 역할이다.

## 마. 공정한 중재자로서의 역할

학교나 학급에서 학생들끼리 의견이 일치하지 않거나 대립하는 현상은 흔히 있게 마련이다. 중요한 것은 이러한 갈등을 교사가 정서 중심적으로 대처하기(emotion-focused coping)보다는 문제 중심적으로 대처하는(problem-focused coping) 모델이 될 필요가 있다. 사람이 모여 사는 어느 사회나 갈등이 있기에, 이러한 갈등을 어떻게 중재와 타협을 통해 합리적으로 대처하고 해결할 것인지가 중요하다.

최근 국회에서 벌어지는 모습이나 노사 간 갈등, 주장을 위한 폭력의 사용 등은 바로 이러한 합리적 문제해결이나 갈등 해결력을 제대로 배우지 못한 결과라고 할 수 있다. 이러한 측면에서 공정한 심판으로서 그리고 중재자로서의 역할이 중요하다.

## 바. 훈육자로서의 역할

학생들이 사회에서와 마찬가지로 학교에서도 질서와 정해진 규칙을 지키도록 하기 위해서는 적절한 훈육을 일관성 있게 해 주는 것은 학교 당국이나 부모, 그리고 학생 자신들도 교사에게 기대한다. 교사가 훈육을 소홀해 하면, 학교나 학급에서 학생들이 무질서해지고 사고가 빈발하며 심지어 학교폭력이나 학교 따돌림이 더 많이 발생한다. 교사의 훈육역할의 적절성 여부는 학교의 질서 유지뿐만 아니라, 학생들의 학업성취도에도 적지 않은 영향을 주기에 그 역할은 중요하다.

## 사. 동일시 대상자로서의 역할

어려움에 부딪혔을 때나 몹시 화가 났을 때, 사람들이 쉽게 취하는 행동은 부모나 교사 등 의미 있는 타인들(significant others), 즉 동일시 대상이 했던 행동의 형상이 대부분이다. 학교에서 학생들의 중요한 동일시 대상은 바로 교사이다. 그러므로 교사의 여러 가지 행동 특성들은 학생들에 의해 잘 모방되고 부지불식 간에 무의식에 입력된다. 교사의 말투, 당혹스러운 상황에서의 행동, 수업 중의 필체, 생활 태도, 가치관까지 동일시의 내용이 될 수 있다.

## 아. 불안 제거자로서의 역할

성장 과정에서 학생들은 자연스럽게 여러 가지 불안을 겪게 된다. 현실에 대한 경험과 이해 부족에서 오는 학생들의 불안은 많은 경험을 가진 어른의 도움을 필요로 하게 된다. 현실 상황에 대한 적절한 설명과 학생들에게 불필요한 불안을 주지 않도록 상황을 통제하는 일 등은 교사가 수행해야 할 중요할 역할이다.

## 자. 자아옹호자로서의 역할

성장 과정에 있는 학생들이 당면하게 되는 문제들 중에는 자신감을 잃고 열등감을 느끼는 일이 많다. 예를 들면, 학급에서 상위권에 드는 학생들 중에서도 학급석차가 1~2위 떨어지면 자신감을 잃고 좌절하는 경우가 될 수 있다. 이때 교사는 학생들로 하여금 자신을 잘 돌보게 하고 용기를 갖도록 하여 다시 성공감을 맛보게 해줌으로써 학생들의 자아를 옹호해 주고, 자신감을 가지도록 하는 영적 스승 같은 중요한 역할을 수행한다.

## 차. 집단지도자로서의 역할

학교교육은 개별적 상담과 지도를 통해서도 이루어지지만, 학교교육의 특성상 대부분의 경우 집단적으로 이루어진다. 따라서 교사는 그것이 소집단이건 학급집단이건, 혹은 학년 전체 집단이건 집단의 사기를 높이고 응집력(cohesiveness)을 높이기 위해 집단지도자로서의 역할을 수행하게 된다.

## 카. 부모 대리인으로서의 역할

학생들은 부모에게서 구할 수 있는 조언을 교사에게서 찾으려는 경우가 많고, 교사들은 학생들을 대할 때 부모의 마음으로 대하는 경향이 있다. 학생들 중에는 부모에게서 받을 수 없었던 만족을 교사에게서 구하는 경우가 흔하다. 최근 사회가 다변화되어 가는 것과 함께 이혼과 별거 등 가정 붕괴로 인해 결손가정이 늘어 가고 있기 때문에, 부모 대리인으로서의 교사의 역할은 그 중요성이 점점 더해지고 있다.

## 타. 적대감정의 대상으로서의 역할

학생들은 일상생활에서 적지 않은 좌절감을 경험하게 된다. 문화의 표준을 학생들에게 제시하고 이에 순응할 것을 요구하는 이가 부모나 교사와 같은 성인이고 보면, 좌절감에서 폭발되는 적대감정의 대상은 대부분 성인이 된다. 학교 상황에서는 그 적대감정의 화살이 그 표적인 교사에게 향할 수밖에 없다. 이때 기꺼이 그들의 표적이 되어 주고, 대화로써 그들의 적대감정이나 분노감정을 수용하는 것은 그들의 정신 건강을 위해서도 대단히 유익한 일이다. 또한 학생들은 적대감정이나 분노감정을 사회적으로 수용 가능한 형태로 해소하는 방법을 배우는 소중한 기회를 갖게 되는 것이다.

## 파. 친구로서의 교사

학생들 중에는 교사를 때로는 삼촌이나 이모같이, 때로는 다정한 친구같이, 때로는 멘토같이, 때로는 상담자로 대하기를 원한다. 교사가 학생들의 개인적 기쁨이나 감정을 함께 나누어 준다는 것은 교사와 학생 간의 래포(Rapport)를 형성하도록 할 뿐만 아니라 학업성취로도 연결된다. 흔히 학생들 중에는 교사가 너무 다정하고 좋아서 그 선생님이 담당하는 과목을 좋아하게 되었다고 말하는 것은 그 좋은 예가 될 것이다. 교사와 학생과의 관계에 있어

교사는 교권을 내세우는 형식적 관계와 함께 친구로서 언제나 마음속을 털어놓을 수 있는 비형식적 관계가 병행되어야 한다.

### 하. 애정 상대자로서의 역할

교사에게 자기가 아끼는 물건을 선물하는 초등학교 1학년 어린이의 교사에 대한 애정으로부터 남교사에게 연정을 품고 고민하는 고등학교 여학생의 애정에 이르기까지 교사들은 학생의 애정 상대자가 되는 경우가 많다. 또한 학교 현장에는 '잊지 못할 선생님'으로 기억될 만큼 학생들로 하여금 존경과 친화감을 느끼게 하는 교사들이 많으며, 선생님에게 애틋한 정을 갖고 있는 학생들도 많다. 이때 교사는 역할모델이 되는 성인으로서 학생들이 그러한 감정을 합리적인 방식으로 처리할 수 있도록 도와야 하는 역할을 맡게 된다.

이제까지 학교 상황에서의 교사의 역할을 살펴보았다. 교사는 이외에도 학급경영자로서의 역할, 직원으로서의 행정적 역할, 학부모와의 상담자 역할 그리고 기타 교무분장에 따른 여러 가지 역할을 맡아서 수행하게 된다.

## 3. 교사의 윤리

경사(經師)는 만나기 쉬워도 인사(人師)는 만나기 힘들다는 말이 있다. 즉, 경사는 교과서나 강의하고 지식이나 전달하는 직업적인 선생을 의미하고, 인사는 사람을 사람답게 변화시키는 스승, 즉 진정한 교육자를 의미한다.

미숙한 교사는 말로 가르치고 우수한 교사는 행동으로 가르치며, 최고의 교사는 감동으로 가르친다는 말이 있다. 교사는 말과 행동이 일치하며, 높은 윤리 의식을 토대로 바른 생활을 몸소 실천함으로써 학생들에게 존경의 대상이 되는 것이다.

인간은 인간으로서 지켜야 할 도리가 있고, 직업에는 그 나름대로의 직업윤리가 있으며 교직에는 교사가 지켜야 할 윤리가 있다. 즉, 교직윤리는 교사가 지켜야 할 구체적인 윤리 규범이다. 그렇다면 성직적인 성격과 개방적인 전문직으로서 교직에 요구되는 윤리는 무엇인가?

## 가. 교직윤리의 의미

교직윤리란 교육에 종사하는 사람들이 교육현장에서 지켜야 할 윤리규범을 의미한다. 교직윤리는 크게 세 가지 범주로 나누어서 생각해 볼 수 있다(이복례, 2004).

첫째, 학생에 대한 윤리이다.

교육은 뭔가 가치 있는 것이 도덕적으로 온당한 방법으로 전달되고 있거나 전달되었다는 것을 함의하고 있다. 또한 '교육한다.'고 하는 것은 비단 어떤 일을 성취했다는 것만이 아니라, 그 일이 가치 있는 일이라는 것을 의미한다. 또한 그 일을 하는 방법이 윤리적으로 문제가 없어야 한다는 것을 의미한다. 결국 교사는 학생들에게 윤리적으로 가치 있는 것을 가르쳐야 할 뿐만 아니라 학생들을 윤리적으로 대해야 한다.

둘째, 교사 자신에 대한 윤리이다.

교직은 전문직이며, 교사는 전문직 종사자이다. 교직에 있어서 전문성을 확립하는 일은 그 무엇보다 우선되어야 한다. 교사는 아무나 될 수 없고 또 되어서는 안 된다. 교육을 하는 사람은 자신이 먼저 폭넓은 교양을 갖추어야 하고, 아울러 전문지식과 기술에 숙달해야 하며, 인간발달과 심리 등에 대한 소양도 지녀야 한다. 더욱이 오늘날과 같이 지식과 정보가 폭발적으로 늘어나고 급변하는 사회에서 새로운 지식과 기술을 습득하기 위해서는 끊임없는 자기계발이 필요하다.

셋째, 국가와 사회에 대한 윤리이다.

교사는 학교와 지역사회를 우호적이며 협조적으로 연결시키는 원동력이 되고 국가 발전의 선도자이다. 학교와 지역사회, 그리고 국가와 분리되어 따로 존재하는 것이 아니라, 서로 영향을 주고받는 역동적인 상호작용 관계에 있다. 따라서 교사는 지역사회와 국가의 일원으로서 책임과 임무를 지니며, 나아가 지역사회를 이해하고 존중하며 그 생활과 문화의 향상을 위해 봉사해야 한다(손봉호 외, 2001).

이러한 교직윤리의 세 가지 범주 중에서도 교직윤리의 핵심은 아직 미성숙한 학생들을 대상으로 교육한다는 것이며, 이러한 일에 종사하면서 요구된 규범적 내용이야말로 교직윤리의 핵심이라고 할 수 있다.

## 나. 교직윤리의 필요성

교직에서 자율적인 행동규범으로서의 윤리가 법규에 대한 준수 못지않게 중요시되는 이유는 교직이 학생의 인격형성을 목적으로 하는 일이며, 국가와 사회의 장래를 좌우하는 국민의 질을 결정하기 때문이라는 사실이다. 이외에도 교원의 윤리가 필요한 이유를 몇 가지 제시하면 다음과 같다(심진구, 1996; 윤종건 · 전하찬, 1998).

첫째, 교직이 바로 전문직이라는 사실 때문이다. 전문직을 구성하는 요건 중 하나는 그 직무 수행에 있어서 필수적으로 갖추어야 할 직업윤리 규정을 갖고 있어야 한다는 점이다. 의사, 변호사, 법관 등과 같은 전문직에 종사하는 사람들은 그것이 전문직이기 때문에 직무 수행에 있어서 법의 규정 외에도 윤리강령을 제정하여 그 직에 속하는 모든 구성원들에게 준수하도록 요구하고 있다. 따라서 교직 역시 전문직으로서의 실천 윤리, 혹은 행동규범으로서 윤리규정을 필요로 한다.

둘째, 교사들로 하여금 교육력을 갖도록 하기 위해 교직윤리가 필요하다. 교육력에 영향을 미치는 요소들은 다양하지만, 그중에서도 특히 교사의 권위가 얼마나 확립되었느냐는 교육력의 제고에 중요한 영향을 미치는 요인이라 할 수 있다. 교사의 입장에서 교권이란 교육권을 말하며, 교육권의 구체적 내용으로는 학교교육에 있어서의 교육과정의 편성권, 교재의 선택, 선정권, 교육방법의 결정권, 평가의 권한, 징계권 등이 있다.

사실 교실에서의 교사는 왕이며 그의 권한은 막강하다. 좌석배치를 하고 지명 및 발표기회 부여의 권한을 가지고 있으며, 학급임원 선정에 있어서도 영향력을 가진다. 또한 금지하고 체벌을 가하며 칭찬하고 포상하는 일도 한다. 시험의 횟수 및 성적 발표 등도 교사의 권한에 속한다. 극단적으로 말하면 교사는 한 학생의 일생을 좌우할 수도 있다. 따라서 교육권의 확립을 위해 요구되는 사항들 중에서 필수적인 요소가 바로 교직윤리의 확립이다.

셋째, 학생의 건전한 성장과 바람직한 발달을 도모하기 위해 교사의 윤리가 강조되어야 한다. 학생의 도덕적·윤리적 품격은 학생의 사회적 환경의 질에 의해 영향을 받는다. 이 사회적 환경 중에서도 학생을 둘러싸고 있는 인간적 환경, 즉 제반 인간관계라는 환경이 가장 중요하다. 일찍이 많은 심리학자들 역시 주요한 인간적 환경인 부모나 교사의 인간성이 어린이들의 인격형성에 매우 중요한 영향을 미친다고 역설한 바 있다. 가축이나 화초의 경우도 깊은 애정을 기울여 보살피면 더 잘 자랄 뿐만 아니라, 그 결실 역시 더욱 견실하다는 것은 이미 상식화된 사실이다. 따라서 교사의 애정과 함께 높은 윤리성은 학생의 바람직한 성장·발달을 위해 필수적인 요소라 하겠다.

넷째, 인간적인 사회의 재건을 위해 교사의 윤리가 중요하다. 현대사회의 가장 큰 병폐 중의 하나는 비인간화의 정도가 점점 더 심화되어 가고 있다는 점이다. 더욱 심각한 문제는 현대의 이러한 부정적 경향이 한층 더 심화될 것이라는 것이다. 그 과정에서 나와 타인을 엮어 주던 공동체적 윤리의식이 급격하게 와해 또는 해체될 수 있으며, 급기야는 국가와 사회의 해체라는 비극적인 상황으로 치달을 수도 있다. 이러한 상황에서 교육이 수행해야 할 과제 중의 하나는 정신적 풍요를 가져다 줄 인간교육을 실현하는 것이다 그러므로 학생들을 대상으로 하는 교직자들이 보다 높은 윤리적 의식을 소유하는 일은 인간적인 사회의 재건을 위해 필수불가결한 것이다.

### 다. 교직윤리의 특성

교직은 전문직적 특성이 강하기 때문에 그 직업에 종사하는 교사에게는 그 전문직적 특성을 유지·발전시키고, 교직의 권익과 사회적 지위의 신장을 위해서도 반드시 윤리문제가 요구된다. 그런데 교사가 수행하는 교육의 본질로 보아, 교사들의 교권 신장이나 사회경제적 지위 및 지적인 수월성도 중요하지만 보다 중요한 것은 교사가 갖추어야 할 자질이나 태도를 일컫는 교사윤리일 것이다. 교사의 직무는 사람을 가르치는 것이며, 가르친다는 것은 비단 지적 측면만을 가리키는 것은 아니다. 이는 마치 성직자에게서 윤리나 도덕의 개념을 빼고 이야기할 수 없는 것처럼, 교사에게도 윤리나 도덕을 빼버린다면 그는 이미 교사가 아니기 때문이다.

여기에서는 교직윤리의 특성을 윤종건 등(1996)과 한국교총(1997)이 제시한 것을 종합하여 살펴보기로 한다.

첫째, 교직행동의 비공식적 규범으로서 특성을 가지고 있다. 법률이나 규정이 집단의 공동생활에서 지켜야 하는 행동의 공식적·강제적 규범이라면, 윤리나 도덕은 그 공동생활에서 준수해야 할 비공식적인 행위규범이다. 법률이나 규정은 위반하면 강제적으로 처벌받을 수 있지만, 윤리는 의무나 강제사항이 아니며 능동적이고 자율적이며 비공식적이 행동 규범으로 개인의 양심에 맡겨진 사항이다. 다음과 같은 사례는 이러한 교사윤리의 성격을 이해하는 데 도움이 된다(이지혜, 2000).

> K 교사는 근무에 있어서 공식적인 규칙을 철저히 지킨다. 교사로서의 학습지도나 학생지도에 있어 기계적이라고 할 만큼 융통성이 없고 원리원칙을 고수한다. 공식적으로 정해진 시각에 틀림없이 출퇴근하고 수업시간 시종을 엄격히 지킨다. 그러나 그는 공식적으로 정해진 일이 아니면 학생지도나 동료교사의 문제에 무관심을 보인다. 또한 자신의 권리는 어떤 경우에도 양보하지 않는 사람이다.
>
> 반면 P 교사는 이와는 대조적이다. 규칙을 지키는 데는 다소 소홀하지만 가르치는 일과 학생지도에는 시간표나 일과표에 관계없이 열성적으로 임한다. 그러나 형식을 좋아하지 않는다. 학생을 정성을 다하여 지도하며 동료들의 사적 일에도 자기 일처럼 열심히 뛴다. 그러나 이렇게 비공식적인 일에 앞장서고 성의를 다하다 보니 공식적인 일은 소홀히 되는 경우가 많다.

위의 사례에서 두 교사의 행동을 보면, 공식적인 규율을 중심으로 평가할 때는 K 교사가 P 교사보다 근무상태가 양호하다고 할 수 있다. 그러나 실제에 있어서는 학생들이나 학부모, 그리고 동료교사들은 P 교사를 더 좋아하고, 지도의 효과 역시 P 교사 쪽이 높게 나타난다는 점이다. 학생을 가르친다는 것은 사무나 생산업무와는 다르게 개인과 개인, 또는 개인과 집단 간의 상호작용에서 이루어지므로 공식적인 규율보다는 비공식적인 규율, 즉 교사윤리가 더욱 중시되고 있음을 알 수 있다. P 교사는 외형적으로 보면 문제가 있지만, 윤리적 측면에서 보면 보다 바람직한 교사라고 할 수 있다.

둘째, 교직행동에 대한 포괄적 지침으로서의 특성을 가지고 있다. 즉, 교사의 모든 행위와 밀접한 관련을 갖는다는 것이다. 미국교육협회(National Education Association)는 교직윤리의 포괄적인 성격을 다음과 같이 규정하고 있다(이찬교 외, 1996). 교직의 윤리란 전문적인 절차와 과정에 따라 직위와 직책을 얻고, 계약된 직무를 성실히 수행하며, 학생의 성적이나 비행을 비밀로 하는 행동 이상을 의미한다. 거기에는 교사의 교직에 대한 의식, 동료교사들에 대한 태도, 학생과 학부모에 대한 전문적인 배려와 존중 의식이 포함되어 있다. 아울러 전문적 행위를 선택해야 하는 어떤 상황에서도 가치의 상대성이 있음을 의식하고 교직과 동료, 그리고 학생에 대해 맹목적인 존중이 아니라 헌신적이고 성실한 자세로 행동하려는 태도가 포함되어 있다.

한편 윤종건 등(1996)은 교직윤리의 이러한 성격을 다음과 같이 제시하고 있다.

〈표 3-1〉 교직윤리의 성격

| 지도의 영역 | 교사의 실천행동 | 윤리의 내용 |
|---|---|---|
| 학생지도 | 1. 지도내용의 선정<br>2. 실제지도의 과정<br>3. 평가의 관리 | 1. 지도내용의 객관성<br>2. 최선의 방법 적용, 성실한 지도<br>3. 공정성, 객관성, 합리성 |
| 인간관계 | 1. 학생과의 관계<br>2. 동료와의 관계<br>3. 학부모, 지역사회와의 관계 | 1. 교육애, 인격존중, 정확한 이해<br>2. 상호존중, 상호신뢰<br>3. 교육홍보 및 의견수렴 |
| 공직생활 | 1. 전문성 관리<br>2. 준법생활<br>3. 공공생활 | 1. 연구, 근면, 성실<br>2. 질서존중, 솔선수범<br>3. 청렴, 봉사, 중립성 |

셋째, 교육의 질을 결정하는 요소로서의 특성을 지니고 있다. 교사윤리의 확립 정도가 그 교사가 산출하는 교육의 질을 결정한다는 사실은 대부분 공감한다. 우수한 인재의 육성, 풍부한 자질과 탁월한 능력을 소유한 국민의 육성이 바로 교육의 질에서 비롯된다.

1983년 미국 교육 수월성 추구 자문위원회가 제출한 「위기에 처한 국가 - 교육개혁의 필요성」이라는 보고서는 미국교육의 개혁 필요성을 강력하게 주장하고 있다. 여기서 주목할 만한 사실은 미국 국민을 위한 질 높은 교육을 과학보다는 사회 윤리의 강조에서 찾고 있다는 점이다. 이러한 사실은 곧 교육의 질이 교원의 윤리와 밀접하게 관련되어 있음을 강력하게 시사하고 있다. 즉, 교사의 교직윤리는 교육의 질을 좌우하며, 다시 교육의 질은 국가의 힘을 결정한다는 것이다. 따라서 교사의 윤리는 단순히 교육적 실천 행위의 옳고 그름을 판단하는 기준으로서뿐만 아니라, 국력의 근간인 교육의 질을 결정하는 중요한 요소라고 하겠다.

넷째, 실천적 행동강령으로서의 특성을 가지고 있다. 교직은 근로직인가, 아니면 전문직인가에 대한 논의는 계속되고 있다. 1998년 정부는 교직원 노동조합을 법적으로 인정하여 전문직 단체의 성격이 강한 한국교원단체총연합회와 같이 교원의 사회경제적 지위 향상을 위한 교섭단체로 인정하고 있다. 이는 교사 역시 생활 봉급자로서 근로자성도 있으며, 또한 전문직에 요구되는 높은 수준의 지적 능력과 이를 획득하기 위한 엄격한 표준이 요청되는 전문직성도 동시에 가지고 있음을 의미한다. 교사는 근로자성과 전문성의 두 울타리 속에서 책임과 의무, 그리고 권리 간의 갈등을 겪으면서 구체적인 실천을 요구받는 직업인임을 알 수 있다.

## 라. 교사의 윤리 규정

전문직을 수행하는 과정에서 제기되는 수많은 윤리적 문제들 때문에 중요한 전문직들은 저마다 헌장과 윤리강령의 형태로 자신들의 사명을 진술하고 있다. 전문직 수행과 관련된 법령이 있기는 하지만, 법령이 전문직 구성원들의 행동을 모두 제어하지는 못한다. 전문직들은 그들이 채택한 윤리강령의 정신에 따라 부도덕한 행위를 한 구성원들에 대해 자율적으로 제재를 가하고 있다. 우리나라의 경우, 교사의 윤리 규정은 한국문화협회, 한국교원단체총연합회, 전교조 등의 전문가 집단에 의해 제정 공포된 다음과 같은 강령과 헌장 등이 있다.

### 1) 사도강령

우리나라에서 가장 먼저 공식적으로 등장한 교사의 윤리 규범은 1954년 10월 9일 한국문화협회에서 제정한 사도강령이다. 사도강령은 면학수행(勉學修行), 교학시범(教學示範), 교학봉공(教職奉公) 등 총 3장 32항으로 구성되어 있다.

### 2) 한국교원윤리강령

한국교원단체총연합회의 전신인 대한교육연합회는 1958년 9월 19일 제12차 대의원회에서 한국교원윤리강령을 채택한 것으로 전문과 학생, 가정, 사회, 교직, 교양의 5장으로 구성되어 있다.

이후 대한교육연합회는 1958년 공포한 한국교원윤리강령을 대폭 개정하여 1982년 스승의 날에 사도헌장과 사도강령을 채택하여 공포하였다. 사도헌장은 전문과 스승과 제자, 스승의 자질, 스승의 책임, 교직자와 단체, 스승과 사회에 관한 5개항으로 이루어진 본문으로 구성되어 있다. 사도강령은 사도헌장을 구체적으로 풀이한 행동강령이다.

### 3) 교직윤리헌장

1982년 이후 다시 많은 세월이 흘러 사회도 많이 변했고, 국민의식과 교육계 환경도 크게 달라졌다. 이러한 변화를 반영하는 교직윤리헌장의 필요성 때문에 2005년 스승의 날에 새로이 교직윤리헌장을 제정하게 되었다. 전문 및 우리의 다짐 조항은 다음과 같다(한국교원단체총연합회, 2005).

## 교직윤리헌장

우리는 교육이 인간의 가치와 존엄성을 높이며, 개인의 성장과 자아실현은 물론 국가와 민족의 미래에 중대한 영향을 준다는 사실을 명심하고, 국민으로부터 부여받은 교육자의 책무를 다하기 위해 최선을 다한다. 우리는 균형 있는 지 · 덕 · 체 교육을 통하여 미래사회를 열어 갈 창조정신과 세계를 향한 진취적 기상을 길러 줌으로써, 학생을 학부모의 자랑스러운 자녀요 더불어 사는 민주 사회의 주인으로 성장하게 한다. 우리는 교육자의 품성과 언행이 학생의 인격형성을 좌우할 뿐만 아니라 사회전반의 윤리적 지표가 된다는 사실을 깊이 인식하고, 윤리성과 전문성을 높이기 위해 노력한다. 이에 우리 모두의 의지를 모아 교직의 윤리를 밝히고, 사랑과 정직과 성실에 바탕을 둔 교육자의 길을 걷는다.

## 우리의 다짐

- 나는 학생을 사랑하고 학생의 인권과 인격을 존중하며, 합리적인 절차와 방법에 따라 지도한다.
- 나는 학생의 개성과 가치관을 존중하며, 나의 사상 · 종교 · 신념을 강요하지 않는다.
- 나는 학생을 학업성적 · 성별 · 가정환경의 차이에 따라 차별하지 않으며, 부적응아와 약자를 세심하게 배려한다.
- 나는 수업이 교사의 최우선 본분임을 명심하고, 질 높은 수업을 위해 부단히 연구하고 노력한다.
- 나는 학생의 성적평가를 투명하고 엄정하게 처리하며, 각종 기록물을 정확하게 작성 · 관리한다.
- 나는 교육전문가로서 확고한 교육관과 교직에 대한 긍지를 갖고, 자기개발을 위해 노력한다.
- 나는 교직 수행과정에서 습득한 학생과 동료, 그리고 직무에 관한 정보를 악용하지 않는다.
- 나는 학생이나 학부모로부터 사적 이익을 취하지 않으며, 사교육기관이나 외부업체와 부당하게 타협하지 않는다.
- 나는 잘못된 제도와 관행을 개선하는 데 앞장서며, 교육적 가치를 우선하는 건전한 교직문화 형성에 적극 참여한다.
- 나는 학부모와 지역사회를 교육의 동반자로 삼아 바람직한 교육공동체 형성을 위해 함께 노력한다.

### 4) 전국교직원노동조합의 교원윤리 강령

전국교직원노동조합의 경우 2001년 4월 24일에 민족교육, 민주교육, 인간화 교육을 기본 이념으로 하는 전교조 강령을 채택하여 교사로서의 기본적인 행동 지침을 제시하고 있으며, 특히 교사 십계명이라는 이름으로 학생들과의 관계에서 지켜야 할 규범을 정하여 교사들에게 실천할 것을 요구하고 있다. 전교조 강령과 교사 십계명을 소개하면 다음과 같다.

**전교조 강령**

1. 우리는 교육의 자주성 · 전문성 확립과 교육민주화 실현을 위해 굳게 단결한다.
2. 우리는 교직원의 사회 · 경제적 지위 향상과 민주적 권리의 획득 및 교육여건의 개선에 모든 노력을 기울인다.
3. 우리는 학생들이 민주시민으로서 자주적 삶을 누릴 수 있도록 민족 · 민주 · 인간화 교육에 앞장선다.
4. 우리는 자유 · 평화 · 민주주의를 사랑하는 국내 여러 단체 및 세계 교원단체와 연대한다.

**교사 십계명**

1. 하루에 몇 번이든 학생들과 인사하라. 한마디의 인사가 스승과 제자 사이를 탁 트이게 만든다.
2. 학생들에게 미소를 지으라. 다정한 선생으로 호감을 줄 것이다.
3. 학생들에게 이름을 부르라. 이름 부르는 소리는 누구에게나 가장 감미로운 음악이다.
4. 칭찬을 아끼지 말라. 그리고 가능한 한 비판을 삼가라.
5. 친절하고 돕는 교사가 되라. 학생들과 우호적 관계를 원한다면 무엇보다 친절하라.
6. 학생들을 성의껏 대하라. 내가 하는 모든 일을 즐거이 말하고 행동하되 다만 신중한 것을 잊지 말라.
7. 항상 내 앞의 학생의 입장을 고려하라. 서로 입장이 다를 경우에는 일반적으로 세 편이 있음을 명심하라. 그것은 '나의 입장', '학생의 입장', 그리고 '올바른 입장'이다.
8. 학생들에게 진심으로 관심을 가져라. 내가 노력한다면 거의 누구든지 좋아할 수 있다.
9. 봉사를 머뭇거리지 말라. 교사의 삶에 있어서 가장 가치 있는 것은 학생을 위해 사는 것이다.
10. 이상의 것에 깊고 넓은 실력과 멋있는 유머와 인내, 겸손을 더하라. 그러면 교사가 후회하는 경우는 별로 없을 것이다.

김봉환, 정철영, 김병석(2006). 학교진로상담. 서울: 학지사.

손봉호, 김혜성, 조영제(2004). 교직윤리관 정립을 위한 기초 연구. 시민교육연구, 33(1), 191-222.

심진구(1996). 초등교사론. 서울: 교육과학사.

윤종건, 전하찬(1998). 교사론. 경기: 정민사.

이복례(2004). 교직윤리 확립을 위한 교사윤리의식 실태 분석. 청주교육대학교 석사학위논문.

이영덕 외(1972). 국가발전에 대한 교육의 기여. 한국교육개발원.

이지혜(2000). 교사윤리로서 배려의 가치. 전남대학교 석사학위논문.

이찬교(1996). 교직과 교사. 서울: 한국방송통신대학교출판부.

이현행(2004). 교육학개론. 경기: 양서원.

정우현(1994). 최신 교사론. 서울: 교육과학사.

한국교원단체총연합회(1997). 교원의 사회·경제적 지위에 관한 교원 인식 조사. 서울: 한국교원단체총연합회.

한상효, 유평수, 서재복(2005). 교육학개론. 서울: 교육과학사.

한은숙, 김종두(2008). 교육학개론. 서울: 교육과학사.

Redle, F., & Wattenberg, W. W. (1974). *Mental hygiene in teaching*. N.Y.: McGraw- Hill Book Co.

CHAPTER

# 04

# 교사의 권리와 의무

주여! 저로 하여금 교사라 하여 어린이의 인격과 자유와 권리를
유린할 수 있는 특권이 있는 것으로
착각하지 않게 하여 주시고
교사의 자리를 이용하여
어린이를 저의 목적을 달성하기 위한 수단으로 쓰지 않게 하여 주시며,
저의 의견을 무리하게 부과하는 대상물로 삼지 않게 하여 주시옵소서,
교사의 임무는 어디까지나 어린이의 올바른 성장을 돕는 협력자요,
동반자임을 잊지 않게 하여 주시고,
그의 올바른 성장이 곧 저의 영광임을 기억하게 하여 주시옵소서.

-오천석의 「스승」 중에서-

21세기 지식정보화사회에서는 정치, 경제, 사회, 문화, 교육 등 각 분야에서 새로운 패러다임이 요구되고 있다. 그런데 정보화 사회를 움직일 수 있는 원동력은 정보이고, 정보를 창출할 수 있는 것은 교육이기 때문에, 이들 분야 중 가장 중요한 것은 교육이라고 할 수 있다.

새로운 정부가 들어설 때마다 변화와 개혁을 위해 교육 분야에서 여러 정책 대안을 내놓고 있다. 그러나 이러한 정책을 구현할 수 있는 구체적 자료와 방안은 부족하고 개선되기보다는 정치적 필요에 따라, 심지어는 집권 정당의 이해관계에 따라 정책이 입안되고 추진되는 경향이 강하다. 교사는 교육의 목적 달성과 기능수행을 위해 중추적인 역할을 담당하기 때문에 교사는 전문인으로서의 책임과 의무를 성실히 수행해야 하고, 반면 그들의 권리는 최대한으로 보장받아야 한다.

대체적으로 교사의 권리로는 자율권, 생활보장 및 복지요구권 등의 적극적 권리와 신분보장 및 쟁송요구권 등의 소극적 권리가 있다. 또한 교사의 의무로는 교육 및 연구 활동, 성실 및 복종, 품위 유지, 비밀엄수 등의 적극적 의무와 정치활동의 금지, 집단행위의 제한, 영리업무 및 겸직의 금지 등 소극적 의무가 있다. 그러나 대부분의 교사들은 그들에게 부여된 권리와 의무 및 그 한계를 정확히 알고 있지 못하고 있다. 그로 인하여 그들은 사고에 두려움과 책임 회피 등으로 교육활동에 소극적이고, 또 법률지식이 없어 교권을 침해당해도 정당하게 권리를 주장하지 못하는 경우가 있다. 뿐만 아니라 교원으로서 지켜야 할 법적 책임과 의무를 잘 모르거나 그 한계를 이해하지 못한 가운데 행동하여 법적으로 책임을 지거나 사회적으로 비난을 받는 경우도 있다.

교사의 지위 강화를 위해서는 무엇보다 교원의 권리가 철저하게 보장되고, 또 그들의 책임과 의무가 엄격하게 준수될 수 있는 방안이 마련되어야 할 것이다. 가장 중요한 것은 교사가 맡은 바 교직수행을 잘하기 위해서는 그들에게 부여된 권리와 의무 및 그 한계를 정확히 알고 있어야 한다.

## 1. 교사의 법적 지위

교사의 지위에 관해서 UNESCO와 ILO는 「교사의 지위에 관한 권고」에서 교권을 교사의 교육자유권이며 교사의 생활보장권이고 신분보장권이라고 규정하고 있다. 즉, 교권은 교육에 종사하는 교사가 교육활동을 함에 있어서 전문직으로서의 권위를 인정받고 부당한 간섭이나 침해가 없는 교육활동의 자율성을 보장받아야 할 권리이며, 교사의 전문성을 추구하기 위하여 요구되는 권한이기도 하다. 또한 사회적 · 경제적 지위가 우대되고 신분보장을 받을 수 있는 권리이며, 자율적인 단체 활동을 할 수 있는 권리이다.

여기서 사회적 대우 또는 존경은 사회적 지위 측면을, 보수 및 그 밖의 물질적 급부는 경제적 지위 측면을 강조한 것이라고 할 수 있다. 즉, 사회적 측면은 학부모나 학생 또는 일반 사회인이 교사를 어떻게 인정하며 교직을 어떻게 보는가 하는 측면이다. 즉, 교사와 교직에 대한 외부로부터의 평가의 측면이다. 그리고 경제적 측면은 교사의 봉급이라든가 각종 수당 또는 교사에 대한 제반 후생복지 등을 포함하는 면으로서, 다른 직업집단의 그것들과 비교되는 상대적 수준이다. 또 사회적 · 경제적 지위는 교사의 법적 지위와 별개의 개념이 아니며 교류하는 관계에 놓인다. 즉, 법적 지위 측면에서 사회적 · 경제적 지위를 논할 수도 있고 사회적 · 경제적 지위 측면에서 법적 지위를 논할 수도 있다. 그리고 법적 지위의 내용인 권리 · 의무 · 책임관계로 인해 사회적 · 경제적 지위가 향상 또는 위축될 수도 있다. 반대로, 사회적 · 경제적 지위수준의 변화는 법적 지위의 내용 변동을 가져올 수도 있는 것이다.

교사의 법적 지위는 국민의 교육기본권 실현을 위하여 학생, 학교, 지역사회, 그리고 국가에 대하여 교사에게 기대되는 법제화된 역할, 즉 신분이다. 그리고 구체적으로는 교육활동에 있어서 교사의 권리, 의무, 책임 관계를 법으로 규정한 것이라고 할 수 있다. 그리고 현대 공교육체제하에서 교사의 법적 지위는 교사로서의 신분보장, 사회적 · 경제적 지위보장 등 교사의 권리뿐만 아니라, 교육기본권의 적극적 실현을 위한 행위의 강제와 교육기본권의 실현을 저해할 우려가 있는 행위의 금지를 포함한 의무에 관한 사항을 규정하며, 의무위반에 대한 책임 규정까지도 포함한다.

그러나 교권 그 자체의 개념을 어떻게 규정하건 교권은 그 자체로는 의의를 가질 수 없고, '교육에 대한 관(觀)'과의 관계에서 교권의 의미나 의의가 설정될 수 있을 것이다. 이는 교권이 그 자체로 가치와 의의를 지닌다기보다는 교육을 위한 수단적 성격에 의해 규정된다(이종재 외, 2003). 즉, 권위는 개인이 주관적으로, 혹은 독단적으로 결정하고 행사하는 지배력으로서의 권위가 아니라, 상대 주체가 스스로 인정하고 수용하고자 하는 교육의 영향력을 의미한다.

교육의 장은 교사와 학생 간의 만남의 장이다. 만남의 장에서 인격적 교류가 있고 그 가운데 인격적 성장이 이루어진다(안창선, 남경현, 이욱범, 1999). 교육활동에서 교사와 학생 간의 인격적 만남과 교류는 다른 어떤 요소로도 대치할 수 없는 비대치성과 독립성이 있다는 점에서 교권은 존재 이유가 있는 것이다. 교사의 권리 및 의무와 관련된 법령은 다음과 같다.

〈표 4-1〉 교사의 권리 관련 법령

| 구 분 | 근 거 | 내 용 |
|---|---|---|
| 교육의 자주성 등 | 「교육기본법」 제5조 | 1. 국가 및 지방자치단체는 교육의 자주성 및 전문성을 보장하여야 하며, 지역의 실정에 맞는 교육의 실시를 위한 시책을 수립·실시하여야 한다.<br>2. 학교운영의 자율성은 존중되며, 교직원·학생·학부모 및 지역주민 등은 법령이 정하는 바에 의하여 학교운영에 참여할 수 있다. |
| 교 원 | 「교육기본법」 제14조 | 1. 학교교육에서 교원의 전문성은 존중되며, 교원의 경제적·사회적 지위는 우대되고 그 신분은 보장된다.<br>2. 교원은 교육자로서 갖추어야 할 품성과 자질을 향상시키기 위하여 노력하여야 한다.<br>3. 교원은 특정 정당 또는 정파를 지지하거나 반대하기 위하여 학생을 지도하거나 선동하여서는 아니 된다.<br>4. 교원은 법률이 정하는 바에 의하여 다른 공직에 취임할 수 있다.<br>5. 교원의 임용·복무·보수 및 연금 등에 관하여 필요한 사항은 따로 법률로 정한다. |
| 교권의 존중과 신분보장 | 「교육공무원법」 제43조 | 1. 교권은 존중되어야 하며, 교원은 그 전문적 지위나 신분에 영향을 미치는 부당한 간섭을 받지 아니한다.<br>2. 교육공무원은 형의 선고·징계처분 또는 이 법에서 정하는 사유에 의하지 아니하고는 그 의사에 반하여 휴직·강임 또는 면직을 당하지 아니한다.<br>3. 교육공무원은 권고에 의하여 사직을 당하지 아니한다. |

| 구 분 | 근 거 | 내 용 |
|---|---|---|
| 교원의 불체포특권 | 「국가공무원법」 제48조 | 교원은 현행범인인 경우를 제외하고는 소속 학교의 장의 동의 없이 학원 안에서 체포되지 아니한다. |
| 교원에 대한 예우 | 「법교원지위향상을 위한 특별법」 제2조 | 1. 국가·지방자치단체 기타 공공단체는 교원이 사회적으로 존경받고 높은 긍지와 사명감을 가지고 교육활동을 할 수 있는 여건이 조성되도록 노력하여야 한다.<br>2. 국가·지방자치단체 기타 공공단체는 교원이 학생에 대한 교육과 지도를 함에 있어서 그 권위가 존중되도록 특별히 배려하여야 한다.<br>3. 국가·지방자치단체 기타 공공단체는 그가 주관하는 행사 등에 있어서 교원을 우대하여야 한다. |
| 교원보수의 우대 | 「교원지위향상을 위한 특별법」 제3조 | 1. 국가 및 지방자치단체는 교원의 보수를 특별히 우대하여야 한다.<br>2. 사립학교법 제2조의 규정에 의한 학교법인 및 사립학교 경영자는 그가 설치·경영하는 학교교원의 보수를 공무원인 교원의 보수수준으로 유지하여야 한다. |

〈표 4-2〉 교사의 의무와 관련된 법령

| 구 분 | 근 거 | 내 용 |
|---|---|---|
| 성실의 의무 | 「국가공무원법」 제56조 | 법령을 준수하며 성실히 직무를 수행하여야 한다. |
| 복종의 의무 | 「국가공무원법」 제57조 | 직무를 수행함에 있어서 소속 상관의 직무상 명령에 복종하여야 한다. |
| 친절공정의 의무 | 「국가공무원법」 제59조 | 국민 전체의 봉사자로서 친절, 공정히 집무하여야 한다. |
| 비밀엄수의 의무 | 「국가공무원법」 제60조 | 재직 중은 물론 퇴직 후에도 직무상 알게 된 비밀을 엄수하여야 한다. |
| 청렴의 의무 | 「국가공무원법」 제61조 | 1. 직무와 관련해 직·간접적으로 사례·증여·향응수수 등을 하여서는 안 된다.<br>2. 직무상의 관계 여하를 불문하고 소속 상관에 증여하거나 소속공무원으로부터 증여를 받아서는 안 된다. |
| 품위유지의 의무 | 「국가공무원법」 제63조 | 직무의 내외를 불문하고 그 품위를 손상하는 행위를 하여서는 안 된다. |

〈표 4-3〉 교사의 신분상 4대 금지사항: 「국가공무원법」

| 구 분 | 근 거 | 내 용 |
|---|---|---|
| 직장이탈 금지 | 「국가공무원법」 제58조 | 소속 상관의 허가 또는 정당한 이유 없이 직장을 이탈하지 못한다. |
| 영리업무 및 겸직 금지 | 「국가공무원법」 제64조 | 공무 이외의 영리를 목적으로 하는 업무에 종사하지 못하며 소속기관장의 허가 없이 다른 직무를 겸할 수 없다. |
| 정치운동의 금지 | 「국가공무원법」 제65조 | 정당이나 그 밖의 정치단체의 결성에 관여하거나 가입할 수 없으며, 선거에서 특정 정당 또는 특정인을 지지 또는 반대하기 위한 행위를 할 수 없다. |
| 집단행위의 금지 | 「국가공무원법」 제66조 | 노동운동 기타 공무 이외의 일을 위한 집단적 행위를 하여서는 아니 된다. 다만 사실상 노무에 종사하는 공무원은 예외로 한다. |

〈표 4-4〉 초중등교육법에 정해진 교사의 임무: 「초 · 중등교육법」

초 · 중등교육법 제20조(교직원의 임무)
① 교장은 교무를 통할(統轄)하고, 소속 교직원을 지도 · 감독하며, 학생을 교육한다.
② 교감은 교장을 보좌하여 교무를 관리하고 학생을 교육하며, 교장이 부득이한 사유로 직무를 수행할 수 없을 때에는 교장의 직무를 대행한다. 다만, 교감이 없는 학교에서는 교장이 미리 지명한 교사(수석교사를 포함한다)가 교장의 직무를 대행한다.
③ 수석교사는 교사의 교수 · 연구 활동을 지원하며, 학생을 교육한다.
④ 교사는 법령에서 정하는 바에 따라 학생을 교육한다.
⑤ 행정직원 등 직원은 법령에서 정하는 바에 따라 학교의 행정사무와 그 밖의 사무를 담당한다.
[전문개정 2012.3.21.]

## 2. 교사의 권리

교원의 권리는 교원이 학생에 대하여 가지는 법률상 권리뿐만 아니라, 보다 광범위한 개념으로서의 권리를 의미한다고 하겠다. 이렇게 보면 교원의 권리는 두 가지 측면에서 설명할 수 있다. 하나는 교사가 교육이라는 전문적 활동을 수행하는 데 필요한 적극적 권리로서 교육자유권, 생활보호권, 근무조건의 개선, 복지후생제도 등을 포함하는 개념이며, 다른 하나는 교사의 전문적 활동을 수행하기 위한 소극적인 권리로서 신분보장, 쟁송제기권, 불체포특권, 교직단체활동권 등을 포함한다. 이러한 권리들은 교육기본법, 교육공무원법, 사립학교법, 소청절차규정 등에 명문화 되어 있다. 여기서는 한숙경(1999), 서울시교육청(2006), 안창선(2002)을 종합하여 살펴보기로 한다.

### 가. 적극적 권리

#### 1) 교육자유권

모든 전문직은 그 전문직과 관련된 활동에 있어서 나름대로 권위와 자율성을 인정받고 있다. 그리고 사회는 전문직 종사자들이 전문적 능력을 자율적으로 발휘할 수 있도록 제반 여건을 조성해 주고, 그에 따르는 사회적 책임을 질 수 있도록 하고 있다. 헌법 제29조 4항에는 교육의 자주성과 정치적 중립성 보장의 원칙과 함께 교육의 전문성 보장이 언급되어 있다. 이는 교육 전문가들이 교육활동을 수행함에 있어 전문성을 발휘할 수 있도록 자율성을 보장하여 창의적으로 역할을 수행할 수 있도록 하기 위함이다.

교사가 가지는 자율성의 보장에는 교육과정 결정 및 편성권, 교재의 선택 결정권, 교육내용 및 방법 결정권, 성적평가권, 학생지도 징계권 등이 있다. 학교교육활동에서 이러한 판단과 선택은 고도의 창의성을 전제로 하기 때문에 교사의 전문적 판단과 선택은 어떠한 제재나 간섭을 받지 않아야 한다. 앞에서 기술하였던 교직의 장점 중 하나가 자율과 창의성이었다. 이를 감안한다면 교사의 자율성이 교사가 갖고 있는 권리 중 가장 적극적 권리라 할 수 있다.

그러나 교사의 자율성은 여러 가지 측면에서 제약을 받고 있는 것이 현실이다. 예를 들어, 교육행정상의 상급기관으로부터 획일적인 지시나 통제 혹은 명령 등에 의해 자율성을 침해 받고 있는 경우가 많으며, 학부모의 학교교육에 대한 간섭이 지나친 경우도 있다. 뿐만 아니라, 최근 교육 개혁안이 교육수요자 중심의 교육을 강조함에 따라 학생 및 학부모의 교육 참여는 활발해진 것과는 대조적으로, 교사의 자율성과 창의성은 오히려 위축되었다고 보는 견해도 있다. 무엇보다 교직은 다른 전문직과 비교하여 자율성과 창의성을 발휘할 수 있는 부분이 많아야 하고, 이를 뒷받침할 제도적 여건도 개선되고 마련되어야 할 것이다.

### 2) 생활보장

생활보장은 교사가 안정된 생활기반 위에서 가르치는 일에 몰두할 수 있는 여건을 마련해 주어야 한다는 것을 의미한다. 이처럼 교사가 가르치는 일에 몰두할 수 있도록 하기 위해서는 교사에 대한 안정된 생활보장이 필수적이다. 교육의 수월성을 확보하는 데 있어서 교사가 핵심적 요인임을 인정은 하면서도, 교사들이 확고한 교직관과 사명감을 가지고 오로지 교육에만 전념할 수 있도록 제반 여건을 마련해 주지 못하고 있는 것이 주지의 사실이다.

교사의 생활보장은 일차적으로 보수 및 기타 물질적 급부에 달려 있다. 대체로 교사에게 주어지는 것은 금전적인 대가인 보수라 하겠다. 이러한 보수는 피고용자의 직무에 대한 반대급부인 것이며, 교육공무원의 보수는 법정의 직무를 수행한 결과 국가 및 지방자치단체로부터 받게 되는 금전적 보상이다(오홍석, 1993).

교사에 대한 보수체계의 원칙 중 하나가 보수가 자격과 경력에 따라 결정된다는 것이다. 특히 초·중등 단일호봉제를 채택하고 있다는 점이다. 또한 교사는 다른 직업에 종사하는 사람들과는 달리, 그들의 권리가 제대로 보장되지 않는 상황이라 할지라도 적극적인 입장표명을 하기 어려운 입장에 놓여 있다. 만약 교사들이 단체행동을 하게 되면 그로 인하여 학생들은 직접적인 피해를 고스란히 입게 되는데, 학생의 성장과 발달을 돕기 위한 교육은 중단 없이 지속적으로 이루어져야 하기 때문에 교사들은 자신들의 생활보장을 요구하는 데 있어 타 직종에 비해 권한이 약하다고 할 수 있다.

그동안 교원의 처우개선을 위해서 정부의 노력이 계속되어 왔고 그 결과 교원의 보수수준이 점차 향상된 것이 사실이지만, 아직도 다른 전문직에 비해 미흡한 실정이다. 교원의 초임은 다른 직종의 공무원에 비해 약간 높은 것으로 나타나지만, 근속연한이 길어질수록 특히 최고봉에 도달할 경우 타 직종에 비해 낮아지고 있다. 이런 생활보장 체제하에서는 교원들은 상대적으로 경제적 지위에 대한 빈곤감을 느끼고 직무만족을 기대하기 어려운 실정이다. 따라서 국가와 사회는 이러한 교사의 입장을 잘 알고 교사들이 기본적 권리를 누릴 수 있도록 특별한 정책적 배려가 있어야 하겠다.

### 3) 근무조건 개선

근무조건 개선은 교원이 그들 본연의 임무인 교육활동에 전념할 수 있도록 보장받아야 할 권리 중의 하나이다. 어느 직종에 있어서나 일의 성취와 능률의 극대화를 기하고 해당 직종에 만족스럽게 봉사할 수 있도록 하기 위해 무엇보다도 근무조건의 정비(整備)를 필수조건으로 한다. 특히 전문직인 교직의 경우 교육의 효과와 능률을 높이기 위해 적정량의 근무부담이 주어져야 한다. 교사의 근무조건 개선을 위해서는 교육재정의 확충이 필수적이다.

교사들의 본연의 임무인 교육활동에 전념할 수 있도록 보장받아야 함에도 불구하고, 교사들이 이러한 본연의 교육활동에 열중하는 것을 방해하고 힘들게 하는 근무여건들을 살펴보면 다음과 같다(한숙경, 2003).

첫째, 교사들이 맡고 있는 학생 수가 과다하다는 것이다. 2016년 현재 우리나라의 학급당 학생수는 초등학교 23.2명, 중학교 28.4명으로 OECD 평균인 초등학교 21.3명, 중학교 22.9명보다 높으며, 교사 1인당 학생수는 초등학교 16.5명, 중학교 14.7명, 고등학교 13.8명으로 OECD 평균인 초등학교 15.0명, 중학교 12.7명, 고등학교 13.0명보다 높았다. 최근 우리나라 출산율이 OECD 평균보다 낮고, 교육부의 교육여건 개선 노력이 실효를 거두면서 교사들이 맡고 있는 학생 수가 점차 줄어들고 있다. 그러나 여전히 OECD 평균보다 높기 때문에 정부의 교육여건 개선 노력이 지속되어야 할 것이다.

〈표 4-5〉 2016년 기준 교사 1인당 학생 수 및 학급당 학생 수) (단위: 명)

| 구 분 | 교사 1인당 학생 수 | | | 학급당 학생 수 | |
|---|---|---|---|---|---|
| | 초등학교 | 중학교 | 고등학교 | 초등학교 | 중학교 |
| 한 국 | 16.5 | 14.7 | 13.8 | 23.2 | 28.4 |
| OECD 평균 | 15.0 | 12.7 | 13.0 | 21.3 | 22.9 |

*교사: 기간제 교사를 포함한 수업교사(주 업무가 수업이 아닌 교사 제외, 휴직교사 포함)

둘째, 수업부담이 과중한 것도 개선되어야 할 근무조건 중 하나이다. 교사의 주요 과업 중 하나는 학생들을 대상으로 하는 교과지도 활동인 수업이다. 우리나라 초·중등학교 교사들이 맡고 있는 주당 수업시수는 대체적으로 과중하여 수업의 질 개선을 위한 자기연찬과 교재연구의 시간이 상대적으로 부족하다.

셋째, 교사들의 잡무가 지나치게 많은 것도 시급히 개선되어야 할 직무여건 개선사항 중 하나이다. 교사의 잡무가 어떤 것인가 하는 것은 보는 사람의 관점에 따라 달라질 수 있으므로 명확하게 개념 짓기는 어렵지만, 일반적으로 교사의 잡무란 교과지도 및 특활지도를 포함하는 교육과정 운영과 학급경영, 기타 이외 직접 관련되는 교육활동 이외의 업무를 가리킨다(서정화, 1982). 다시 말해서 교사가 순수한 교육활동에 전념할 수 있고, 자율적이고 창의적인 교수학습과정을 효율적이고 효과적으로 전개할 수 있도록 조건을 조성해 주는 업무 이외에 교육활동 수행에 지장을 초래하는 업무이다.

교육부의 자료에서는 교사 잡무의 판단 기준으로 ① 교육과정 운영과의 관련 정도, ② 수업 결손 초래도, ③ 보고 내용의 교육적 필요도, ④ 업무의 단순 노동성, ⑤ 업무추진의 자발성, ⑥ 일과 시간 이외의 업무 여부 등을 들고 학교 업무의 제 영역에서 필수 업무와 보조 업무를 제외한 모든 업무를 잡무로 규정하고 있다(교육부, 1981).

이러한 시각에서 보면 교사의 잡무는 교사가 하지 않아도 될 불필요한 활동이라 할 수 있다. 교사의 업무는 다음과 같이 분류할 수 있는데(서정화, 1995), 내용 중 일부는 개선된 것도 있지만 여전히 개선되지 않고 있는 것도 있다.

〈표 4-6〉 교사의 업무 분류

| 구 분 | 필수업무 | 보조업무 | 잡 무 |
|---|---|---|---|
| 교과<br>학습지도 | • 학습지도<br>• 교재연구 및 학습 자료준비<br>• 과제처리<br>• 평가, 성적처리 | • 교과협의회 및 동학년 협의회<br>• 학습부진아 지도<br>• 연구수업<br>• 보강지도<br>• 독서지도<br>• 각종검사(지능, 학력) | • 실험 · 실습 후 장부정리<br>• 일부 국책업무의 계량적 보고 업무<br>• 과외단속<br>• 교과서 공급 |
| 생활지도 | • 교내생활지도<br>• 안전지도<br>• 요선도 학생지도<br>• 교도 · 상담<br>• 진로지도 | • 여가선용지도<br>• 급식지도<br>• 가정방문<br>• 인성, 적성지도 | • 교외 생활지도<br>• 타 기관 요구의 거리질서 행사 동원 |
| 특활지도 | • 학생회 지도<br>• 학급활동 지도<br>• 클럽활동 지도 | • 교내 각종대회 운영 지도<br>• 글짓기, 웅변, 미술대회 등 | • 각종 단체 주관의 문예 활동 참가<br>• C.S., G.S., R.C.Y., M.R. A. 등 각종 청소년 단체 결성 및 동원 |

| 구 분 | 필수업무 | 보조업무 | 잡 무 |
|---|---|---|---|
| 학급경영 | • 학적부, 생활기록부, 건강기록부 정리<br>• 학급경영록, 교무수첩 작성<br>• 학급관리 | • 출석부 정리<br>• 진학지도<br>• 아동신체검사 | • 전시 위주의 환경정비 및 경시대회<br>• 공납금 독려<br>• 저축업무 처리 |
| 학교경영 | • 학급경영<br>• 법정장부 정리<br>• 학교시설 및 재정 관리<br>• 직원연수 | • 교원인사에 관한 업무<br>• 교직원 회의<br>• 교내 민방위 훈련<br>• 학생 전입학 처리 | • 법정장부 이외의 보조장부 정리<br>• 시책에 의한 사회교육(어머니, 노인, 유아, 성인교실)<br>• 각종 성금관리<br>• 불필요한 타 기관 또는 단체의 협조의뢰 사항<br>• 일 · 숙직업무 |
| 교육행사 및 기타 자원 관리 활동 | • 졸업식, 입학식 거행<br>• 각종 교내행사 지도 | • 교육과 직결되는 공문서 처리<br>• 자연보호 참가<br>• 교내 체육대회<br>• 테마식 현장 학습<br>• 공개연구학교 참관 | • 각종 행사동원(교사, 학생) - 단합대회, 환영 · 환송대회, 지역 단위행사, 각종 고시 감독<br>• 위문품 수거<br>• 수업 중 행사 및 회의 참석<br>• 일과 중 민방위, 소방훈련, 동원예비군 훈련, 교원연수<br>• 전시적인 자연보호행사 참가<br>• 전시적인 거리 청소<br>• 의무적인 교사 합창단 운영 |

한국교원단체총연합회(1998)의 교원잡무백서에 따르면, 교사들이 정규 수업 이외에 잡무처리를 위해 소비하는 시간은 주당 3~6시간이 41.3%로 가장 많고, 7~10시간이 25%, 11시간은 16.8%, 3시간 미만은 15.6%였다. 이러한 조사결과를 보면, 교사들은 잡무를 처리하기 위해 최소한 하루에 한 시간 이상 소비하고 있는 것을 알 수 있다. 이처럼 현장의 교사들은 해마다 증가되고 있는 공문남발에 본연의 임무인 교육활동에 전념할 수 없는 실정이다. 이에 교육부, 시 · 도교육청, 지역교육청 그리고 국정감사 등 행정기관에서 불필요한 공문남발을 대폭적으로 줄여야 하며, 각종 정책 사업에 대한 실적 위주의 보고를 줄이는 것이 최선책으로 본다.

따라서 전문직인 교직의 경우, 교육의 효과와 능률을 높이기 위해서는 적정량의 업무 부담이 주어져야 하는데, 과중한 잡무 부담은 교사가 교육활동에 전념하는 데 있어서 제약조건이고 궁극적으로 국가경쟁력을 떨어뜨리는 일이 될 수 있으므로 이의 개선이 절실하다.

### 4) 복지후생제도의 확충

교원의 생활안정과 함께 가족에 대한 부양책임을 덜어 줌으로써 교사가 교육활동에 전념할 수 있도록 하는 데에 교원복지 후생제도의 의의가 있다. 현행 교원복지 후생제도로는 연금, 자녀 학비보조금, 무주택교원 지원 등을 들 수 있다.

교사가 업무수행 중 질병 또는 부상을 입은 경우에 국공립학교 교사는 공무원연금법에 의해 연금을 받는다. 이때 가장 중요한 것은 재해 또는 부상이 업무상 발생한 것인지의 여부이다. 요즘 들어 사회문제화되고 있는 과로사란 장시간 과밀근로에 의한 피로의 축적이 원인이 되어 뇌졸중, 심근경색, 심부전 등으로 돌연 사망하는 것을 가리킨다. 과로사는 이전에는 재직 중의 급사로 취급되어 공무재해의 인정이 극히 적었지만, 국민적인 관심이 높아지고 심사청구나 재판이 늘면서 인정완화의 경향이 나타났다.

예를 들면, 기관지천식이라는 기존 질병을 가지고 있는 고등학교 미술교사가 보통 평균인에게는 과중한 것이 아닌 교내 사생대회 및 전시회 준비업무를 수행하는 과정에서 호흡부전증으로 사망한 사안에서, 피로누적과 전시회 준비로 인한 정신적 스트레스 등이 누적됨에 따라 기관지천식이 사망에 이르게 되었다고 볼 여지가 있는 관계로 공무상질병에 해당한다고 인정한 사례(대법원 1996. 9. 6. 선고96누6103 판결)가 있다.

「교원지위향상을 위한 특별법」 제2조 제1항에 '국가 · 지방자치단체 기타 공공단체는 교원이 사회적으로 존경받고 높은 긍지와 사명감을 가지고 교육활동을 할 수 있는 여건이 조성되도록 노력하여야 한다.'라고 규정되어 있다. 현재 교원들을 대상으로 해외유학제도와 연수제도가 시행 중에 있고 교사의 연수에 대한 연수비 지원 등 다양한 정책들이 실시되고 있으며, 앞으로도 복지후생제도는 확대될 것으로 기대된다.

교직이 사회적으로 높은 평가를 받고 교사들이 경제적 처우 및 각종 복지혜택을 제공받을 때 교원들의 사기는 향상될 뿐만 아니라, 가르치는 본연의 일에 전념할 수 있게 될 것이다. 또한 이러한 복지후생제도가 확충될 때, 교직이 타 직종에 비교우위를 가지게 되고 유능한 인재들이 교직에 매력을 느끼고 교직을 선택하는 강력한 유인책으로 작용할 것이다.

## 나. 소극적 권리

교사가 직무를 수행하기 위한 소극적 권리의 측면은 대체로 법적인 측면을 말한다. 소극적 권리로는 신분보장, 쟁송제기권, 불체포특권, 교직단체활동권 등이 있다.

### 1) 신분보장

교사들의 신분보장에 대해서는 교육기본법 제14조에 '학교교육에서 교사의 전문성은 존중되며, 교사의 사회적·경제적 지위는 우대되고 그 신분은 보장된다.'고 명시되어 있다. 그리고 교원지위향상을 위한 특별법 제6조에서도 '교사의 의사에 반하여 휴직, 강임 또는 면직을 당하지 아니한다.'고 규정되어 있다.

이렇듯 법규상으로 보면, 교사의 신분보장은 거의 완벽한 상태에 있고 외국에 비해서도 손색이 없다. 교육공무원은 국가공무원법에 의한 신분보장은 물론이고, 교육공무원법에 의하여 더욱 강력한 신분보장의 권리를 보장받고 있다. 가령 교육공무원법 제43조에서도 교육공무원의 의사에 반한 신분조치를 금지하고 직권휴직, 직권강임, 직권면직, 권고사직 등 교사의 대한 신분조치의 법적인 한계와 처분사유 설명서의 교부 및 절차를 규정하고 있다.

또한 교원지위향상을 위한 특별법 제4조와 교육공무원법 제48조에서는 불체포특권을 규정하고 있어서 일반 공무원보다 더 강력한 신분보장을 받고 있다. 이러한 법적인 신분보장은 교직의 전문성과 특수성을 인정하고, 그 신분을 최대한 보장하는 의지의 표현이라고 할 수 있다.

사립학교 교원도 교육공무원과 마찬가지로 신분을 보장하고 있어 교원의 법적 지위 내지 신분상의 권리에 있어서는 공·사립 교원이 거의 동일하다.

다만, 사립학교 교원의 경우 학급이나 학과의 개폐에 의한 폐직이나 과원인 경우를 제외하고는 교육공무원과 같다.

이렇게 법규상으로 보면, 교사의 신분보장은 잘 명시되어 있지만 현실적으로 교사의 신분피해 사례는 더 늘어나고 있는 편이다. 1991년 이후 5년간의 교권침해사건 현황(한국교원단체총연합회, 1997)을 보면, 교사와 관련하여 발생한 사건 주에서 신분피해가 126건으로 가장 많았으며, 다음이 안전사고로 인한 피해가 56건이었고 폭행피해도 22건에 이르고 있다. 이를 구체적으로 살펴보면, 교사의 교육적 체벌로 인한 학생·학부모의 문제제기와 교육행정기관 및 언론기관 제보, 사법적 처벌요구 등과 관련된 경우가 높은 비율을 차지하였으며, 교사가 물리적인 폭행을 당한 경우가 점점 증가하고 있다. 또한 학교 안전사고가 증가하고 있는 가운데, 학생 간에 싸움으로 인해 발생하는 폭력이나 집단따돌림으로 인해 피해를 입은 학부모측에서 학생의 지도감독 소홀의 책임을 묻는 경우도 있었다.

### 2) 쟁송제기권

쟁송제기권은 교사들이 위법 부당한 처분을 받았을 때 소청, 기타 행정상 쟁소할 수 있는 권리로서 교사들의 신분과 권익을 최대로 보장하려는 데 그 목적이 있다.

소청은 크게 두 가지로 나눌 수 있는데, 먼저 징계처분에 대하여 교원징계재심위원회에 재심을 청구할 수 있는 제도로 징계처분권자가 징계위원회의 의결이 가볍다고 인정할 때 불복함으로써 재심을 요구하는 경우와, 다음으로 징계처분 대상자가 징계위원회의 의결이 과중하다고 인정될 때 이를 불복하고 재심을 청구하는 경우가 있다.

현재 교육공무원에 대한 징계는 국가공무원법 제78조에서 제80조까지 규정되어 있다. 징계의 사유는 법령위반, 직무상 의무위반 및 태만, 위신손상 등이 있으며, 징계의 종류는 파면, 해임, 정직, 감봉, 견책 등이 있다. 징계의 구체적 내용을 보면 파면은 5년 이상 경과하지 않고는 임용이 불가하고 공무원의 신분을 박탈하며 연금을 제한하여 지급하는 것을 말하고, 해임은 3년 이상 경과하지 않고는 임용이 불가하고 공무원의 신분은 박탈하나 연금을 지급하는 것이며, 정직은 1월 이상 3월 이하의 기간 동안 보수의 3분의 2를 감하며, 견책은 전과(前過)에 대해 훈계하고 회개하도록 하며 6개월간 승진을 제한한다.

### 3) 불체포특권

교육공무원법 제48조 및 사립학교법 제60조에서는 '교사는 현행범인 경우를 제외하고는 소속 학교장의 동의 없이 학원 안에서 체포되지 아니한다.'고 명시되어 있다. 교사에게 이러한 특권을 인정하는 것은 학원의 자유를 보장하고 학교로 하여금 교육 및 연구 활동을 수행함에 있어 권력기관의 부당한 압력을 받지 않도록 하려는 데 그 목적이 있다. 또한 사립학교가 국가의 공기(公器)일 뿐만 아니라, 사립학교 교사의 자격과 복무는 교육공무원과 동일한 법을 적용받고 있기 때문에 이러한 불체포특권은 사립학교 교사에게도 동일하게 적용된다(김낙운, 1974).

이러한 교사의 불체포특권은 국회의원과 선거관리위원회 위원 외의 다른 공무원에게는 인정되지 않는 권리이다. 즉, 수사기관이 비록 형사소송법상 교사를 체포할 수 있는 요건을 갖추었다고 해도 학교장의 허가 없이는 교사를 체포할 수 없도록 하고 있는데, 이것은 공공업무담당자로서 직무수행을 하는 동안에는 교사의 신분보장뿐만 아니라 교사의 자율성과 학원의 불가침성을 지키려는 의지를 보여주고 있다.

그러나 이 불체포특권은 현행범까지도 보호하려는 데 그 목적이 있는 것은 아니며, 또 학원 내에서도 학교장이 체포할 것을 허가할 경우에는 해당되지 아니한다. 그러므로 학교장이 이를 허가할 때에는 범죄혐의가 명백한 경우에만 행할 수 있다.

### 4) 교직단체활동권

교사는 교사의 권리를 확보하고 교사로서의 직업을 효과적으로 수행하기 위한 단체 활동을 할 수 있다. 즉, 교사들이 단체를 조직하고 적극적 운영을 통하여 회원들 간의 상호 유대 강화, 회원들의 복지 향상, 그리고 회원들의 자질향상 등을 공동목표로 추구할 수 있다.

교사들의 신분 및 권한의 보장의 확대측면에서 1990년대 말에 이루어진 획기적인 변화의 하나는 교원들의 노동조합이 인정되었다는 것이다. 전문직으로서의 교사의 위상을 강조하는 관행에서 탈피해서 노동직으로서의 교직의 성격이 법률적으로 규정된 것이다. 교원들도 이제는 단결권과 단체교섭권을 행사할 수 있게 되었다.

교원노동조합이 설립됨으로써 기존의 교직단체인 한국교원단체총연합회와 공존하게 되었다. 다만 교원의 교육회 조직권은 단체행동을 법으로 인정한 것이나 정치적 활동을 목적으로 하는 정치단체 또는 정당과는 구별되며, 파업과 같이 극단적인 쟁의수단이 허용되지 않는다는 점에서 노동조합과 구별된다(김낙운, 1974). 즉, 교육은 단체행동권은 계속 배제된 상태이다. 중요한 것은 교직단체들은 정부의 교원정책 수립 및 추진에 있어서 교육의 발전과 교원의 사회·경제적 지위 향상을 위하여 상호 협력하고 노력하는 자세가 요청된다.

## 3. 교원의 의무

우리나라의 경우 '교원은 항상 사표가 될 품성과 자질의 향상에 힘쓰며 학문의 연구와 교육의 원리와 방법을 탐구하여 국민교육에 전심전력하여야 한다.'고 하여 자기연수 및 교육에 전념할 것을 요구하고 있다. 즉, 교육자로서 갖추어야 할 품성과 자질을 향상시키기 위하여 노력해야 할 의무(교육기본법 제14조 2항), 법령이 정하는 바에 따라 학생을 교육할 의무(초·중등교육법 제20조),

정치적 중립을 지켜야 할 의무(교육기본법 제14조 4항) 등을 규정하고 있다.

교원의 의무는 적극적인 의무와 소극적인 의무로 분류할 수 있다(서정화, 1982). 여기서 적극적인 의무란 주어진 일을 수행하는 측면에서의 의무이며, 소극적인 의무는 주로 해서는 안 되는 금지 사항에 관한 내용이다. 다시 말해서 교직의 적극적 측면을 보면 교원은 어떤 권위를 부여받았다고 할 수 있으나, 소극적 측면을 보면 오히려 책임과 임무를 부과 받은 셈이다. 전자에는 교육 및 연구 활동의 의무, 선서 · 성실 · 복종의 의무, 전문직으로서의 품위유지의 의무, 비밀엄수의 의무가 후자에는 정치활동의 금지, 집단행위의 제한, 영리 및 겸직의 금지 등이 각각 포함된다. 결국 교사의 권위는 그의 사회적 책임과 의무에 의해서 정당화되고, 책임과 의무는 권위의 인식에 의해서 가능한 것이다.

## 가. 적극적 의무

### 1) 교육 및 연구 활동의 의무

교육법상 가장 중요한 교원의 의무는 항상 사표가 될 품성과 자질의 함양에 힘쓰며, 학문의 연찬과 교육의 원리와 방법을 탐구 · 연마하여 국민교육에 전심전력하는 일이다(교육법 제74조). UNESCO는 「교원의 지위에 관한 권고」 제70조에 '~그들의 모든 전문적인 직무수행을 위해~'라고 기술하고 있다. 이것은 교사가 어떤 일을 하고 있으며, 어떤 일을 하여야 하는가를 매우 함축적으로 표현이다. 결국 교사는 학생을 직접 지도하고 교육하는 자이다. 이는 교사에게 주어진 의무 중 가장 핵심적인 의무이다.

교육 및 연구 활동의 의무와 관련하여 초 · 중등교육법 제20조에서는 '교원은 학생 또는 원아를 교육한다.'라고 명시되어 있으며, 고등교육법 제15조에서는 '교원은 학생을 교육 · 지도하고 학문을 연구하되 학문연구만을 전념할 수 있다.'고 규정하고 있다. 이들 내용을 종합하면, 초 · 중등교육기관의 교사는 학생을 직접 지도 · 교육하는 자로 그리고 대학의 교수는 교수 · 연구 · 지도하는 자로 규정한 것이다.

연구는 대학의 학문의 자유 및 학문 발전을 위한 교수의 임무이고, 교수 및 지도는 학생교육, 즉 교수 및 학습을 규정한 것이기에 초·중등교원과 대학교원의 학생교육에 관한 법적 표현이 다르다. 그런데 법적 표현이 다른 것은 교육기관의 성격상 차이에서 비롯한 것일 뿐, 학생지도와 수업은 공통적이다.

이러한 교사 본연의 의무인 교육 및 연구 활동은 폭발적으로 쏟아지는 지식 정보를 취사선택하여 학생들에게 잘 전달하기 위해서뿐만 아니라, 교사 자신의 전문적 성장을 위해서도 필수적으로 요청되는 일이다. 따라서 교사는 자신의 인격적 성장에 힘쓰고, 교육 전문직으로서 교육의 원리와 방법을 꾸준히 연찬하여 교육활동을 전개함에 있어 시대에 뒤지지 아니하도록 전력을 기울여야 한다.

### 2) 선서 · 성실 · 복종의 의무

교사의 복무에 관한 사항은 교육공무원법과 사립학교법에 따로 규정하지 않고 국가공무원법을 준용하도록 하고 있다(교육공무원법 제53조 및 사립학교법 제55조). 따라서 교사는 국가공무원법에 규정된 공무원의 모든 의무를 이행해야 한다. 그것은 선서의 의무(국가공무원법 제55조), 성실의 의무(국가공무원법 제56조), 복종의 의무(국가공무원법 제57조) 등이다.

먼저, 교사는 취임 전에 소속 기관장 앞에서 공직자의 긍지와 보람을 가지고 국가와 국민을 위하여 신명을 바칠 것을 다짐하면서 법령을 준수하고, 상사의 직무상 명령에 복종하고 국민의 편에 서서 정직과 성실로 직무에 전념하며, 창의적인 노력과 능동적인 자세로 소임을 완수하고 재직 중은 물론, 퇴직 후에라도 직무상 알게 된 기밀을 절대로 누설하지 아니하며 정의의 실천자로서 앞장설 것이라는 내용의 선서를 하여야 한다.

다음으로 모든 교사는 법령을 준수하며 성실히 직무를 수행해야 한다(국가공무원법 제56조). 공무원은 고용주의 국가와 공법상의 근무관계를 형성하게 되므로 일정한 권리뿐만 아니라, 국가에 대하여 일정한 역무(役務)를 제공할 의무를 지닌다. 이러한 직무는 공무원 복무규정에서 근무시간, 시간외 근무, 당직근무, 출장근무 등에 관하여 세밀하게 규정되어 있다(김종철 외, 1994). 직무와 관련한 규정과 법령을 이행하지 않는다면, 성실의 의무를 이행하지 않은 것으로 각종 행정처분을 받을 수 있다.

마지막으로 교사는 직무를 수행함에 있어 소속 상급자의 직무상의 명령에 복종하여야 한다(국가공무원법 제57조). 여기서 교원의 경우에 직무는 교과지도 및 특별활동지도, 학생생활지도 등이기 때문에, 자유롭고 창의적인 교육활동을 보장하는 측면에서 상하 간의 복종관계라기보다는 교육활동을 함에 있어서 경험이나 지식을 서로 나누는 협조관계로 보는 것이 바람직하다.

### 3) 전문직으로서의 품위유지의 의무

교원은 국민 전체에 대한 봉사자로서 공무를 성실히 집행하는 위치에 있으므로 직무의 내외를 불문하고 그 품위를 손상하여서는 아니된다(국가공무원법 제63조). 품위를 유지하는 일은 국가의 위신과 직결되는 것이다. 여기서 품위 손상의 형태는 방탕, 주벽, 축첩, 낭비, 과도한 부채 등으로 공적 임무와 함께 사생활까지에 걸친 의무들이며(김종철 외, 1994), 교사가 학교에서나 학교를 벗어난 사회에서나 교육자다운 인격과 품위를 지녀야 함을 명시한 것이라 하겠다.

공무원은 국민 전체의 봉사자로서 공무를 성실하게 집행해야 할 의무가 있다(국가공무원법 제59조). 그리고 공무원은 직무와 관련하여 직접 또는 간접을 불문하고 사례, 증여, 향응을 수수할 수 없으며(국가공무원법 제61조 1항), 공무원은 직무상의 관계 여하를 불문하고 그 소속 상관에게 증여하거나 소속 공무원으로부터 증여를 받아서는 안 된다(국가공무원법 제61조 2항). 여기서 사례란 직무와 관련하여 일정한 사안이 종료된 후에 금품을 주고받는 행위이며, 증여란 직무수행에 영향을 주기 위하여 금품을 주고받는 행위이며, 향응이란 사회공익을 해치면서 공무원에게 정신적 쾌감을 주는 행위이다. 이러한 사례, 증여, 향응 등의 뇌물 수수행위는 징계의 사유가 될 뿐만 아니라, 형법상의 범죄를 구성하게 된다.

### 4) 비밀엄수의 의무

공무원은 재직 중은 물론 퇴직 후라도 직무상 알게 된 비밀을 엄수하여야 한다(국가공무원법 제60조). 직무상 비밀이란 법령 또는 처분에 의하여 결정되지만, 사무의 성질상 국가적인 이해에 관련된 사항 등이 누설됨으로써 국가안전보장에 유해한 것이라 할 수 있다. 비밀엄수의 의무를 위반한 경우, 징계의 사유가 될 뿐만 아니라 형법상의 범죄를 구성한다.

그러나 현장 교사의 경우는 그 직무상 국가적인 이해(利害) 사항과는 밀접히 관련되지 않기 때문에 비밀엄수에 대한 의무는 비교적 크지 않다고 할 수 있다. 이때 교사에게 적용 가능한 비밀엄수의 내용은 학생 개인에 관한 정보나 그 가족에 관한 정보 정도라고 할 수 있다. 그렇다면 문제를 일으킨 학생의 성적이나 소행에 대해 매스컴에서 문의가 있는 경우, 어떻게 대처해야 하는 것이 옳을까? 결론부터 말하자면 학생의 성적이나 소행 등에 관해 매스컴으로부터 문의가 있으면 부정적인 대응을 해야 한다. 또한 입시문제의 내용이나 발표 전의 합격여부 등이 이에 해당한다.

## 나. 소극적 의무

### 1) 정치활동의 금지

공무원의 신분과 정치적 중립성은 헌법으로 보장하고 있고(헌법 제6조), 공무원은 정당, 기타 정치단체의 결성에 관여하거나 이에 가입할 수 없고, 선거에 있어서 특정 정당 또는 특정인에 대한 지지나 반대를 하기 위한 행위를 해서는 아니 된다(국가공무원법 제65조 1항, 2항).

이와 같이 공무원의 정치적 중립성을 명시하는 것은 직업공무원제의 정착에 따라 행정 기술의 향상과 능률을 기하고, 아울러 국민 전체의 봉사자로서 공정성을 유지하며 정권 교체에 따른 행정의 혼란을 최소화하여 행정의 지속성을 유지하려는 데 그 목적이 있다(김낙운, 1974).

교육공무원도 일반직 공무원과 마찬가지로 정치활동에 관하여 중립을 지키도록 명시하고 있다(교육기본법 제6조, 제14조 4항). 결국 교사의 정치활동에 제한을 두는 것은 교사가 학생을 직접 지도하고 교육하는 위치에 있음을 기회로 특정 정당을 지지하거나 배격하기 위하여 학생을 잘못 지도할 우려를 사전에 차단하기 위함이라 할 수 있다.

### 2) 집단행위의 제한

국가공무원법 제66조에서는 '공무원은 노동운동 기타 공무 이외의 일을 위한 집단행위를 하여서는 아니 된다.'고 규정하고 있다. 이것은 공무원인 근로자는 법률이 정하는 자에 한하여 단결권, 단체교섭권, 그리고 단체행동권 등 노동권을 가진다고 규정한 헌법 제33조에 근거하고 있다. 1999년 교원노조법이 제정됨으로써 교사들에게 어느 정도 단체 행동은 보장되어 있어서 교사의 노동조합 설립 및 운영 등에 관한 법률에 따라, 교사는 특별시, 광역시 · 도 단위 또는 전국단위에 한하여 노동조합을 설립할 수 있다(교원의 노동조합설립 및 운영 등에 관한 법률 제4조).

여기서 중요한 것은 교사의 단결권과 교섭권은 인정되지만 단체행동권만 유보시켜 놓았다. 이처럼 교원노조의 활동에서 행동권을 유보시킨 것은 어떠한 경우일지라도 교원의 태업, 파업, 직장폐쇄 등으로 인하여 정상적인 교육 본연의 활동을 저해할 우려가 있기 때문이다. 그럼에도 불구하고 근무조건 개선이나 임금 등에 관한 교섭권의 행사가 실질적으로 가능해지려면 향후 행동권이 어느 정도 인정되어야 할 것이다.

### 3) 영리 및 겸직의 금지

공무원은 공무 이외의 영리를 목적으로 하는 사업에 종사하지 못하며, 소속기관의 장의 허가 없이 다른 직무를 겸할 수 없다(국가공무원법 제64조). 공무원의 영리 업무를 금지하고 있는 것은 영리 업무에 종사하게 됨으로써 집무상의 능률 저해 또는 공무에 대한 부당한 영향을 야기시킬 우려가 있기 때문이다.

이와 같이 공무원이 영리 업무에 종사할 경우 공직 수행에 지장을 초래할 가능성이 크기 때문에 이를 금하지만 교사의 경우 어느 정도 한계를 두고 허용하여야 할 경우도 많다. 이처럼 영리를 목적으로 하지 않는 비영리업무에 대하여는 소속기관장의 허가를 받도록 하고 있다. 여기서 비영리업무는 담당 직무 수행에 지장이 없는 경우의 업무이다. 겸직이 가능한 경우는, 직위 및 직무내용이 유사하고 담당직무수행에 자장이 없다고 인정되는 경우(교육공무원법 제18조 1항)나 관련 교과나 업무를 담당할 전문 인력의 확보를 위하여 필요한 경우(교육공무원임용령 제7조 2항)에는 겸임이 가능하도록 규정하고 있으며, 초빙교원(교육공무원법 제31조)과 산학겸임교사를 임용할 경우(초 · 중등교육법 제22조)이다.

겸직을 하게 될 경우 소속기관장의 허가를 받아야 하는데, 소속기관장은 교원의 직급에 따라 교육부장관, 교육감, 교육장 또는 학교장이 된다. 교사의 경우, 겸직은 비영리법인의 임원이나 대학의 시간강사 혹은 겸임교수로서 강의를 담당하는 정도일 뿐 겸직의 사례는 매우 드물며, 교육부는 교사가 교육대학이나 사범대학 등 교원양성대학에 출강할 경우 이를 허가해 주도록 권고하고 있다.

교육부(1981). 수업정상화를 위한 교원 잡무경감 방안.
김낙운(1974). 교육고무원인사법요론. 서울: 교학사.
김종철 외(1994). 최신 교사론. 서울: 교육과학사.
김철수(2002). 헌법과 교육. 서울: 교육과학사.
서울특별시교육연구정보원(2006). 교직실무편람. 서울: 서울특별시교육연구정보원.
서정화(1995). 교육인사행정. 서울: 세영사.
서정화(1982). 현대사회와 교원. 서울특별시교육위원회.
안창선, 남경현, 이욱범(1999). 교사론. 서울: 교육과학사.
안창선(2002). 교사론. 서울: 교육과학사.
오홍석(1993). 인사행정론. 서울: 박영사.
이종재, 정태범, 권상혁, 노종희, 정진환, 정영수, 서정화, 이군현(2003). 교사론. 서울: 교육과학사.
조석훈(2002). 학교와 교육법. 서울: 교육과학사.
한국교원단체총연합회(1997). 교원의 사회·경제적 지위에 관한 교원 인식 조사. 서울: 한국교원단체총연합회.
한숙경(2003). 신 교사론. 서울: 학지사.
대법원 1996. 9. 6. 선고96누6103 판결

PART

# II

# 학생 생활지도의 이해

CHAPTER

# 05

# 청소년의 심리와 문제

## 교학불권(教學不倦)
## 가르치고 배움에 게으르지 않다

배움이 있다고 해서 아무나
현명한 것은 아니다.
배움이란 당신이 이미 알고 있는 것을
발견하는 일이다.
삶이란 당신이 알고 있는
그것을 증명하는 일이다.
그리고 가르침이란 당신과 마찬가지로
다른 사람들에게도 그들이 이미 알고
있는 것을 일깨우는 일이다.
우리 모두는 배우며, 살며, 가르치고 있다.

-리처드 바크-

청소년은 미래 사회를 이끌어 나갈 주역이며 우리의 희망이다. 오늘의 청소년을 올바르고 유능한 국민으로 성장하도록 이끌어 주는 일이야말로 기성세대에 가장 중요한 과제 중의 하나이다. 이런 이유에서 기성세대를 대표하고 있고 학생들의 교육을 맡은 교사의 역할은 실로 막중하다 하겠다. 그러나 구체적으로 어떻게 하는 것이 청소년들의 고민과 방황을 덜어 주고 올바른 길로 이끄는 길이 되는지에 대해 생각하면 결코 간단한 문제가 아니다.

## 1. 청소년의 심리

### 가. 청소년의 개념

청소년이란 영어의 'adolescence'는 라틴어의 동사인 'adolescere'에서 유래한 말이다. 그것은 '성장하다' 혹은 '성숙하다'는 의미를 갖고 있다(Jaffe, 1976). 결국 청소년이란 용어 'adolescence'라고 하는 말은 '성인으로 자라나다(to grow into adulthood)'라는 문자적 의미를 가지고 있다. 이것은 사람의 일생 동안에 걸쳐 신체적·생리적으로 성숙할 뿐만 아니라 심리적·사회적 또는 경제적 독립의 의미를 내포하고 있다.

청소년을 연령적으로 볼 때, 개인적·문화적인 차이는 있지만 청소년기본법에서는 9~24세까지의 연령층을 청소년이라 한다(김두현, 1997). 이것은 대체적으로 초등학교 고학년, 중학생, 고등학생, 대학생의 연령에 해당하는 시기이며, 이것을 청소년 전기인(9~15세) 초등학교 및 중학교와 청소년 중기인(16~18세) 고등학교, 청소년 후기인(19~24세) 대학교로 구분하여 이해할 수 있다.

청소년기를 법적으로 볼 때 청소년기본법은 9~24세까지는 청소년, 청소년보호법은 18세 미만의 자를 청소년, 국민연금법과 아동복지법, 그리고 생활보호법은 18세 미만을 아동, 소년법은 20세 미만을 소년, 소년원법은 23세 미만을 소년으로 규정(김두현, 1997)하는 등 정확한 구분이 어려운 것이 현대 사회의 상황이다. 뿐만 아니라 청소년기는 신체적 발달이 빨라짐에도 불구하고 사회구조의 변화로 인해 성인들이 수행하는 사회적·경제적·가족적 역할을 이행하는 시기가 늦어지는 현상이 일어나기 때문이다.

위의 내용들을 종합하여 보면 청소년기는 아동기에서 성인기로 넘어가는 과도기로 이미 처해 왔던 아동기와 다가올 성인기의 특성을 함께 지니고 있는 과정으로 신체적·생리적·사회적·심리적인 질적, 그리고 양적 변화가 이루어지는 시기라 할 수 있다. 이러한 과도기적 특성 때문에 신체적 혹은 심리적으로 불안정과 불균형이 심한 질풍노도(疾風怒濤)와 같은 격동기를 경험하며 이중적 성격을 갖게 되는 시기라 할 수 있다.

## 나. 청소년기의 특징

청소년기는 아동기에서 성인기로 이어지는 과도기로 매우 중요한 시기이다. 이 시기의 정서적 발달, 신체적 발달 그리고 인지적 발달을 중심으로 살펴보고자 한다.

### 1) 정서적 발달

청소년기기는 인간 발달에 있어서 아주 중요한 시기이다. 이 시기는 신체적·심리적·정서적으로 아동·청소년이 성인이 되어 가는 과도기(transition age)에 위치하고 있다. 그러므로 청소년기를 하나의 시기(period)로 이해할 것이 아니라, 결과적으로 건전한 태도와 습성을 습득하고 성취하고자 하는 발달 성장과 관련된 한 과정이다(Erikson, 1963). 즉, 사회적·심리적·신체적·생리적 측면에서 볼 때, 청소년기란 아동기와 성인기 사이에 속하는 일시적 정지 지급 유예기간(moratorium)으로서 경우에 따라 아동으로 취급되기고 하고, 때로는 성인으로 취급되기고 하는 과도기라고 할 수 있다. 청소년기는 다음과 같은 일반적 특징을 가지고 있다.

첫째, 불안과 방어기제가 두드러지게 나타난다.

불안은 심리적 평형 상태를 방해하는 긴장이 높아진 고통스러운 상태이기 때문에 청소년은 불안을 감소시키려는 반응 양식을 배우려고 한다. 불안은 종종 죄의식을 동반하기도 하며, 개인적 양심이나 초자아 등 청소년이 가지고 있는 내부적인 기준으로서는 받아들일 수 없는 충동이나 생각, 두려움을 포함하기도 한다.

발달 과정에서 청소년들은 불안에 대처하고 방어하는 의식적인, 혹은 무의식적인 다양한 기술을 습득한다. 방어기제는 청소년기의 특성을 주로 나타내는 것으로 지적·인지적 기능에 관한 정상적인 발달 수준의 도달과 관계가 있다(김진, 1995). 아동·청소년들의 불안 해소와 관련하여 자주 사용하는 방어기제는 억압, 부정, 투사와 전위, 합리화, 반동형성, 철회, 퇴행 등이 있다.

둘째, 심리적으로 독립하려는 경향이 강하다.

청소년기는 부모에 의존되어 있는 아이로서의 존재를 거부하며 그 자신을 스스로 인도해 나갈 수 있다는 확신을 갖게 된다. 이 시기의 생의 과업이 부모의 감독과 부모에 대한 자신의 정서적 애착으로부터 독립하려는 것이기 때문에, 통상적으로 가족에 대한 갈등이 발생하는 것은 자연스러운 현상이다(정우식, 1986).

발달심리학적 견지에서 청소년기의 반항은 자기 주위와 현실을 비추어 보는 과정이고, 보다 큰 성인기로 지향해 가기 위한 도약의 다른 표현이라 할 수 있다. 즉, 청소년기에 이르러서는 성인들과 다른 독특한 자기의 세계를 그리게 되는데, 이와 같은 시기에는 자기 가치와 맞지 않는 기성 가치와 제도 그리고 관습들을 강요할 때 청소년들은 자기의 세대로 이탈해 간다. 이와 같은 이탈의 과정은 심리적 이탈을 시작으로 사회적 혹은 지리적 이탈로 이어진다.

셋째, 동일시가 나타난다.

청소년의 발달과정에서 주목해야 할 것들 중 하나가 동일시이다. 동일시란 Freud가 처음 사용한 것으로 의미 있는 타인, 혹은 모델의 특성을 그대로 따라서 생각하고 느끼며 행동하는 과정을 일컫는다.

청소년이 바라는 목표나 욕구 충족에 대한 욕망은 의식적이든 무의식적이든 모델의 특성을 닮고 싶어 하도록 만든다. 이것은 모델과 똑같이 느끼고 생각하고 행동한다면 목표를 성취하기가 보다 쉬울 것이라 믿기 때문이다.

넷째, 자아정체성을 확립하려 한다.

Erikson(1968)은 점성적 원리(epigenetic principle)에 따라 인간발달을 8단계로 나누었는데, 청소년기는 정체감 대 역할 혼미(identity vs. role confusion)의 단계이다. 강한 정체감을 가지고 청소년기로부터 벗어나기 위해서는 두 가지 방식으로 발전해야 한다. 첫째, 분별 있는 방식으로 이전 단계 동안 형성된 자아개념들을 합병하여 통합해야 한다. 둘째, 이렇게 통합된 자아관은 타인들이 자신을 보는 관점과 통합되어야 한다. 이처럼 정체감은 사적인 자아개념과 사회적 자아개념의 결합에서 생겨나며, 이러한 통합의 결과는 개인적 연속성 또는 내적 일치감이 된다.

만약 정체감을 형성하는 데 실패한다면, 그 결과는 역할혼미, 즉 자기감에 있어서 방향성이 부재한 상태를 경험하게 된다. 역할혼미는 진로를 선택하지 못하는 무능력 속에 흔히 반영되고 공허감을 채우기 위해 대중적 영웅이나 심지어 반 영웅이 포함된 집단과 동일시하는 쪽으로 청소년을 이끌 수 있다.

이러한 정체감 위기를 극복하도록 돕기 위해서는 청소년들이 자신을 객관화하고 있는 그대로 수용하도록 지도할 필요가 있다. 또한 다양한 경험을 통해 이상과 현실의 괴리를 줄이고, 자신의 선택과 계획을 실행에 옮겨 성취감을 맛보도록 도와야 한다.

### 2) 신체적 발달

청소년기는 사회적 · 심리적으로 과도기일 뿐만 아니라, 신체적 · 생리적으로도 과도기이다. 청소년기는 신체의 외형적 발달은 물론이고, 생식기능에 있어서도 급격한 변화가 이루어지기 때문에 성장급등(growth spurt)이라고 부른다. 골격의 급격한 성장은 사춘기가 도래하기 1~2년 전에 시작되며 평균 연령은 14~18세, 여성은 12~16세라고 한다. 또한 사춘기란 생식 기능이 완숙되는 일차적 성 특징, 즉 성기관의 발달과 급격한 신체적 성숙이 되는 이차적 성 특징의 발달 시기를 말한다(김성태, 1993).

일차적 성 특징은 남자의 경우 몽정으로 나타나고, 여자의 경우 초경으로 시작된다고 말할 수 있다. 이 시기에는 성 호르몬의 분비가 시작되어 체형의 변화를 겪을 준비를 하므로 청소년기의 새로운 경험과 불안감을 동시에 갖게 된다.

이차 성 특징의 변화는 청소년기를 정하는 기준이 되며 성에 따라서 다르다. 남자의 경우에는 변성, 음모 및 수염의 발생, 골격 구조와 근육이 단단하고 튼튼해지며, 여드름 발생, 한선(汗腺)의 발달에 의한 발한과 남성적 체취 등이 있다. 여자의 경우에는 월경 시작, 유방의 융기, 음모의 발생, 골반의 확대, 피부의 광택, 곡선적 체형, 한선(汗腺)의 발달에 의한 발한과 여성적 체취 등이 있다.

오늘날 사춘기는 과거보다 빨리 시작되고 사회적으로 성인의 역할을 하는 나이는 오히려 늦어져 청소년기가 더욱 길어지고 있다.

### 3) 지적 능력의 발달

청소년기의 신체적 발달이 급격하게 변화하는 것과 같이 지적 능력의 발달도 정점의 기본적인 기능에 있어서 이해, 기억, 사고, 추리, 표현, 창조가 상호작용에 의해서 대뇌의 생리적인 발달에 따라 많은 변화와 영향을 준다. 청소년은 형식적 조작 능력이 있어 문제를 해결하는 방안에 대해 체계적으로 가설을 설정하고, 그 검증을 통해 결론을 이끌어 내는 가설 연역적 사고를 할 수 있다(Inhelder & Piaget, 1958).

형식적 사고의 발달과 함께 다양한 가능성을 생각하게 되면, 청소년들은 자신은 특별한 존재라는 특유의 독특성에 대한 착각에 빠져들게 되고, 자신이 세상의 중심이 된다고 믿을 만큼 강한 자의식을 보이게 된다. 이러한 청소년기 특유의 사회인지적 특성을 청년기 자아중심성이라고 한다(Elkind, 1967).

청소년기의 자아중심성은 흔히 자신은 특별하고 독특한 존재라서 자기의 경험이나 감정 세계는 다른 사람과 근본적으로 다르다고 믿는 경향을 뜻하는 개인적 우화(personal fable)와 과장된 자의식으로 인해서 자기가 타인의 집중적인 관심과 주의의 대상이 되고 있다고 믿는 경향을 의미하는 상상 속의 관중(imaginary audience)라는 말로 표현된다.

개인적 우화 경향은 한편으로 청소년으로 하여금 자신감을 갖게 하고 힘든 일을 성취하는 힘을 부여하는 긍정적 측면도 있지만, 다른 한편으로 위험하고 과격한 행동을 쉽게 저지를 수 있게 하는 부정적 측면도 있다. 그래서 주변에서 오토바이 폭주, 음주운전, 본드 흡입 등으로 친구가 죽거나 심하게 다치는 것을 보면서도 자신도 같은 행동을 하면 같은 결과를 가져온다는 생각을 하지 못하는 것이다. 또한 상상 속의 군중 척도에서 높은 점수를 나타내는 청소년은 부정적 자아개념을 갖는 경향이 높고, 길거리에서 담배를 피우는 소년은 다른 소녀들로부터 열광적인 반응을 상상한다.

비행을 저지르는 청소년들은 개인적 우화 경향이 더욱 심각하고 오랫동안 지속되는 경우가 많다. 이러한 경향은 자신의 행동이 사회적으로 주변에서 용인되지 않음을 인식하면서 자신의 비행을 합리화하고 싶은 욕구와 맞물리면서, 자신의 일탈 행동의 탓을 다른 사람이나 사회에게 돌리고 비난하는 투사 형태의 방어기제를 보이게 된다.

## 2. 청소년 문제

### 가. 청소년 문제의 개념

청소년 문제에 접근하면서 지배적인 경향은 청소년 비행을 중심으로 하는 것이다. 이는 청소년 문제를 청소년 비행과 동일하게 취급하여 청소년 비행에 관한 연구에 초점이 모아지는 경향 때문이다.

청소년 비행이란 법적으로 미성년자가 법률에 위배되는 행동을 하는 것을 의미한다. 그러나 흔히 청소년 비행은 청소년기에 일어나는 도덕적·윤리적·사회적 그리고 법률적 측면에서 옳지 못한 행동을 하는 것을 의미한다(옥양련, 박금식, 2001). 일반적으로 청소년 비행 속에는 지위범행(status offenses)과 범법 행위 모두가 포함된다.

지위범행이란 청소년들에게만 금지되는 행동들로서 무단결석, 가출, 약물남용과 같이 형법에는 저촉되지 않으나 특정 연령층에 의해 행해지는 일탈행동들이 여기에 해당된다. 반면, 범법행위는 성인이나 청소년 모두에게 불법이 되는 행동들로서 살인, 폭행, 성매매 등의 다양한 행동들이 여기에 포함된다. 이런 점에서 비행은 범죄보다 더 포괄적 개념이다.

청소년 비행은 청소년 범죄와 같은 의미로 이해하기도 하는데, 우리나라의 경우는 청소년 범죄와 같은 의미로 이해하기도 하는데, 청소년 범죄에 대하여 10세 이상 19세 미만의 소년에 의한 범죄행위, 촉법행위, 우범행위를 말한다(소년법 제2조 및 제4조). 여기서 범죄행위란 10세 이상 19세 미만인 소년의 형벌법령에 저촉되는 행위를 말하며, 촉법행위는 형벌법령을 위반하였으나 10세 이상 14세 미만인 형사 미성년자의 행위로 형사책임을 묻지 않는 행위이다. 그리고 우범행위는 보호자의 정당한 감독에 복종하지 않는 성벽을 지녔거나, 정당한 이유 없이 가정에서 이탈하여 범죄성을 지닌 사람 또는 부도덕한 사람과 교제하거나 자기 또는 타인의 덕성을 해롭게 하는 성벽이 있어 그 자체는 범죄가 아니지만 범죄를 저지를 우려가 있다고 인정되는 행위이다.

## 나. 청소년 문제의 특징

### 1) 청소년 폭력의 집단화

청소년 폭력은 개인보다는 2인 이상 집단적으로 이루지는 것이 일반적이다. 청소년들의 폭력 집단은 동네나 학교의 친구들을 중심으로 자연스럽게 구성되어 경미한 폭력행위를 사용하며, 함께 어울리는 수준의 패거리 집단, 조직적인 규율을 갖고 학교 주변을 무대로 금품갈취, 편싸움 등을 벌이는 불량서클 그리고 엄격한 위계질서 속에서 성인 폭력 조직과 연계성을 갖고 영역확보를 위해 흉기 등으로 싸움을 하는 폭력 하부 조직이 있다.

2018년 청소년 백서에 의하면, 2017년 청소년범죄 유형별 분포현황을 보면, 전체 청소년범죄자 72,759명 중 재산범이 29,056명(39.9%)으로 가장 높은 비중을 차지하였고, 다음으로 폭력범이 21,043명(28.9%), 교통사범이 9,239명(12.7%), 강력범이 3,463명(4.8%), 저작권법 위반사범이 128명(0.2%) 순이었다. 재산범의 수는 2008년에 39,688명(29.4%)이었던 것에 반해, 2017년에 29,056명(39.9%)으로 재산범의 비율이 10.5%p 증가하였다. 특히 재산범 중 절도범의 비율이 지속적으로 약 70~80% 정도를 차지하고 있는 것으로 보아 생계형 청소년범죄에 대한 대책 마련이 필요하다. 또한 2017년 전체 청소년범죄자의 연령을 살펴보면, 18세가 25.9%(18,838명)로 가장 높은 비율을 차지하였고, 이어 17세 23.9%, 16세 22.5%, 15세 17.0%, 14세 10.6%, 14세 미만 0.1%의 순으로 나타났다. 최근 10년간 청소년범죄자의 연령추세를 볼 때 17~18세 청소년범죄자의 비율이 증가하고 있어 이들을 위한 대책 마련이 시급하다고 할 수 있다.

〈표 5-1〉 범죄대비 청소년 범죄 구성

(단위: 명, %)

| 구 분 / 연 도 | 전체 범죄자 | 청소년 범죄자 | 구성 비율 |
|---|---|---|---|
| 2013 | 2,147,250 | 91,633 | 4.3 |
| 2014 | 1,879,548 | 77,594 | 4.1 |
| 2015 | 1,948,966 | 71,035 | 3.6 |

| 구 분 / 연 도 | 전체 범죄자 | 청소년 범죄자 | 구성 비율 |
|---|---|---|---|
| 2016 | 2,020,196 | 76,000 | 3.8 |
| 2017 | 1,861,796 | 72,759 | 3.9 |

주: 2009년 이후 「소년법」 개정에 따라 소년범죄자의 기준은 '만 19세 미만자' 임.
자료: 대검찰청(2013~2018). 범죄분석.

### 2) 청소년 범죄의 저연령화

최근 10년간 전과가 있는 청소년범죄자의 비율을 살펴보면 증감을 반복하고 있다. 전과를 가진 청소년범죄자의 비율은 2008년 30.8%에서 2013년 41.6%까지 증가한 이후 감소세로 나타나 2017년 37.4%로 기록되었다. 그러나 4범 이상 청소년범죄자의 비율은 계속 증가하고 있는데, 2008년 7.0%에서 2017년 14.1%로 2배 증가하였다. 이는 청소년범죄의 상습화가 심각한 수준에 있고, 향후 재범률이 높은 청소년범죄자에 대한 체계적인 교정교육과 지속적인 사후관리가 필요함을 시사한다.

〈표 5-2〉 청소년 범죄 연령별 현황 (단위: 명, %)

| 구분 / 연도 | 계 | 14세 미만 | 14세 | 15세 | 16세 | 17세 | 19세 |
|---|---|---|---|---|---|---|---|
| 2013 | 91,633<br>(100.0) | 471<br>(0.5) | 11,338<br>(12.4) | 16,645<br>(18.2) | 20,463<br>(22.3) | 21,208<br>(23.1) | 21,508<br>(23.5) |
| 2014 | 77,594<br>(100.0) | 37<br>(0.0) | 9,712<br>(12.5) | 14,041<br>(18.1) | 16,940<br>(21.8) | 17,517<br>(22.6) | 19,347<br>(24.9) |
| 2015 | 71,035<br>(100.0) | 64<br>(0.1) | 7<br>(0.0) | 14,387<br>(20.3) | 17,624<br>(24.8) | 18,231<br>(25.7) | 20,722<br>(29.2) |
| 2016 | 76,000<br>(100.0) | 84<br>(0.1) | 7,530<br>(9.9) | 13,789<br>(18.1) | 17,589<br>(23.1) | 17,607<br>(23.1) | 19,401<br>(25.5) |
| 2017 | 72,759<br>(100.0) | 93<br>(0.1) | 7,703<br>(10.6) | 12,376<br>(17.0) | 16,391<br>(22.5) | 17,358<br>(23.9) | 18,838<br>(25.9) |

주: 2008년 6월 개정 「소년법」 시행으로 소년범죄 연령기준이 '20세 미만'에서 '19세 미만'으로 변경됨.
자료: 대검찰청(2013~2018). 범죄분석.

2017년도 청소년 범죄의 남녀별 비율을 보면 남자가 82.8%, 여자가 17.2%로, 남자의 비율이 약 5배 정도 많다. 2008년 남자청소년의 범죄율이 80.4%

로 최저치를 기록한 이후 지속적으로 증가하여 2014년과 2015년 85.2%를 기록하였으나, 이후 다시 감소세를 보여 2017년 82.8%를 나타냈다. 여자청소년 범죄의 경우, 2015년까지 지속적인 감소 추세를 보이고 있으나, 2016년과 2017년 범죄비율이 16.1%, 17.2%로 증가하였다. 전체 청소년 범죄 인원수는 지속적인 하락 추세인 반면, 여자청소년 범죄 인원수와 비율은 상승세를 보임에 따라 여자청소년의 범죄에 대한 관심과 개입이 필요하다.

〈표 5-3〉 청소년 범죄의 성별 현황

(단위: 명, %)

| 남녀 / 연도 | 계 | 남자 | | 여자 | |
|---|---|---|---|---|---|
| | 인원 | 인원 | 비율 | 인원 | 비율 |
| 2013 | 91,633 | 76,767 | 83.8 | 14,866 | 16.2 |
| 2014 | 77,567 | 66,087 | 85.2 | 11,480 | 14.8 |
| 2015 | 71,035 | 60,534 | 85.2 | 10,501 | 14.8 |
| 2016 | 76,000 | 63,777 | 83.9 | 12,223 | 16.1 |
| 2017 | 72,759 | 60,264 | 82.8 | 12,495 | 17.2 |

자료: 대검찰청(2009~2018). 범죄분석.

### 3) 청소년 범죄의 흉악화

2018년 청소년백서에 나타난 청소년 범죄의 종류를 보면 폭행, 상해, 성폭행, 공갈이라는 폭력범이 늘어 가고 있어 청소년의 범죄가 성인과 다름없이 흉악화되고 있음을 알 수 있다. 이런 청소년 범죄 경향의 요인은 무엇보다 청소년을 둘러싼 사회환경의 악화다. 소비성 산업이 빚어내는 퇴폐향락 분위기 만연, 자극적인 매체물, 인터넷 공간에서의 익명성과 중독, 맞벌이 등에서 오는 가정 분위기의 냉각화 등 현재의 사회상황은 육체적으로 성인이 되어 있어도 정신적으로는 미숙한 청소년들에게는 위험이 가득한 상태인 것이다.

〈표 5-4〉 청소년 범죄 유형별 (단위: 명)

| 구 분 \ 연 도 | | 2013 | 2014 | 2015 | 2016 | 2017 |
|---|---|---|---|---|---|---|
| 계 | | 91,633 | 77,594 | 71,035 | 76,000 | 72,759 |
| 강력범 | 소 계 | 2,775 | 3,158 | 2,713 | 3,343 | 3,463 |
| | 흉악범 | 786 | 594 | 506 | 483 | 380 |
| | 성폭력 | 1,735 | 2,564 | 2,207 | 2,860 | 3,083 |
| 폭력범 | 소 계 | 22,119 | 19,352 | 17,473 | 19,476 | 21,043 |
| | 공 갈 | 1,127 | 1,974 | 1,285 | 1,499 | 1,597 |
| | 폭행·상해 등 | 20,992 | 17,378 | 16,188 | 17,977 | 19,446 |
| 재산범 | 소 계 | 45,735 | 36,271 | 32,068 | 33,088 | 29,056 |
| | 절 도 | 33,092 | 26,047 | 21,170 | 22,534 | 20,008 |
| | 횡령 등 | 2,545 | 2,143 | 2,253 | 2,481 | 2,380 |
| | 장 물 | 1,498 | 830 | 801 | 591 | 443 |
| | 사 기 | 8,600 | 7,251 | 7,844 | 7,482 | 6,225 |
| 교통사범 | | 9,845 | 9,216 | 8,567 | 9,259 | 9,239 |
| 저작권법 위반 | | 446 | 249 | 260 | 146 | 128 |
| 기 타 | | 10,713 | 9,348 | 9,954 | 10,688 | 9,830 |

자료: 대검찰청(2018). 범죄분석.

## 3. 청소년 문제의 유형과 대책

청소년 문제는 여러 형태의 문제 행동으로 나타나고 있다. 여러 유형의 문제 행동들 중에서 최근 가장 빈번하게 나타나고 그 심각성이 높은 문제 행동유형을 살펴보기로 한다.

### 가. 청소년의 음주와 흡연

청소년들의 음주와 흡연은 우리 사회의 대표적인 청소년 지위 비행에 속한다. 청소년의 음주와 흡연을 줄이기 위한 많은 논의가 있었지만, 대부분

규제와 단속이라는 성인 위주의 편향된 시각에서 이루어져 문제 해결을 위한 근본적인 해결책을 제시하지 못하였다. 여기서는 청소년의 음주와 흡연의 실태와 원인을 진단하고, 그 해결을 위한 몇 가지 방안을 제시하고자 한다(한국청소년개발원, 1993).

### 1) 청소년의 음주와 흡연 실태

교육과학기술부 · 보건복지부 · 질병관리본부(2017)의 '청소년건강행태온라인조사'에 따르면, 2015년부터 2017년 현재까지 학년별 현재 음주율의 연도별 추이를 살펴보면, 남녀 학생 모두 2015년부터 2017년까지 최근 3년 간 증감을 반복한 것으로 나타났다. 2017년 청소년의 처음 음주 경험 연령은 남학생 12.9세, 여학생 13.5세로, 남녀 학생 간 차이는 0.6세였다. 위험음주율은 남학생이 8.8%로 여학생의 위험음주율(7.6%)보다 높았으며, 남학생과 여학생 모두 전년대비 위험음주율이 증가한 것으로 나타났다. 이는 초등학생 대상의 음주 예방교육을 강화하여야 할 필요성을 시사한다.

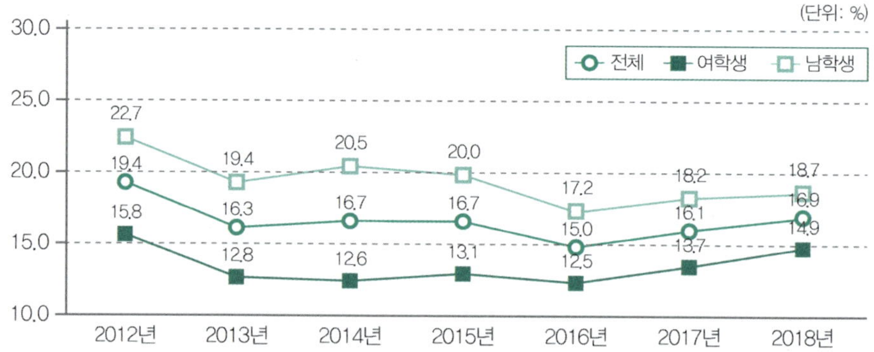


주 : 청소년 현재 음주율은 최근 30일 동안 1잔 이상 술을 마신 적이 있는 사람의 분율임.
자료 : 보건복지부 · 질병관리본부 · 교육부(각 년도). 청소년건강행태온라인조사.

**[그림 5-1] 청소년 음주율 추이**

2017년 청소년의 현재 흡연율은 남학생의 경우 9.5%, 여학생은 3.1%로 나타나 남학생의 현재 흡연율이 여학생의 현재 흡연율보다 높은 수준으로 나타났다. 연도별로 살펴보면, 남학생의 현재 흡연율은 2015년부터 2017년까지 지속적으로 감소하는 경향을 보인 반면, 여학생의 현재 흡연율은 2015년 3.2%, 2016년 2.7%로 나타나 소폭 감소하였으나 2017년에는 3.1%로 2016년 대비 0.4%p 증가하였다.

2017년 청소년의 처음 흡연 경험 연령은 12.9세, 매일 흡연 시작 연령은 13.8세로 나타났고, 성별에 따라 살펴보면, 남학생의 경우 처음 흡연 경험 연령은 12.8세, 여학생은 13.1세로 나타났으며 매일 흡연 시작 연령은 남학생 13.8세, 여학생 13.7세로 나타나 성별에 따른 큰 차이는 없는 것으로 나타났다. 한편, 2017년 주 1일 이상 가정 내 간접흡연 노출률은 남학생 27.3%, 여학생 28.4%로 나타났다.

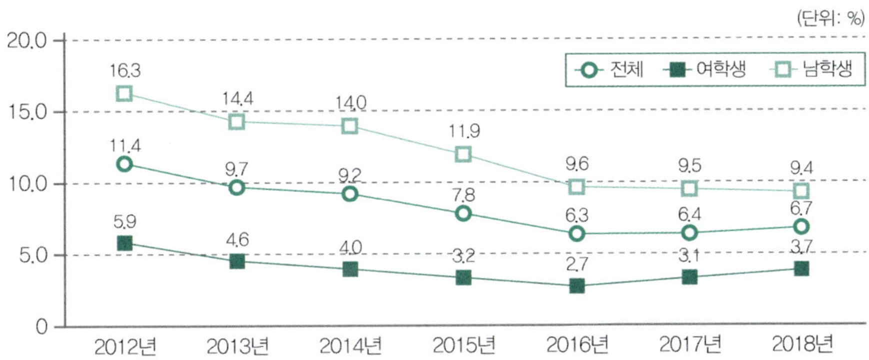


주 : 청소년 현재흡연율은 최근 30일 동안 1일 이상 흡연한 사람의 분율임.
자료 : 보건복지부 · 질병관리본부 · 교육부(각 년도). 청소년건강행태온라인조사.

**[그림 5-2] 청소년 흡연율 추이**

음주와 흡연은 청소년의 영양 상태에 문제를 초래할 뿐만 아니라, 주요 성분인 알코올이나 니코틴은 약리 작용뿐만 아니라 음식의 섭취를 기피하게 만들거나 편식을 초래하기 때문에 영양섭취가 중요한 성장기 아동 · 청소년에게는 그 악영향이 더욱 커질 수 있다. 특히 10~19세 청소년의 음주와 흡연은 법적인 차원에서, 그리고 사회적 차원에서도 많은 문제의 원인이 될 수 있으므로 이에 대한 지도와 대책이 시급하다.

### 2) 청소년의 음주와 흡연의 동기 및 대책

청소년들이 음주와 흡연을 하게 되는 동기는 음주와 흡연에 대한 욕구보다는 음주와 흡연을 통하여 성인 세계를 체험하고자 하는 호기심과 또래 집단 사이에서 인정받고자 하는 간접적이고 수단적인 성격을 띠고 있다. 또한 가정과 학교생활 등에서 누적된 불만 등을 들 수 있다. 그러므로 청소년의 음주와 흡연을 부추기는 성인들의 음주와 흡연 문화는 이러한 청소년들의 호기심이 분출되는 일종의 사회환경적 요인을 구성한다.

청소년들의 음주행동은 고착화된 행동양상이 아니기 때문에 교육을 통해 바람직한 행동으로 변화될 수 있는 가능성이 있다. 청소년기의 음주의 위험성에 대한 교육을 강화하여 음주시작을 청소년기 이후로 미루도록 유도해야 한다.

청소년의 금연지도는 점진적으로 양을 줄여 나가는 방법이 일시에 담배를 끊는 방법보다는 효과가 있으나 1개월 이내에는 완전히 금연하는 계획을 세워야 하고, 많은 사람 앞에서 담배를 끊겠다고 선언하도록 하며, 금연에 관한 자료를 자주 보여 주고 흡연의 해악을 반복하여 지도한다. 또한 운동으로 땀을 흘려 담배의 유해물질을 배출하도록 지도하며, 학교 화장실 등 흡연 가능 지역을 수시로 순찰하고 학생들의 자발적 소지품 검사를 실시한다.

## 나. 청소년의 가출

최근 청소년들의 가출이 점차 증가하고 그 연령이 저연령화되고 있다. 단순히 학교와 가정이라는 보호망을 벗어나는 차원이 아닌, 다양한 사회악을 모방하여 쉽게 비행을 일으키는 요인이 된다. 가출은 청소년 개인에게도 영향을 미치지만, 그로 인한 가정과 학교로부터의 배척으로 인해 적절한 양육과 교육을 제대로 제공받지 못하여 건전한 사회구성원으로 성장하는 데 위협 요인이 된다(부산광역시교육청, 2007).

### 1) 청소년 가출의 실태

최근 사회적 문제인 가족 간의 갈등과 가족해체의 가속화 등으로 인하여 청소년 가출이 지속적으로 증가하고 있으며, 이들은 가출로 인하여 건강악화는 물론 절도·폭행·성매매 등 범죄 및 비행 등의 문제를 일으키거나 범죄의 대상이 되는 사례가 빈번히 발생하여 사회적 부작용이 심각한 실정에 이르고 있다. 또한 청소년들의 가출연령이 점점 낮아지고, 6개월 이상의 장기 가출과 반복적인 가출이 늘어나는 경향이 나타나고 있다. 여성가족부(2012)에서 발간한 2012 청소년백서에서 보면, 가출 신고된 청소년은 해마다 증가하고 있는 것으로 나타났다. 남학생보다는 여학생이 약 두 배 정도 많은 것으로 나타났다.

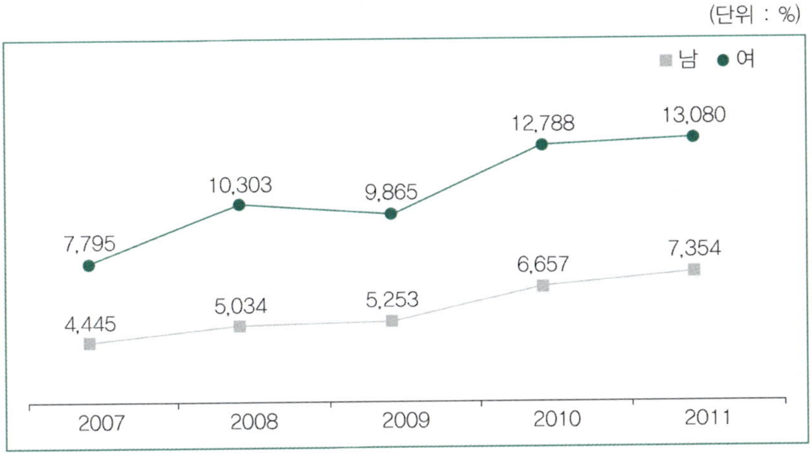


자료: 경찰청(2012). 경찰백서.

**[그림 5-3] 청소년(14~19세) 가출 신고 추이**

### 2) 청소년 가출의 유형과 원인

우리나라 청소년 가출의 유형을 가출 목적에 따라 제시하면 크게 시위성 가출, 유희성 가출, 방랑성 가출, 추방형 가출, 생존형 가출로 구분할 수 있다(홍봉선, 남미애, 2001).

첫째, 시위성 가출은 가출 그 자체보다는 가출로 인한 효과로 가족이나 주위 환경을 변화시키기 위한 목적으로 가출을 하는 경우이다.

둘째, 유희성 가출은 단순히 친구들과 어울리며 자유를 만끽하고 성적인 행위나 술과 담배를 부모의 간섭 없이 즐기려는 쾌락을 위해 하는 가출이다.

셋째, 방랑성 가출은 밖에서 생활하는 것이 좋아 1~2년 밖에서 배회하면서 사는 것이 생활이 되어 버린 경우이다.

넷째, 추방형 가출은 가족이나 주위 환경으로부터 가출을 하도록 떠밀려 나온 경우로 이들의 가족들은 가출 청소년에게 무관심, 방임 등의 태도로 일관하며 청소년에게 어떠한 관심이나 사랑도 주지 못하고 가족으로서의 기능을 제대로 수행하지 못하는 경우이다.

다섯째, 생존형 가출이다. 가족으로부터의 신체적 · 심리적 · 정신적 학대를 받고 생존을 위해 어쩔 수 없이 도망쳐 나온 유형이다.

흔히 고통을 피하려고 하는 가출은 대개 일회성으로 끝나는 경우가 많으나, 쾌락을 추구하고자 하는 가출은 일회성으로 끝나기보다는 상습적으로 하는 가출이 되기 쉽고 그만큼 교정하기 어렵다. 이와 같은 가출 청소년의 유형화는 가출 청소년에 대한 이해와 함께 지도방법의 선택이나 프로그램의 개발 및 적용에 유용하다.

### 3) 가출 청소년의 지도

청소년 가출은 이 시대의 사회적 사실이다. 청소년 가출은 우리가 외면한다고 해서 사라지는 것도 아니고, 부모나 경찰이 잡아들인다고 해서 해결될 문제도 아니다. 가출 학생에 대한 문제는 교사와 학부모의 긴밀한 협조 속에 지도가 이루어져야 한다. 가출학생이 돌아오도록 최선을 다하고, 교사는 학교로 돌아온 아이가 잘 적응할 수 있도록 배려해야 한다. 가출 청소년에 대한 현실을 감안하여 다음과 같은 지도가 필요하다(부산광역시교육청, 2007).

첫째, 우선 그동안의 생활 등에 대해 면밀하게 조사하여 가출하게 된 동기와 과정, 재발 가능성에 대처한다.

둘째, 학부모와의 상담을 통해 가정의 역기능적인 면을 줄인다. 자녀에 대한 지나친 기대나 과잉보호, 방임적인 태도, 편애, 지나치게 엄격한 태도 등 부모의 양육 태도상의 문제점을 살펴보고 변화를 시도한다. 또한 부모와 자녀 간의 의사소통이 이루어지도록 지도한다. 편안하게 말할 수 있는 분위기를 마련하고, 즉각 대답을 바라는 성급함을 버리고 기다리면서 들어주는 태도가 중요하다. 이를 위해 부모는 자신의 감정과 생각을 솔직히 표현하며, 도덕적 설교가 아닌 개방적인 대화의 자세를 가진다.

셋째, 학교에서의 부적응 현상을 줄인다. 교사는 친구 집단의 성격 파악과 신상에도 관심을 가지고 그들의 부모와도 지속적인 접촉을 하여 정보와 경험을 상호 교환하는 것이 좋으며, 가치관이 뚜렷한 학생과 의형제 또는 의자매를 맺어 주고 학업성과를 올리려는 강압적 태도를 지양한다.

넷째, 가출한 청소년이 가정과 학교의 중요성을 깨달아 다시는 가출하지 않겠다는 약속을 가족이나 교사 앞에서 하도록 지도하고, 학생의 능력이나 발달 수준을 파악하여 그가 할 수 있는 생산적인 일을 찾아본다.

다섯째, 부모나 교사와 대화가 되지 않으며 지도가 어려운 학생은 전문상담기관(시군구 청소년지원센터 전화 1388)에 의뢰하여 도움을 받도록 한다.

## 다. 청소년 폭력

「학교폭력예방 및 대책에 관한 법률」(2012.5.21. 시행) 제2조 제1호에 의하면, 학교폭력이란 학교 내외에서 학생을 대상으로 발생한 상해, 폭행, 감금, 협박, 약취·유인, 명예훼손·모욕, 공갈, 강요·강제적인 심부름 및 성폭력, 따돌림, 사이버 따돌림, 정보통신망을 이용한 음란·폭력 정보 등에 의하여 신체·정신 또는 재산상의 피해를 수반하는 행위를 말한다.

청소년 폭력은 인간의 존엄성과 생명의 소중함을 무시하는 행위라는 점에서 다른 어떤 문제행동보다 심각하다. 갈수록 흉폭화되고 있는 청소년 폭력으로 인해 중·고등학생은 물론 초등학생까지도 공포에 떨면서 '학교 가기가 무섭다'고 호소하고 있는 실정이다. 이러한 상황이 전개되면서 일부 청소년들의 경우 폭력을 두려워한 나머지 스스로 목숨을 끊거나, 극도의 불안감으로 정신적, 심리적 증상을 호소하기도 한다. 이에 대한 체계적인 예방과 지도가 필요하다.

### 1) 학교폭력의 징후

학교폭력이 발생한 상황에서는 가해학생과 피해학생 및 목격학생이 존재하기 때문에, 학교폭력에는 피해학생, 가해학생, 목격학생이 직접적인 관련 당사자가 될 수 있다. 여기에서는 피해학생과 가해학생의 특성과 징후를 살펴보기로 한다.

#### (1) 피해학생의 징후

수업시간 중 점심시간과 쉬는 시간, 등·하교시간 및 기타 상황에서 교사가 발견할 수 있는 피해학생의 징후는 다음과 같다(교육과학기술부 학교폭력 종합포털사이트, 2013; 조정실, 차명호, 2010).

##### ① 수업시간 중에 발견할 수 있는 징후

- 교과서가 없거나 필기도구가 없다.
- 교과서와 노트, 가방에 낙서가 많다.
- 지우개나 휴지, 쪽지가 특정 아이를 향한다.
- 자주 준비물을 챙겨 오지 않아 야단을 맞는다.
- 자주 등을 만지고 가려운 듯 몸을 자주 비튼다.
- 평상시와 달리 수업에 집중하지 못하고 불안해 보인다.
- 옷 등에 낙서나 욕설이나 비방이 담긴 쪽지가 붙어 있다.
- 종종 무슨 생각에 골몰에 있는지 정신이 팔려 있는 듯이 보인다.
- 특정 아이를 빼고 이를 둘러싼 아이들이 이유를 알 수 없는 웃음을 짓는다.

- 옷이 젖어 있거나 찢겨 있을 때 그에 대해 물어보면 별일 아니라고 대답한다.
- 코피가 나거나 얼굴에 생채기가 있을 때 그에 대해 물어보면 괜찮다거나 별일 아니라고 한다.

#### ② 점심시간과 쉬는 시간에 발견할 수 있는 징후

- 자주 점심을 먹지 않는다.
- 점심을 혼자 먹을 때가 많고 빨리 먹는다.
- 친구들과 자주 스파링 연습, 격투기 등을 한다.
- 교실 안보다 교실 밖에서 시간을 보내려 한다.
- 자기 교실에 있기보다 이 반, 저 반 다른 반을 떠돈다.
- 같이 어울리는 친구가 거의 없거나 소수의 학생과 어울린다.
- 친구들과 어울리기보다 교무실이나 교과전담실로 와서 선생님과 어울리려 한다.

#### ③ 등·하교시간 및 기타 상황에서 발견되는 징후

- 무단결석을 한다.
- 자주 지각을 한다.
- 학교 성적이 급격히 떨어진다.
- 이전과 달리 수업에 흥미를 보이지 않는다.
- 작은 일에도 예민하고 신경질적으로 반응한다.
- 자신의 집과 방향이 다른 노선의 버스를 탄다.
- 다른 학생보다 빨리, 혹은 아주 늦게 학교에서 나간다.
- 수련회, 수학여행 및 체육대회 등 학교 행사에 참석하지 않는다.

한편, 학교생활, 친구관계, 신체적 영역, 정서·행동적 영역에서 학부모가 발견할 수 있는 피해학생의 징후는 다음과 같다(조정실, 차명호, 2010).

① 학교생활 영역에서 발견할 수 있는 징후

- 학교 성적이 급격히 떨어진다.
- 학원이나 학교에 무단결석을 한다.
- 노트나 가방, 책 등에 낙서가 많이 있다.
- 옷이 더럽혀져 있거나 찢겨 있는 경우가 많다.
- 학용품이나 교과서가 자주 없어지거나 망가져 있다.
- 갑자기 학교에 가기 싫어하고 학교를 그만두거나 전학을 가고 싶어 한다.
- 학교에 가거나 집에 올 때 엉뚱한 교통 노선을 이용해 시간이 많이 소요된다.

② 친구관계에서 발견할 수 있는 징후

- 문자를 하거나 메신저를 할 친구가 없다.
- 친구의 생일파티에 초대를 받는 일이 드물다.
- 친구의 전화를 받고 갑자기 외출하는 경우가 많다.
- 전화벨이 울리면 불안해하며 전화를 받지 말라고 한다.
- 다른 아이들이 괴롭힘 때문에 입은 피해에 대해 자주 말한다.
- 자신이 아끼는 물건(휴대폰, MP3, 전자사전, 닌텐도, 옷 등)을 자주 친구에게 빌려주었다고 한다.

③ 신체적 영역에서 발견할 수 있는 징후

- 몸에 상처나 멍 자국이 있다.
- 머리나 배 등이 자주 아프다고 호소한다.
- 학교에서 돌아와 배고프다며 폭식을 한다.
- 집에 돌아오면 피곤한 듯 주저앉거나 누워 있다.
- 작은 일에도 깜짝 깜짝 놀라고 신경질적으로 반응한다.
- 몸을 움직이는 일을 하지 않으려 하고 혼자 자기 방에 있기를 좋아한다.
- 밤에 잠을 제대로 자지 못하며 식은땀을 흘리면서 잠꼬대를 한다.

#### ④ 정서 · 행동적 영역에서 발견할 수 있는 징후

- 부모와 눈을 잘 마주치지 않고 피한다.
- 내성적이고 소심하며 초조한 기색을 보인다.
- 전보다 화를 자주 내고, 눈물을 자주 보인다.
- 복수나 살인, 칼이나 총에 대해 관심을 보인다.
- 갑자기 격투기나 태권도 학원에 보내 달라고 한다.
- 전보다 자주 용돈을 달라고 하며, 때로는 훔치기도 한다.
- 쉬는 날 밖에 나가지 않고 주로 컴퓨터 게임에 몰두하며 게임을 과도하게 한다.

### (2) 가해학생의 징후

가해학생들은 학교 운동장, 교실, 식당, 복도, 화장실, 등하굣길 등에서 자신의 힘의 우월을 과시하기 위한 수단으로 싸움놀이나 공격적 행동을 한다. 이러한 학교폭력 행위는 가해학생과 다른 학생과의 힘의 불균형에서 비롯되며, 가해학생이 타인에게 자신의 힘을 과시하고 싶은 욕구에서 시작된다.

힘은 집단 내에서 긍정적 영향을 미치는 데 필요한 사회화된 힘과 한쪽은 승자, 다른 한쪽은 패자가 되는 상황에 필요한 개인화된 힘으로 나눌 수 있다(McClelland, 1975). 이 중에서 개인화된 힘은 폭력 상황에서 작용하는 부정적인 힘이다. 이러한 부정적인 힘은 폭력을 행사하는 가해학생과 폭력을 당하는 피해학생의 공포감 사이에 균형을 이룬다. 즉, 피해학생의 무력감과 나약함의 표시가 가해학생으로 하여금 지배를 위한 권력 지향적인 수단과 방법을 사용하도록 허용하는 공생적인 관계를 형성하게 된다.

수업시간 중, 혹은 점심시간과 쉬는 시간에 교사가 발견할 수 있는 가해학생의 징후는 다음과 같다(교육과학기술부 학교폭력 종합포털사이트, 2013).

#### ① 수업시간 중에 발견할 수 있는 징후

- 교사와 눈길을 자주 마주치며 수업 분위기를 독점하려 한다.

- 교사가 질문을 했을 때, 다른 학생의 이름을 대며 그 학생이 대답하게끔 유도한다.
- 체육시간이나 야외활동 시간에는 친구들과 과격한 싸움을 하려는 행동을 보인다.
- 친구들에게 화를 잘 내고, 왜 그러냐고 물으면 이유와 핑계가 있다.

② 점심시간과 쉬는 시간에 발견할 수 있는 징후

- 비싼 시계를 선물 받았다고 하면서 많은 학생들 앞에서 자랑을 한다.
- 손이나 팔에 붕대를 감고 등교한다.
- 다른 학생들을 자주 괴롭히거나 위협한다.
- 쉽게 흥분하고 다른 학생들을 때리며 힘을 과시하려는 행동을 보인다.
- 마음속에 항상 저항과 분노를 품고 학교 규칙을 지키지 않는 행동을 한다.

한편, 학교생활, 친구관계, 신체적 영역, 정서 · 행동적 영역에서 학부모가 발견할 수 있는 가해학생의 징후는 다음과 같다.

① 학교생활 영역

- 공부를 안 하는데 갑자기 성적이 오른다.
- 다른 학생들을 괴롭히거나 위협하는 행동이 목격된다.

② 친구관계 영역

- 친구와 비밀 만남이나 전화통화가 증가한다.
- 외출이 잦고 친구들의 전화에 신경을 많이 쓴다.
- 등 · 하교 시 책가방을 들어주는 친구나 후배가 있다.
- 비행 전력이 있는 친구, 폭력집단의 친구들과 자주 어울린다.

③ 신체적 영역

- 육체적 활동, 체육 등을 좋아하며 힘을 발휘하길 즐긴다.

- 손이나 팔 등에 종종 붕대를 감고 다니거나 문신이 있다.

#### ④ 정서 · 행동적 영역

- 갑자기 돈 씀씀이가 커졌다.
- 밤늦도록 잠을 자지 않는다.
- 술, 담배 또는 약물을 접한다.
- 참을성이 없고 말투가 거칠다.
- 성미가 급하고, 충동적이며 공격적이다.
- 자주 화를 내며 이유와 핑계가 많아진다.
- 귀가 시간이 늦어지고 불규칙적인 생활을 한다.
- 작은 칼 등 흉기를 가지고 다니는 경우가 있다.
- 절도나 반항 등 다른 일탈행동(비행)을 자주 일으킨다.
- 다른 학생을 종종 때리거나, 동물을 괴롭히는 모습을 보인다.
- 사주지 않은 물건을 가지고 있어 물어보면 친구에게 받았다고 한다.
- 부모나 교사에 대해 공격적이고 적대적인 태도 및 행동이 나타난다.
- 부모에게 이유 없이 화를 내며, 비밀이 많고 대화를 잘하지 않는다.
- 자신의 문제 행동에 대해서 이유와 핑계가 많고, 과도하게 자존심이 강하다.

### 2) 학교폭력 목격학생의 유형

학교폭력 현장에서 가해학생과 피해학생 외에 중요한 역할을 하는 집단이 있는데, 바로 학교폭력 상황에서 폭력행동을 목격한 학생(bystander)이다. 학교폭력 상황에서 목격학생이 대부분을 차지하며, 이들이 취하는 행동에 따라 동조자(assistant), 강화자(reinforcer), 방관자(outsider), 방어자(defender)의 네 가지 유형으로 분류된다(Salmivalli et al., 1996; 정종진, 2012 재인용).

첫째, 동조자이다. 이들은 폭력 상황을 목격했을 때 가해학생에 동조하여 폭력행동에 적극적으로 참여한다. 다양한 방법으로 폭력을 행사하는 가해학생을 돕고, 다른 학생이 폭력을 가하면 함께 폭력에 가담한다.

둘째, 강화자이다. 이들은 폭력 상황의 주변에서 폭력 행동을 부추기는 욕설이나 야유를 통해 폭력행동을 간접적으로 강화시키는 바람잡이 역할을 한다. 이들은 폭력행동을 보면 부추기는 말을 하면서, 폭력을 가하는 것을 보려고 주변으로 가서 폭력을 가하는 것을 즐긴다.

셋째, 방관자이다. 이들은 학교폭력 상황을 목격하고도 마치 아무런 일이 없다는 듯이 혹은 자신과는 상관이 없다는 듯이 아무런 행동 반응을 보이지 않는다. 이들은 폭력 상황에서 어느 편도 들지 않고 못 본 척하며, 자신도 폭력을 당할 수 있다는 두려움에 폭력 상황을 애써 외면해 버린다.

넷째, 방어자이다. 이들은 피해학생을 다양한 방법으로 도와줌으로써 피해학생을 폭력으로부터 방어하는 역할을 한다. 폭력행동을 멈추게 하기 위해 다방면으로 노력하며, 피해학생을 위로하거나 교사나 부모에게 말하도록 격려하고, 나아가 신고하기도 한다.

### 3) 담임교사의 학급 내 학교폭력의 감지와 조치

청소년기의 학생들은 그들 사이에서 일어난 일을 교사에게 잘 드러내려고 하지 않는다. 따라서 교사는 학생들에게 신고를 기다리기보다는 조기 감지 테스트나 학급 환경에 대한 민감한 변화 점검 등을 통하여 폭력 예방에 신경을 써야 한다.

#### (1) 교사의 학교폭력 조기 감지

담임교사가 학교폭력에 대한 조기 감지로 학생들이 가해든 피해든 간에 잠재적 학교폭력으로부터 노출되는 것을 방지할 수 있다. 교육부는 각급 학교에 구성된 학교폭력 전담기구를 통해 매년 학교폭력실태조사를 실시해 오고 있다. 이때 담임교사뿐만 아니라, 모든 교사는 학생들의 학교폭력 발생여부에 대해 심도 있는 설문을 실시하는 것이 좋다.

먼저 학교폭력에 대한 조기 감지를 위해 교사는 개인상담으로 학생 개개인의 학급 생활 및 적응 정도를 알고, 학생 개인이 학급의 생태체계적인 환경에서 어떠한 위치에서 생활하고 있는지 파악하여야 한다. 학교폭력은 단순히 가해학생과 피해학생만의 관계가 아니라, 학생 개인을 중심으로 복잡한 환경적인 요인이 작용하므로 교사는 이러한 전제하에 학생의 학교폭력 위험도를 감지할 수 있도록 한다. 학교폭력실태조사를 위한 설문지를 활용하여 실태조사를 할 때는 비밀보장이 철저하게 된 상태에서 작성하여야 한다. 또한 학생의 생활은 늘 변화 가능성을 가지고 있으므로 답변 내용이 학생 개인에게 낙인이 되지 않도록 하여야 한다(문용린 외, 2006).

학급 내의 학교폭력 실태에 대하여 담임교사는 다음과 같은 체크리스트를 통하여 조기에 감지할 수 있다.

**학교폭력 조기 감지를 위한 체크리스트**

다음 중 학급 내에서 발생하는 문제에 체크해 주세요.

____ 수업시간을 학생들이 엄수하지 않는다.
____ 학생들 간에 언어폭력이나 신체폭력이 일어나고 있다.
____ 학교규칙 위반을 하는 학생이 있다.
____ 결석을 자주 하는 학생이 있다.
____ 학교물건을 파손하는 학생이 있다
____ 물건을 도둑맞는 경우가 종종 있다
____ 학생들 간에 힘 싸움이 있다.
____ 옷이 자주 망가지는 학생이 있다.
____ 안색이 안 좋고 평소보다 기운이 없어 보이는 학생이 자주 있다.
____ 친구가 시키는 대로 그대로 따르는 학생이 있다.
____ 주변의 학생이 험담을 해도 반발하지 않는 학생이 있다.
____ 성적이 갑자기 떨어지는 학생이 있다.
____ 비싼 옷이나 운동화 등을 자주 잃어버리는 학생이 있다.
____ 몸에 다친 상처나 멍자국이 발견되고 물어보면 그냥 넘어졌다거나 운동하다 다쳤다고 말하는 경우가 있다.
____ 교과서나 일기장에 '죽어라' 또는 '죽고 싶다'와 같은 폭언이나 자포자기식의 표현이 있다.

자료: 박명진(2006). 학교폭력 예방을 위한 실제적 지침서, 『학교폭력 예방과 상담』. 서울: 학지사, 435-436.

담임교사가 체크한 문항의 수가 평균 7개 이하일 경우에는 그 학급을 저위험 집단으로, 평균 7개 이상일 경우에는 고위험 집단으로 분류할 수 있다(박명진, 2006). 이 중 고위험 집단의 경우에는 학급 내 학교폭력의 위험에 처한 학생이 많다는 것이므로 가해학생 및 피해학생에 대하여 할 수 있는 예방 프로그램을 실시하도록 한다.

고위험 집단의 경우 전문적인 예방 교육 및 치료 프로그램 외에도 학급 내에서 실시할 수 있는 프로그램으로 정기적 학급회의, 학급 내 포돌이 경찰임명, 역할극, 모의재판, 또래 상담자 활성화, 집단토론 등이 있다.

정기적 학급회의나 학급 내 포돌이 경찰 임명을 통하여 학급 내에서 폭력이 발생할 수 있는 가능성을 줄이고, 역할극 및 모의재판을 통하여 가해학생 및 피해학생의 상황을 서로 바꾸어 놓고 이해할 수 있는 상황을 만들 수 있다. 또한 갈등이 발생한 경우, 또래 상담자를 통하여 해결해 가는 과정을 활성화시켜 스스로 갈등 해결 상황을 긍정적으로 이끌어 갈 수 있도록 한다(문용린 외, 2006). 뿐만 아니라 학교폭력 상황에서 학생들의 집단심리 역동을 이해할 수 있도록 집단토론의 기회를 교과목 수업과 연계하여 실시할 수 있다.

### (2) 교사의 학교폭력 지도와 상담

학교폭력 사건이 발생하였을 때, 무엇보다도 중요한 것은 교사가 학교폭력 사건을 객관적이고 이성적으로 판단하여야 한다는 점이다. 이때 교사가 학교폭력 사건을 모른 척하거나 회피하려고 한다면, 문제는 해결되지 않고 오히려 사건이 커질 뿐만 아니라 교사는 비난이나 심지어 징계를 받을 수 있다. 학교폭력에 대해 교사가 적극적으로 대처하려는 태도는 피해학생뿐만 아니라, 가해학생 및 수많은 목격학생들에게도 교육적 효과를 줄 수 있다. 먼저 여기서는 학교폭력 사건의 발생 초기에 교사가 고려해야 할 점을 살펴보면 다음과 같다.

첫째, 여러 경로로 학교폭력이 발생됨을 알게 된 경우, 교사는 사실을 객관적으로 받아들여 이성적으로 상황을 파악하는 것이 중요하다. 또한 학교폭력 상황에 대해 누설하지 않도록 주의하여야 한다.

둘째, 정보를 얻기 위해서 피해학생과 드러나지 않는 면담을 하도록 한다. 이때 교사는 피해학생이 안심할 수 있는 분위기를 만들어 주고 충분히 심리적으로 지지하고 있음을 알게 해야 한다.

셋째, 가해학생과 피해학생을 대질시키는 것은 하지 말아야 한다. 이런 일이 한 번 발생하면 피해학생은 더 이상 폭력 상황에 대해 누구에게도 말하지 못하고 가해학생의 폭력의 강도는 더욱 심해지게 되어 상황이 악화될 가능성이 매우 높다.

넷째, 피해학생의 이야기를 들으며 사실을 파악할 때에는 육하원칙에 의거하여 자세하고 객관적으로 진술을 기록하여야 한다. 폭력의 범위(폭력 발생 장소, 피해학생 수, 가해학생 수, 피해 · 가해학생 간 관계, 폭력기간, 폭력서클 등)와 원인이나 형태(말로 괴롭히는 것인지, 신체적 폭력을 가하는 것인지, 금전이 관계된 것인지 등)를 파악하여야 한다. 특히 이러한 사실을 다른 학생들 중 알고 있는 경우가 있는지 파악하는 것도 병행하여야 한다.

다섯째, 학교폭력이 한 학급 내에서 일어났다고 하여 그 학급 담임교사의 지식과 경험에만 의존하여 학교폭력의 문제를 해결하려 하는 것은 매우 위험하다. 특히 기존의 생활지도 경험에 비추어 처리한 것이지만 관련 법률이나 규정을 위반하는 경우도 빈번하게 발생하고 있다. 따라서 교장과 담임, 학생부장과 진로상담부장, 보건교사와 전문상담교사 등이 유기적으로 연결되어 학생의 생활실태를 파악하고, 교직원 상호 간 긴밀한 정보 교환이 이루어져야 한다.

다음으로 피해학생, 가해학생의 징후를 보이는 경우와 목격학생에 대한 지도와 상담은 다음과 같이 조치하여야 한다.

첫째, 피해학생의 징후를 보이는 경우에 피해학생 혼자서 해결하려 하지 말고 부모에게나 교사에게 도움을 청하도록 지도하여야 한다. 혹시 학교나 부모에게 알리기 힘든 경우에는 전문상담기관을 이용하는 것도 가능함을 사전에 알려주는 것이 필요하다. 또한 이렇게 피해를 신고하는 것은 고자질하는 것이 아니라, 자신을 지키려는 정당한 행동임을 알게 하여야 한다.

한편, 피해 상황이 될 수 있는 환경에서 벗어나도록 지도하여야 한다. 만일 등하굣길에 학교폭력의 가해학생이 출몰하는 경우에는 혼자 다니지 말고 친구들과 무리지어 다니거나, 가해학생이 없는 곳을 찾아다니도록 지도하여야 한다.

둘째, 가해학생의 징후를 보이는 경우에는 폭력 행위를 한 원인과 자신의 행동에 대해서 생각해 보도록 하여야 한다. 원인이 분명할 경우 그 원인의 해소를 위해서 노력하도록 지도하고, 원인을 찾아낼 수 없거나 폭력 행위에 대한 원인에 대해 스스로 제거할 수 없는 경우에는 부모님 혹은 교사에게 도움을 요청할 수 있음을 주지시킨다. 이러한 학생들에게는 종종 자신의 스트레스를 해소하기 위한 건전한 방법을 찾아서 화난 마음을 표출해 보도록 하는 것도 좋은 방법이 된다.

「학교폭력 예방 및 대책에 관한 법률」을 설명하고 학교폭력의 가해학생은 어떤 절차를 거쳐 어떤 처벌을 받게 되는지 설명하는 것도 바람직하다. 또한 학교생활기록부에 자치위원회의 심의결정 결과가 어떻게 기재되며, 향후 상급학교 진학이나 취업에서 어떤 불리한 결과를 가져오는지에 대해서도 설명한다.

셋째, 목격학생의 경우에는 폭력에는 개입하지 않지만 그러한 폭력 상황을 목격하면서도 그대로 묵인하여 사태를 더욱 악화시키는 경우가 많이 있다. 폭력 자체가 나쁜 것이라는 인식을 가지고, 그러한 사실을 교사 등에게 알리는 것은 고자질이 아니라는 생각을 갖도록 지도하여야 한다. 자신이 당한 일이 아니라고 방관하는 것도 어느 순간 자신도 동일한 피해의 상황에 처할 수 있고, 아무도 자신과 같이 돕지 않는 경우 커다란 상처를 입을 수 있다는 것을 학생들이 알 수 있도록 지도하여야 한다.

### (3) 학교폭력 발생 시 처리 절차

학교폭력 발생 → 학교장에 보고, 학교장은 교육청에 보고(피해자 우선 보호조치) → 학교폭력대책자치위원회 개최 → 자치위원회 조사(학교폭력 전담기구의 서면조사, 가해, 피해, 목격자 조사, 현장조사) → 조사 종결(조사 결과 보고서 작성) → 자치위원회 중재, 심의, 의결 → 자치위원회 조치(피해학생에 대한 조치 사항-제1호 심리상담 및 조언, 제2호 일시보호, 제3호 치료 및 치료를 위한 요양, 제4호 학급교체, 제6호 그 밖에 피해학생의 보호를 위하여 필요한 조치: 가해학생에 대한 조치 사항-제1호 피해학생에 대한 서면사과, 제2호 피해학생 및 신고 · 고발 학생에 대한 접촉, 협박 및 보복행위의 금지, 제3호 교내 봉사, 제4호 사회봉사, 제5호 특별 교육이수 또는 심리치료, 제6호 출석 정지, 제7호 학급교체, 제8호 전학, 제9호 퇴학처분)

## 라. 청소년과 성문제

최근 청소년들은 성에 대하여 상당히 개방적이고 책임성이 결여된 태도와 행동을 나타내고 있다. 많은 심리학자들은 청소년기의 중요한 특징 중의 하나로 성적 에너지의 급격한 증가를 들고 있으며, 이로 인해 청소년들은 이성에 대한 관심과 성적 활동을 추구하게 되며 이러한 경향은 생물학적 · 발달적 측면에서 자연스러운 일로 보아야 한다고 주장한다.

성의식 개방 정도를 알아보기 위해 흔히 사용되는 혼전 성관계에 대해서 이제 순결 자체를 문제 삼는 것은 구시대적 사고방식이라고 단정하는 등 청소년들은 과거에 비하여 훨씬 개방적인 태도를 보이고 있다. 뿐만 아니라 성인과의 원조교제, 즉 성매매 가능성에 대해서도 상당히 우려할 만한 태도를 보이고 있다. 이와 같은 성의식 및 행동들이 일부 청소년들에게만 국한된 문제가 아니라, 일반 청소년들에게까지 급속히 확산되고 있다는 데에 문제의 심각성이 있다.

특히 인터넷이나 통신수단의 발달로 인하여 기존 집촌 형태의 매춘이나 유흥업소에서 미성년자를 고용하여 매매춘이 이루어지는 방식과는 달리, 주로 전화방이나 인터넷 채팅을 통해 은밀하게 성을 사고파는 방식이 주로 이루어지고 있다. 더욱 우려되는 것은 성매매에 참여하는 청소년들이 이를 죄의식 없이 받아들이는 사례가 증가하고 있다는 점이다.

청소년들의 이러한 성의식과 행동이 다른 일상적인 행동과도 같이 유행처럼 쉽게 휩쓸리게 된다면, 한순간에 자기 자신을 건잡을 수 없는 수렁으로 몰아가는 결과를 초래하기 때문에 이에 대한 예방과 지도 및 대책이 필요하다.

### 1) 청소년 성문화 실태

청소년이 성에 대하여 개방적인 태도와 행동을 보이고 있음에도, 학생들은 성지식을 주로 학교에서 52.4%, 또래집단에서 30.8% 그리고 서적이나 잡지에서 8.1%를 얻고 있었다. 또한 학교에서의 성교육에 대한 불만족의 이유는 구체적으로 가르쳐주지 않기 때문이 45.4%로 가장 많고, 다음은 이미 아는 내용이 28.3%, 윤리적 · 도덕적이어서 13.7%, 집단적 · 공격적이어서가 10.5% 등으로 학교에서의 청소년에 대한 성교육이 불충분하였다(한국성폭력상담소, 2007).

2008년 2월 경찰청의 통계자료에 의하면, 성범죄자 연령이 낮아지며 소년범죄 건수가 매년 증가하고 성폭력 가해자의 연령이 해마다 낮아지는 것으로 나타났다. 또한 성폭력을 저지른 20세 미만 소년범은 2005년 1,329건에서 2006년 1,811건, 2007년 2,136건으로 해마다 증가하였고, 특히 14세 미만의 소년범은 같은 기간 20명에서 42명, 48명으로 늘어났으며, 14세 이상의 소년범도 92명에서 193명, 235명으로 증가했다. 또한 아동 성폭력 피해자가 하루 평균 2.7명이고 평균 9.4세이며 2007년 1,081건 발생하였다(뉴시스, 2008.2.10.일자).

한편, 청소년 성매매는 상대가 대부분 여학생이며 청소년 사이에서 급속히 퍼져 나가는 점과 일단 청소년 성매매를 한 경험이 있는 성인은 지속적이고 상습적으로 한다는 점이 문제의 심각성이 대두된다. 청소년 성매매의 특성은 먼저 성인 남성은 주로 20~30대이며, 10대 소녀는 13세에서 19세까지 다양하며, 청소년들의 신분도 학생, 중퇴생, 재수생 등 다양하게 분포되어 있다.

2001년 문화관광부와 한국청소년상담원이 조사한 설문에서 우리나라 중고생 10명 중 1명 정도가 성매매 충동을 느끼고 있는 것으로 조사되었으며, 실제 성매매 경험을 가진 청소년은 1.8%로 나타났다. 이들 중 3분의 2 이상이 중3~고2 수준인 15~17세였다. 이들 대부분은 용돈을 마련하고 유명제품의 옷이나 신발 등을 사는 데 소비하고 있었다. 그러므로 예비교사들은 청소년 성문화에 대한 깊이 있는 이해를 통해 학교에서 성폭력 방지교육이나 청소년 상담전화의 이용 등을 통해 이러한 문제들에 대응할 필요가 있다.

### 2) 청소년 성문제를 위한 대책

청소년의 건강한 성의식과 성정체감의 형성을 돕기 위해서는 체계적이고 구체적인 성교육이 이루어져야 한다. 무조건 숨기고 참으라는 방식에서 성별, 연령별, 성적 행동의 단계별, 청소년의 특성별, 상황별로 세분화해서 다양한 접근이 필요하다.

특히 인간평등과 인간존엄의 가치관을 바탕으로 한 전인적 성교육을 통해서 청소년이 자신의 성행위에 대한 의사결정 능력을 갖도록 하며, 상호 간에 동의에 의해서 긍정적이고 단계적으로 성적 표현을 하도록 교육시키는 것이 필요하다.

성교육은 체험을 하는 주체가 '하고 싶지 않다' 혹은 '싫다'라고 단호하게 말할 수 있는 능력을 기르는 데 중점을 둠으로써 보다 효과를 낼 수 있다. 또한 초·중·고 학생 외에 근로청소년, 정신질환이나 신체장애를 갖고 있는 청소년, 군인이나 의경, 그리고 성폭력 가해 혹은 피해 청소년 등을 대상으로 하는 세분화된 성교육은 물론, 그들의 성적 욕구와 갈등을 해소시킬 수 있는 상담시설과 건전한 문화시설도 만들어져야 한다.

2009 아동청소년 백서에 의하면, 최초 청소년 성매매가 이루어진 장소로 총 검거 건수 839건 중에서 인터넷이 701건으로 가장 많았고, 다음으로 티켓다방 47건, 유흥단란주점 7건, 스포츠마사지 2건, 기타 82건 등으로 나타났다(보건복지가족부, 2009). 이와 같이 최근 인터넷을 매체로 한 가상적인 성행위나 성매매가 대부분을 차지하고 있어 이에 대한 성교육도 필요하다.

결국 모든 성행위에는 항상 애정과 책임이 따르며, 상대방이 동의하지 않는 어떠한 성행위와 상품화된 성은 범죄이며, 나아가 인간의 평등과 존엄성을 침해하는 비인간적 행위라는 사실을 학교에서의 성교육을 통해 가르치는 것이 중요하다.

## 마. 청소년의 자살

한참 성장 및 발달하고 미래를 준비해야 할 청소년 시기에 자살률이 높다는 사실은 한 개인의 문제로만 국한되는 것이 아니라, 심각한 사회문제라고 할 수 있다. 자살은 개인적 행위이기는 하지만, 그 행위가 생명의 존엄성에 대한 자해행위이기 때문에 가족과 사회에 미치는 충격과 파급효과는 클 수밖에 없다. 비록 자살이 실패하더라도 자살자에 대한 죄책감, 수치심, 분노 같은 심리적 외상을 줄 뿐만 아니라 자살자 가족이라는 스스로의 명명과 사회적 낙인을 남기게 된다.

특히 자살자 주변 사람들은 '자살 생존자'라고 부르는데, 1명의 자살은 최소 6명 이상의 자살 생존자들에게 정서적·심리적·신체적 영향과 함께 자살 충동을 전염시킬 수 있다(이지연, 2005). 이는 매년 12,000여 명이 자살을 한다고 가정했을 때, 약 7만여 명 이상이 심한 죄책감과 우울감 등 후유증을 겪으며, 정상적인 사회활동에 지장을 초래할 수 있음을 의미한다. 게다가 방어기제가 성숙하지 못한 청소년들에게는 성인보다 더 그 미치는 영향이 크며, 높은 모방자살의 가능성도 가지고 있어 문제가 된다.

### 1) 청소년 자살의 특징

청소년의 문제행동 중 자살은 다른 어떤 문제행동보다 그 심각성과 부정적인 결과가 크다고 할 수 있다. 왜냐하면 다른 문제행동은 문제가 발생하고 난 이후에 노력을 통해 어느 정도의 개선의 기회가 있지만, 자살의 경우 개선의 기회마저 없기 때문이다.

죽음의 개념이 명확하지 않은 12세 이하의 경우, 자살에 대한 현실적 계획을 세우고 결행할 만한 능력이 없어 자살에 성공하는 경우는 드물다. 청소년기에 들어서 비로소 자살은 급증하게 되는데, 청소년기의 자살의 특징은 다음과 같다(이수연, 2009).

첫째, 분명한 동기가 있다. 오래전부터 자살 준비를 하면서 직접적인 동기가 방아쇠 역할을 한다.

둘째, 충동성이 강하게 작용한다. 성인의 경우에는 우울이 자살의 가장 큰 요인인 데 비해, 청소년의 경우는 충동성이 가장 큰 결정 인자가 된다. 그래서 청소년 자살의 경우는 예측이 어렵다. 가령 자살 계획이나 준비가 되지 않은 상태에서 '나가 죽어 버려라'는 부모의 한마디에 아무런 계획 없이 충동적으로 아파트에서 투신자살을 하는 행동을 보일 수 있다.

셋째, 피암시성이 강하여 동반자살이나 모방자살이 흔히 일어난다(한국청소년개발원, 1993). 청소년의 경우, 특히 같은 처지에 있는 여학생들 사이에서 동반자살이 자주 일어난다. 또한 청소년들 특유의 현상은 모방자살인데, 친구나 연예인, 매스컴 등의 영향을 쉽게 받는다. 최근 끊임없이 일어나고 있는 연예인의 자살들로 인해 모방자살이 현저히 증가하고 있다.

넷째, 치사도가 높은 자살 수단을 사용한다. 외국의 경우 총기, 목매달기, 약물과다 복용, 일산화탄소 중독, 달리는 차에 뛰어들기가 흔하나 우리나라의 경우 아파트에서 뛰어내리는 등 청소년 자신도 죽을 의도가 심각하게 없음에도 자살 방법이 치명적이어서 희생이 되는 경우가 많다.

다섯째, 독특한 사생관(死生觀)을 가지고 있다. 겪고 있는 문제에 대해 외부의 압력이 강할 경우, 생과 사의 세계를 혼동하게 되면 도피와 같은 심리적 기제를 적용하여 현실의 고민을 벗어나서 사후세계에서 해결하려는 의존성이 강하게 작용한다.

이상에서 살펴본 바와 같이, 청소년의 자살은 청소년기의 급격한 과도기로 인해 충동성이 더 격해지면서 일어나는 일인 만큼 청소년의 발달상의 특징을 이해하는 것이 자살예방의 기본이라 하겠다.

### 2) 청소년 자살의 유형

우리나라 청소년 자살은 외국에 비해서 상당히 높게 나타나고 있는데, 자살자의 90%가 심리적 장애를 보였고 이 가운데 30% 이상이 우울증으로부터 기인하고 심한 스트레스 상황에서 스트레스에 대처하는 방법으로 설명하고 있다(원호택, 1987). 청소년 자살의 유형은 다음과 같은 여섯 가지로 살펴볼 수 있다(이성범, 2002).

첫째, 내향형 자살이다. 보통 행동이나 태도가 내향적이고 소심한 편이며, 학교나 가정에서 대체적으로 문제가 있다고 생각하지 않지만 고독과 소외감이 강하여 고민이 많고 처리할 수 없는 일도 많이 갖고 있다.

둘째, 우수형 자살이다. 학교에서 성적이 우수하고 리더의 역할도 하지만, 부모나 주변 사람들의 기대가 본인에게 강한 부담으로 작용되어 모든 면에서 지위를 유지하기 힘들게 되면 스트레스를 받아 위기감을 갖는다.

셋째, 감정형 자살이다. 감정이 격할 때 감정을 다스리지 못하고 충동적으로 자신의 생명을 끊을 수단으로 자살을 택하게 되는 경우이다.

넷째, 정신장애형 자살이다. 대부분의 청소년들의 정신 장애는 후천적으로 가정과 학교와 또래를 통해서 받는 스트레스에서 출발하는데, 이러한 경우 정신분열증이나 조울증, 우울증, 불안이나 강박을 보이며, 행동과 언어에 분명한 변화가 나타난다.

다섯째, 신체장애형 자살이다. 청소년기에는 자신의 외모나 신체에 민감하게 반응한다. 이러한 때에 자신의 신체의 상해나 장애로 인한 고민으로 자살하기도 한다.

여섯째, 문제행동형 자살이다. 약물남용, 가정폭력, 왕따와 같은 문제 행동을 보이는 경우에서도 자살이 발생한다. 이러한 문제가 발생할 때, 청소년의 행동을 엄격하게 대응하면 청소년들은 심리적으로 이기지 못하고 자살로 이어지는 경우이다.

### 3) 청소년 자살의 실태

2012년 청소년백서에 의하면, 우리나라 청소년의 자살 생각률은 남학생 15.4%, 여학생 24.3%, 자살 시도율은 남학생 3.0%, 여학생 5.6%로 여학생의 정신건강이 남학생보다 더 좋지 못한 것으로 나타났다. 또한 학교급별 자살 시도율을 보면 중학생이 고등학생보다 높았으며, 고등학교 중에서는 특성화고가 일반고보다 높은 것으로 나타났다.

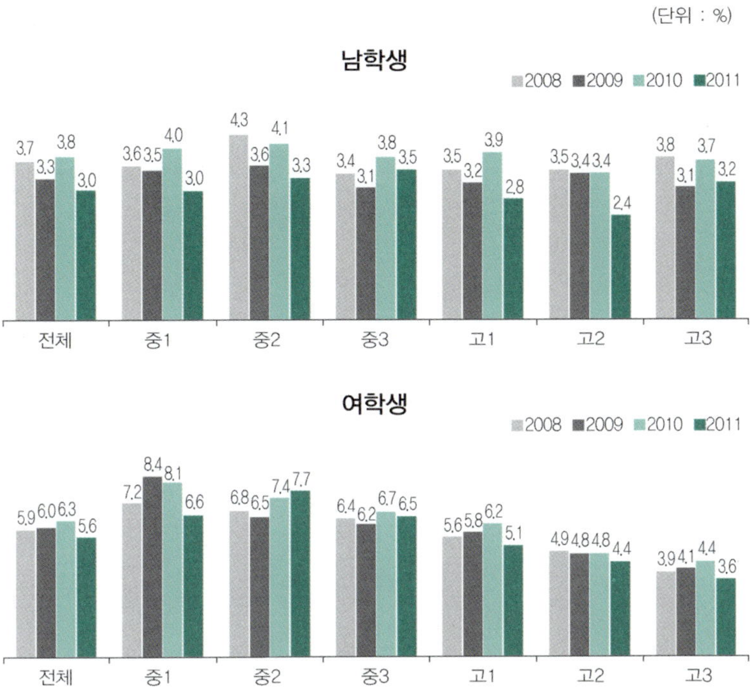

자료: 교육과학기술부 · 보건복지부 · 질병관리본부 · 청소년건강형태온라인조사 통계. 각 년도.

**[그림 5-4] 학년별 자살 생각률**

한편, 통계청 자료에 나타난 2008년 청소년의 사망원인 구조를 보면, 교통사고로 인한 사망이 23.6%, 자살 22.1%, 악성신생물 13.6%의 순으로 나타났다.

### 4) 학생 자살 위기 상담 및 대처 방법

교사는 학생이 자살의사를 넌지시 또는 직접적으로 내비치면, 피하지 말고 자살의 동기와 방법 등을 꼬치꼬치 캐물어 자살에 관한 생각을 털어놓게 해야 한다. 그리고 충분히 말을 들어주고 정서적으로 공감해준 뒤 상대방의 존재가치를 평가해 주면 자살 결심을 돌이키는 경우가 많다.

또한 가족에게 이 사실을 알리는 한편, 당사자에겐 자살기도가 병의 결과임을 설명하고 전문의에게 상담과 약물 치료를 받도록 권유해야 한다. 그러나 당장 자살할 위험이 있다고 판단되는 경우엔 즉시 정신병원에 입원시켜야 한다. 실제로 지난해 말, 한 고등학교 교사는 자신이 맡고 있는 학생이 우울증이 심각하다고 판단하여 즉각 입원시키려 했으나 입원실이 없어 다음날 아침 입원하도록 했다. 그러나 그날 밤 그 학생은 아파트에서 뛰어내렸다.

급성우울증으로 인한 자살 결심은 수시간 내 행동으로 옮겨질 가능성이 크므로 응급 입원의 대상이 된다. 혹시 입원이 불가능한 상황이라면 혼자 내버려두지 말고, 그 사람과 함께 있으면서 자살을 못하게 해야 한다.

위에서 학생들에게 빈번히 발생하고 교사들이 지도하기 어려워하는 청소년의 주요 문제행동들을 살펴보았다. 그 밖에 무단결석, 인터넷 중독, 도벽, 진로문제 등이 있다.

김두현(1997). 청소년법과 행정. 서울: 삼영사.
김성태(1983). 발달심리학. 서울: 법문사.
김 진(1995). 나누고 싶은 이야기. 서울: 뜨인들.
문용린 외(2006). 학교폭력 예방과 상담. 서울: 학지사.
문화관광부(2002). 2002 청소년백서. 서울: 문화관광부 청소년국.
박명진(2006). 학교폭력 예방을 위한 실제적 지침서. 학교폭력 예방과 상담. 서울: 학지사.
보건복지가족부(2009). 2009 아동·청소년백서. 서울: 보건복지가족부.
부산광역시교육청(2007). 꿈 사랑 신뢰가 함께하는 교실. 부산광역시교육청.
옥양련, 박금식(2001). 오늘의 사회문제. 서울: 유풍출판사.
원호택(1987). 한국인의 자살에 관한 심리사회적 이해. 현대사회, 26, 66.
이성범(2002). 청소년 문제에 대한 이해와 기독교적 대처방안 연구. 칼빈대학교 대학원 석사학위논문.
이수연(2009). 청소년의 자살생각에 관한 연구. 원광대학교 대학원 석사학위논문.
이지연(2005). 스트레스와 부모-자녀간의 의사소통이 청소년의 자살생각에 미치는 영향. 중앙대학교 대학원 석사학위논문.
정우식(1986). 청소년 문제 그 실상과 대책. 서울: 삼성출판사.
정종진(2012). 학교폭력상담: 이론과 실제. 서울: 학지사.
통계청(2009). 2008년 사망원인 통계결과. 서울: 통계청.
한국성폭력상담소(2008). 2007 한국성폭력상담소 상담 동향. 서울: 한국성폭력상담소.
한국청소년개발원(1993). 청소년문제론. 서울: 양서원.
홍봉선, 남미애(2001). 청소년복지론. 서울: 양서원.
Elkind, D.(1967). Egocentrism in adolescence. *Child Development, 38*, 1025-1034.
Erikson, E. H.(1963). *Childhood and society*(2nd ed.). N.Y.: Norton.
Erikson, E. H.(1968). *Identity: Youth and crisis*. N.Y.: Norton.
Inhelder, B., & Piaget, J.(1958). The growth of logic in the child. N.Y.: Haper & Row.
Jaffe, M. L.(1976). *Adolescence*. N.Y.: John Wiley & Sons Company.
Salmivalli, C., Huttunen, A., and Lagerspetz, K. M. J.(1997). Peer networks and bullying in schools. *Scandinavian Journal of Psychology, 38*, 305-312.
뉴시스. 2008년 2월 10일자.
한겨레신문. 2001년 6월 15일자.
교육부 학교폭력 종합포털사이트(2013).

CHAPTER

# 06

# 생활지도와 상담의 이론

## 아이들과의 아름다운 만남을 위한 물음

오늘, 혼자 수업하지는 않았습니까?
오늘, 상처 주는 말을 했습니까?
오늘, 몇 번의 짜증을 냈습니까?
오늘, 아이들을 있는 그대로 받아들이며 만났습니까?
오늘, 웃음으로 만났습니까?
오늘, 솔직하고 편안하게 만남을 하였습니까?
오늘, 교사로서 성숙하기 위한 노력을 하였습니까?

학교교육은 교과지도와 생활지도를 양대 산맥으로 하고 있다. 두 영역은 학생들의 전인적 성장을 위해 모두 중점을 두어야 한다. 생활지도의 다양한 활동 중에는 중핵적 활동이라고 할 수 있는 상담이 있다. 상담은 생활지도활동 어디에도 관여하지 않는 부분이 없기 때문에 생활지도에서 상담이 차지하는 비중이 매우 크나, 생활지도에서는 정보제공이나 조언의 성격이 더 강하고 상담에서는 행동변화나 문제해결, 혹은 치료의 성격이 강하다는 점에서 약간의 차이가 있다. 중요한 것은 상담이든 생활지도이든 그 활동에 임하는 교사의 태도이다. 교사는 자신의 상담활동이나 생활지도활동에 보다 더 진지한 태도를 갖고 더 나은 교사, 더 나은 상담자가 되도록 자신을 발전시키고 성장하도록 노력해야 한다. 자신을 발전시키고 성장시키는 일에 정체된 교사는 학생을 발전시키고 성장시키는 역할을 제대로 수행하기 어렵기 때문이다.

## 1. 생활지도 이론

### 가. 생활지도의 기본 개념

생활지도라고 하면 우리는 흔히 문제 학생을 지도하거나 훈계, 충고, 명령, 설득하여 바람직한 방향으로 행동하도록 지도하는 과정으로 생각한다. 이러한 생활지도에 관한 그릇된 고정관념은 다음과 같은 문제를 야기하게 된다(박도순 외, 1995).

첫째는 생활지도의 대상을 문제가 있는 청소년들에게 국한하므로 대부분의 정상적인 청소년들은 생활지도의 대상에서 제외된다는 점이다. 둘째는 어른들 중심으로 그들의 가치관에 따라 청소년들을 판단·정죄하고 일방적으로 훈계, 설교, 충고, 설명, 지시, 설득하는 것이 생활지도라고 인식하는 관계로 청소년들은 생활지도에 대하여 소극적이거나 부정적인 태도를 보인다는 점이다. 셋째는 이같이 생활지도의 의의나 영역이 축소, 왜곡되어 결과적으로 우리나라 교육현장에서의 생활지도의 성과는 기대에 못 미친다는 사실이다. 생활지도라고 하면 그 뜻을 누구나 다 알고 있다고 생각하지만, 사실은 학교나 가정에서 정확한 이해가 부족한 실정이다. 따라서 우선 생활지도란 무엇인가를 다시 한 번 확인해 볼 필요가 있다.

본래 생활지도라는 용어는 영어의 guidance를 우리말로 옮긴 것이다. guidance의 동사인 guide는 안내한다, 이끌어 준다, 지도한다, 숙고한다 등의 뜻을 내포하고 있으며, 우리나라에서는 지도, 교도, 향도, 인도 등의 말로 사용되어 왔다. 이러한 생활지도에 대한 정의는 학자에 따라 약간씩의 차이가 있다.

일찍이 Traxler와 North(1966)는 생활지도를 "학생 각자로 하여금 자기가 가지고 있는 능력, 흥미 인격적 제 특성을 이해하게 하여 이를 최대한으로 발전시켜 나가며, 또한 자신의 생활목표와 결부시켜 드디어는 민주사회의 바람직한 시민으로서 원만하고 성숙한 자기지도(自己指導)를 이루게 하는 과정이다."라고 말하고 있다. 한편, 박성수는 생활지도란 인간 개개인의 인지적·정의적·신체적 특성과 잠재가능성을 바르게 이해하고 발달시켜서 개인이 교육적·직업적·사회적·심리적 발달 가능성의 최고수준까지 도달할 수 있도록 원조하는, 즉 자아실현을 원조하는 봉사활동으로 정의하고 있다(박성수, 1994).

따라서 생활지도란 학생 개개인으로 하여금 자기 자신과 현실에 대한 정확한 이해를 통한 자기지도와 무한한 가능성의 계발을 통한 자아실현을 돕는 과정이다. 즉, 생활지도는 학생으로 하여금 자신을 긍정하게 하고 행복한 인간의 실현을 돕는 과정인 것이다.

## 나. 생활지도의 필요성

오늘날 우리는 급변하는 현대사회와 폭증하는 지식의 홍수 속에 살고 있다. 이러한 소용돌이 속에 개인생활 문제, 집단생활 문제, 사회생활 문제 등을 해결하는 능력이 더욱 심각하게 요청되고 있다. 이에 개인 스스로 문제를 정확히 파악하고 슬기롭게 해결할 수 있는 지혜와 기술을 갖추어서 변천하는 사회에 잘 적응하며, 자기의 능력과 적성을 이해하고 진로를 잘 선택할 뿐만 아니라, 창의력을 개발하여 민주사회에 봉사하며 신체적 · 지적 · 정서적 · 사회적 조화를 통하여 전인으로서 통합된 인격을 갖추게 하는 데에 생활지도의 필요성이 있다. 여기서는 생활지도의 필요성을 사회적 측면과 개인적 측면으로 구분하여 살펴보고자 한다. 먼저 생활지도의 필요성에 있어서 사회적 측면을 살펴보면, 크게 두 가지로 요약된다.

첫째는 물질만능의 풍조와 급격한 산업화로 인한 인간성 상실 및 인간소외 현상으로 인해 학생들이 가정으로부터 소외받게 되었고, 이러한 현실 때문에 생활지도가 더욱 필요하게 되었다는 점이다. 즉, 현대사회의 핵가족은 여성의 사회진출, 매스미디어의 안방 침입 등으로 인해 가족 간의 대화와 유대를 단절시켰다. 이러한 현대 산업사회는 가족 성원 간의 내적 인간관계에 많은 영향을 끼쳤으며, 가족 구성원들 간의 정서적 · 심리적 부조화와 갈등을 심화시켰다. 특히 이로 인한 학생들의 가정으로부터의 소외는 각종 청소년 문제를 야기하는 원인이 되었으며, 따라서 생활지도의 필요성은 더욱 중요하게 되었다.

둘째는 입시교육으로 인한 지식편중의 주입식 교육과 열악한 교육환경, 훈육 일변도의 학교교육은 비인간화의 온상으로서 전인교육의 측면에서 볼 때 많은 문제를 안고 있으며, 이로 인해 생활지도의 필요성은 더욱 커지게 되었다는 점이다.

우리나라는 지금까지 대규모 학교와 다인수 학급의 열악한 교육환경과 입시 중심의 교육 때문에 절름발이 교육을 실시해 왔다. 하지만 교육이란 개인이 지니고 있는 발달 가능성을 신장시키고 하나의 통합된 인격체를 형성하는 일이라고 볼 때, 하루속히 지식 편중에서 벗어나 전인적 교육으로 접근할 필요가 있다. 즉, 전인교육의 실현을 위해 학습지도, 생활지도, 교과지도, 특별 활동지도 등이 특정 영역에 치우치지 않고 상호 보완적이 되도록 지도하고, 인지적 특성인 지육, 정의적 특성인 덕육, 운동 기능적 특성인 체육 등이 삼위일체로 균형과 조화를 이루도록 해야 한다. 이러한 측면에서 볼 때, 학생들의 모든 일상생활을 포함하는 생활지도를 강화해야 할 필요가 있다.

특히 우리나라의 경우 대학 비진학자의 문제는 심각한 사회문제가 되고 있다. 따라서 이러한 비진학자들을 위한 국가적 대책 마련과 함께 학교교육에서도 이들의 긍정적 사회관·가치관 형성을 위한 교육이 필요하다. 이것은 오직 생활지도를 통한 교사와 학생 간의 따뜻한 만남으로 지도되어야 한다. 그러므로 지금까지 통제, 명령, 지시, 교칙 준수 등의 권위적 학생지도에서 탈피하여 이해, 관용, 실수의 허용 등의 생활지도로 전환되어야 한다.

다음으로 개인적 측면에서의 생활지도 필요성은 인간 존엄성에 근거한 학생들의 자아실현의 한 방법으로써 자신의 능력과 무한한 가능성의 자각을 통한 긍정적인 가치관 형성 및 전인적 발달의 도모라는 차원에서 찾을 수 있다. 오늘날의 우리 사회는 폭발적인 지식의 증가와 아울러 분업화·전문화의 방향으로 변화하고 있다. 그 결과, 지식의 수명은 종래와는 달리 5년 주기로 거의 절반 이상은 무용한 것이 되어 버리므로, 현대인은 급변하는 사회에 적응하기 위한 노력이 삶의 과제가 되어 버렸다.

이러한 급변하는 사회로 인한 막연한 두려움과 불안은 개인으로 하여금 부정적 자아형성의 주요 원인이 되고 있으며, 아울러 교육의 기회 확대, 의학의 발달, 사상적 대립, 경제적·정치적 불안정, 가치의 혼란, 성도덕의 타락 등도 현대인으로 하여금 불안과 부정적 자아개념의 형성을 부채질하고 있다. 따라서 이처럼 급변하는 사회로 인한 인간소외 현상과 두려움과 불안 극복의 해결은 현대인의 주요한 과제가 되었고, 교육의 차원에서도 해결방안의 모색이 요청되고 있다. 그러므로 학생 개인으로 하여금 자신의 올바른 이해를 통한 능력의 개발과 문제해결력의 배양, 현명한 선택을 통한 긍정적인 자아개념 형성을 목적으로 하는 생활지도는 이러한 점에서 교육적 의의가 있다고 하겠다.

## 다. 생활지도의 목표

생활지도의 목표는 교육의 일반적 목표와 상치될 수 없는 것이다. 그래서 교육의 목표가 곧 생활지도의 목표가 될 수도 있다. 그러면 생활지도의 목표는 교육 그 자체의 목표와 동일한 것일 수 있다면, 더 이상의 구체적 목표는 필요하지 않다고 여길 수 있다. 생활지도는 교육의 일반적 목표와 일치되면서도 그 자체로서 독특하게 지니고 있는 어떤 목표를 여러 활동 속에 지니고 있다.

생활지도의 목표는 교과지도의 목표와 비교할 때 분명해지는 측면을 지니고 있다. 학교교육의 경우, 교과지도는 세분화된 내용과 관련된 지식, 태도, 가치 등의 발달과 훈련에 초점을 두는 것이 일반적이다. 다시 말해 교과지도는 인생, 사회, 자연 등과 관련하여 분화된 지식과 가치 등을 중심으로 하여 이루어진다. 최종적 목표가 어떤 통합과 종합을 의도하고 있다고 하더라도, 그에 앞서 구체적 현실에 관련된 객관적 지식이나 태도를 중심으로 다루는 것이 교과지도의 일차적 관심이다. 하지만 생활지도는 학생 개개인의 주관적 세계와 객관적 현실세계를 연결하는 통합에 일차적 관심을 둔다. 생활지도의 목표는 개인이 이 세계 속에 살고 있는 존재로서 자기의 위치를 확인하고 자기 자신의 삶의 방향을 설정하고 그 방향으로 살아갈 수 있도록 돕는 것이다. 그러므로 생활지도는 사회적 존재로서 자아를 발견하고, 삶의 조건과 환경을 바르게 파악하여 세계 내 존재로서 자기 방향을 정립하도록 하는 것이 초점이 된다. 이런 점에서 본다면 교과지도가 현실의 세계에 관련된 분화된 인식의 세계를 다루는 것이다. 그에 비해 생활지도는 인식의 통합적 활용을 통한 결단과 성장의 과정을 다루는 것이라고 할 수 있다. 이 경우, 통합의 주체로서 개인이 항상 생활지도의 중심에 놓이게 된다.

생활지도는 어떤 면에서 보면 교과지도의 기능을 초월하는 교육적 기능을 수행하고 있으며, 이 기능의 성공적 수행 여부가 한 개인의 교육적 성패를 최종적으로 결정할 수 있게 되는 것이다. 생활지도는 이런 이유 때문에 그 자체에 적어도 다음과 같은 목표를 포함할 필요가 있다(김계현 외, 2009; 박성수, 1994).

첫째, 통합적 존재로서 인간의 전인적 발달을 촉진한다. 조화와 균형은 인간이 오래전부터 추구하던 이상이기도 하다. 신체적 성장과 발달, 인지적 발달, 정의적 발달, 사회적 발달, 그리고 도덕적 인격의 발달이 균형 있게 이루어지도록 하는 것이 생활지도의 목표이다. 편식하는 것이 신체적 건강에 이롭지 않은 것처럼, 전체적 균형을 상실한 상태로 특정 부분의 발달만을 도모하는 것은 불균형을 가져올 가능성이 크다. 따라서 생활지도의 목표는 전인적 성장과 발달을 촉진하는 것에 있다.

둘째, 개인의 다양한 경험을 의미 있게 통합하는 것이다. 개인들은 삶에서 여러 경험을 하고 있는데, 이를 낱낱의 것으로 두게 되면 개인의 성숙이나 발달에 별로 도움이 되지 않거나, 오히려 방해가 되는 경우도 생길 수 있다. 학교에서의 경험이 가정의 경험과 상이할 수도 있고, 수많은 활동들이 유기적 연관 없이 분열된 채로 또는 독립된 상태로 이루어질 수 있다. 생활지도의 목표는 이러한 여러 활동과 경험을 개인의 심리적 세계에서 의미 있게 통합될 수 있도록 돕는 것이다. 이는 모든 경험에 일정한 가치와 의미를 개인의 내적 체험을 통하여 발견할 수 있도록 하는 것이라고 할 수 있다. 이러한 경험들의 통합이나 전인적 발달은 결코 사회적 진공 상태에서 이루어질 수 없다. 물리적·문화적 그리고 사회적 환경 속에서 개인들이 살고 있기 때문에 환경에 적응하고 또한 개인이 속한 조직체의 환경이 개선되도록 할 필요가 있다.

셋째, 환경에 적절하게 적응할 수 있는 인간적 특성을 발달시키도록 한다. 환경에 지혜롭게 적응하기 위해선 환경에 대한 이해가 필요하다. 그런데 인간이 살아가고 있는 환경이란 물리적 환경뿐만 아니라 인간관계, 문화 활동, 여가 및 오락 등의 광범한 현실세계에 대한 인식이 필요하다. 또한 개인은 자신의 내면세계나 인간 특성에 관해서도 바르게 이해할 필요가 있다. 자기 자신과 환경, 그리고 양자 간의 상호작용에 관련하여 정확하고 바른 이해를 지니고 있어야 환경에 지혜롭게 적응할 수 있으며, 또한 환경을 적극적으로 개선하거나 변화시킬 수 있다.

이런 점을 고려한다면 복잡한 환경을 활용하고 다루며, 변혁시키기 위해 필요한 가치관, 태도, 지식, 기능과 같은 인간 특성을 기르는 것이 생활지도의 목표라고 할 수 있다. 이와 같은 환경에 대한 바람직한 적응이란 환경에 대한 이해만으로 이루어지는 것이 아니다. 자기 자신에 관한 바른 이해가 있어야 할 뿐만 아니라, 자신의 인간 특성을 현명하게 활용할 필요가 있다.

넷째, 자기 자신을 바르게 이해하고 자신의 여러 인간적 특성을 현명하게 활용할 수 있도록 한다. 인간이 자신을 이해하는 것은 피상적 수준에서 보면 간단하게 보일 수도 있다. 하지만 실제로 이보다 어렵고 복잡하다. 자신의 능력, 성격, 신체적 조건 등을 정확하게 파악할 때 비로소 인간은 자아실현을 할 수 있게 된다. 따라서 생활지도의 목표는 사람들이 자신의 지능, 적성, 학력, 성격, 가치, 태도 등을 바르게 이해하며 이런 이해에 기초하여 능력을 계발하고 내적인 마음의 세계를 창조적으로 표현하도록 돕는 것에도 있다. 환경의 이해나 다양한 체험이 자신의 내적 과정에서 소화되고 통합되는 것은 자신에 대한 바른 이해가 있을 때에 가능한 것이다.

이런 측면에서 이제까지 살펴본 네 가지 목표는 서로 별개로 존재하는 것이 아니라, 상호 간에 밀접하게 관련되어 있는 것이라 할 수 있다.

## 라. 생활지도의 원리

생활지도는 어떤 철학적 전제 내지 가정에서 출발하고 있다. Patterson(1971)은 이러한 철학적 가정은 다음과 같이 세 가지로 요약하여 설명하고 있다.

첫째, 모든 인간은 삶의 과정에서 자기 자신, 세계 그리고 세계와의 관계 속에 있는 자신을 이해하며, 끊임없이 직면하는 여러 가지 문제들을 다루는 데에 있어 전문적 성격을 지닌 개별화된 원조를 수시로 필요로 하고 있다.

둘째, 모든 개인은 자율적이다. 그러므로 자기결정이 이루어지지 않으면 안 된다. 곧 선택과 결정의 자유는 명백하게 인식되고 존중되지 않으면 안 된다.

셋째, 개인은 자신의 문제를 스스로 해결하고 기회가 주어지기만 한다면 적합한 선택을 스스로 할 수 있는 능력을 지니고 있다.

따라서 생활지도에서는 자기발견 내지 자기인식, 자기결정, 자기선택, 그리고 자아실현을 무척 중시하게 된다. 이러한 점들에서 출발하여 생활지도의 여러 원리들이 도출될 수 있다.

Shertzer와 Stone(1976)은 생활지도 교과서들을 종합적으로 분석하여 몇 가지 일반적 원리를 제시하였다. 첫 번째 원리는 생활지도는 학생의 개인적 발달에 관해서 기본적이며 체계적인 관심을 지니고 있다. 두 번째 원리는 생활지도가 이루어지는 기본적인 방식은 개인의 행동과정에 놓여 있다. 세 번째 원리는 생활지도는 강요에 의해서는 안 되고 협력을 통해서 이루어진다. 네 번째 원리는 생활지도에서는 개인이 선택할 원리와 마찬가지로 개인의 존엄과 가치를 존중한다. 다섯 번째 원리는 생활지도는 지속적 · 계열적 · 교육적 과정이다. 학교에서 이루어지는 생활지도는 초등학교에서 시작되어 대학에 이르는 전체 교육과정에서 지속적으로 수행되어야 한다.

앞에서 살펴본 생활지도의 철학적 가정과 일반적 원리를 중심으로 살펴본 결과, 생활지도는 인간의 존엄성에 근거하여 개인의 무한한 가능성의 실현과 긍정적인 자아형성을 기본원리로 하여 계속적이고 적극적으로 지도되어야 한다. 이러한 관점에서 요약 · 정리하면 생활지도의 일반원리는 다음과 같다.

첫째, 생활지도는 개인의 존엄성에 근거하여 지도되어야 한다. 즉, 생활지도는 기본적으로 개인의 존엄성을 인정하고, 모든 개인이 한 인간으로서 존중받아야 한다는 민주적 이념에서 출발한다. 모든 개인은 각자 무한한 능력과 가능성을 가지고 있으며, 그와 같은 가능성이 충분히 계발되고 신장되어야 할 권리를 가지고 있다. 따라서 한 개인은 사회의 중요한 일원으로 수용되어야 한다.

둘째, 생활지도는 자율성이 존중되어야 한다. 생활지도는 모든 개인이 정상적으로 발달하도록 도움을 주는 조력의 과정이다. 이처럼 생활지도는 조력을 제공하는 것이므로, 어떤 문제를 해결하는 것은 바로 그 자신이다. 따라서 본인 스스로 문제의 핵심을 파악하고 가능한 방안을 탐색하여 자기 자신이 최종적인 결정을 내리는 자율적인 능력과 태도가 강조되어야 한다.

셋째, 생활지도는 개인생활의 적응을 도와주어야 한다. 즉, 생활지도는 적응을 위해 개인의 능력과 인성 형성에 있어서의 능동적인 면을 강조한다. 적응의 결여는 자신에 대한 현실적인 이해와 통찰의 부족에서 오기 때문에 자신에 대한 이해를 통해 건전한 자아개념을 가질 수 있도록 지도해야 한다.

넷째, 생활지도는 인간관계의 원리에 의해 지도되어야 한다. 즉, 생활지도는 태도와 가치관의 변화와 같은 정의적 학습과 관련이 깊다. 이러한 정의적인 학습은 교사와 학생 사이의 인간관계, 즉 감정이 교류하는 관계가 형성될 때 가능하다. 상담에 있어서 허용적인 분위기, 즉 래포(rapport)의 조성이 필요한 것도 이러한 원리에 기인한 것이다.

다섯째, 생활지도는 자아실현의 과정이어야 한다. 생활지도의 궁극적인 목적은 모든 개인이 자아실현을 할 수 있도록 돕는 것이다. 자아실현은 인간의 동기 중 최상위의 것이다. 따라서 모든 동기는 개인의 자아실현을 위한 필요조건이므로 생활지도는 개인의 자아를 최대한 실현할 수 있도록 해야 한다.

여섯째, 치료보다는 예방에 초점을 두어야 한다. 이것은 현대 의학에서 예방의학이 중요시되고 있는 것처럼 생활지도에서도 치료적 지도(remedial guidance)보다는 예방적 지도(preventive guidance)에 역점을 두어야 한다. 그 밖에 일대일의 관계(man-to-man process)의 원리, 학생의 최종 결정과 책임(client-made decisions and responsibility)의 원리, 그리고 학생의 필요에서 출발(centered upon needs of the client)의 원리가 있다(김흥규, 원애경, 2007).

이와 같이 생활지도는 인간의 전인적 인격의 발달을 도모하는 것으로서, 치료보다는 적극적이면서 예방적인 차원에서 일시적이 아니라 계속적으로 지도되어야 한다.

## 마. 생활지도의 주요 활동

생활지도의 주요 활동은 생활지도활동의 가장 중추적인 활동이며, 영어로는 guidance service라고 한다. 생활지도는 학생들에게 제공하는 봉사활동이므로 학생지도 봉사활동이라고 한다. 이것은 상담전문가들에게 있어서 낯선 용어가 아니며, 누구나 이러한 주요 활동을 이해하고 있다고 할 수 있다. 우리가 영어 학습에서 영어 문장의 기본 5형식을 잘 이해하면 영어 해석을 쉽게 할 수 있는 것과 마찬가지로 생활지도에 있어서도 주요 활동의 개요를 이해하고 내용을 충분히 인식한다면 생활지도의 기본활동을 하는 데 많은 도움이 된다.

생활지도의 주요 활동을 Gibson과 Mitchell(1981)은 학생조사활동, 정보제공활동, 상담활동, 진로 및 정치(定置)활동 그리고 추수지도(追隨指導)활동 등으로 제시하고 있다. 생활지도는 학생의 이해에서부터 출발하며 각 활동 중에서 종합적인 활동은 상담활동이다. 생활지도의 주요 활동은 다음과 같다(공석영, 2003; 이재창, 2005).

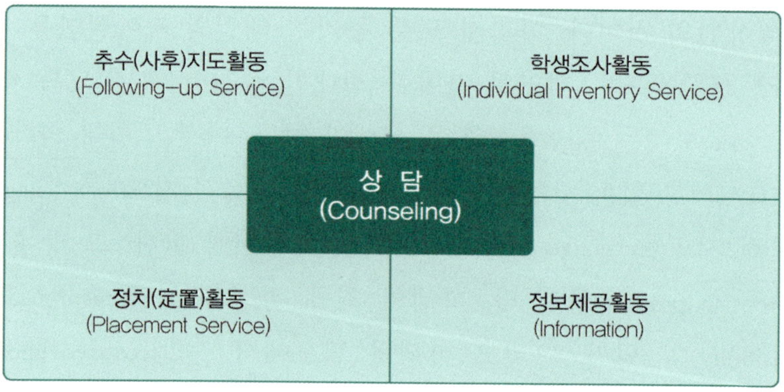


[그림 6-1] 생활지도의 주요 활동

### 1) 학생조사활동

학생조사활동(individual inventory service)은 학생이해활동(student ap- praisal service)이라고도 하며, 학생조사 또는 학생평가활동이라고도 한다. 쉽게 말하면 학생의 인적사항을 과학적이고 객관적으로 파악하는 활동을 의미한다. 따라서 학생조사활동은 학생의 개별성을 찾아내는 자료 제공과 이를 통해서 얻어진 정보는 학생의 인지적 · 정의적 발달을 촉진시키기 위한 교육적 경험을 형성하는 기초자료가 된다. 학생을 이해하기 위한 활동으로 효율적인 학생지도를 위해서는 먼저 학생 개개인에 대한 이해가 필요하다. 그러므로 생활지도는 학생의 실태를 파악하는 일에서부터 시작한다. 적어도 학생들의 가정환경, 출신 학교의 성적(학업성취도), 학업 적성 또는 지적 능력, 신체 및 정신건강, 교외생활, 학습 및 직업흥미, 특수능력, 성격, 미래의 계획 등에 대한 이해가 요구된다.

따라서 학생에 관한 개인적 · 심리적 · 사회적 자료를 객관적이거나 주관적인 다양한 방법을 사용해서 수집 · 분석하면 교사가 학생 개개인을 잘 이해할 수 있을 뿐만 아니라, 학생 자신의 자기이해를 증진시키는 데 도움이 될 수 있다.

학생조사활동은 다음 몇 가지 단계를 거쳐 수행된다. 1단계는 사정, 필요의 인식, 2단계는 필요한 결정과 판단의 인식, 3단계는 결정의 구체화, 4단계는 판단의 구체화, 5단계는 정보수집, 6단계는 정보의 분석과 해석, 7단계는 사정결과의 보고, 8단계는 평가와 피드백이다(Pietrofesa, et al., 1980).

보다 과학적인 학생조사 이해활동을 위해서 동원되는 방법으로는 표준화 검사와 비표준화 검사들이 있다. 표준화된 검사로는 심리검사, 지능검사, 적성검사, 학력검사, 흥미검사, 성격검사 등이 있고, 비표준화 도구 검사로는 관찰법, 체크리스트, 평정법, 질문지법, 면접법, 사회측정법, 사례연구법, 자서전법, 투사법, 누가기록법 등이 있다. 실제 지도면에 있어서는 여러 가지 방법이 병행되어 이용되고 있다.

### 2) 정보활동

정보활동(information service)이란 학생들이 필요로 하는 각종 정보와 자료를 제공하여 그들의 개인적 성장과 사회적 적응을 돕기 위한 활동이다. 이는 학생들로 하여금 그들의 여러 가지 문제를 해결하는 데 필요한 기본지식을 갖게 하고, 자기 자신의 문제를 스스로 자율적으로 처리할 책임감을 기르며, 나아가 자기발달을 촉진하고 그 장애요인을 탐색하고 인식하도록 돕기 위한 것이다.

그러므로 정보활동은 학생들에게 필요불가결의 요소로서 마땅히 정확하고 신속하게 제공되어야 한다. 학생들에게 제공되는 정보는 크게 세 가지로 나누어 교육정보, 직업정보, 개인적 · 사회적 정보로 구분할 수 있다.

첫째, 교육정보(educational information)는 교육의 과정에 관계되는 모든 정보를 말하는 것으로, 신입생에게 학교에 관한 정보나 교과목 이수 및 각종 장학금에 대한 정보 등을 제공하는 경우이다. 즉, 수업시간과 학교의 여러 규칙, 교육과정과 교과목, 학교의 동아리 활동과 사교적 활동, 교육의 가치, 상급학교 진학에 관련된 프로그램 및 요구되는 것들, 학습습관과 학습기능, 장학금, 학비대여, 기타 경비의 조달방법, 통신학교나 통신교육, 학업성취방법, 상급학교에서의 사회적 생활과 문화적 기회에 관련된 정보를 수집, 보관, 제시함으로써 학생들이 교육에 관련된 선택과 결정을 합리적으로 할 수 있도록 하며, 학습이 능률적으로 성취될 수 있도록 필요한 지식을 제공하는 것이다.

둘째, 직업정보(occupational information)는 모든 직업에 관한 직업세계의 분석 및 각종 직업에 필요한 자질 및 장래성 등을 포함하는 직업에 관한 일체의 정보를 수집하고 조직하여 제공하는 경우이다.

셋째, 개인적 · 사회적 정보(personal-social information)는 개인의 인성적 적응과 사회적 적응(건전한 인간관계)을 증진시키는 데 도움이 되는 정보를 제공하는 경우이다. 개인적 · 사회적 정보에 포함될 수 있는 내용은 자기이해와 통찰의 성취, 동성 및 이성과 성숙한 관계 유지, 건전한 인성발달에 관한 정보, 성취동기 및 욕구, 행동에 관한 정보, 신체 및 정신건강에 관한 정보, 인간관계 기술, 예의범절, 여가선용, 가치관, 종교관, 이데올로기 등에 관한 정보가 포함된다.

### 3) 상담활동

상담활동(counseling service)이란 생활지도활동의 중핵적인 활동이라 할 수 있다. 이는 상담자와 내담자와의 관계에서 상담면접의 기술을 통하여 목적 있는 전문적인 대화를 전개하는 것이다. 따라서 학생들의 자율성과 문제해결력을 생성시키는 동시에, 학생들의 적절한 감정처리를 위하여 조력함으로써 정신건강을 향상시키고 현명한 선택과 적응을 돕는 활동이다. 상담활동은 생활지도의 핵심적인 활동으로서 지도를 하는 사람(counselor)과 지도를 받는 사람(counselee) 사이에 행해지는 극히 개별적인 문제해결 과정이다. 상담활동의 궁극적인 목표는 학생으로 하여금 학생 자신과 자신의 문제를 이해하고 그것을 해결할 수 있는 능력을 배양하며 최대한의 자율적 성장을 할 수 있도록 돕는 데 있으며, 이것은 생활지도의 목표와 일치하는 것이다. 결국 대부분의 생활지도활동은 상담교사와 학생 개개인 혹은 소집단과의 상담활동을 통해서 이루어진다고 하겠다. 왜냐하면 상담활동은 학생조사 이해활동을 통해서 얻은 자료를 학생들에게 효율적으로 제공하고, 도움을 필요로 하는 학생과 상담교사가 일대일의 관계에서 대화를 통하여 학생의 생각, 감정, 행동에 바람직한 변화가 일어나도록 조력하는 것이기 때문이다.

이러한 상담활동은 학생 행동에 변화를 촉진하고 일상생활 중에 직면하게 되는 문제를 효율적으로 해결할 수 있는 능력을 배양하며, 바람직한 인간관계의 태도와 기술을 배우고 익혀 건전한 인간관계를 형성할 수 있게 한다. 또한 급변하는 사회의 새로운 환경이나 사태에서 합리적인 의사결정을 통하여 잘 적응할 수 있게 하며, 학생 개개인의 잠재능력을 개발하여 마침내 자아를 실현하는 인간이 되게 한다.

상담이론의 방법으로는 정신분석적 상담, 개인심리학적 상담, 실존주의 상담, 인간중심 상담, 개인구성개념 상담, 형태주의 상담, 의사거래 분석적 상담, 합리적 · 정서적 · 행동적 상담, 지시적 상담, 행동주의적 상담, 현실 치료적 상담 등이 있다(김계현 외, 2009; 이형득 외, 1986).

상담은 대상과 목적에 따라 다양하며 현재 학교나 사회기관 단체에서 인정되고 있다. 상담활동의 무대별로 보면, 가족상담, 부부상담, 위기상담, 전화상담, 목회상담, 군대상담 등으로 구분할 수 있고 발달 연령별 상담 유형을 보면, 취학 전 아동의 상담, 초 · 중 · 고등학생 상담, 대학생 상담, 장 · 노년 상담 등으로 구분된다(김계현 외, 2009; 이장호, 1986).

#### 4) 정치활동

정치활동(placement service)이란 상담의 결과 학생들을 적재적소에 알맞게 배치하는 활동이다. 즉, 취업지도 등에 있어서 자신과 진로를 정확하게 이해하여 자기 자신의 직업을 현명하게 선택하는 데 조력하는 것으로, 학생의 적성과 능력에 따라 다음 단계로 옮겨가는 데 필요한 조력을 제공하는 단계이다. 흔히 정치활동을 배치활동이라고도 부른다.

정치활동은 학교, 학과선택이나 특별활동의 선택, 동아리 활동의 부서 같은 교육적 배치와 직장의 알선이나 직업 선택과 진로 선택, 부직 알선 등과 같은 직업적 배치활동으로 나누어진다. 또한 개인 발달을 위한 정치활동은 개인의 전인적 발달을 위한 것으로 집단경험, 의사결정 경험 등 다양한 역할을 수행해 볼 수 있는 활동기회를 가질 수 있게 돕는 것이다. 환경적 정치활동은 학생들 자신의 환경과 현저하게 다른 환경에서 생활할 수 있는 기회를 갖도록 하는 것이다. 생애정치활동은 대체로 직업적 선택과 결정에 관련된 진로교육, 혹은 진로지도와 관련된 내용이다.

### 5) 추수지도활동

추수지도(follow-up service)란 정치활동의 결과 학생들이 적재적소에 잘 적응하고 수학이나 취업 및 직무수행, 진학과정에서의 적응 상태를 보살피며, 부적응에 대한 조력과 보다 나은 적응활동을 위해 재배치하는 조직적인 봉사활동이다.

지금까지 실시된 생활지도에 대한 평가에 해당되는데, 생활지도를 받은 학생들에게 그 후에도 잘 적응하고 성장·발달하는지 여부를 계속해서 관심을 가지고 살펴서 조력하는 활동을 추수지도 활동이라고 한다. 생활지도는 상담실이나 교실에서 끝나는 것이 아니라, 학교생활 중이나 졸업 후에도 추수지도활동을 통하여 지속적으로 이루어진다고 볼 수 있다.

추수활동의 방법은 우선 학생조사활동에서 취급한 방법과 비슷한 면접, 질문지 사용, 관찰, 표준화검사, 서신연락, 전화문의, 개별방문, 동창회 활동사항 등을 통하여 재배치함으로써 적응의 문제점을 도와주는 것이다. 그렇게 함으로써 졸업 후 적응생활에 문제가 해결되어 주어진 여건 속에서 보람과 긍지를 느끼고 결국에 가서는 만족한 삶을 누릴 수 있게 되는 것이다.

이상의 다섯 가지 생활지도의 주요 활동은 각각 독립적으로 지도되는 것이 아니라 상호 보완적으로 실천되어야 한다.

## 2. 상담의 기초

### 가. 상담의 개념과 목표

상담이라는 용어는 라틴어의 'counsulere'라는 말에 그 유래를 두고 있다. 그 뜻은 원래 고려하다(to consider), 반성하다(to reflect), 숙고하다(to deliberate), 조언을 받다(to take counsel), 상의하다(to consult), 조언을 구하다(to ask counsel of)의 뜻을 가지고 있다(Snyder, 1947).

Smith(1955)는 상담자가 내담자를 도와서 내담자에게 필요한 선택이나 계획, 적응에 관련된 사실들을 파악할 수 있게 해주는 과정이라고 하였고, Hahn과 Maclean(1955)은 혼자서 해결할 수 없는 문제로 괴로워하는 개인과 각종의 개인적 문제를 해결할 수 있게 도와줄 수 있는 자격과 경험을 갖춘 전문가와의 1대 1의 관계에서 일어나는 과정이라 하였다.

한편, 이장호(1986)와 김계현 등(2009)은 상담은 도움을 필요로 하는 사람(내담자)이 전문적 훈련을 받은 사람(상담자)과의 대면관계에서 생활과제의 해결과 사고 · 행동 및 감정 측면의 인간적 성장을 위해 노력하는 학습과정이라 하였고, 타일러는 개인적 발달의 방향으로 현명한 선택이 이루어지도록 촉진하는 과정으로, 박성수(1986)와 김계현 등(2009)은 상담이란 내담자와 상담자 간에 수용적이고 구조화된 관계를 형성하고, 이 관계 속에서 내담자가 자기 자신과 환경에 대해 의미 있는 이해를 증진하도록 함으로써 내담자 스스로가 효율적으로 의사결정을 하고, 여러 심리적인 특징을 긍정적인 방향으로 변화시키도록 원조하여 결과적으로 내담자의 성장과 발전을 촉진하는 심리적인 조력의 과정이라고 하였다.

결국 상담이란 내담자(counselee)와 상담자(counselor) 간에 수용적이고 구조화된 관계를 형성하고, 이 관계를 통하여 내담자가 자기 자신과 환경에 대해 의미 있는 이해를 증진하도록 하는 것이다. 그러므로 상담은 내담자로 하여금 효율적인 의사결정을 하게 하여 제반 심리적인 특성을 긍정적인 방향으로 발전시켜 결국 내담자의 자율적 성장과 발전을 촉진하는 심리적인 조력의 과정이라고 할 수 있다.

상담의 궁극적인 목표는 내담자, 즉 학생으로 하여금 현실과 자신의 문제를 객관적으로 이해하고, 자발적인 문제 해결력 및 자율적 성장, 발달을 도모함으로써 행복한 인간을 형성하는 데 있다. 이러한 상담의 목표는 상담이 어떻게 정의되고 어떻게 접근하느냐에 따라 달리 설정될 수 있다. 예를 들면, 윌리엄슨은 개인의 결점이나 제약을 극복하고 잠재능력이나 가능성을 삶의 모든 측면에서 이룩할 수 있도록 도와주는 것으로 보며, 로저스는 내담자의 환경에 대한 왜곡된 지각을 수정하고, 현실적 경험과 자아개념 간의 조화를 이루는 것으로 본다. 그리고 엘리스(A. Ellis)는 상담의 목표가 단순히 내담자의 증상을 제거하려는 데 있는 것이 아니라, 보고되지 않은 증상을 제거하고 이에 보다 현실적이고 관용적인 생활 철학을 갖게 하는 데 있다(장혁표, 1988).

상담의 구체적 목표는 행동의 변화, 긍정적인 정신건강의 증진, 문제해결력의 신장, 자발적인 의사결정, 그리고 잠재능력의 실현, 개인적인 효율성의 상승, 의사결정 등이 될 수 있다(김계현 외, 2009; Shertzer & Stone, 1966). 그러나 상담은 접근방법이나 내담자의 문제의 성격에 따라 목표가 다르게 기술될 수 있다.

## 나. 상담의 기본 원리와 상담자의 자질

상담의 과정은 생활지도의 주요 활동 중 학생조사활동에서 얻은 자료를 토대로 개인의 문제를 중심으로 해결의 실마리를 찾도록 하는 상담활동이 전개된다. 여기에는 일정한 기본적인 원리와 절차, 과정이 필요하다. 전문적 소양을 가진 상담자가 상담을 전개할 때에는 반드시 일정한 원리에 바탕을 두고 시작하는 것이 좋다. 상담의 기본 원리로 생각해야 할 사항은 다음의 김흥규가 인용한 Biestek의 이론을 요약하여 정리하고자 한다(김흥규 · 원애경, 2007).

첫째, 개별화(individualization)의 원리이다. 인간은 개인차가 있으므로 개인의 욕구충족에 따르는 행동의 권리를 갖고 의무를 다하는 개인을 존중하는 데 의미가 있다. 카운슬러는 개인의 개성과 개인차를 인정하는 범위 내에서 상담이 전개되어야 한다.

둘째, 의도적 감정표현(purposeful expression of feelings)의 원리이다. 사람은 누구나 정당하고 잘한 일에 대하여는 떳떳하게 표현할 수 있다. 민주주의의 기본 이념을 신봉하는 우리나라는 마땅히 의사표현의 자유가 있으며, 자기 감정 또는 부정적 감정을 표현할 수 있다. 이러한 기본적인 원리 속에서 자유롭게 의도적인 표현을 보장 받도록 온화한 분위기를 조성해 주어야 한다.

셋째, 통제된 정서 관여(controlled emotional involvement)의 원리이다. 상담은 주로 정서면에 큰 비중을 두고 있으며, 내담자가 그의 감정을 표현하도록 권고한다. 내담자의 감정에 대한 상담자의 민감성과 감정이 의미하는 것의 이해와 내담자의 감정에 대한 의도적이고 적당한 반응이 필요하다. 즉, 상담자는 내담자의 정서의 변화에 민감하게 반응하여 이해하고 적절한 대응책을 마련할 태세를 갖추고 적극적인 관여가 필요하다.

넷째, 수용(acceptance)이다. 상담자는 내담자에게 따뜻하고 명랑하며 친절하면서 수용적이어야 한다. 내담자를 하나의 인격체로서 존중하고 말로나 행동으로, 특히 비언어적 단서인 얼굴표정에 잘 전달하여야 한다. 상담자는 내담자의 의견에 동의하지 못할 경우에는 동의하지 않는다는 사실을 분명히 전달하되, 그 표현이나 자세는 어디까지나 온화해야 한다. 다시 말해 상담자와 내담자 간에 의견이 일치하지 않는 것과, 내담자를 수용하지 않거나 거부하는 것과는 구별되어야 한다.

다섯째, 비심판적 태도(non judgemental attitude)의 원리이다. 내담자는 자기의 잘못이나 문제에 대하여 결과를 나무라거나 책임을 추궁하거나 잘못을 질책받는 것을 두려워한다. 그들은 죄책감, 열등감, 불만감, 고독감 등을 가지고 있기 때문에 타인의 비판에 예민하여 그들 자신을 방어하여 안전을 추구하려고 하는 것은 당연한 일이다. 따라서 상담자는 내담자를 객관적으로 그의 행동, 태도, 가치관 등을 평가하여야 하며, 어떠한 문제에 대하여 비난하는 언어로 다루어서는 안 된다.

여섯째, 자기결정(self determination)의 원리이다. 상담은 상담자가 개인의 가치와 존엄성을 존중하고 자기 힘으로 문제를 해결해 나갈 수 있다는 신념에서 시작되어야 한다. 그리고 어떠한 지도와 충고가 있더라도 내담자는 무조건 응하기보다는 자기 판단을 토대로 자기방향과 태도를 결정하여야 한다.

일곱째, 비밀보장(confidentiality)의 원리이다. 상담과정 중 가장 중요하게 명심해야 할 사실은 상담자가 내담자의 대화의 내용을 아무에게나 이야기하는 습관을 버리고 반드시 비밀을 지켜야 한다. 상담은 본질적으로 내담자가 상담자를 신뢰하고 믿는 데에서 이루어진다. 따라서 어떠한 경우에 놓여 있는 문제라도 개인의 명예훼손이나 누를 끼치는 일을 해서는 안 된다. 상담자는 상담과정에서 알게 된 내담자에 관한 것에 대한 비밀을 지켜 줄 윤리적 의무가 있다.

상담은 인간 대 인간의 만남으로 이루어진다. 그러므로 상담에 있어 가장 중요한 것은 상담자와 내담자가 상호 신뢰하는 참된 인간관계 형성이다. 특히 문제를 가진 내담자가 의사나 전문가, 혹은 다른 사람의 의뢰 및 권유에 의해 상담자를 만나게 되는 경우에는 좋은 인간관계의 형성이 상담 성공의 열쇠라고 할 수 있다.

상담자는 경우에 따라 심리학적인 도구와 여러 가지 기법을 사용하지만 그러한 것들은 이차적인 도움을 주는 보조 역할을 하는 데 불과하고, 일차적으로 중요한 역할을 하는 것은 역시 상담자 자신이다. 다시 말하면, 상담자가 어떤 사람이냐 하는 것이다.

상담자가 어떤 사람이냐 하는 문제는 내담자가 어떻게 느끼고, 평가하고, 받아들이느냐 하는 차원에서 이해되어야 한다. 이런 차원에서 상담자에게 요구되는 몇 가지 태도와 행동 특징이 있다. 성공적인 상담을 위해서 상담자에게 요구되는 자질은 다음과 같다.

① 상담자는 이해심이 많고 허용적이어야 한다. 불안하고 긴장된 분위기에서 성공적인 상담이 있을 수 없으므로 친근하고 온정적인 분위기를 조성해야 한다.

② 상담자는 내담자에게 신뢰감을 주어야 한다. 내담자가 상담자를 불신하고 의심할 때 자신을 있는 그대로 보여줄 수가 없다.
③ 상담자는 전문적인 식견과 능력을 가진 사람이어야 한다. 즉 상담자는 적어도 상담이론에 정통하고, 전문분야에 식견이 있어야 하며 상식이나 막연한 경험으로 판단해서는 안 된다.
④ 상담자는 수용적이고 개방적이어야 한다. 따지고 꾸중하고 부정하기보다는 내담자의 입장에서 내담자의 처지에 몰입할 때 공감이 형성될 수 있다.
⑤ 상담자는 가치와 신념이 분명해야 한다.
⑥ 상담자는 건전한 성격과 인격을 소유하고 인간을 사랑할 줄 아는 행복한 사람이어야 한다.
⑦ 상담자는 내담자의 사적인 정보와 경험에 대한 비밀을 보장해 주는 윤리적인 면에서도 책임질 수 있어야 한다.
⑧ 객관적 판단에 의한 결론을 추리할 수 있어야 한다. 즉, 상담은 학생의 진술 내용보다도 그 뒤에 숨어 있는 느낌이나 감정에 더 많은 관심을 갖고 결론을 추리할 수 있어야 한다. 그러므로 상담자가 허용적이고 수용적이며 내담자의 입장에서 공감하게 될 때 신뢰감, 즉 관계형성(rapport)이 이루어진다. 상담은 이러한 래포의 형성으로부터 출발된다. 래포는 수용, 공감적 이해, 일치의 과정을 거치게 되는데, 이러한 관계형성이 될 때 상담은 성공할 수 있다.

## 3. 상담의 주요 이론

상담은 과학적 지식을 체계화한 여러 가지 이론에 근거하여 이루어지는 활동이다. 상담이론은 상담과 관련된 여러 가지 현상과 다양한 정보 및 단편적인 지식을 체계화하고 상담과정에서 발생하는 여러 현상을 예측하여 통제하고 조정할 수 있도록 해 준다. 그리고 상담자의 다양한 행동이나 태도와 관련하여 그 효용성을 평가할 수 있는 체제를 제공한다.

상담이론은 지향하는 인간관, 철학적 관점, 성격이론, 심리적 문제를 보는 시각에 따라 다양하다. 삶에서 직면하는 인간의 여러 문제는 어느 하나의 관점이나 이론적 체계를 통하여 이해한다는 것은 불완전한 상담이 될 것이다. 그러므로 상담자는 다양한 이론과 관점을 최대한 활용하여 내담자의 감정, 생각, 행동 모두에 관심을 가지고 상담활동을 수행할 필요가 있다. 여기서는 이형득 등(2006)과 천성문 등(2009) 및 강진령(2009)을 참고하여 살펴보기로 한다.

## 가. 정신분석적 상담이론

정신분석적 상담은 Freud(1856~1939)의 정신분석학의 원리와 방법을 응용한 상담적 접근이다. 정신분석 이론은 20세기에 발견한 하나의 위대한 업적으로 인정을 받고 있으며, 인간의 정신생활을 이해하는 데 큰 기여를 하였다.

정신분석적 상담이론에서는 인간의 부적응 행동의 근원을 무의식적 갈등이나 억압에 그 뿌리가 있다고 본다. 이것이 성격 장애, 신경증, 정신병으로 나타나며, 이것은 모두 이전부터 자신의 내부에 자리 잡고 있던 무의식적인 갈등에 대하여 내담자 나름대로 내어 놓은 해결책이라고 본다.

부적응 행동의 또 다른 근원은 인간의 마음 내부에 있는 원초아(id), 자아(ego), 초자아(superego)라는 서로 모순이 되는 세 가지 중에서 자아가 제대로 기능하지 못하는 데에 있다고 보고, 이 세 가지가 균형을 이룰 때 가장 정신적으로 건강하다고 본다.

Freud는 무의식을 의식화, 즉 통찰(insight)만 하여도 증상의 상당한 정도는 해결되는 것으로 보았다. 정신분석적 상담이론에서는 증상이란 내적 갈등에 대한 일종의 방어와 적응적 행동이기 때문에 갈등 자체가 해소되면 증상은 없어진다고 가정하고 증상 그 자체보다는 내적 갈등 그 자체를 문제시한다. 무의식을 의식화하는 방법으로는 자유연상, 꿈의 분석, 그리고 해석이 있다.

자유연상은 내담자로 하여금 의식적으로 생각하지 않고 마음에 떠오르는 대로 이야기하도록 하는 것이다. 이것은 과거를 회상하고 과거의 외상적 사건과 결합되어 있는 정서를 배출하도록 하는 방법이다. 내담자는 자유연상을 통해 과거를 회상하고, 과거의 여러 억압된 여러 감정을 발산하게 된다.

꿈의 분석은 꿈이 가진 몇 가지 속성을 이용하여 무의식적인 재료를 발굴하고 정리함으로써 내담자로 하여금 내면의 무의식적인 세계와 문제에 대하여 통찰을 얻게 하는 것이다. 꿈의 분석에서 이용하려는 꿈의 속성은 수면 중에 자아 방어가 약해져 억압된 욕망과 감정이 의식 표면으로 떠오르게 된다는 점과 수면 중의 꿈은 위장된 형태로 내담자의 용납되지 않는 충동과 욕망을 나타낸다는 점이다.

해석은 자유연상이나 꿈의 분석, 저항, 전이 등에서 나타난 내담자의 행동의 의미를 지적하고 설명해 주는 것이다. 저항이란 상담을 방해하고 상담에 협조하지 않으려는 내담자의 무의식적 행동을 말하며, 전이란 내담자가 과거의 의미 있는 타인(significant others)들에 대하여 가지고 있던 감정을 상담자에게 투사하는 것을 말한다.

위에서 정신분석학적 상담이론을 간략하게 살펴본 결과, 교사나 일반상담자가 얻을 수 있는 교훈은 어떻게 해서든지 학생이나 내담자가 억누르고 있거나 감추고 있는 생각이나 감정을 솔직하게 털어내어 놓을 수 있도록 최선을 다하는 것이 중요하다는 것이다.

## 나. 행동주의적 상담이론

행동주의 상담이라는 용어는 1964년 미국심리학회 연차 학술대회에서 Krumboltz가 처음 사용하였다. 행동주의 상담에서는 인간의 행동의 원인을 감정, 사고, 신념 등과 같은 것에서 기인한다고 가정하지 않는다. 모든 인간의 행동은 학습된 것으로 본다.

오늘날의 행동주의 상담이론의 큰 흐름은 Pavlov의 고전적 조건형성, Skinner의 조작적 조건형성, Bandura의 사회학습이론, 인지적 행동이론에 있다고 할 수 있다.

고전적 조건형성이론은 자기주장 훈련, 이완훈련, 체계적 둔감법에 초점을 두었고, 조작적 조건형성이론은 강화, 처벌, 소거, 자극통제의 원리에 초점을 두었다. 즉, 바람직하지 못한 부적응적 행동은 그 빈도나 행동의 강도를 줄여 나가며, 바람직한 적응적 행동은 강화기법을 사용하여 빈도나 강도를 높여 가는 방법이다.

사회학습이론은 발전된 자기 지시, 자기강화 및 모델링에 초점을 두었는데, 이는 모방과 자기 규제에 의해 학습 즉, 바람직하거나 혹은 바람직하지 않은 행동이 나타난다고 가정한다. 사람은 타인의 행동을 모방한다. 이러한 모방과정은 의식적으로 혹은 무의식적으로 일어난다. 아들이 아버지의 말투를 자신도 모르게 흉내를 내고, 딸은 어머니의 걸음걸이를 흉내 내기도 한다. 또한 인간은 외적 보상이나 처벌에 의해서뿐만 아니라 내적 규제에 의해서도 행동이 변한다. 인간은 자신의 가치나 행동 기준에 따라 행동하는 경우가 많다. 이러한 내면화한 기준은 자신의 행동을 스스로 평가하고 그 결과에 따라 자기를 긍정하거나 부정함으로써 자신을 강화하거나 처벌한다. 그리고 인지적 행동이론은 행동변화를 위한 인지적 측면에 초점을 둔다.

행동주의 상담이론은 상담을 과학적으로 발전시켰다. 정신분석적 상담이론이나 인간중심적 상담이론 등 대부분의 상담이론들이 상담의 목표가 구체적 행동으로 진술되지 않기 때문에 효과에 대해 객관적 평가를 하는 데 어려움이 있었다. 반면 행동주의적 상담이론에서는 구체적 행동 목표를 설정하기 때문에 객관적으로 평가가 가능해짐으로써 상담학은 크게 발전할 수 있었다.

위에서 행동주의적 상담이론을 간략하게 살펴보았다. 행동주의 상담이론을 통해 교사나 일반 상담자가 얻을 수 있는 이점은 교사나 일반 상담자가 내담자와의 합의에 따라 개인에게 맞는 구체적 상담기술을 다양하게 적용할 수 있다는 점이다.

## 다. 인간중심적 상담이론

인간중심적 상담이론은 Rogers(1902~1987)에 의해 확립된 이론으로 인간은 자신의 문제를 충분하게 이해할 수 있을 뿐만 아니라, 자기의 문제를 스스로 해결할 수 있는 능력을 지니고 있다는 점을 강조한다. 자아와 현실 간에 불일치가 일어나거나 자아에 대한 지각이 이상적 자아와 일치되지 않는 것이 심리적인 부적응의 원인이 된다고 보았다.

Rogers에 의하면 인간은 자기 자신을 향상시키고 유지하는 데 도움이 되는 방식으로 자신의 잠재능력을 발전시키는 타고난 생득적 경향성이 있다고 가정한다. 이러한 자아실현의 경향성은 모든 사람에게 있는 것이며, 인간은 자아개념과 일치되는 방향으로 자아를 실현하려고 한다. 정신분석적 상담이론과 행동주의적 상담이론이 여러 가지 차이점에도 불구하고 한 가지 중요한 공통점은 인간을 결정론적으로 본다는 것이다. 즉, 인간의 행동을 설명할 때 원인과 결과의 관계로 설명한다는 것이다. 즉, 현재의 성격이나 행동이 과거의 경험이나 학습에 의해서 비롯된다는 것이다. 반면 Rogers는 자아는 사회적·발달 지향적이며 현실적이라고 본다.

상담에서 중요한 것은 상담자와 내담자의 관계라고 할 수 있다. Rogers는 상담자는 내담자가 자아실현능력을 지니고 있음을 믿고, 그의 존재를 무조건적 존중하고 수용하는 마음을 가지고 공감적 자세로 이해하고 진실한 태도를 지니고 있어야 한다고 주장한다. 그는 상담을 어떤 기법을 적용하는 것이 아니라 내담자가 스스로 변화될 수 있는 인간관계의 조건인 무조건적 긍정적 수용, 공감적 이해, 진실성을 상담자가 제공하는 것이라고 생각한다. 상담자의 이러한 태도가 주어질 때 내담자는 안전감을 느끼면서 자신의 내부로부터 긍정적인 힘을 발견하여 건설적인 변화를 촉진시키게 된다고 보는 이론이다.

앞에서 인간중심적 상담이론을 간략하게 살펴보았다. 인간중심적 상담이론을 통해 교사나 일반 상담자가 얻을 수 있는 교훈은 교사나 일반 상담자가 내담자의 행동변화를 위하여 상담기법을 적용하기에 앞서 진실하게 내담자와 의사소통하고, 무조건적으로 내담자를 존중하고, 공감적으로 이해를 해주면 내담자의 행동변화가 일어난다는 점이다. 그러므로 교사나 일반 상담자는 '내담자의 행동변화를 위해 무엇을 할 것인가?'라는 질문에 초점을 두기에 앞서 '내담자의 행동변화를 위해 어떤 사람이 될 것인가?'에 초점을 둘 필요가 있다.

## 라. 인지적 상담이론

인지적 상담이론은 인지적 심리치료의 이론과 기법에 기반을 두고 있다. 인지적 상담이론에서는 인간의 정서적 문제는 외부 사건이나 상황에 의해서 발생하는 것이 아니라, 자신에게 일어난 사건에 대해 자신의 신념, 평가 해석, 철학에서 생긴다고 가정한다.

시험을 앞두고 지나치게 불안해하는 학생은 그 시험을 잘못 보면 자기의 인생은 파멸이라는 식으로 과장되고 극단적인 생각을 하기 때문이라는 것이다. Ellis는 '반드시 ~해야만 한다.', '절대로 ~해서는 안 된다.'와 같이 절대적이고 경직되어 정서상의 문제를 일으키는 사고들을 비합리적 신념(irrational belief)이라고 하였다. 비합리적 신념은 자신이 목표한 것이 이루어지지 않았을 때 우울, 불안, 화, 죄책감, 수치심과 같은 부정적인 정서와 부적응적 행동을 유발한다. 그는 이 이론을 바탕으로 비합리적 신념을 합리적 신념으로 변화시키기 위한 치료기법을 개발하였는데, 이를 REBT(rational emotive behavioral therapy)라고 부른다.

인지적 상담이론은 현대인의 우울증과 우울유발적 사고를 치료하는 데 큰 공헌을 하였다. 특히 Beck의 인지치료법은 우울증 치료에 특히 공헌하였다. Beck은 우울하거나 불안해지기 쉬운 사람들은 '나는 이것을 할 수 없어.', '무엇 때문에 이 고생을 하지?', '나는 되는 일이 없어.'와 같은 자기비하적 사고나 부정적인 인지적 왜곡이 자동적으로 작동하게 된다. Beck은 삶의 중요한 세 가지 측면인 자신, 세계 및 미래에 대한 부정적인 생각을 표현하기 위해 인지삼제(cognitive triad)라는 용어를 사용한다. 우울한 사람들은 부정적인 방식으로 한 가지 나쁜 결과를 전반적인 자기가치감으로 과잉 일반화한다. 그리고 임의적 추론을 사용하여, 충분한 근거가 없을 때에도 왜곡된 방식으로 추론하여 부정적인 결론을 도출한다. 또한 모든 문제가 끔찍한 결과를 초래할 것이라고 예상하는 파국화를 사용하기도 한다. 이러한 인지삼제의 사용은 낮은 자기가치감과 미래에 대한 무망감으로 우울증을 겪게 된다.

Beck의 관점에서 볼 때 상담은 자동적인 자기 패배적이고 자기비하적 사고를 인식하고, 그것을 자기고양적이고 건설적인 자기 말로 바꾸는 법을 배우는 것이다. 이것을 인지적 재구조화라고 한다.

위에서 인지적 상담이론을 간략하게 살펴보았다. 인지적 상담이론을 통해 교사나 일반 상담자가 얻을 수 있는 교훈은 인간에게 정서나 행동적 문제를 일으키는 것이 과거 사건이나 심리적 외상 그 자체가 아니라, 이것에 관한 인간의 해석, 즉 그 사건에 대해 우리가 가지고 있는 비합리적이고 왜곡된 신념이나 생각에 의해 결정된다는 점이다. 또한 교사나 상담자와 면대면의 상담을 하지 않고 내담자 스스로도 자신을 상담할 수 있는 방법을 내담자인 학생들에게 가르칠 수 있다는 점이다. 이는 인지적 상담이론이 인지적이기 때문에 강의를 듣거나 독서를 통해 상담 원리를 익혀서 자기상담(self-counseling)이 가능하다는 점이다.

강진령(2009). 상담과 심리치료. 경기: 양서원.

김계현, 김동일, 김봉환, 김창대, 김혜숙, 남상인, 천성문(2009). 학교상담과 생활지도. 서울: 학지사.

김홍규, 원애경(2007). 상담심리학. 서울: 양서원.

노안영(2007). 상담심리학의 이론과 실제. 서울: 학지사.

박도순 외(1995). 신교육학개론. 서울: 문음사.

박성수(1986). 생활지도. 경기: 정민사.

이장호(1986). 상담심리학 입문. 서울: 중앙적성연구소.

이형득 외(1986). 상담의 이론적 접근. 서울: 형설출판사.

이형득(2006). 상담이론. 서울: 교육과학사.

장혁표(1988). 생활지도의 이론과 실제. 서울: 형설출판사.

천성문, 박명숙, 박순득, 박원모, 이영순, 전은주, 정봉희(2009). 상담심리학의 이론과 실제. 서울: 학지사.

Gibson, R. L., & Mitchell, M. H.(1981). *Introduction to Guidance*. NY: Macmillian.

Hahn, M. E., & Maclean, M. S.(1955). *Counseling Psychology*. NYMcGraw- Hill Book Co. Inc.

Patterson, D. C.(1971). *An Introduction to Counseling in the School*. NY: Harper & Row.

Pietrofesa, J. J., Bernstein, B., Minor, J., & Stanford, S.(1980). *Guidance: An Introduction*. Chicago: Rand McNally.

Smith, G. E.(1955). *Counseling in the Secondary School*. New York: The Macmillan Company.

Shertzer, B., & Stone, S. C.(1966). *Fundamentals of Guidance*. Boston: Houghton Mifflin.

Snyder, W. L.(1947). The Present Status of Psychotherapy Counseling. *Psychological Bulletin, 44*, 297.

Traxler, A. E., & North, R. P.(1986). *Techniques of Guidance*. New York: Harper & Row, Publishers.

Tyler, L. E.(1969), *The Work of the Counselor*. New York: Appleton-Century Crofts.

CHAPTER

# 07

# 생활지도와 상담 및 진로지도의 실제

## 어느 교사의 깨달음

나는 놀라운 결론에 도달했다. 학급에서 내가 가장 결정적인 요인이라는 것이다. 교실 분위기를 좌우하는 것은 바로 교사인 나다. 그날의 교실 분위기는 나의 기분에 따라 달라진다. 교사로서 나는 아이들을 불행하거나 행복하게 할 수 있는 엄청난 힘을 갖고 있다. 나는 아이들을 고문을 하는 도구가 될 수도 있고, 영감을 불어넣는 수단일 수도 있다. 나는 아이들에게 모욕을 줄 수도 있고, 유머를 말할 수도 있으며, 상처를 주거나 치료를 할 수도 있다. 교실에서 위기가 높아지거나 낮아지는 것, 아동이 인간답게 되거나 몰인간화되는 것을 결정하는 것은 바로 나의 언행이다.

- 외국의 한 중견 교사 -

## 1. 생활지도와 상담에서 교사의 태도

우리는 늘 말을 하며 살고 있다. 말하는 것은 타인과 관계 맺는 행위이다. 말은 일차적으로 정보전달의 기능을 갖는다. 말을 통해 우리는 '이해하고 판단하고 추론'하면서 정보를 수용하고 또 정보를 전달한다. 그러나 말의 기능은 정보전달에만 한정되지 않는다. 말에는 나의 느낌과 기분을 표현하는 표현적 기능이 있으며, 또한 그러한 기능으로 인해 타인을 화나게도 하고 기쁘게 하기도 한다. 그러므로 말은 인간을 위로하고 격려하는 부드러운 위안도 될 수 있고, 타인의 가슴을 베는 듯한 비수가 될 수도 있다.

생활지도와 상담도 역시 말보다 구체적으로 대화를 통하여 이루어진다. 생활지도와 상담에서의 대화도 역시 인간의 성장과 성숙이 이루어지는 결과를 초래하기도 하고 오히려 좌절감과 불쾌감을 증가시키기도 한다.

외국의 한 중견 교사는 학생들에 대한 교사의 영향력, 특히 생활지도와 상담에서의 교사 언행의 중요성에 대해 다음과 같이 이야기하고 있다.

### [어느 교사의 깨달음]

나는 놀라운 결론에 도달했다. 학급에서 내가 가장 결정적인 요인이라는 것이다. 교실 분위기를 좌우하는 것은 바로 교사인 나다. 그날의 교실 분위기는 나의 기분에 따라 달라진다. 교사로서 나는 아이들을 불행하거나 행복하게 할 수 있는 엄청난 힘을 갖고 있다. 나는 아이들을 고문을 하는 도구가 될 수도 있고, 영감을 불어넣는 수단일 수도 있다. 나는 아이들에게 모욕을 줄 수도 있고, 유머를 말할 수도 있으며, 상처를 주거나 치료를 할 수도 있다. 교실에서 위기가 높아지거나 낮아지는 것, 아동이 인간답게 되거나 몰인간화되는 것을 결정하는 것은 바로 나의 언행이다.

## 2. 생활지도와 상담에서 교사의 반응 유형

### 가. 생활지도와 상담에 도움이 되지 않는 교사의 반응

학교에서 생활지도나 상담을 담당한 교사들이 학생을 꾸짖을 때 별 생각 없이 빈번히 사용하나, 알고 보면 꽤나 비교육적이고 파괴적인 언어 양식들이 있다. Gordon(1974)이 분류한 의사소통 장애 반응을 참고하여 우리 교육 현장에서 빈번하게 사용되는 바람직하지 않은 반응 양식을 몇 가지 유형으로 살펴보기로 한다.

< 상 황 >

점심시간에 학생들의 급식을 지도하고 있던 중에 울음소리가 들렸다. 소리가 나는 쪽을 보니 영희가 교실 문앞에 서서 울고 있었다. 몇몇 아이들이 "선생님, 영희가 울어요." 라고 나에게 알려 주고 있었다. 나는 영희에게 다가갔다.

이 상황에서 교사는 어떤 식으로 영희에게 대화를 시작할 것인지 생각해 보자. 어떤 반응은 영희를 더 울게 만들거나 더 슬프고 당황하게 만들지 모른다. 혹은 영희가 울음을 그치고 그 시간에 알맞은 집단행동을 할 수 있도록 도울 수 있는 반응도 있을 것이다. 다음의 반응들은 생활지도와 상담 상황에서 대화를 효율적으로 이끌어 가기에 방해가 되는 반응들이다.

#### 1) 명령, 지시

"영희야! 그만 울어." 또는 "이리 와서 밥이나 먹어라!"라고 그의 행동을 일방적으로 지시할 수 있다. 영희가 교사의 지시를 따르더라도 슬픈 감정은 남아 있을 것이며, 교사는 영희가 울게 된 이유를 이해할 가능성이 줄어든다.

### 2) 경고, 위협

"영희야, 너 자꾸만 울면 다시는 가만 놔두지 않을 거야!"라고 학생에게 불안이나 공포감을 주는 것이다. 위협은 교사의 요구가 즉각적으로 이행되지 않았을 때 그 강도를 높이기 위하여 사용하는데, 이것은 학생들에게 두려움을 안겨줄 뿐만 아니라 교사에 대한 적개심을 갖게 한다. 이외에도 "너 한 번만 더 지각하면 그때는 용서하지 않는다.", "다음번에 한 번만 더 걸리면 너 죽을 줄 알아.", "너 당장 가서 부모님 모시고 와." 등의 반응이 여기에 해당한다.

### 3) 비난, 저주

"어휴, 또 우니? 너는 툭하면 우는구나!"라고 말하는 것은 영희의 우는 행동에 대한 비난을 하는 것이다. 그 밖에 "그럼 그렇지. 너 같은 놈이 이 문제를 어떻게 풀겠니? 내 그럴 줄 알았다.", "너를 보니 너희 부모를 알겠다.", "너 같은 자식을 둔 너희 부모가 불쌍하다. 너 같은 놈도 자식이라고 너를 낳고 어머니가 미역국을 끓여 먹었겠지.", "너희 부모가 밖에서 교육자면 뭐하냐? 제 딸년 하나도 제대로 못 가르치면서.", "네가 대학에 들어가면 내 손에 장을 지진다.", "내가 장담하는데, 너 같은 놈은 결국 깡통 차게 돼 있어."와 같은 반응이 여기에 해당한다.

아무리 화가 났다고는 하지만 교사가 제자에게 이런 저주를 퍼붓는 것은 있을 수 없는 일이다. 이런 저주를 들은 학생은 성인이 되어서도 일이 뜻대로 안 될 때는 다시 그 저주를 떠올리며 두려움에 떨게 되는 것이다.

### 4) 창피주기, 모욕

"다 큰 애가 울고 있네, 영희보다 작은 애들도 안 우는데."라고 말하여 영희가 수치심을 느껴서 울음을 그치도록 만들려는 것이다. 이런 모욕적인 말을 선생님으로부터 들으면 마음에 큰 상처를 입고 자신감을 잃게 된다.

또한 "머리가 그게 뭐야? 너 술집 접대부야?", "너 같은 놈은 가르칠 가치가 없어. 당장 집으로 꺼져.", "여러분들은 열심히 공부해서 공부 못 해 앞에 끌려 나온 이놈들처럼 인생 낙오자의 길을 걷지 않기를 바란다.", "너, 실업계로 전학 가라. 이 실력으로 어떻게 인문계 왔니?" 등이 여기에 해당하는 예들이다.

### 5) 설교, 훈계

"영희는 몇 살이지? 일곱 살이잖아, 다 큰 사람이 아무 데서나 울면 안 되는 거야."라는 식으로 "~해야 한다." 또는 "~해서는 안 된다."는 일종의 규율로써 학생의 행동에 영향을 주는 것이다. 너무나 뻔한 이런 상투적인 조언은 단지 잔소리로 취급되며, 학생들로 하여금 교사와의 대화를 피하게 만드는 역기능을 한다.

그리고 "선생님이 학교 다닐 때는 차비가 없어서 매일 걸어 다녔다. 그러면서도 공부는 열심히 했지. 너는 이렇게 좋은 환경에 있으니 더 열심히 공부를 해야 하지 않겠니?", "내가 너희들만 할 때는 더 힘들었어. 하지만 꾹 참고 살았지.", "산다는 것이 원래 다 그렇게 힘든 거야.", "인내는 쓰다, 그러나 그 열매는 달다."라는 말을 명심하도록 해." 등이 여기에 해당하는 반응들이다.

### 6) 이론적으로 따지기

"영희야, 지금이 무슨 시간이지? 급식 시간이지? 그러면 지금은 급식을 받아 와야지, 우는 시간이 아니야."라는 식으로 이론을 세워서 설득하는 것이다. 즉, 영희의 울음에는 감정적 요인이 깔려 있었을 테지만, 그러한 감정을 이론적 사고로써 통제시키려는 것이다. 물론 그것은 때때로 가능하고 필요한 일이지만, 지나치게 되면 영희는 억압된 감정을 지성으로만 처리하려는 성격을 가진 아이로 자랄 우려가 크다.

### 7) 비교

"영희야, 너보다 작은 희수도 안 우는데, 너는 덩치도 큰 애가 삐딱하면 우니?"라고 다른 아이와 비교하는 것이다. 이런 말은 학생을 분발시키기는커녕 비교 대상에 대한 반감을 갖게 하여 친구 간의 우애를 크게 손상시킬 뿐이다.

또한 "우리 반은 왜 2반보다 못한 거냐? 우리 반에는 똥대가리들만 모였냐? 다음번 시험에서 또 지면 그땐 각오해라.", "철수야, 민채를 봐라. 너는 왜 재처럼 못하니? 너는 자존심도 없냐?"와 같은 반응이 여기에 해당한다.

### 8) 심리 분석

"영희야, 네가 우는 것은 선생님의 관심을 받고 싶어서지?" 또는 "너는 다른 애들과 함께 지내는 것을 겁내는구나!"라는 식으로 무의식적 동기를 파헤치거나 심리적 진단을 내려서 말하는 것은 위험하다. 이런 말은 학생을 당황하게 하여 마음에 상처를 줄 뿐만 아니라, 마음의 문을 더욱 굳게 닫도록 만든다.

이 외에도 "야단을 맞고도 전혀 반성을 안 하는구나. 표정을 보니 내 말이 말 같지 않다는 것 같은데. 너 지금 반항하는 거야?", "너, 선형이가 예쁘면서 공부도 잘하니까 질투하는 거지?", "너는 왜 여자애들 앞에만 가면 그렇게 똥폼을 잡니?"와 같은 반응이 여기에 해당한다.

이처럼 교사의 반응은 그것이 어떤 것이든지 학생의 심리와 행동에 영향을 미친다. 그 영향은 건설적일 수도 있고, 파괴적일 수도 있다. 따라서 교사는 자기의 반응이 학생의 감정이나 다음 행동에 어떤 영향을 줄 것인지 생각해 보아야 한다.

## 나. 나의 대화 스타일

### 1) 나의 대화 스타일 진단

인간관계에서 나 자신을 다른 사람에게 내보이는 일, 즉 말하기(신뢰 · 노출)는 매우 중요하며, 이것은 인간관계를 심화시키는 주요한 요인으로 알려져 있다. 이렇게 자신을 다른 사람에게 나타내 보이는 점에 있어서 사람마다 차이가 있다. 또 인간관계에서 다른 사람들이 나에 대해 어떻게 느끼고 있는지를 잘 아는 일, 듣기(존중 · 수용) 역시 중요하다. 타인은 나를 비춰 주는 사회적 거울(social mirror)이라는 말이 있듯이, 다른 사람의 반응 속에서 나의 모습을 비춰 보는 일이 중요하다. 이렇게 다른 사람을 통해 나에 대한 피드백(feedback)을 얻음으로써 자기이해가 깊어지고 자신의 행동에 대한 조절능력이 커진다.

말하기라는 자기공개와 듣기라는 피드백의 측면에서 우리의 인간관계를 진단해 볼 수 있는 방법이 조해리의 '마음의 창(Johari's window of mind)'이다. 조해리의 창은 심리학자인 Joseph Luft와 Harry Ingham에 의해서 개발되었으며, 두 사람의 이름을 합성하여 조해리의 창이라고 명명되었다. 조해리의 창을 이용하여 자신의 인간관계를 살펴보도록 하자. 먼저 다음 물음에 대해 자신을 평가해 보자.

〈표 7-1〉 나의 대화 스타일 진단 검사

| 나의 대화 스타일은 무엇일까요? | 그렇지 않 다 | 그 저 그렇다 | 매 우 그렇다 |
|---|---|---|---|
| 1. 나는 상대방 의견에 공감하면 이를 바로 인정한다. | 1 2 3 4 | 5 6 7 8 | 9 10 |
| 2. 나는 상대방의 잘못을 지적할 필요가 있을 때에는 직접 말한다. | 1 2 3 4 | 5 6 7 8 | 9 10 |
| 3. 나는 상대방으로부터 납득하기 어려운 말을 들을 경우, 상황파악을 위한 질문을 하고 잘 들어본다. | 1 2 3 4 | 5 6 7 8 | 9 10 |
| 4. 나의 의견에 대해 상대방이 어떻게 생각하는지 물어본다. | 1 2 3 4 | 5 6 7 8 | 9 10 |
| 5. 나는 나의 느낌을 상대방에게 솔직하게 표현한다. | 1 2 3 4 | 5 6 7 8 | 9 10 |
| 6. 나는 상대방의 감정을 존중한다. | 1 2 3 4 | 5 6 7 8 | 9 10 |

| 나의 대화 스타일은 무엇일까요? | 그렇지 않 다 | 그 저 그렇다 | 매 우 그렇다 |
|---|---|---|---|
| 7. 나는 걱정거리가 생길 경우 다른 사람을 찾아가 터놓고 의논한다. | 1 2 3 4 | 5 6 7 8 | 9 10 |
| 8. 나는 혼자 이야기를 계속하여 상대방을 불안하게 하지 않는다. | 1 2 3 4 | 5 6 7 8 | 9 10 |
| 9. 나는 진심으로 상대방의 이야기를 들어 준다 | 1 2 3 4 | 5 6 7 8 | 9 10 |
| 10. 나는 누군가가 찾아오면 그의 의견을 듣고 대화를 독단적으로 끌고 가지 않는다. | 1 2 3 4 | 5 6 7 8 | 9 10 |
| 11. 나는 상대방이 서운한 점을 표현하면 차분하게 그에게 설명한다. | 1 2 3 4 | 5 6 7 8 | 9 10 |
| 12. 나는 상대방의 의견을 잘 받아들인다. | 1 2 3 4 | 5 6 7 8 | 9 10 |
| 13. 나는 달가운 일이 아닐지라도 상대방이 알아야 할 사항이라면 알려준다. | 1 2 3 4 | 5 6 7 8 | 9 10 |
| 14. 상대방의 의견이 나와 다를 경우, 나의 생각을 말하고 함께 검토해 본다. | 1 2 3 4 | 5 6 7 8 | 9 10 |
| 15. 나는 말하기 거북한 내용이라도 상대방에게 솔직히 말한다. | 1 2 3 4 | 5 6 7 8 | 9 10 |
| 16. 나는 나의 실수에 대해 상대방에게 변명을 하지 않고 비판에 귀를 기울인다. | 1 2 3 4 | 5 6 7 8 | 9 10 |
| 17. 나는 상대방에게 있는 그대로를 나타내며 가식이 없는 편이다. | 1 2 3 4 | 5 6 7 8 | 9 10 |
| 18. 나는 나의 의견에 찬성하지 않는 사람이라도 그의 의견을 끝까지 듣는다. | 1 2 3 4 | 5 6 7 8 | 9 10 |
| 19. 나는 상대방에게 그의 생각을 편하게 말하도록 권장한다. | 1 2 3 4 | 5 6 7 8 | 9 10 |
| 20. 내가 옳다고 확신하는 것은 상대방을 잘 설득한다. | 1 2 3 4 | 5 6 7 8 | 9 10 |

### ▣ 채점 및 해석

문항 1, 2, 5, 7, 11, 13, 14, 15, 17, 20의 점수를 더하여 10으로 나눈 점수는 말하기(신뢰 · 노출)이고, 문항 3, 4, 6, 8, 9, 10, 12, 16, 18, 19의 점수를 더하여 10으로 나눈 점수는 듣기(존중 · 수용)이다. 말하기(신뢰 · 노출)에 해당하는 점수를 가로선으로 긋고, 듣기(존중 · 수용)에 해당하는 점수를 세로선으로 긋는다. 그러면 4분면의 영역이 생기고, 가장 넓은 영역에 해당하는 것이 자신의 유형이 된다.

| 번호 | 1 | 2 | 5 | 7 | 11 | 13 | 14 | 15 | 17 | 20 | 총점(T) |
|---|---|---|---|---|---|---|---|---|---|---|---|
| | | | | | | | | | | | |
| **번호** | **3** | **4** | **6** | **8** | **9** | **10** | **12** | **16** | **18** | **19** | **총점(L)** |
| | | | | | | | | | | | |

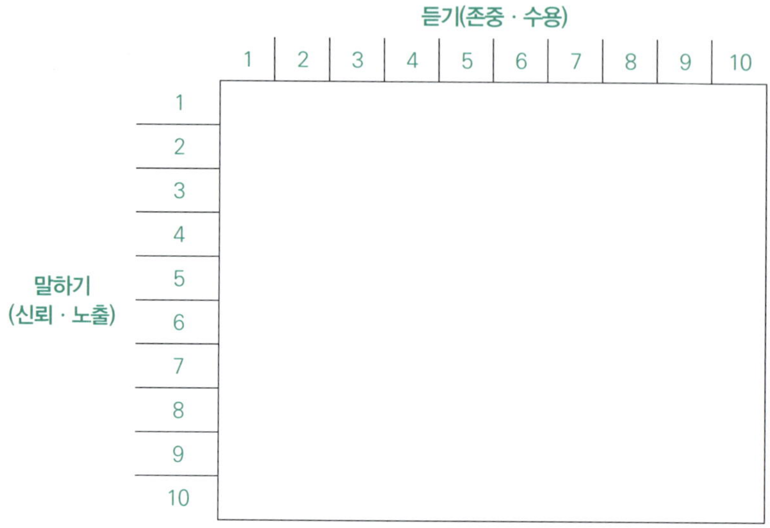


나의 대화 스타일은 (　　　)이다.

### 2) 대화 스타일별 강점과 약점

조해리의 마음의 창은 공개적 영역, 맹목적 영역, 숨겨진 영역, 미지의 영역의 네 영역으로 구분된다(권석만, 2006). 첫째, 나도 알고 다른 사람에게도 알려져 있는 나에 관한 정보를 의미하는 공개적 영역(open area), 둘째, 나는 모르지만 다른 사람은 알고 있는 나에 관한 정보, 즉 개인의 행동습관, 특유의 말버릇을 의미하는 맹목적 영역(blind area), 셋째, 나는 알고 있지만 다른 사람에게는 알려지지 않은 정보, 즉 나의 비밀이나 약점을 의미하는 숨겨진 영역(hidden area), 넷째, 나도 모르고 다른 사람도 알지 못하는 나에 관한 정보를 의미하는 미지의 영역(unknown area)이 그것이다.

사람마다 마음의 창 모양이 다르다. 개인이 인간관계에서 나타내는 인간관계에서 나 자신을 다른 사람에게 내보이는 일, 즉 말하기(자기공개)와 다른 사람들이 나에 대해 어떻게 느끼고 있는지를 잘 아는 일, 듣기(피드백) 정도에 따라 마음의 창을 구성하는 4영역의 넓이가 달라진다. 이렇게 다양하게 나타나는 마음의 창 모양은 어떤 영역이 가장 넓은가에 따라 크게 네 가지 유형으로 구분될 수 있다.

첫째, 거북형으로 미지의 영역이 가장 넓다. 인간관계에 소극적이며 혼자 있는 것을 좋아하는 사람들이다. 인간관계에 좀 더 적극적이고 긍정적인 태도를 가질 필요가 있다. 인간관계의 개선을 위해 미지의 영역을 줄이고 공개적 영역을 넓히는 것이 바람직하다.

둘째, 올빼미형으로 숨겨진 영역이 가장 넓은 사람이다. 타인에 대해 수용적이며 속이 깊고 신중한 사람들이다. 다른 사람의 이야기는 잘 경청하지만, 자신의 이야기는 잘 하지 않는 사람들이다. 현대인에게 가장 많은 유형으로 자기개방을 통해 다른 사람과 좀 더 넓고 깊이 있는 교류가 필요하다.

셋째, 황소형으로 맹목의 영역이 가장 넓은 사람이다. 기분이나 의견을 잘 표현하며 나름대로 자신감을 지닌 솔직하고 시원시원하다. 다른 사람의 반응에 무관심, 둔감하여 때로는 독선적인 모습으로 비춰질 수 있다. 다른 사람의 말에 좀 더 진지하게 귀를 기울이는 노력이 필요하다.

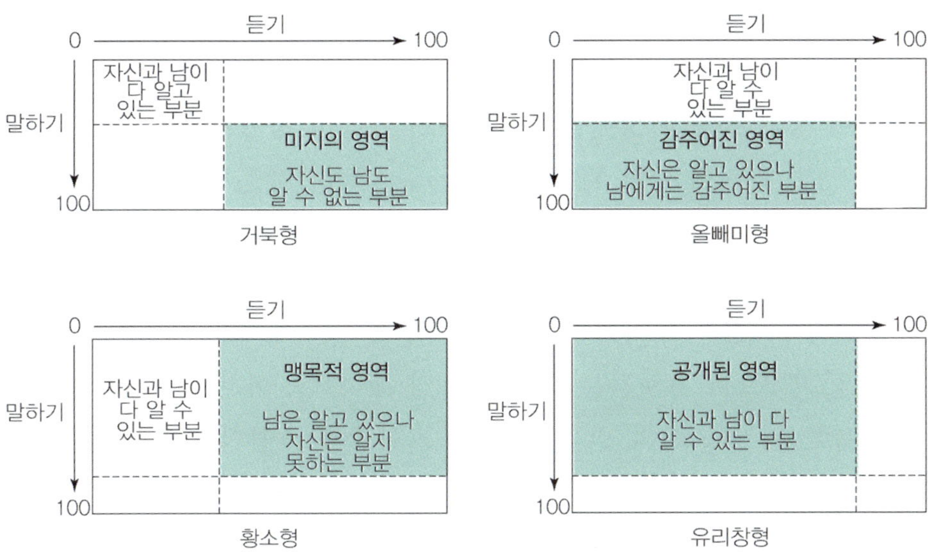


**[그림 7-1] 대화 스타일의 유형**

넷째, 유리창형으로 공개적 영역이 가장 넓은 사람이다. 대체로 인간관계가 원만한 사람들이다. 적절하게 자기표현을 잘 하고 다른 사람의 말도 잘 경청하며, 다른 사람에게 호감과 친밀감을 주어 인기가 많다. 그러나 지나치게 공개적 영역이 넓은 사람은 말이 많고 주책스런 경박한 사람으로 비쳐질 수 있다.

## 다. 생활지도와 상담에 도움이 되는 교사의 반응

교사와 학생의 관계는 단순히 가르치고 배우는 차원을 넘어선 인간 대 인간의 관계가 바람직하다. 즉, '가르치는 자'와 '배우는 자'라는 역할 대 역할의 관계보다는 인간적 친밀감과 유대감을 느낄 수 있는 관계로까지 발전되어야 한다. 어떤 일을 제대로 못했거나 실패하면 좌절감을 느끼게 되고, 그런 것 때문에 비난과 놀림을 받으면 화가 나게 된다. 성공 혹은 성취했을 때는 자존심과 긍정적 자아개념을 느끼지만, 자기의 성취가 부족했다는 평가를 받을 때는 자존심을 잃는다.

이러한 속성들은 학생과 교사 모두가 공통적으로 갖고 있다. 그럼에도 불구하고 어떤 교사들은 학생들의 그러한 기본 속성을 받아들이려 하지 않을 때가 있다. 학생의 행동과 성취를 평가하면서 부정적 평가에 대한 학생의 느낌, 특히 부정적 평가에 대한 좌절이나 분노를 고려하지 않고 자율과 반항을 금기시하고 복종과 순응을 주입시키기도 한다.

이와 같이 인간의 기본적 속성을 억압시키는 것은 학생의 솔직한 자기표현을 방해한다. 진정한 자기의 감정이나 주관적 생각보다는 교사가 부모가 원하는 것을 거짓으로 표현하는 데 익숙해질 수 있다. 여기서는 생활지도와 상담에 도움이 되는 교사의 반응들 중, 학교현장에서 쉽게 사용할 수 있는 몇 가지를 살펴보자.

### 1) 공감

공감(empathy)이란 내담자의 입장에서 그들의 내면세계를 이해하는 것을 말한다. 즉, 내담자를 이해하면서 내담자가 느끼는 정서도 함께 느끼는 것을 말한다. 공감적으로 이해하기 위해서는 무엇보다 내담자의 눈과 귀로 보고 들어야 하며, 내담자의 심정으로 느낄 수 있어야 한다.

공감적 이해 능력에는 두 가지 기초적 요소가 있다. 첫째는 상담자가 내담자의 말속에 깔려 있는 주요한 감정, 태도, 신념, 가치 기준을 포착하는 것으로 감수성의 차원이다. 둘째는 상담자가 내담자의 외적 측면뿐만 아니라, 내적 측면까지 이해하고 알게 되었다는 것을 내담자에게 알려주는 것으로 커뮤니케이션의 차원이다.

공감의 효과는 첫째, 내담자에게 자신의 말이 주의 깊게 경청되고 있음을 전달할 수 있다. 둘째, 내담자는 방어심리가 축소되어 개방적인 표현이 보다 촉진된다. 셋째, 내담자는 부정적인 생각이나 감정도 수용된다는 생각을 하게 되며, 자신의 부정적인 감정도 받아들일 수 있게 되어 문제에 대한 통찰이 가능해진다. 넷째, 상호 간에 신뢰, 존중, 매력이 더해져서 관계가 더욱 촉진된다.

**[공감적 경청의 예]**

(5학년 학생이) 선생님! 동민이가 가만히 있는데 때렸어요.

비효율적인 반응: 네가 뭘 잘못했겠지.

효율적인 반응: 가만히 있는데 때려서 많이 아팠겠네. 속도 상하고…….

**[공감적 경청 실습하기]**

다음 상황은 당신에게 상대가 어떤 문제를 가지고 있는지를 알려주는 것들이다. 자녀가 어떻게 느끼고 있는지를 적어보고, 당신이 그것을 들었을 때와 같은 감정을 포함한 당신의 공감적 경청을 적어 보시오.

**[상황]** 학생: 아무도 나와 놀아주지 않고 나더러 집에나 가래요. 도대체 내가 뭘 잘못했죠?

비효율적인 반응: ______________________________

효율적인 반응: ______________________________

## 2) 나 - 전달법

나 - 전달법(I-Message)이란 자신의 내면을 표현할 때, 주어를 '나'로 하여 그런 느낌을 가지게 된 책임이 상대방에게 있지 않고 표현자에게 있음을 알려주는 대화방법이다. 느낌의 책임을 자신에게 두지 않고 상대방에게 전가하는 진술방식은 너 - 전달법이다. 이것은 불쾌한 감정을 지니거나 갈등상태에 있을 때 보통 사람들이 흔히 하는 표현이 너 - 전달법이다. 그러나 이러한 표현은 문제를 더 크게 하거나, 관계를 해치는 경향이 있으며 상대방을 변화시키기 어렵다.

〈표 7-2〉 나 - 전달법과 너 - 전달법의 비교

예) 약속을 해 놓고 아무 연락 없이 늦게 온 친구를 만나서

| 종 류 | 나 - 전달법 | 너 - 전달법 |
|---|---|---|
| 표현 | 오기로 해 놓고 아무 연락 없이 나타나지 않으니까 무슨 일이 생기지 않았나 해서 무척 걱정이 되고, 내가 기다리는 것을 알면서 연락을 안 해 준다고 생각하니 나를 배려해주지 않는다는 생각 때문에 섭섭하기도 하더라. | 너는 전화 한 통 걸 성의도 없니!<br>나를 어떻게 보는 거야?<br>너하고 이제 약속 하나 봐라.<br>잘하고 있군. |
| 보기 | 상황 - 결과 - 느낌 | 비꼬기, 지시, 교화, 비판, 평가, 경고 |
| 나의 내면 | 걱정, 섭섭함 | 걱정, 섭섭함 |
| 상대의 해석 | 나를 걱정하였구나.<br>연락을 안 해줘서 섭섭했구나. | 내 사정은 전혀 생각해 주지 않는군.<br>나를 나쁜 사람으로 보고 있군. |

| 종 류 | 나 - 전달법 | 너 - 전달법 |
|---|---|---|
| 개념 | '나'를 주어로 하는 진술 | '너'가 주어가 되거나 생략된 진술 |
| 효과 | 1. 느낌의 책임을 자신에게 돌린다.<br>2. 상대방에 대해 부정적인 평가를 하지 않기 때문에 방어나 부적응이 일어날 가능성이 적다.<br>3. 관계를 저해하지 않는다.<br>4. 상대방으로 하여금 자성적인 태도와 변화하려는 의지를 높일 가능성이 높다. | 1. 죄의식을 갖게 하거나 자존심을 상하게 한다.<br>2. 배려받지 못하고 무시당한다는 생각을 갖기 쉽다.<br>3. 반항심, 공격성, 방어를 야기하여 자성적인 태도가 형성되기 어렵고 행동변화를 거부하도록 한다. |

**[나 - 전달법의 예]** 철수는 오늘 아침에도 여전히 늦잠을 자고 있다.

나 - 전달법의 공식: (상황, 이유 등) ~해서 (감정, 느낌) ~하다.

**나 - 전달법의 예**

| 상 황 | 결 과 | 느 낌 |
|---|---|---|
| 철수야, 네가 늦게 일어나는 것을 보니 | 나는 네가 오늘도 늦어서 밥을 먹지 못하고 학교에 가서 배가 고파 공부가 잘 되지 않을 것이라는 생각이 들어서 | 나는 매우 걱정스럽다. |

**[나 - 전달법 실습하기]**

[상황] 중학교 2학년인 딸 은희는 전화를 한 시간 이상 하고 있다.

| 상 황 | 결 과 | 느 낌 |
|---|---|---|
| 은희야, 네가 전화를 한 시간 이상 오랫동안 하고 있으니 | | |

### 3) 귀인과 바람직한 피드백

인간은 어떤 긍정적 또는 부정적 결과에 대해서 그 원인이 무엇인지를 생각하게 된다. 예컨대, 시험성적이 좋지 않게 나왔을 때 그 원인에 대해서 생각한다. 데이트신청을 거부당한 사람은 그 이유에 대해서 곰곰이 따져 보게 된다. 이때 그러한 결과의 원인을 어떻게 생각하느냐에 따라 그에 대한 감정과 행동이 달라진다. 이렇듯, 자신이나 타인이 한 행동과 그 결과의 원인을 추론하는 과정을 귀인(attribution)이라고 부른다.

학업성취에 있어서 예를 들면, 학생들은 자신들이 경험해 온 학교성적에서의 성공과 실패를 주로 능력(ability), 노력(effort), 과제곤란도(task difficulty), 운(luck)의 네 가지 원인으로 설명하려고 한다(Weiner, 1984). 이들 원인들은 원인의 소재(locus of causality), 안정성(stability), 통제가능성(controllability)의 세 가지 차원에 따라 분류될 수 있다(Weiner, 1996).

〈표 7-3〉 Weiner(1984)의 성패귀인모형

| 안정성 / 소 재 | 내 부 | | 외 부 | |
|---|---|---|---|---|
| | 통제가능 | 통제불가능 | 통제가능 | 통제불가능 |
| 안정 요인 | | 능력 | | 과제곤란도 |
| 불안정 요인 | 노력 | | | 운 |

실패를 경험했을 때 학생들에게 계속된 실패에 대해 걱정하기보다는 눈앞의 과제에 집중하게 하며, 실패를 한 과정을 역추적하여 자신의 실수를 발견하고 새로운 전략으로 문제에 다시 도전해 보도록 하며, 실패를 노력부족, 정보부족 그리고 비효율적인 전략 사용과 같은 교정가능하고 통제 가능한 원인으로 귀인하게 하며 능력부족과 같은 요인으로 귀인하지 않게 한다.

**[귀인이론의 활용] 시험 성적이 좋았을 때**

- 시험 친 후, 자녀가 시험을 잘 봐서 결과가 좋았다면 능력에 원인을 돌려서 "역시 넌 능력이 있어." 등과 같이 반응한다.

**[귀인이론의 활용] 시험 성적이 좋지 못했을 때**

- 시험 친 후, 자녀가 시험을 잘 못봐서 결과가 좋지 않았다면 노력부족, 정보부족과 같은 교정가능하고 통제 가능한 원인으로 원인을 돌려 "노력이 부족했나 보구나. 넌 능력이 있으니까 노력하면 잘 할 수 있을 거야!", "노력은 했는데, 공부할 때 핵심을 놓쳤는가 보구나!", "시험 문제 출제에 대한 정보가 부족했나 보구나!" 등과 같이 반응한다.

### 4) 자기 지시적 훈련

자기 지시적 훈련(self-instructional training)은 개인의 마음속에 일어나는 자동적이며 복잡한 문제해결과정을 언어화(verbalization)하고 몇 개의 단계로써 구분 짓는다. 즉, 사람들이 문제에 직면하여 그것을 해결하는 과정에서 스스로 자기에게 말을 하며(self-talk), 이러한 자기 말에는 몇 가지 형식이 있다고 가정한다(Kendall & Braswell, 1985). <표 7-4>에 문제해결과 관련된 자기 말의 다양한 형식과 내용이 제시되어 있다. 자기 말의 형식 중 여기서 언급할 것은 성공경험 후의 자기 보상적(self-reward) 자기 말과 실패경험 후의 대응적(coping) 자기 말이다. 성공경험 후, "와, 나는 일을 멋지게 잘 해냈다. 나는 내가 자랑스럽다. 이런 여세를 몰아 계속 성공해 나가겠다." 등의 자기 보상적 자기 말을 적극적으로 하도록 훈련받는 학생들의 자신감은 상당히 고양되게 된다.

마찬가지로 대응적 자기 말을 적절히 할 수 있도록 학생들을 훈련시키는 것도 중요하다. 그 이유는 실패경험 후 대응적 자기 말을 하는 것은 자기혐오에 빠지는 것을 막아 주기 때문이다. 실패경험 후, "아, 나는 왜 이렇게 멍청이 같은가? 나는 도대체 왜 이 모양인가?" 등의 자기 혐오적인 자기 말을 하는 대신 "아차, 내가 실수를 했구나. 내가 경솔했고 생각이 짧았다. 좀 더 침착하고 신중하게 다시 한 번 해봐야겠다."는 대응적 자기 말을 하도록 훈련시키는 것은 실패를 효과적으로 극복하게 하는 데 큰 도움이 될 수 있다.

〈표 7-4〉 자기 지시의 형식 및 내용

| | |
|---|---|
| 문제 정의적 자기 말 | 나는 TV나 영화보기를 너무 좋아해서 공부하는 시간을 많이 빼앗기고 있으니 큰 문제이다. |
| 문제 접근적 자기 말 | TV나 영화를 보는 시간을 줄일 수 있는 방법을 생각해 봐야겠다. |
| 주의 집중적 자기 말 | 나태해졌던 마음을 가다듬고 정신을 바짝 차려야겠다. 공부할 때는 오직 공부만 생각하겠다. |
| 자기 보상적 자기 말 | 오늘 집중해서 딴 생각하지 않고 공부했더니 TV 보는 시간도 크게 줄였고 공부도 많이 했다. 나는 대견한 일을 했다. |
| 대응적 자기 말 | 요사이 다시 TV를 많이 본다. 나도 모르는 사이에 마음이 나태해졌다. 그러나 다시 한 번 마음을 굳게 먹고 공부에 전념해보겠다. |

## 라. 상담할 때 유용한 기술들

학교 현장에서 교사가 생활지도와 상담을 할 때, 교사의 중요한 역할은 학생이 경험하고 있는 세계를 이해하고, "학생이 지금 여기에서 보고 느끼는 방식으로 그의 세계를 알 수 있는 것 같다."라는 것을 상황에 맞게 상대방에게 전달하는 것이라 할 수 있다. 여기서는 부산광역시교육청(2006)과 노안영(2005)을 참고하여 살펴보기로 한다.

### 1) 개방형 질문하기

개방형 질문은 학생에게 "그것에 관해 이야기해 보세요."라고 말하는 것으로, 학생의 반응을 의도적으로 "예" 혹은 "아니요"와 같이 한두 마디로 한정시키지 않고 학생이 느끼는 감정을 명료화하거나 그 상황을 탐색하도록 돕는 기술이다.

예

"오늘은 무엇부터 이야기할까?"
"그것에 관해서 어떻게 생각하니(느끼니)?"
"무엇이 너를 그렇게 슬프게(화나게) 만드는지 궁금하구나."

### 2) 대화를 격려하는 촉진 반응

학생이 어떤 이야기를 시작하면 이야기를 계속하도록 격려하는 것이 중요하다. 간단한 "응"이나 "그랬구나!"의 한두 마디면 충분하다. 이러한 반응기술들이 학생이 말을 마친 뒤에 곧바로 이어지면, 학생은 자기의 문제를 좀 더 깊은 수준까지 설명하게 된다. 이러한 촉진 반응의 예를 들면 다음과 같다.

예

① "응"이나 고개 끄덕임
② 학생의 진술 중에서 핵심이 되는 단어 한두 마디를 반복한다.
"화를 내니까?", "그런 말을 하니까?"
③ "아, 그래?", "그래서?", "그러고 나서?"

### 3) 구조화하기

일종의 상담의 목표설정과 전체적인 상담계획을 오리엔테이션 하는 것으로 상담의 의미와 본질, 상담의 규칙에 관한 설명, 상담의 비밀보장, 상담시간과 횟수, 그리고 학생의 상담에 대한 올바른 기대를 위해 구조화 기술을 사용한다.

예

학생: 그런데 그런 생각들만 하면 머리가 아파요.
교사: 글쎄, 그런 문제들을 우리 이제 다시 생각해 보자. 사실은 쓰레기가 좀 떨어져 있으면 나중에 치우면 되는 거잖아. 그런 것들이 네가 그렇게 힘들어해야 하는 일들인가. 이런 이야기들을 주욱 되돌아보자는 것이지. 이런 경험들을 앞으로 상담을 하는 과정에서 다시 생각해보자. 그리고 가능하면 그런 사건들을 많이 생각해 오고 월요일 오후 세 시에 진로상담실에서 한 번씩 우리 만나면서 그런 경험들을 나누어 보도록 하자.

### 4) 구체화하기

#### ① 정보수집

학생의 과거 경험, 현재 상태, 미래 계획 등에 관한 사실들을 알아보려는 의도에서 이런 반응 기술을 사용한다.

> **예**
>
> 학생: 그동안 계속 집에만 있었어요.
> 교사: 집에 있으면 누구랑 있는지, 그리고 형제가 몇이나 되는지 궁금하구나.
> 학생: 주로 혼자 있고요. 음, 제가 오빠고 여동생이 있어요.

#### ② 초점 맞추기

학생이 이야기를 어떻게 시작해야 할지 모르거나 당황하여 이야기가 산만할 때 방향을 제시하기 위한 반응 기술이다.

> **예**
>
> 교사: 네가 하고 싶은 얘기도 좋고, 가족 얘기도 좋고, 그런 얘기를 생각나는대로 해줬으면 좋겠다. 요즘 제일 고민스러운 게 뭐라든가…….
> 학생: 어, 그러니까 내가 스스로 한다든가 그러는 게 별로 없어요. 내가 하고 싶어서 하는 게 아니라 뭐든지 시켜서 한다든지 좀 그런가요.

#### ③ 명료화하기

학생이 한 말 중에서 모호한 부분을 내담자가 확실히 그 뜻을 알도록 해 주는 것이다. 즉, 학생이 한 말 중에 모호한 부분을 분명히 설명하도록 요구하려는 의도에서 사용한다.

> **예**
>
> 학생: 우리 반 애들은 나를 이해하지 못해요. 아무도 이해하지 못해요. 그들은 모두 자기밖에 몰라요. 그들은 무엇을 하든지 나에게 아무 말도 안 해요. 나도 사람이고 같은 반 친구잖아요. 나쁜 놈들…….
> 교사: 네가 단단히 화가 났구나. 그런데 나는 누가 너에게 그러는지, 또 그런 일들이 어떻게 일어났는지 잘 모르겠거든. 나에게 좀 더 자세히 이야기해 줄래.

### 5) 변화를 지지하기

#### ① 지지하기

학생 자신이 이해 받고 받아들여지고 있다고 느껴서 교사에 대한 불안감을 해소시키기 위해, 그리고 교사와 학생 간의 래포(rapport)를 증진시키기 위해 사용한다. 이렇게 할 때 지지적이고 공감적인 따뜻한 분위기를 조성하게 된다.

**예**

학생: 제가 기억하는 것은 제가 중학교 2학년 때까지 학교 축구 선수였어요. 그 때 전체에서 운동도 그렇고 공부에서도 그렇고…….
교사: 공부도 잘하고 운동도 잘했구나. 대단하다.

#### ② 변화에 대한 기대를 전달하기

변화는 가능하며 실제로 그 변화가 학생에게 일어날 것이라는 기대감을 주는 기술이다.

**예**

학생: 그리고 이제는 제가 자꾸 이런 측면에서 생각을 하는데, 우선은 긍정적인 사고방식을 가지면 맘이 편할 것 같아요. 그래서 또 긍정적인 생각을 하면 일이 좋은 방향으로 풀리리라는 기대감을 갖고…….
교사: 내가 생각하기에도 그래.

#### ③ 변화에 대한 강화하기

긍정적인 변화가 지속될 수 있도록 변화한 행동, 생각, 정서를 긍정적으로 강화하거나 언급하려는 의도에서 사용한다.

**예**

학생: 그것은 너무 이기적인 것은 아닐까 생각됩니다.
교사: 다른 사람을 생각해 주는 마음이 참 따뜻하구나.

### 6) 정보 제공하기

학생에게 실질적인 지식을 제공함으로써 학생을 교육시키고 올바르지 않는 개념이나 정보를 시정하려는 의도에서 이루어지는 반응 기술이다. 이 기술을 통해 교사의 행동이나 그 이유, 상담 시 적용하는 기법을 설명하려고 한다.

### 7) 탐색하기

#### ① 불합리한 생각을 지적하여 탐색을 유도하기

비논리적이거나 불합리한 생각, 태도 등을 지적하고 탐색을 유도한다.

> **예**
>
> 학생: 우리 반에 어떤 남학생이 있는데, 그 애는 항상 성적이 나빠요. 그런데 그 애를 제가 좀 안 좋게 봤어요. 쟤는 왜 저 모양일까 하는 식으로요. 그런데 이번 중간 시험에서 제 성적이 무지하게 나빴거든요. 그러니까 다들 나를 안 좋게 볼 거라는 생각이 들어 비참하고 열등감도 들고…….
> 교사: 반 친구들이 널 안 좋게 보았다는 것을 어떻게 알 수 있었지?

#### ② 불합리한 행동을 지적하여 탐색을 유도하기

학생의 부적절하거나 부적응적인 행동 혹은 그 결과에 대하여 언급하거나 지적함으로써 탐색을 유도하려는 의도에서 사용한다.

> **예**
>
> 학생: 여러 놈이 그러니까 저는 그냥 있죠. 이야기할 때 반박할 여지보다는 우선 무마시킬 방법부터 찾았거든요. 그러려니 자꾸 남을 웃기려 하고…….
> 교사: 진지할 때와 농담할 때를 구별해야 하는데, 하지 못하고 있구나.

#### ③ 감정을 인식시켜 탐색을 유도하기

교사가 학생으로 하여금 숨겨진 감정을 인식하고 경험하도록 격려하기 위해 사용하는 기술이다.

예

학생: 잠깐만요. 이런 말 하는데, 갑자기 통증이 느껴지네요.
교사: 이 이야기를 나눈 것이 불편한 모양이구나.

### 8) 감정의 반영

교사는 학생이 겪고 있는 당면 관심사를 얘기하도록 유도하는 가장 뛰어난 방법은 잘 경청한 후, 상대방의 감정에 반응하는 것이다. 이것은 교사가 학생에게 "네가 느끼고 보는 방식대로 내가 너의 세계를 정확히 이해하고 있다."는 것을 전달하는 것이다.

예

학생: 정말 어처구니가 없어요. 내가 꼭 시험지만 받으면 가슴이 두근거려요. 바보같이 왜 그러죠?
교사: 그런 반응이 나오니까 네가 당황해지고 걱정이 되는구나.

### 9) 바꾸어 말하기

학생의 이야기를 듣고서 교사가 자기의 표현양식으로 바꾸어 말해 주는 것으로, 교사가 학생을 이해하고 있음을 전달하고 좀 더 간결한 방식으로 대화내용을 요약한다.

예

학생: 나는 그 애를 도무지 알 수 없어요. 어떤 때는 아주 친절하다가도 어떤 때는 아주 날 잡아먹을 듯이 괴롭혀요.
교사: 그 애는 일관성이 없구나.

### 10) 해석

학생이 명확하게 의식하지 못하는 것에 대한 여러 가지 형태의 교육적 설명으로 겉으로 보기에는 따로따로 분리되어 있는 말이나 사건들의 관계를 연결 짓거나 방어, 감정, 저항 또는 전이의 숨겨진 의미를 설명하는 고도의 반응 기술이다. 중요한 것은 혹시 잘못된 해석을 내릴 수 있으므로 안전장치를 마련할 필요가 있으며, 넌지시 물어보는 식으로 신중하게 사용해야 할 필요가 있다.

> **예**
> 학생: 선생님께서 그 말을 끄집어 낼 때 미칠 것 같아요.
> 교사: 혹시 내 생각이 맞지 않다면 언제든지 이야기해 줄래. 내 생각에는 너에게 아버지를 생각나게 하기 때문에 그런 것은 아닐까?

### 11) 직면

직면 또는 맞닥뜨림은 교사가 학생에게 보고 들은 점 중에서, 어떤 모순이 있을 때 그것을 되물어 주는 것이다. 학생 쪽의 모순이나 불일치한 점은 말과 행동 사이, 학생이 언급한 두 가지 말 사이, 행동과 행동 사이, 현실적 자아와 이상적 자아 사이, 언어적 행동과 비언어적 행동 사이, 교사의 지각과 학생의 지각 사이 등 여러 가지 면에서 지적될 수 있다.

직면이 공감과 다른 점은 직면은 교사의 관점에서 학생의 문제와 감정을 언급하는 것인 데 반하여, 공감은 학생의 입장에서 교사가 학생의 문제와 감정을 이해하는 것이다.

직면은 학생으로 하여금 강렬한 정서를 불러일으킬 수 있으므로 학생과 래포가 형성되고 학생의 교사에 대한 신뢰가 높을 때 사용해야 한다.

> **예**
> 학생: '나는 편안합니다.'(언어 메시지)고 말하면서 손을 꼬집고 뒤튼다.(비언어 메시지)
> 교사: 말로는 편안하다고 하면서, 손을 꼬집고 비트는군요.

## 3. 진로지도

### 가. 진로지도의 개념

진로지도란 재학 중의 학생들이 졸업 후에 자신의 학생들의 직업 선택을 위하여 필요한 지식을 전달하고 진로에 대한 이해, 또는 학생들 자신의 적성(適性) 진단 그리고 그 직업에 대한 훈련 등을 내용으로 하는 지도를 말한다.

졸업 후 학생들의 직업 선택을 위한 진로지도에 대한 필요성이 대두되어 교육부에서는 진로교육법을 2015년 6월 22일 제정하여 2015년 12월 23일 시행하도록 하였다. 진로교육법 제1장 총칙 제1조에 보면 진로교육법에 대한 목적이 나오고 있다. "이 법은 학생에게 다양한 진로교육 기회를 제공함으로써 변화하는 직업세계에 능동적으로 대처하고 학생의 소질과 적성을 최대한 실현하여 국민의 행복한 삶과 경제 사회 발전에 기여함을 목적으로 한다." 그렇기 때문에 학생들을 위한 진로지도란 단순히 직업을 찾는 것을 넘어서 그들의 미래와 행복한 삶에 초점을 두어 한 인간의 인생에까지 영향을 미치는 지도임을 알 수 있다.

### 나. 진로지도의 내용

진로교육법 제2조에 보면 다음과 같이 그 내용에 대해 언급한다. "진로교육이란 국가 및 지방자치단체 등이 학생에게 자신의 소질과 적성을 바탕으로 직업 세계를 이해하고 자신의 진로를 탐색·설계할 수 있도록 학교와 지역사회의 협력을 통하여 진로수업, 진로심리검사, 진로상담, 진로정보 제공, 진로체험, 취업지원 등을 제공하는 활동을 말한다." 이렇게 볼 때 진로지도에 그에 따른 적절한 수업과 개별적인 학생들과 상담을 통하여 진로 및 취업에 대한 정보를 제공하는 것과 더불어 그것을 체험하고, 마지막으로 직업에 대한 체험까지 아우르는 진로에 대한 총체적인 내용을 포함한다.

### 1) 진로교육

진로교육은 먼저 급하게 변화하는 현대사회의 직업세계에 적극적으로 대응할 수 있도록 진로를 선택 및 개척하고, 자신 스스로가 선택한 직업에 대해서 지속적으로 발전 및 개발해 나갈 수 있는 진로역량을 기르는 내용을 교육시킨다. 이러한 진로교육을 위하여 먼저 다양한 종류의 진로와 직업을 보고 이해할 수 있는 진로와 직업에 대한 정보를 제시해주어야 한다. 또한 급변하는 미래 사회에 대비하여 새롭고 다양하게 만들어지는 직업군에 대해서 정보를 수집, 분석하여 학생들이 잘 이해할 수 있도록 지도해야 한다. 두 번째로 진로와 직업의 선택은 학생의 개인적인 소질과 적성에 맞게 지도해주어야 한다. 아무리 좋은 직업과 진로지도를 할지라도 학생 개인의 적성과 소질에 맞지 않는다면 오히려 진로를 선택하는 데 혼란을 줄 수 있기 때문이다. 그렇기 때문에 학생에 맞는 진로지도야말로 중요하고 할 수 있다. 세 번째로 진로교육은 학생의 참여와 직업에 대한 체험을 바탕으로 이루어져야 한다. 진로교육은 단순히 학문적이고 이론적인 수준을 넘어서, 학생이 직접 참여하고 경험할 수 있는 공간과 시설을 제공하여 학생들이 스스로 진로와 직업에 대해 선택할 수 있도록 해야 한다. 네 번째로 진로교육은 국가 및 지방자치단체 그리고 지역사회의 협력과 참여 속에 다양한 사회적 직업체험 인프라를 활용하여 이루어져야 한다. 이것은 이미 사회 속에 만들어져 있는 직업의 종류를 쉽게 학생들이 체험하게 할 수 있으며, 그것을 통하여 학생들은 자신의 소질과 적성을 확인해 볼 수 있다.

### 2) 진로상담

진로교육법 제11조에 보면 "초·중등학교의 장은 학생의 진로 탐색 및 선택을 지원할 수 있도록 진로상담을 제공하여야 한다."고 밝히고 있다. 그렇기 때문에 진로지도를 할 때 학생들과의 상담은 필수 불가결한 것임을 알 수 있다. 특히 학생의 적성과 소질을 잘 파악하게 도와주어 적절한 직업을 선택하는 것은 상당히 중요한 진로지도이다. 진로교육법 제9조에 보면, 학교마다 진로상담교사를 둘 수 있도록 지정하고 있으며 다음과 같이 진로상담교사에 대한 직임을 밝히고 있다. "진로전담교사는 해당 담당교사와 협의를 거쳐 수업시간에 진로상담을 제공할 수 있으며, 이 경우 진로상담시간은 수업시간으로 본다." 또한 진로상담교사는 학생이 소질과 적성을 잘 파악하고 진로상담의 자료로 활용할 수 있도록 진로에 관한 진로심리검사를 제공할 수 있도록 법령으로 제시하고 있다. 진로상담교사는 이러한 검사를 바탕으로 학생이 앞으로 선택해야 할 직업에 대해 심리적이며 적성과 소질에 맞게 진로지도를 할 수 있게 된다. 이러한 심리검사는 다음의 기관에서 할 수 있다.

〈표 7-5〉 진로심리검사 온라인 사이트

| 사이트 이름 | 웹 주소 | 기관 |
|---|---|---|
| 한국심리검사연구소 | http://www.kpti.com | ㈜에세스타 |
| 커리어넷 | http://www.careenet.re.kr | 한국직업능력개발원 |
| 워크넷 | http://www.work.go.kr | 고용노동부, 한국고용정보원 |

자료: 신재흡, 이종식(2018).

학생들이 받을 수 있는 진로심리검사는 진로흥미검사, 직업적성검사, 직업가치관검사, 직업성숙도검사로 나눌 수 있다. 학생들은 이러한 검사를 통하여 전문가의 해석에 따라 자신에게 적합한 직업을 찾을 수 있으나, 그 결과에만 너무 의존해서는 안 된다.

### 3) 진로체험

진로지도에서 실제로 학생들이 진로체험을 해보는 것은 진로교육의 마지막 단계이며, 직업 선택에 정보를 제시해 주기 때문에 중요한 부분이다. 진로교육법 제18조에 보면 "국가와 지방자치단체는 학생이 다양한 진로체험을 할 수 있도록 학교 및 학생에게 진로체험을 제공하는 법인·기관·단체 등(이하 "진로체험기관"이라 한다)에 행정적·재정적 지원을 할 수 있다."라고 명시하고 있다. 이러한 진로체험에 대해서 지방자치단체 장과 교육감은 진로체험을 활성화하기 위한 협력 체계를 구축하여야 할 뿐만 아니라, 학생들이 무료로 진로체험 기회를 제공받을 수 있도록 진로체험을 제공하는 기관에 대해서 교육부가 진로체험기관으로 인증할 수 있도록 하고 있다.

한국청소년정책연구원(2009)에서 조사한 한국청소년진로·직업실태조사로부터 지역사회에서 이루어지는 진로체험활동의 호응도를 알아보면 대학학과(전공) 관련 견학프로그램 33.6%, 산업체 진로 및 취업프로그램 24.4%, 사회복지관, 청소년수련관 등 프로그램 26.2%, 한국고용정보원 잡스쿨 24%, 진로박람회 엑스포 24.1%로 대학학과 관련 전공프로그램이 제일 높게 나타났지만, 참여한 경험에 대해서는 진로박람회 엑스포가 30%로 가장 높게 나타났다.

이들 외에도 진로체험은 지역사회와 연계하여 다양한 방법으로 진로체험활동을 구상할 수 있다.

## 다. 자유학기제

교육부의 자유학기제 사이트에 보면 “자유학기제란 중학교 과정 중, 한 학기 또는 두 학기 동안 지식·경쟁 중심에서 벗어나 학생 참여형 수업을 실시하고 학생의 소질과 적성을 키울 수 있는 다양한 체험 활동을 중심으로 교육과정을 운영하는 제도”라고 나와 있다. 이 말은 기존에 학생들이 교육받던 교과과정의 방식인 중간·기말고사 등 시험에 대한 압박에서 탈피하여 수업 운영을 학생들 스스로 토론, 실습 등 참여형으로 개선하여 학생들의 꿈과 끼를 살리고 진로탐색 활동 등 다양한 체험 활동이 가능하도록 하며, 한편으로는 자신의 소질과 적성을 발견하기 위하여 만든 체험 중심의 교과과정을 뜻한다. 자유학기제는 2016년부터 전국의 중학교에서 1학년 1학기, 1학년 2학기, 2학년 1학기의 세 학기 중 학교의 장이 해당학교 교원 및 학부모의 의견을 수렴하여 한 학기를 선택하여 실시하고 있다.

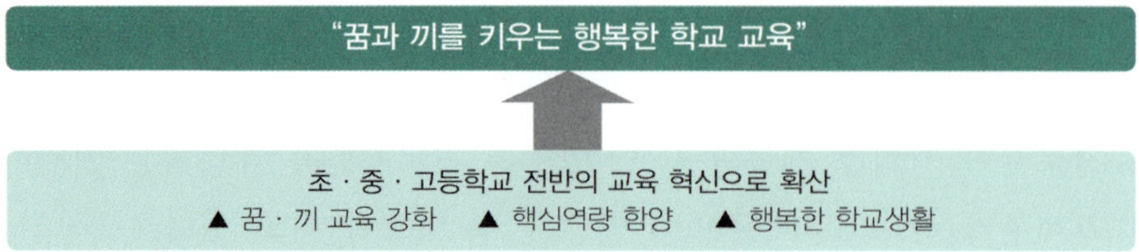


자료: 교육부 서울특별시교육청 자유학기제 교육과정 운영매뉴얼(2015) p.1.

[자유학기제 추진목적]

## 1) 자유학기제 수업 구성

자유학기제 기간 동안 학생들은 교과수업과 자유학기 활동에 참여할 수 있다. 오전에는 원래 교과과정에 나오는 교과를 중심으로 공부를 하게 된다. 학생들은 국어, 영어, 수학, 사회, 과학, 기술 · 가정, 체육, 도덕 등 교과수업을 하게 된다. 그러나 기존의 교과과정과는 다르게 이러한 수업들은 토론, 실험 · 실습, 프로젝트 학습 등으로 채워지게 된다. 또한 교과 전 과정이 교사들이 주도하는 것이 아니라, 학생이 주도적으로 참여하는 방식으로 진행된다. 그렇기 때문에 자유학기제에 참여하는 학생들은 더 실제적인 교육을 받을 수 있다.

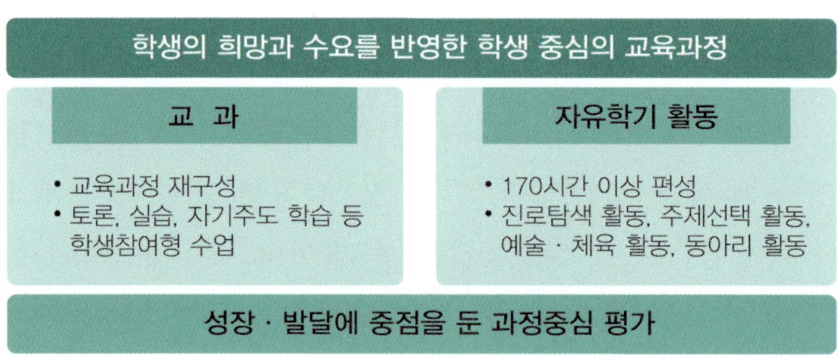


자료: 교육부(2015). 중학교 자유학기제 시행 계획(요약) p.12

[자유학기제의 학교 교육과정]

오후에는 자유학기제 활동으로 이루어지는데, 탐색 활동, 주제선택 활동, 예술 · 체육 활동, 동아리 활동 등으로 이루어진다.

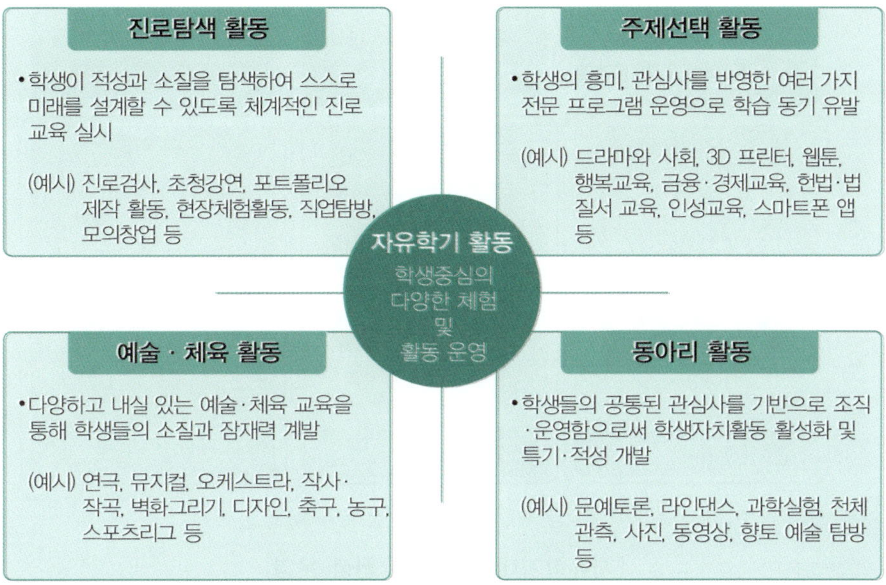


자료: 교육부(2015). 중학교 자유학기제 시행 계획(안) p.8

[오후 자유학기제 활동]

## 2) 교과수업 과정 및 자유학기 활동

교과수업은 기존의 교과과정에서 학생들이 느끼는 시험 부담에서 벗어나 학생들의 참여형 수업으로 좋아하는 것, 잘하는 것 등 자신이 하고 싶은 수업을 들을 수 있도록 구성된다. 또한 자유학기 활동은 다양한 체험활동이 가능하도록 학교와 지역의 여건과 특징을 잘 살려 자유학기제 취지에 잘 맞도록 편성하여야 한다.

학교 운영자는 자유학기제 교과과정 편성 운영에 있어서 교과 및 창의적 체험활동을 자유학기제 취지에 맞게 하여야 하며, 교과와 창의적 체험활동 시수를 학교의 상황과 특성에 맞게 적절히 조정하여 어느 한 부분에 치중함이 없이 균형을 맞추어야 한다.

| | 교육과정 편성<br>학생중심 교육과정 | 교수 · 학습 방법<br>참여와 활동 중심 | 평가 및 기재<br>과정 중심 평가 |
|---|---|---|---|
| 오전 | **교 과**<br>• 학교 교육과정 편성·운영 자율성 제고<br>• 교육과정 재구성 | **교 과**<br>• 교과 교육과정 재구성을 통한 교과 융합 수업<br>• 토론, 문제해결, 의사소통, 실험·실습, 프로젝트 학습 | **교 과**<br>• 형상평가, 협력기반 수행평가, 포트폴리오 평가 등<br>• 성장과 발달에 중점을 둔 평가 실시 |
| 오후 | **자유학기 활동**<br>• 진로탐색 활동<br>• 주제선택 활동<br>• 예술·체육 활동<br>• 동아리 활동 | **자유학기 활동**<br>• 학생의 흥미, 관심사에 기반한 프로그램 편성<br>• 능동적, 자기주도학습경험 제공 | **자유학기 활동**<br>• 참여 및 협력 정도, 열정, 특별한 활동 내역 등 평가<br>• 학생의 꿈·끼 관련된 활동 내역 위주로 학생부 기재 |

자료: 교육부(2015). 서울특별시교육청 자유학기제 교육과정 운영매뉴얼. p.5.

[자유학기제 교과과정 편성 운영]

# 생활지도와 진로상담을 맡고 계시는 선생님들께

1. 생활지도와 진로상담은 기술보다는 교사의 태도가 먼저다.

어떤 사람들은 상담 기법만 잘 배우면 상담을 잘할 수 있는 줄 안다. 그러나 그것은 매우 잘못된 생각이다. 생각해 보라. 대부분의 교사들은 조례와 종례 시간에는 담임으로, 수업시간에는 교과지도 교사로 많은 시간을 학생들과 만난다. 만약 그때 학생들에게 권위적이고 강압적인 모습을 보여 왔다면, 아무리 방과 후 상담 교사로 열심히 활동하려 해도 잘 되겠는가? 상담은 기법이기 이전에 인격이다. '평소 학생들을 어떻게 대하고 어떤 관계를 맺어 왔는가'가 상담 기법보다 훨씬 더 중요하다.

2. 약 줄 생각하기 전에, 병 주지 않으려는 마음에서 시작하라.

교사들이 '문제가 있는 학생을 상담'하는 일보다 먼저 신경 써야 할 것은 '학생의 마음에 상처를 주어 상담실에 가도록 만들지나 않는 것'이다. 집과 학교에서 대부분의 시간을 보내는 우리나라 학생들의 경우에는 상담을 받아야 할 정도의 마음의 상처 역시 가족이나 친구, 혹은 선생님으로부터 받게 된다.

학생들이 교사로부터 받는 마음의 상처는 주로 그들의 무심한 말 한마디 때문이다. 학생이 잘하여 칭찬을 할 때는 어떤 식으로 하던 학생에게 상처줄 가능성은 거의 없다. 그렇다면 교사들이 특히 주의할 상황이란 학생을 꾸중할 때라 하겠다. 문제는 곧 '교사의 꾸중 방식'이며, 교사들은 먼저 자신들의 습관적인 꾸중 방식을 되돌아보고 문제가 있다면 개선할 의지를 가져야 하겠다.

3. 생명의 시계가 천천히 가도록 자기관찰(self-monitoring)하며 여유를 갖자.

상담의 효과는 어쩌면 특별한 기법보다는 학생에 대한 사랑과 애정에 의한 것일지도 모른다. 아무리 상담 공부를 많이 한 교사라도 학생에 대한 애정이 없으면 좋은 결과를 기대하기 어렵다. 사랑과 애정은 말로 되는 것이 아니라 '함께 있어 주는 것', 다시 말하면 상대방에게 시간을 내주는 것이 그 기본이 된다. 일이 너무 많거나 성격이 급한 교사들에게는 상담은 그저 '시간을 많이 잡아먹는 잡무'로 인식되기 쉽다. 기본적으로 학교에서는 상담시간 확보가 제도적으로 마련되어야 하겠지만, 교사 개인적으로도 상담을 빠른 시간 안에 효율적으로만 끝내려는 조급한 마음을 버려야 할 것이다.

4. 문제의 유형을 파악하고 효과적으로 지도하라.

학생들의 문제는 그 유형에 따라 적합한 상담 방법이 다르므로, 교사는 문제유형 파악능력과 그에 맞는 상담방법 선택능력을 키워야 한다. 크게 대별하자면 학생 문제는 (1) 정보제공이 필요한 문제, (2) 의사결정이 필요한 문제, (3) 정서적 지지가 필요한 문제 등으로 나눌 수 있다. (1)번 유형의 경우에는 학습 문제나 성 문제, (2)번 유형은 대학의 학과 선택 문제, (3)번 유형은 가족 문제나 교우 문제 등이 그 대표적인 예가 되겠다. 문제에 적합하지 않은 방법으로 상담을 하게 되면 별 효과가 없으므로, 교사는 문제파악 능력과 다양한 상담 기법을 익혀야 할 것이다.

5. 병든 부분을 도려내기보다 건강한 부분을 더 키워라.

상담을 보는 관점에는 '질병 모델'과 '성장 모델'이 있는 바, 질병 모델에서는 학생의 문제점을 빨리 제거하는 데에만 초점을 맞추는 데 비하여, 성장 모델에서는 전인적인 시각에서 그의 전체적인 성장을 도모하는 데 목적을 둔다. 예를 들어 공부 문제일 경우, 전자는 공부를 못 하는 원인을 파악하고 그것을 없애려고만 한다면, 후자의 경우에는 그의 '가족 및 친구 관계', '여가 활동을 포함한 하루 일과' 등을 모두 파악하여 학생의 건강한 삶을 찾아줌으로써 공부 문제도 저절로 해결될 수 있도록 하는 것이다. 상담에 성장 모델을 적용하기 위해서는 교사가 먼저 '건강한 삶'에 대한 이해가 필요하므로, '이상심리학' 이외에도 '건강 심리학'에 대한 공부를 많이 해야 한다.

6. 생활지도와 상담을 할 때는 듣기를 말하기보다 두 배로 하라.

입이 하나이고 귀가 둘인 이유는 자신이 한 말보다 두 배로 들으라는 뜻이라고 한다. 이것은 상담에 딱 들어맞는 경구이다. 상담을 한마디로 설명하자면 '학생으로 하여금 신명나게 이야기하게 만드는 일'이라 하겠다. 만약 어떤 교사가 상담을 한답시고 본인이 신나게 떠들어댄다면 그는 상담을 하는 것이 아니라 거꾸로 상담을 받고 있는 중인 것이다. 무엇이라도 말로 털어놓게 되면 마음속에 쌓인 것이 해소되어 일차적인 상담 효과가 있는 바, 그것을 '정화(카타르시스)'라 한다. 상담 교사는 말하는 연습이 아니라 듣는 훈련을 더 많이 해야 하는 것은 바로 이런 이유 때문이다.

7. 상담을 잘하는 교사가 되기보다는 잘 의뢰하는 교사가 되라.

교사가 모든 종류의 문제를 다 해결해 주려다 보면 전문성이 떨어질 수 있는데, 이럴 때는 타 상담기관의 협조를 받는 것이 바람직하다. 다행스럽게도 최근에는 다양한 상담기관들이 생겨나고 있다. 모든 지역에 청소년지원센터(국번 없이 1388)가 문을 열었으며, '성 문제' 전문 상담기관, '가족 문제' 전문 상담기관 등도 쉽게 찾아볼 수 있다. 대부분은 상담비가 무료이며, 유료라 하더라도 그리 큰 비용이 들지는 않는다. 그런 기관을 활용하면 전문적인 도움을 받을 수 있을 뿐 아니라 교사의 부담도 줄일 수 있다는 일석이조의 효과를 볼 수 있다.

자료: 김원중(2007). 학교상담과 교사의 역할. 경남대학교 전문상담교사 연수자료.

권석만(2009). 젊은이를 위한 인간관계의 심리학. 서울: 학지사.

교육부 서울특별시교육청 자유학기제 교육과정 운영매뉴얼(2015).

교육부 자유학기제 사이트.
https://www.ggoomggi.go.kr/page/new/notice/introduce/page_new_introduce

김원중(2007). 학교상담과 교사의 역할. 경남대학교 전문상담교사 연수자료.

부산광역시교육청(2006). 꿈 사랑 신뢰가 함께하는 교실. 부산: 부산광역시교육청.

노안영(2007). 상담심리학의 이론과 실제. 서울: 학지사.

신재흡, 이종식(2018). 교직실무. 서울: 동문사.

진로교육법(2015. 12. 23. 시행).

한국청소년정책연구원(2009). 한국청소년진로 · 직업실태조사.

Gordon, T.(1975). *Parent effectiveness training*. NY: New American Library.

Kendall, P. C., & Braswell, L.(1985). *Cognitive-behavioral therapy for impulsive children*. NY: Guilford Press.

Weiner, B.(1996). Searching for general laws of social motivation. *Professions Education Researcher Quarterly, 17* (2), 2-9.

CHAPTER

# 08

# 예기치 않은 학교 안전사고

## 유리조각을 주운 노인

스위스 취리히의 슈타인 거리에 한 노인이 나타났다. 노인은 길바닥에서 무언가를 주워 넣고 있었다. 이를 이상하게 여긴 경찰이 물었다.

"당신은 지금 무엇을 줍고 있습니까, 습득물은 경찰서에 신고를 해야 한다는 것쯤은 알고 계시겠지요?"

노인은 경찰관에게 부드러운 미소를 보내며 대답했다.

"별 대단한 것은 아닙니다. 그냥 가시지요."

경찰은 노인의 주머니를 강제로 뒤졌다. 그런데 주머니에 들어 있는 것은 온통 유리조각이었다. 노인은 경찰에게 말했다.

"어린아이들이 이 유리조각을 밟아 다치면 안 되지 않습니까."

경찰은 노인에게 다시 물었다.

"당신은 누구십니까?"

그러자 노인이 대답했다.

"저는 조그마한 고아원을 운영하는 사람입니다."

이 노인이 바로 그 유명한 '교육의 아버지' 페스탈로치였다.

서양에서는 스승과 성직자와 아버지는 동일한 의미로 사용된다. '아버지(Father)'라는 단어에 그 의미가 모두 포함되어 있다. 우리나라의 군사부일체(君師父一體)도 이와 마찬가지이다.

학교는 미성년자로서 상황에 대한 판단력이 미숙한 학생들이 소수 교사들의 관리하에 한정된 공간 내에서 교육활동을 하기 때문에 안전사고의 위험에 많이 노출되고 있다. 또한 과밀학급, 과대학급, 학교시설의 미비 등 어려운 교육환경은 물론이거니와 체험, 현장, 노작, 실험, 실습 및 교육기자재를 사용하는 학습 등이 증가함에 따라 안전사고도 급증하고 있다.

학교안전사고란 학교를 둘러싸고 피해를 입은 학생을 피해자로 하는 사고, 학교의 교육현장에서 생긴 학생을 피해자로 하는 사고 그리고 학교의 관리·책임하에 발생된 학생을 피해자로 하는 사고이다(법률문화연구회, 1970).

교육부의 통계자료(교육부, 2018)에 나타난 학교안전사고 발생현황에 따르면, 2005년에 33,834건에서 2016년에 116,077건, 2017년에 116,684건 2018년에 122,570건으로 매년 증가추세에 있다. 5년간 연평균 학교안전사고를 장소별로는 운동장이 47,654건으로 가장 많았고 부속시설 24,808건, 교실 18,971건, 통로 17,677건, 교외활동 5,626건, 기타 205건이며 또한 시간별로는 체육수업 34,754건, 점심시간 21,593건, 수업시간 17,733건, 휴식 및 청소시간 17,696건, 학교행사 9,213건, 특별활동 6,465건, 등하교 6,144건, 석식시간 1,141건, 기숙사생활 487건으로 집계됐다. 일단 학교안전사고가 발생하면 학교의 설립자 또는 경영자와 교원 간, 학교와 학부모 간, 학생과 학생 간, 학부모와 학부모 간에 갈등과 분쟁이 일어나고, 이러한 분쟁이 원만하게 해결되지 못할 때에는 최종적으로 소송으로 이어져 법원의 심판을 받게 되는 경우까지 이르게 된다.

이렇게 될 때 야기되는 책임과 배상문제를 둘러싸고 일선 교원들은 정신적으로나 경제적으로 어려움을 겪게 되고, 특히 이로 인하여 교원의 사기는 크게 저하되고 교육활동마저 위축되어 교육의 자주성과 전문성이 심각하게 침해를 받게 된다.

학교안전사고를 최소한으로 감소시키기 위해 교사들은 학교안전사고 예방을 위하여 어떠한 주의의무와 감독의무를 기울여야 하는지를 알고, 이와 유사한 학교안전사고가 발생했을 때에는 어떻게 대처해야 하는지 알아야 할 것이다.

## 1. 학교안전사고의 유형

학교안전사고의 유형은 학교 안에서 발생한 사고와 학교 밖에서 발생한 사고로 대별되는데, 구체적으로 사고가 발생한 시간에 따라(등하교 시, 학교일과가 시작되기 전, 수업시간, 휴식시간, 청소시간, 자율학습시간, 방과 후), 장소에 따라(실험실 등의 교실 내, 운동장 등의 교실 밖, 학교울타리 밖의 교외), 피해 내용에 따라(신체적 피해, 명예훼손, 재산피해), 사고원인의 주체에 따라(사람, 시설), 사고형태(학생과 교원 간, 학생 간, 자신에 의한)에 따라 구분할 수 있다(강호중, 1998).

그리고 질병과 폐질도 학교의 관리하에서 발생하였을 때에는 학교안전사고에 포함시키는데, 질병이란 학교급식에서 기인하는 중독이나 조리실습 중 또는 기타 중독, 일사병 등을 의미하며, 폐질이란 실명, 언어 기능의 상실에서 손가락의 절단에까지 이르는 부상, 질병의 후유증까지 포함된다(손세완, 1980).

여기서는 이상에서 설명된 것을 종합하여 이설영(2006)이 정리한 학교안전사고의 유형을 제시하면 다음과 같다.

〈표 8-1〉 학교안전사고의 유형

| 분류기준 | 사고유형 |
|---|---|
| 시간 | ① 정규교육활동 중의 사고<br>- 정규교과수업 중의 사고<br>- 정규교육과정에 따른 각종 특별활동 중의 사고<br>- 학교 급식 중의 사고<br>- 청소활동 중의 사고<br>② 비정규교육활동 중의 사고<br>- 보충수업, 자율학습 중의 사고<br>- 방과 후 교육활동 중의 사고<br>③ 학교의 일과 전후의 사고<br>④ 등 · 하교 중의 사고 |
| 장소 | ① 학교 안에서의 사고<br>② 학교 밖에서의 사고 |
| 사고 원인에 의한 분류 | ① 학생 자신에 의한 사고<br>- 학생의 고의에 의한 사고(자살, 자해 사고 등)<br>- 학생 자신의 부주의에 의한 사고<br>② 교원에 의한 사고 |

| 분류기준 | 사고유형 |
|---|---|
| | -체벌에 의한 사고<br>-심리적 체벌에 의한 사고<br>-직무상 소홀 등에 의한 사고<br>③ 다른 학생에 의한 사고<br>-폭행사고<br>-집단따돌림에 의한 사고<br>-우발적 접촉이나 부주의에 의한 사고<br>-학생간부의 학생지도 중 체벌 사고<br>④ 학교시설 · 설비에 의한 사고<br>-식중독 등에 의한 사고<br>-복도 바닥, 운동기구, 의자, 책상 등의 파손에 의한 사고 |
| 교사의 임장여부에 의한 분류 | ① 임장 중의 사고<br>② 비임장 중의 사고 |
| 사고 피해 내용 | ① 사망<br>② 부상<br>③ 질병<br>④ 폐질 |

## 2. 학교안전사고의 발생과 보상 현황

2018년 학교안전공제중앙회 통계자료에 따르면, 2016년부터 2018년까지 최근 3년간 초 · 중 · 고 내에서 총 355,261건의 안전사고가 발생한 것으로 나타났다. 2016년에 116,077건, 2017년에 116,684건 2018년에 122,570건으로 지난 3년간 가파르게 증가했다. 학교급별로는 초등학교가 37%로 가장 많았고, 중학교는 31.7%, 고등학교는 24.5%, 유치원이 6.1% 순이었다. 여기서는 사고현장 및 사고원인별 현황을 살펴본 후, 학교안전공제회 보상현황을 살펴보기로 한다(교육과학기술부, 2009).

## 가. 사고 현장 및 원인별 현황

2018년 사고 현장별로 보면, 체육활동 중에 사고발생이 전체 31%를 차지하여 제일 높게 나타났고, 점심시간 중에 20.2%, 수업시간 중 15.5%, 휴식시간 및 청소시간 중이 14.8%로 나타났다. 이와 같이 대부분의 학교안전사고는 육체적 활동이 많은 체육시간과 교사의 관리·감독이 소홀해지기 쉽고, 책임문제가 따르는 점심시간, 휴식시간 및 청소시간 중에 많이 발생한다.

2018년 장소별로 보면, 운동장이 35.5%로 가장 많았고, 체육관이나 과학실과 같은 부속시설은 26.8%, 교실 18.0%, 통로 15.2%, 교외활동 4.5% 순이었다. 형태별로 보면, 물리적 힘에 노출이 39.2%로 가장 많았고, 넘어짐 26.2%, 사람과의 충돌 13.7%, 미끄러짐 9.0%, 떨어짐 3.6%, 기타 8.3%이었다. 부위별로 보면, 손과 발이 45.8%로 가장 많았고, 머리가 20.1%, 다리가 13.1%, 팔이 9.5%, 치아가 8.2%, 흉복부 1.8%, 기타가 1.5%이었다. 학생들은 복도나 계단을 천천히 걷지 않고 뛰어다니거나 계단 난간을 미끄러지듯 타는 등 위험을 감지하지 못하는 경우가 많으므로 학생들에 대한 안전사고 예방교육 강화가 필요하다.

## 나. 보상현황

학교안전사고에 대한 보상은 대부분의 경우 학교안전공제회를 통해서 이루어지고 있다. 일부는 사고 책임에 대한 관련자의 문책 등을 의식해서 관련자 개인 또는 단위학교에서 보상을 하는 경우가 약 1.2%이고, 교사가 자체적으로 해결하는 경우는 약 0.2%로 나타나고 있다(교육과학기술부, 2004).

학교안전사고에 대한 보상은 대부분의 경우 학교안전공제회를 통해서 이루어지고 있다. 2017년도 학교안전공제회 보상 현황은 다음과 같다.

〈표 8-2〉 2005~2006년 학교안전공제회 보상현황 (단위: 건, 천 원)

| 학교급별 | 합계 | | 요양급여 | | 장해급여 | | 유족급여 | | 장의비 | | 간병급여 | | 위로금 | | 보전비용등 | |
|---|---|---|---|---|---|---|---|---|---|---|---|---|---|---|---|---|
| | 건수 | 금액 | 건수 | 금액 | 건수 | 금액 | 건수 | 금액 | 건수 | 금액 | 건수 | 금액 | 건수 | 금액 | 건수 | 금액 |
| 유치원 | 5,935 | 863,101 | 5,933 | 707,758 | 2 | 155,343 | - | - | - | - | - | - | - | - | - | - |
| 초등학교 | 26,685 | 6,959,974 | 26,671 | 5,644,759 | 11 | 1,313,465 | - | - | - | - | - | - | - | - | 3 | 1,750 |
| 중학교 | 22,597 | 9,845,216 | 22,564 | 6,865,927 | 23 | 1,880,932 | 5 | 992,551 | 2 | 20,526 | - | - | 2 | 80,000 | 1 | 5,280 |
| 고등학교 | 19,631 | 14,787,311 | 19,543 | 8,134,593 | 80 | 6,176,883 | 2 | 286,689 | - | - | 1 | 13,958 | 2 | 42,250 | 3 | 32,939 |
| 특수학교 | 350 | 164,837 | 348 | 120,009 | - | - | 1 | 38,000 | 1 | 6,918 | - | - | - | - | - | - |
| 외국인학과 | 28 | 14,016 | 28 | 14,016 | - | - | - | - | - | - | - | - | - | - | - | - |
| 기타학교 | 85 | 34,850 | 85 | 34,850 | - | - | - | - | - | - | - | - | - | - | - | - |
| 평생교육시설 | 111 | 91,106 | 109 | 60,771 | 1 | 25,056 | - | - | - | - | - | - | - | - | - | - |
| 계 | 75,422 | 32,760,501 | 75,281 | 21,582,683 | 117 | 9,551,678 | 8 | 1,417,240 | 3 | 27,444 | 1 | 13,958 | 4 | 122,250 | 8 | 42,249 |

〈표 8-3〉 어느 한 시 · 도교육청의 사망사고에 대한 보상금 지급 사례 (단위: 천 원)

| 학교급 | 사고내역 | | 보상금 지급 내역 | | |
|---|---|---|---|---|---|
| | 사고일자 | 사고내용 | 신청금액 | 지급액 | 지급일 |
| 초 | 01.06.14. | 수학여행 중 낙산해수욕장에서 무릎 높이의 물속에서 해양생태 조사학습 중 갑자기 밀려온 파도에 휩쓸려 사망한 사고 | 127,017 | 101,614 | 01.08.30. |
| 고 | 01.05.24. | 인적이 드물고 사용하지 않는 6층 샤워실 옆 배관통풍구에서 1층으로 떨어져 사망한 것을 추후에 발견하였으나 경찰조사 결과 남자친구와 얘기 중 다른 학생들이 근처로 오는 소리가 나자 피하다 사망한 것으로 추정 | 136,260 | 68,130 | 01.10.17. |
| 고 | 01.07.28. | 강원도 홍천 내면에서 야영 훈련 중 개인 자유 시간에 친구와 자전거를 타다 돌부리에 걸려 넘어지면서 아스팔트 바닥에 머리를 부딪쳐 사망 | 138,201 | 69,100 | 01.10.17. |
| 초 | 02.09.27. | 방과 후 친구들과 승부차기 축구를 하던 중 다른 학생이 차는 것을 구경하다 갑자기 쓰러져 호송 중 사망 | 127,796 | 12,779 | 02.12.06. |
| 고 | 02.08.02. | 배구선수로서 하계전지훈련 중 휴식시간에 물놀이하던 중 수영미숙으로 사망 | 149,092 | 104,364 | 02.11.01. |

| 학교급 | 사고내역 | | 보상금 지급 내역 | | |
|---|---|---|---|---|---|
| | 사고일자 | 사고내용 | 신청금액 | 지급액 | 지급일 |
| 고 | 02.05.22. | 등교시간에 지각을 하여 7명의 지각생들과 운동장 두 바퀴를 돌던 중 30~40m 정도 위치에서 갑자기 쓰러져 사망하여 학부모가 소송 제기하여 판결금 지급 | 251,187 | 106,159 | 03.10.02. |
| 고 | 03.05.12. | 조회시간에 갑자기 쓰러져 폐부종에 의한 사망 | 168,376 | 16,837 | 03.11.17. |
| 중 | 01.05.31. | 수학여행 중 기차에서 잠긴 문을 열고 장난치다 떨어져 사망하여 소송 제기하여 판결금 지급 | 61,982 | 61,982 | 04.02.06. |
| 고 | 04.07.24. | 씨름선수로서 여름 합숙훈련 중 몸을 씻기 위하여 하천에 갔다 모래에 미끄러지면서 2m 웅덩이에 빠져 사망으로 사망위로금 신청 | 201,893 | 141,325 | 04.08.27. |
| 중 | 04.08.03. | 여름방학 중 체험 학습으로 수동천에서 물놀이 중 빠져 사망으로 사망위로금 신청 | 201,934 | 161,547 | 04.10.28. |
| 초 | 05.09.05 | 점심시간에 두통을 호소하여 보건실을 찾아왔는데, 위급상황이어서 119를 불러 병원으로 이송하여 뇌척수액 배액술을 받았으나 사망 | 169,646 | 16,965 | 05.11.22. |
| 고 | 05.06.24. | 교실로 입실하면서 교탁을 잡고 쓰러져 의식을 잃어 병원으로 후송하였으나 사망 | 205,199 | 20,519 | 05.08.01. |
| 고 | 05.07.05. | 3층에서 4층으로 이동 중 갑자기 쓰러져 사망 | 206,966 | 20,696 | 05.11.22. |
| 중 | 04.05.31. | 체육시간 운동장 두 바퀴를 준비운동으로 돌던 중 쓰러져 소송 제기하여 판사 화해권고로 판결금 지급 | 168,228 | 50,468 | 05.06.23. |
| 고 | 03.06.21. | 간식 시간에 떡이 찰져 부적합하다고 보고 옆자리에 앉혀 두었는데, 다른 학생을 지도하는 사이 떡을 몰래 삼키어 목구멍에 걸려 질식사. 소송 제기하여 판결금 지급 | 60,755 | 60,755 | 05.10.13. |
| 특수학교 | 05.03.05. | 휴식시간에 창문을 열고 내려다 보다 떨어져 사망 | 185,227 | 92,614 | 05.04.27. |
| 초 | 05.04.30. | 어린이날 체육대회를 앞두고 합동체육시간에 100m달리기 중 쓰러져 이송하여 치료 중 사망 | 201,833 | 100,917 | 05.08.26. |
| 고 | 05.06.07. | 수영선수로서 개인 코치의 지도 아래 수영 중 심장마비로 사망 | 196,975 | 118,185 | 05.08.01. |
| 초 | 05.08.11. | 발레 특기적성시간에 선생님이 자리를 비운 사이 술래잡기한다고 유리창 바깥 봉을 잡고 숨어 있다 손이 미끄러지면서 4층 아래로 떨어져 사망 | 174,420 | 122,094 | 05.11.22. |

자료: 교육과학기술부 교육단체지원과(2006).

## 3. 학교안전사고에 대한 교사의 법적 책임

### 가. 학교안전사고에서 교사의 책임에 관한 법규

학교안전사고와 관련하여 헌법, 민법, 국가배상법, 형법, 국가공무원법, 교육공무원법, 지방공무원법 등의 성문법과 판례, 관습법 등의 불문법에 교원의 법적 책임을 직·간접적으로 규정하고 있다.

사건 경위를 전반적으로 고려하여 위의 법령에 규정된 의무를 충실히 이행하였는지의 여부를 따져 교사에 대한 민·형사상 또는 행정상 책임을 결정하게 된다. 형사적 책임은 학생을 지도·감독하는 활동 중에 교사의 직접적인 과실로 인해 학생이 상해를 입거나 사망하는 경우에 업무상 과실 또는 중대한 과실로 사람을 사상에 이르게 한 경우에 해당되어 형사상 처벌을 받게 된다. 민사상 책임은 손해배상의 책임으로 교사가 고의 또는 중대한 과실이 있어 발생한 사건에서 설치권자가 우선 배상을 한 후 구상권을 행사함으로써 배상의 책임을 지게 된다. 행정상 책임으로 교사로서 지도 감독, 사전 안전교육 등 성실한 직무수행을 하지 않은 경우에 징계를 받게 된다.

여기서는 이설영(2006), 하갑수와 하윤수(1999)를 참고하여 교사의 법적 책임을 명시한 법규를 중심으로 살펴보기로 한다.

#### 1) 헌법

공무원의 직무상의 불법행위와 관련하여 헌법 제29조 제1항에 공무원의 직무상 불법행위로 손해를 받은 국민은 법률이 정하는 바에 의하여 국가 또는 공공단체에 정당한 배상을 청구할 수 있다. 이 경우 '공무원 자신의 책임은 면제되지 아니한다.'고 규정하고 있다.

### 2) 민법

민법은 제750조, 제755조, 제758조 등에서 불법행위책임에 손해배상할 책임의 의무를 규정하고 있다. 각 조문의 내용을 차례로 살펴보면 다음과 같다.

첫째, 민법 제750조는 고의 과실로 인한 위법행위로 타인에게 손해를 가한 자는 그 손해를 배상할 책임이 있다고 일반적 불법행위 책임을 규정하고 있다. 학교안전사고의 경우에 그 사고를 교사와 가해학생 자신, 부모, 학교설치자에게도 자신의 가해행위로서 고의 또는 과실이 있는 것을 전제로 배상 책임을 구하는 경우의 중요한 근거규정이 되고 있다(하갑수, 하윤수, 1999).

둘째, 민법 제755조 제1항에는 미성년자가 타인에게 손해를 가한 경우에는 이를 감독할 법정의무가 있는 자가 손해를 배상할 책임이 있다. 그러나 감독의무를 소홀히 하지 않은 경우에는 그러하지 않는다고 규정하고 있다. 즉, 학생들이 학교에서 타인에게 위법한 행위를 가한 경우에는 교사 등의 대리감독의무자에게 배상책임이 있다.

셋째, 민법 제758조에 시설물의 설치 또는 보존의 하자로 인하여 타인에게 손해를 가한 경우에는 시설물 점유자가 손해를 배상할 책임이 있다. 그러나 점유자가 손해의 방지에 필요한 주의를 소홀히 하지 않은 경우에는 그 소유자가 손해를 배상할 책임이 있다고 규정하고 있다.

시설물 책임의 성립요건은 시설물인 학교시설에 의한 사고일 것, 그 학교시설의 설치, 보존상의 하자에 의한 사고일 것, 학교안전사고와 그 하자와 인과관계가 존재해야 하며, 특히 시설물의 점유자로서는 학교안전사고 방지를 위한 필요한 주의 조치를 했다는 점을 증명하지 못할 것 등이다.

### 3) 국가배상법

국가배상법은 학교안전사고에 대한 교육주체들에게 국가배상법 제2조 및 제5조에 근거하여 손해배상할 책임의 의무를 갖게 된다.

첫째, 국가배상법 제2조 제1항에 근거하여, 학교의 경우 교사의 수업 및 그 밖의 교육활동과 학생에 대한 폭행, 위법징계행위, 학교의 교육활동에 수

반하는 학생 간의 사고 등으로서 교사 등의 안전주의의무 위반을 이유로 해서 학교 설치자의 배상책임을 묻는 경우이다.

둘째, 국가배상법 제5조 제1항에 근거하여, 학교시설에 의해서 학생이 사고를 당하였을 경우에는 학교설치자인 국가 또는 지방자치단체, 그리고 학교 설립자에게 손해배상을 청구할 수 있도록 한 규정이다. 학교의 경우, 학교시설에 의한 사고일 것, 그 학교시설의 설치·관리상의 하자가 있을 것, 학교안전사고가 하자와 인과관계가 존재할 것 등이다.

## 나. 학교안전사고의 책임 소재

학교에서 안전사고가 발생하게 되면 필연적으로 책임 소재의 문제가 뒤따른다. 안전사고가 발생한 경우, 상해를 입은 학생측은 사고 당시 학교 관리하에 있었다는 것과 법정 대리감독자로서 교사에게 요구되는 주의 의무 위반을 들어 그 책임을 학교장이나 담당교사에게 묻게 된다(이설영, 2006). 여기서는 학생 또는 보호자의 책임이 인정되는 범위, 교사의 책임, 피해배상 절차 등에 대하여 서울시교육청(2006)의 교직실무편람을 참고하여 살펴보기로 한다.

### 1) 학생 또는 보호자의 책임이 인정되는 범위

학교안전사고 중에서 학생과 학생 간에 발생한 사고는 가해학생에 대해 일부 책임을 묻는 판례가 있다. 민법상 고의 또는 과실로 인한 위법행위로 타인에게 손해를 가한 자는 손해배상 책임이 있기 때문에 가해학생도 이에 해당되면 책임을 물을 수 있기 때문이다. 이때 위법행위의 책임을 배상할 능력이 없을 때에는 배상 책임이 법정감독 의무자인 그 부모에게 있다.

책임 인정범위에 대해서는 판례에 따라 약간씩의 차이가 있기 때문에 일률적으로 판단하기는 어렵다. 그동안 판례에 의하면, 대체로 초등학생을 포함하여 중학교 1, 2학년까지도 구체적 사안에 따라서 책임능력을 인정하지 않는 사례가 있다. 친권자는 미성년자의 보호자로서 그 생활 전반에 걸쳐 감독 의무를 지고 있으므로, 판례는 미성년자 부모의 책임에 대해 상당히 엄격한 입장을 견지하고 있다.

### 2) 교사의 책임

학교안전사고에 대해 교사는 학생의 생명과 신체의 안전을 보호해야 할 의무를 다하지 못한 것에 대해 책임을 지게 된다. 주의의무 위반, 결과발생 개연성, 인과관계, 예견가능성이 충분히 있는 경우 등에 대해서는 형사상 과실로 인한 책임을 지게 된다.

교사는 교육활동 전반에 걸쳐 학생들을 안전하게 보호해야 하는데, 이 의무를 위반한 경우에 책임을 지게 된다. 예를 들어 수업시간 중, 계발활동 시간 중, 체육수업 중, 청소시간 중에 교사가 지도를 소홀히 하여 학생에게 사고가 발생한 경우가 이에 해당된다.

또한 교사는 사전 안전지도, 사고방지 대책을 세울 의무가 있다. 가령 교구나 실험·실습 장비의 사용에 앞서 안전교육을 실시하고, 예견되는 위험성을 인식하여 이를 개선하거나 대책을 마련하고 지도를 강화하여야 할 것이다.

이렇게 사전 안전지도를 하고 안전사고에 대비하여 주의를 기울였다 하더라도, 일단 사고가 발생했을 경우에 교사는 사후 조치를 철저히 하여 피해를 최소화하여야 한다. 사후 조치를 소홀히 하는 경우에 그 책임을 면하기 어렵다. 사고가 발생하면 학생을 보호하고 피해를 최소화하기 위해 최선의 노력과 합리적인 조치를 취해야 할 의무가 있다. 아무리 사소한 부상이라도 자의적으로 판단하지 말고 보건교사와 함께 가까운 병원으로 후송하여 전문적 진단을 받도록 신속히 조치하여야 한다. 학교장에게 보고는 물론이고, 보호자에게 사고의 발생 원인과 전반적 상황을 상세히 설명해 주어야 할 것이다.

### 3) 피해배상

학교를 설치·경영하는 자는 소속직원이 직무집행에 있어 고의 또는 과실로 법령에 위반하여 타인에게 손해를 가한 경우, 이를 배상할 책임이 있다.

따라서 국공립학교에서 발생한 학교안전사고는 국가 또는 교육청이 교사의 사용자로서 손해를 배상할 책임이 있다. 학교 시설물의 설치·관리상의 하자로 인해 학생이 사고를 당한 경우, 마찬가지로 학교의 설치·경영자가 손해배상 책임을 지게 된다.

학교안전사고가 소송으로 비화되었을 경우, 국공립학교의 경우 국가·교육감이 소송 당사자가 되고, 사립학교의 경우 학교법인이 소송 당사자가 된다.

소송의 주요 절차는 소송 제기 → 소송 당사자 및 대리인 지정(교육청) → 해당 학교의 관련자료 제출(학교) → 자료제출 등 소송 진행(교육청 법무담당관, 소송대리 변호사) → 판결(법원) → 판결에 대한 의견 제출(학교) → 후속조치(교육청)의 순서로 진행된다.

## 4. 학교안전공제회

우리나라는 과거 산업화 및 경제성장에 주력하느라 사회 전반에 걸친 안전사고뿐만 아니라, 학교교육활동 중 발생하는 학교안전사고에 대한 예방 및 사후처리는 소홀히 취급하여 왔던 것이 현실이었다. 이에 대한 자성과 대책으로 학교교육활동 중 발생한 학생의 안전사고에 대해 학교를 대신하여 학생의 손해를 보상할 수 있는 기구나 시스템이 필요하게 되어, 이에 대한 대안으로 1987년 12월 각 시·도 학교안전공제회가 설립되었다.

학교안전공제회가 설립되기 전에는 학생이 수업시간, 체육시간, 교외활동 중 사고가 발생할 경우, 학교에서 문제해결능력이 부족하여 이러한 상황에서 학교가 대처할 수 있는 방안은 결국 교사, 학생 등 개인부담이나 학생, 학부모, 교직원에 의한 모금을 하는 방법이 대부분이었다. 이렇게 되다 보니 피해학생측에서 보상수준에 불만족하여 학부모와 학교 간의 갈등이 조성되었다. 이에 교사와 학부모 간의 신뢰성을 고취시키고 안정된 교육 분위기를 조성하는 데 기여하고 있다.

## 가. 공제대상의 여부

### 1) 공제급여지급 대상이 되는 사고

학교의 교육과정 또는 학교장이 정하는 교육계획 및 교육방침에 따라 학교의 안팎에서 학교장의 관리·감독하에 행하여지는 수업·특별활동·재량활동·과외활동·수련활동 또는 체육대회 등의 활동 중에 발생한 사고로서 학생·교직원 또는 교육활동 참여자의 생명 또는 신체에 피해를 주는 모든 사고 및 학교급식 등 학교장의 관리·감독에 속하는 업무가 직접 원인이 되어 학생·교직원 또는 교육활동 참여자에게 발생하는 질병으로서 이를 대통령령으로 정하고 있다.

### 2) 공제급여지급 제외되는 사고

- 피공제자의 고의 또는 중대한 과실로 인한 사고
- 피공제자, 공제가입자 아닌 제3자의 고의 또는 과실로 인한 사고
- 학교안전사고와 관련 없이 발생한 자살·자해 등의 사고
- 「자동차손해배상보장법」의 규정에 따른 보상을 받은 사고 등

### 3) 공제급여지급 대상이 될 수도 있고 제외될 수도 있는 사고

첫째, 등·하교 중 발생한 사고

- 등·하교 중 발생한 사고는 모두 공제급여 대상이 되는 것이 아니라, 통상의 경로와 방법에 의해 등·하교를 하던 중 발생한 사고로 제한된다.

둘째, 교육활동 전후 학교체류시간 중 발생한 사고

- 교육활동 전후 통상적인 학교체류시간을 뜻하는 것으로 통상적이지 않은 학교체류시간 중 발생한 사고는 공제급여 지급대상에서 제외된다.

셋째, 천재지변에 의한 사고

- 천재지변에 의한 시설물의 파괴와 그로 인해 신체상 손해를 입은 경우에는 교육시설재난공제회에서, 그 외의 천재지변으로 인한 직접적인 생

명 · 신체에 피해를 주는 사고에 대해서는 본회에서 보상을 하게 된다.

넷째, 수학여행, 교외학습활동 및 수련활동 중 발생한 사고

- 수학여행, 교외학습활동 및 수련시설에서의 활동 중 발생한 사고는 해당 시설에서 가입한 보험으로 보상을 받아야 한다.

다섯째, 학교폭력에 의한 사고

- 학교폭력으로 인한 사고의 경우 피해자와 가해자 간에 해결하는 것이 원칙이다. 다만, 다음과 같은 경우 공제회로부터 공제급여를 지급받을 수 있다.

### (1) 가해자가 불분명한 경우

- 가해자가 불분명한 경우란 가해를 한 상대방을 알지 못하는 경우로 관계기관(학교, 경찰서 등)에 신고되어 조사 또는 수사를 실시하였으나 가해자를 확인할 수 없다는 관계기관의 객관적인 결과가 있는 경우를 뜻하는 것이다.
- 이러한 경우에는 우선 피해자에 대하여 공제회는 공제급여를 지급하고, 공제회가 관계기관 등에 협조하여 가해자를 밝힌 후 피해자에게 지급한 공제급여를 가해자로부터 회수(구상권 행사)하게 된다.

### (2) 가해자가 분명하지만 다음과 같은 경우

- 가해자의 변제능력이 없는 경우: 이 경우에도 무자력이라는 주장만으로는 변제능력이 없다고 인정되는 것이 아니라, 구청 등 관계기관의 증명서류(「국민기초생활보장법」의 규정에 따른 수급자증명서)를 제출하여야 하며, 공제회는 가해자의 재산관계를 다시 한 번 조사하여 최종적으로 피해자에 대한 공제급여 지급여부를 결정하게 된다.
- 피해자와 가해자 간 손해배상관계가 법정 다툼으로 인하여 손해배상이 지연되고 있는 경우: 이러한 경우도 가해자가 단순히 손해배상을 하지 않고 있는 상태가 아닌, 소송을 제기하여 적극적으로 책임여부를 다투

고 있는 경우로 제한된다. 이러한 경우에 공제회가 피해자에게 손해를 일부 지급한다면, 그 금액에 대하여 가해자에게 구상권을 행사하여 회수하게 된다.

각 시·도 학교안전공제회는 학교안전사고를 예방하고 학생, 교직원 및 교육활동 참여자가 학교안전사고로 인하여 입은 피해에 대한 보상을 목적으로 한다. 보상규정의 보상대상은 학생, 교직원 및 교육활동 참여자이며, 보상범위는 요양급여, 장해급여, 간병급여, 유족급여, 장의비 등이다. 학교안전사고 발생 통지 및 공제급여 청구절차는 다음과 같다.

**사고 발생 통지**
**(공제가입자)**
**(http://www.schoolsafe.or.kr)**

- 2007. 9. 1. 이후 학교안전사고 발생 시 공제급여 관리시스템 이용하여 사고 발생 통지(의무)
  - 통지대상: 의료기관의 치료가 필요하다고 판단되는 사고 및 사망 사고【법률에 의거 통지를 하지 아니 하거나 거짓으로 통지한 자는 과태료 부과】
- 사고 발생 통지서 출력하여 내부결재 후 보관

➡

**사고 발생 통지 접수**
**(공제회)**

- 각 시·도 학교안전공제회에서 통지 내용 확인 후 접수

치료 후 ➡

**공제급여 청구**
**(공제가입자)**

- 공제급여 관리시스템을 이용하여 청구
- 구비서류는 공제회로 우편송부

➡

**공제급여 심사 및 지급 결정**
**(공제회)**

- 지급여부결정 필요 시 학교안전사고 발생장소를 방문사고경위 등 조사

➡

**지급 및 통지**
**(공제회)**

- 공제급여청구자(보호자 등) 통장으로 송금 및 통지

자료: 서울특별시 학교안전공제회 홈페이지(www.schoolsafety.or.kr).

**[그림 8-1] 학교안전사고 발생 통지 및 공제급여 청구절차**

## 5. 학교안전사고에 대한 주요 사례 및 판례

법원에서는 학교안전사고가 일어난 상황, 전후 맥락, 관련법 등을 종합적으로 판단하여 배상 및 책임 범위를 정한다. 최근의 판례 추세는 시대적 흐름에 맞추어 학생의 인권을 보호, 강화하는 방향으로 진행되는 경향이 있으므로 국가, 교육청, 학교관계자 및 교사는 학교안전사고 예방에 더욱 주의를 기울여야 할 것이다.

### 가. 학교안전사고 사례

#### 1) 체육시간

- 승부욕에 맞선 과격한 동작으로 인해 다른 학생과 부딪쳐 넘어진 부상
- 유명선수의 흉내를 내다가 당한 사고
- 농구골대, 테니스장 롤러 등을 옮기면서 발을 끼이는 부상
- 철봉, 뜀틀, 평균대 등 운동기구 위에서 떨어진 부상

#### 2) 실험 · 실습시간

- 실험수업 중 지시를 따르지 않고 실험기구를 가지고 놀다가 부상
- 실험실 정리 중 비커에 든 화공 약품을 마구 섞은 폭발에 의한 부상
- 요리 실습 중 뜨거운 물을 쏟아서 화상을 당하는 부상
- 미술시간에 조각칼로 작업하다가 베이는 부상

#### 3) 휴식시간

- 교실에서 과격한 놀이(말타기, 햄버거, 레슬링, 씨름)를 하다가 부상
- 운동장 체육시설 놀이기구로 인한 부상
- 주머니에 손을 넣거나 양손이 부자유한 상태에서 넘어진 부상

- 복도의 왁스 청소나 화장실 바닥의 물기로 인해 미끄러져 부상
- 행사나 수업 등을 위해 이동하던 중 무질서하게 나오다가 밀려 넘어져 부상
- 점심시간 배식차를 옮기다 손이 끼이는 부상
- 학교를 빠져나가려고 교문 또는 담을 뛰어넘다가 부상

### 4) 청소시간

- 형광등이나 창문 등 높은 곳을 청소하던 중 넘어져 부상
- 철제 발판 밑을 청소하다가 막대걸레에 얼굴 부딪친 치아 부상
- 청소시간 중 장난을 치다 빗자루에 눈이 찔린 부상

### 5) 현장체험학습시간

- 해이해진 마음으로 숙소에서 과격한 놀이를 하다가 부상
- 수련활동 중 물놀이하다가 부상
- 대열을 벗어나 위험한 장소에 들어가서 부상

## 나. 학교안전사고에 대한 주요 판례

교사에게 불법행위 책임을 묻는 판례를 살펴보면, 첫째, 교원은 교육활동과 직접 관련된 시간에는 반드시 임장하여 학생들을 지도하고, 둘째, 구체적인 상황에서 사고발생의 가능성을 판단하여 세심한 주의를 기울일 직무상 의무가 부여되어 있다고 본다. 셋째, 특히 사리분별 능력이 미약한 유치원생, 초등학생, 중학교 1·2학년생 등 만 14세 이하의 형사미성년자를 지도하는 경우에는 그들의 발달 단계에 따른 행동양식을 고려하여 교육하여야 한다. 넷째, 교사의 임장지도가 없는 수업시간 또는 특별활동 시간의 사고, 징계권을 벗어난 체벌사고 등이다. 서울특별시교육청(2006)의 교직실무편람에 제시된 주요 판례를 몇 가지 정리하면 다음과 같다.

○ **중학교 과학실험 중 일어난 사고에 대하여 교사의 직무상 과실 인정**

〈사고 개요〉

중학교 2학년 학생이 알코올램프를 이용하여 실험을 하던 중, 피해학생이 알코올램프 뚜껑을 가지고 장난을 하자 조장을 맡고 있던 학생이 뚜껑을 뺏으려는 과정에서 알코올램프가 그 피해학생쪽으로 넘어져 불이 붙는 바람에 흉부 및 복부 등에 2도의 화상을 입어 학부모가 교육청을 상대로 손해배상 소송을 제기하였다.

〈판결 요지〉

피고인 ○○시(교육청)는 국가배상법 제2조에 따라 그 소속공무원(교사)의 직무 집행상의 과실로 인하여 발생한 사고로 말미암아 피해를 입은 원고에게 손해를 배상하되, 원고인 피해학생에게도 약 20%의 과실 책임이 있다고 판결하였다.

〈판결 관련 직무 집행상 교사의 과실의 주된 근거〉

- 이 실험은 화재 등 위험을 내포하고 있으므로 모래상자 등 안전장치를 갖추어야 하나 설치하지 않음(예견되는 위험에 대한 예방대책 미흡)
- 사고를 방지하기 위해 조별로 순차적으로 실시하여야 하나 각 조로 나누어 동시에 실험을 실시함(지도 감독의 소홀)
- 알코올램프가 넘어져 불이 붙고 피해학생이 이를 끄려 하다가 그의 옷에 인화되어 화상을 입기까지 적절한 조치를 취하지 않음(사후조치 미흡)

○ **체육시간 중 부상에 대한 손해 배상책임 인정**

〈사건 개요〉

학생이 체육시간에 체육교사의 지도 아래 3단 높이뛰기 시험을 보던 중 하반신 마비의 상해를 입은 사건이다.

〈판결 요지〉

학교는 적어도 정규 교육활동 중에는 학생들이 안전하게 교육을 받을 수 있도록 주의할 의무가 있는데도 위험한 3단 높이뛰기를 하면서 충분한 예비운동과 요령을 지도하지 아니하였고(사전 안전지도 미흡) 모래판의 상태를 점검하지 아니한 채 시험을 실시하였으며, 착지 지점 근처에 보조인을 배치하는 등 특별한 주의를 기울여야 함에도 이를 게을리한 채(안전대책 미흡) 막연히 시험을 계속 실시하다 상해를 입었다고 판단되므로 피해자에게 손해를 배상하여야 한다.

○ **하계 훈련 및 봉사활동 중 바다에 빠져 식물인간이 된 사건에서 지도교사의 과실 인정**

〈사건 개요〉

하계 극기 훈련 및 봉사활동을 하던 중학생이 바다에 들어가 수영을 하다가 갑자기 맥박과 호흡이 정지되어 식물인간이 된 사건이다.

〈판결 요지〉

지도교사가 준비운동을 하라는 지시만 하고 준비운동을 시키지 않았고, 학생들이 개별행동에 주의를 기울이지 아니하는 등 주의 감독의 책임을 다하지 아니한 점을 들어 지도교사의 과실을 40%로 인정하였다. 다만, 피해학생 역시 지도교사의 감독범위를 벗어나 준비운동을 하지 아니한 채 독자적으로 수영을 하여 심장마비 등 사건을 일으킨 한 원인을 제공하였다는 점도 인정하였다.

○ **학교 시설물에 대한 관리 부주의로 배상 책임 인정**

〈사건 개요〉

초등학교에서 아침 조회를 하기 전에 놀이기구인 정글짐에 올라가 놀다 미끄러지면서 부상을 당한 학생측에서 학교를 대상으로 손해배상을 청구한 소송이다.

〈판결 요지〉

학교 놀이시설은 교육활동과 밀접한 관계가 있으므로 교사와 학교당국은 친권자를 대신해 나이 어린 초등학생을 보호 감독하고 안전을 배려해야 할 의무가 있으며 사고를 막기 위해 지도감독자를 배치하거나 주의의무 등의 조치를 취하지 않아 발생한 사고에 대해 학교측이 40%의 책임이 있다.

○ **교사의 체벌에 대해 그 책임 인정**

〈사고 개요〉

학생주임을 맡고 있는 교사가 훈계목적으로 몽둥이와 당구 큐대로 학생의 둔부를 때려 3주간의 치료를 요하는 상해를 입힌 경우 정당행위에 해당하는지 여부

〈판결 요지〉

교사가 학생을 엎드러지게 한 후 몽둥이와 당구 큐대로 그의 둔부를 때려 3주간의 치료를 요하는 부상을 입혔다면 비록 학생주임을 맡고 있는 교사로서 제자를 훈계하기 위한 것이었다 하더라도 이는 징계의 범위를 넘는 것으로서 형법 제20조의 정당행위에는 해당하지 아니한다.

강호중(1998). 학교안전사고 보상제도의 개선방안에 관한 연구 -학교안전공제회의 운영을 중심으로-. 울산대학교 석사학위논문.

교육과학기술부 교육단체지원과(2006). 주요 정책자료.

교육과학기술부(2009). 주요 정책자료.

교육인적자원부 학교정책실(2004). 주요 정책자료.

광주일보 2009년 12월 28일자.

법률문화연구회(1970). 교육자의 법률. 서울: 법조계사.

서울경제 2009년 8월 2일자.

서울특별시교육청(2006). 교직실무 편람. 서울특별시교육연구정보원.

서울특별시학교안전공제회 홈페이지 www.schoolsafety.or.kr.

손세완(1980). 학교사고에 있어서 행정 교육책임. 새교실.

이설영(2006). 학교 안전사고의 판례 분석을 통한 교원의 법적 책임 연구. 부산교육대학교 석사학위논문.

하갑수, 하윤수(1999). 교육과 법률. 부산: 세종출판사.

PART

# Ⅲ

# 학급경영의 이해

CHAPTER

# 09

# 학급경영

## 덕승재(德勝才)
## 덕은 재능보다 더 멋진 감동을 준다.

미국 교육부가 '동양계 미국인 가정교육 연구대상'으로까지 정할 정도로 많은 이들이 궁금해 하는 전혜성 박사의 자녀교육 노하우는 사실 단순하다. 그것은 바로 덕(德)이다.

전혜성 박사는 6남매의 재능을 키운 것은 바로 그들의 '덕(德)'이라고 말한다. 사회에 공헌하겠다는 비전을 세운 뒤 전 박사의 자녀들은 그 일을 해내는 데 필요한 재능과 체력을 키우려고 알아서 노력하게 됐다. 그리고 덕은 자신뿐만이 아니라 사람들까지 감동시켜 더 노력하게 하고 더 많은 재능을 발휘하도록 동기를 부여했다. 재주 이상의 인간미가 보이니 사람들이 믿고 따르게 됐고, 어느새 전 박사의 자녀들은 리더의 역할을 맡고 있었다.

사람들은 남다른 자녀교육비결을 기대하며 물어 올 때도 전 박사의 대답은 한결 같다.

"요즘은 공부를 시키는 궁극적 목표는 잊고 재주만 키워 호의호식하자는 욕심이 앞서는 것 같습니다. 엘리트가 되려면 우선 사람이 돼야 합니다. 재주가 있을수록 덕망이 더 앞서게 해야 하고요. 그래야 사람들이 진심으로 믿고 따를 수 있는 진정한 리더가 될 수 있습니다."

## 1. 학급경영의 이론

### 가. 학급경영의 개념

많은 사람들은 학급담임을 기업의 CEO(chief executive officer)나 군대의 소대장(a platoon leader)에 비유하곤 한다. 그만큼 학급담임의 위치는 책임감과 현명함이 요구되는 자리이다. 또한 학급담임은 학생 개개인의 정신적 · 정서적 · 도덕적 성장과 발달에 지대한 영향을 끼치는 가장 중요한 성장 모델이 되고 있다.

학급경영은 학급의 목적을 효율적으로 달성하기 위해서 인적 자원과 비인적 자원을 활용하여 계획하고, 조직하고, 지도하고, 통제하는 일련의 활동을 통해 학급조직의 과업을 수행하는 활동이다. 또한 교수-학습활동과 생활지도가 효율적으로 이루어질 수 있도록 도와주는 교육지원활동이라고 할 수 있다.

학급의 구성원은 교사와 학생이다. 학급경영은 교사와 학생 중 누구의 가치를 중심에 두느냐에 따라 학생주도형 학급경영, 협력적 학급경영, 교사주도형 학급경영으로 구분된다(James & James, 2007).

첫째, 학생주도형 학급경영의 목표는 학생이 행동을 스스로 통제하고 다른 사람을 배려하며 현명한 의사결정을 하는 것과 같은 민주시민으로서의 자질과 역량을 길러 주는 것이다. 학생은 교실 내의 규칙, 학습할 주제와 문제, 학습활동 방법, 평가기준 등을 포함한 학급생활 전반에 걸쳐 선택할 수 있는 권한을 가진다. 학습공동체를 구축하는 과정에서 발생하는 갈등은 개인이 밀접하게 생활하다 보면 나타나는 자연스러운 현상으로 간주된다. 따라서 교사의 역할은 학생으로 하여금 갈등을 생산적으로 다룰 수 있도록 도와주는 것이다.

둘째, 협력적 학급경영의 목표는 학생이 학습활동에 몰두하고, 대부분의 학생이 학습에 성공하며, 교사와 동료 학생을 존중하고, 협력을 통해 학급지침을 지켜 나가는 잘 조직된 교실을 만드는 것이다. 학생의 행동에 영향을 미치는 것은 학생과 교사의 공동책임으로 학생은 단순히 규칙을 따르는 것이 아니라 왜 규칙이 존재하는지 이해하며, 규칙의 논리적 타당성을 인정하고, 이를 통해 자신의 행동을 통제할 수 있는 능력을 가지게 된다. 협력형 교실에서는 규칙과 절차를 교사와 학생이 함께 만든다. 규칙은 교사가 핵심적인 규칙을 정한 후 학생들이 추가할 수 있도록 허용하거나 학생들에게 규칙을 제안할 수 있는 기회를 부여하되, 규칙을 추가하거나 제안된 규칙을 거부하는 권리를 교사가 가지는 방법을 통해 만들 수 있다. 규칙 이외의 학습활동에 대한 선택권 역시 학생에게 주어지나 교사의 전문적 판단에 의해 어느 정도는 제한을 받게 된다.

셋째, 교사주도형 학급경영의 목표는 학급경영과 관련한 이슈와 고려해야 할 요소를 최소화시키고, 학생의 비행을 억제하며, 비행이 발생하였을 때 될 수 있는 대로 재빠르게 대처하는 것이다. 교사의 역할은 생산적인 학습 환경을 만드는 규칙과 지침을 개발하고, 학생이 규칙을 이해하도록 하고, 학생이 규칙과 지침을 따르도록 하는 일관된 보상과 처벌 시스템을 개발하는 것이다. 교사는 수업 첫날 또는 둘째 날 학생들에게 규칙과 이를 어겼을 때의 결과 또는 처벌 시스템을 알려 준다. 또한 교실 및 좌석 배치, 교실 꾸미기, 수업내용, 평가 도구와 준거 등 일상적인 교실운영에 관련된 결정을 교사가 내린다.

## 나. 학급경영의 원리

학급경영을 위한 기본 원리로는 학습자의 특성을 고려한 학습의 개별화와 교사의 경영능력을 위한 교원의 전문화, 학급경영에서의 운영의 민주화 등을 들 수 있다(부산광역시 교육연구정보원, 2007).

첫째, 학습자의 개별화다. 구체적으로 학급경영의 구체적인 목적 중의 하나인 학습의 효과를 극대화하기 위해서는 학습자 개개인의 학습능력을 고려한 학습의 개별화가 이루어지도록 학급을 조직하고 운영해야 한다. 동시에 학습자의 개인적인 특성을 고려한 인성교육이 이루어지도록 학습자 중심의 학급경영이 필요하다.

둘째, 학급경영의 주체자는 교사다. 효율적인 학급경영을 위한 교사의 전문적인 능력은 학급경영의 결정적인 요소 중의 하나다. 교육은 교사의 능력과 전문성에 따라 결정되는 것이기에 장기간의 교육과 훈련, 엄격한 자격기준의 적용, 고도의 자율성과 사회적 책임성, 자질향상 및 정책에의 참여 등을 통해 교원의 전문성이 갖추어져야 한다.

셋째, 학급경영의 민주화다. 민주적인 방식의 학급경영은 자율적이고 창의적인 교육활동을 동반할 수 있고, 교육의 효율성을 극대화하는 최선의 방법이 될 수 있다. 이를 위해 교사의 민주적 리더십이 전제되어야 한다.

이러한 기본적인 경영의 원리를 토대로 구체적으로 학급을 경영하는 원리는 다음과 같다(부산광역시 교육연구정보원, 2007).

첫째, 타당성의 원리이다. 학급경영을 위한 학급경영의 목표, 내용, 방법 등은 학급경영과 관련된 국가 교육의 목적, 학교교육의 목표, 교육적 원리 등과 같은 상위의 요소와 사회적 요구, 시대적 요구 등과 같은 환경적 요소를 비롯하여 경영 대상자의 학생의 특성과 필요에 비추어 타당성을 확보해야 한다.

둘째, 개별성 존중의 원리이다. 학급 담임교사는 학생 개인의 특성과 개인차를 인정하는 인식을 갖고 학생 각자의 존재적 가치를 존중하는 바탕 위에 학급경영을 해야 한다. 학생의 존재적 가치에는 다양한 요소가 포함될 수 있다. 학생의 학습능력을 포함하여 타고난 재능, 성격, 성장배경, 학습자의 요구, 학습자의 꿈과 희망 등이 있다. 학급의 모든 학생이 각각의 존재 가치를 가지고 있다는 사실을 인정하고 존중하는 것은 인간경영의 원리와 상통하는 기본적인 원리다.

셋째, 사회성 개발의 원리이다. 학급은 작은 사회다. 같은 연령층의 학생들이 각자의 권리와 의무를 가지고 공존하는 교육적 조직이며 사회적 조직이다. 따라서 사회생활의 기본적인 원칙이 학급의 경영을 위해서도 동등하게 적용되고 존중되어야 한다. 상대의 권리에 대한 배려, 공동생활의 규칙준

수, 공동의 의무에 대한 철저 이행 등 사회유지를 위한 일반적인 원리를 엄격하게 적용하고 이를 실천하는 사회성 개발 노력이 필요하다.

넷째, 창조적 경영의 원리이다. 학급담임교사의 자주적이고 창의적인 의사와 판단에 따라 학급경영이 이루어지도록 학급담임의 창의적 자주경영의 권리를 보장하고 이를 권장해야 한다. 이를 통해 교육의 획일성을 탈피하고 다양성을 확보하는 민주적 경영의 장점을 확보할 수 있다.

다섯째, 환경 적용의 원리이다. 담임교사는 학생의 가정환경과 주변 환경, 학부모의 특성과 구성, 학교의 교육환경과 지역적 특성 등 학급경영에 관련된 모든 환경적 요인을 충분히 분석하여 경영전략을 수립하여야 한다.

여섯째, 합리성의 원리이다. 교사는 학급경영을 위해 학생에 대한 정확한 이해, 학급을 구성하는 환경 요인에 대한 분석을 토대로 합리적인 경영 계획과 전략을 수립하고 이를 실천하며, 학급경영의 효율화를 기할 수 있도록 해야 한다.

## 2. 학급경영의 실제

### 가. 학급경영계획 수립

#### 1) 학급교육목표의 설정

학급교육목표는 학교 - 학년 - 학급의 교육목표로 이어지는 교육목표의 연계체제 속에서 학급을 단위로 하여 전개되는 교육활동의 목표로서, 학급단위에서의 교육과정운영, 학생실태 및 경영실태를 고려하여 학급에서 성취할 수 있는 교육목표로 구체화한다.

### 2) 학급경영목표 및 방침의 설정

학급경영목표는 학급교육목표를 효과적으로 달성하기 위해 전개되어야 할 경영상의 목표로 학급의 교육목적 달성을 위해서 마련되어야 할 조건과 수행되어야 할 활동에 관련된 것으로서, 각 영역별로 보다 구체적으로 진술하되, 가능한 한 성과 기준을 계량화하여 정하고 평가의 지표로 사용하도록 한다.

학급경영방침은 학급경영목표를 달성하기 위한 행동전략으로 경영목표를 달성하기 위한 구체적인 경영활동 또는 행동 지침으로, 다음과 같은 여러 가지 자료를 토대로 수립할 필요가 있다. 첫째, 학생조사 내용으로는 성적, 성격, 지능, 적성, 생년월일, 주소, 성장지, 종교, 출신교 또는 입학 이전의 생활, 취미, 특기, 기호물, 좋아하는 교과, 싫어하는 교과, 교우관계, 통학관계, 신체발달 상황, 장래희망, 특별활동 부서, 생활지도 경력 등이 있다. 둘째, 학급조사 내용으로는 성적 경향, 신체적 경향, 학급풍토, 교우관계, 학급임원, 학생출석경향, 학급의 보스, 교실 기자재 등이 있다. 셋째, 가정조사 내용으로는 부모에 관한 사항(연령, 직업 등. 단, 학부모의 학력, 직장 내 직위, 재산 정도 등은 인권침해 요소가 있으므로 조심하기), 생활 정도, 가족 상황, 종교, 자녀교육에 대한 학부모의 관심, 자녀에 대한 부모의 장래희망, 가정 내 학습 환경, 가정 문화시설 등이 있다. 넷째, 지역사회조사 내용으로는 문화시설, 산업시설, 자연조건, 주민생활상, 지역의 역사, 문화유적, 통학조건(거리, 수단, 시간 등), 중요 기관, 지역 인사 등이 있다.

### 3) 학급활동계획

경영방침을 실천하기 위한 세부 실천계획으로 누가, 무엇을, 언제, 어떻게 수행할 것인가를 정확하고 상세하게 기술한다. 세부 실천계획을 구체화하는 데 포함되는 주요 사항에는 활동의 대상, 동원될 사람, 필요한 물적 자원, 소요비용과 같은 투입될 지원, 시간계획, 담당자, 의사소통계통과 같은 운영체제 등이 있다.

### 4) 학급경영계획안 작성

학급교육목표, 학급경영목표, 학급경영방침, 활동계획, 조직계획의 단계별로 구상되고 구체화된 학급경영계획을 일정한 양식에 의거하여 기록·작성한다. 학급경영계획안에는 교육목표, 경영목표, 경영방침, 활동계획(영역, 대상, 필요한 자원, 시간계획, 운영계획 등), 평가계획 등이 포함된다.

〈표 9-1〉 학생기초조사 예시(○○고등학교)

**학생기초조사**

(이 자료는 학생 상담을 위한 자료 외에는 다른 어떤 용도로도 사용하지 않겠으니 솔직하게 작성해 주시기 바랍니다.)

고등학교 제 학년 반 번

| 성 명: (한자) | | 주민등록번호: | |
|---|---|---|---|
| 주 소: | | (우편번호) | |
| ☏ | | (핸드폰) | |
| 홈페이지, 블로그 등 : | | 이메일: | |
| 자취나 하숙을 한다고요? | 주소: | 전화: 누구랑 : | |
| 통학수단 : | 소요시간 : | 종교: | 혈액형 : |

| 가족사항 | 관계 | 성명 | 연령 | 근 무 처 (원치 않으면 적지 않아도 됩니다.) | ☏(핸드폰) |
|---|---|---|---|---|---|
| | | | | | |
| | | | | | |
| | | | | | |
| | | | | | |
| | | | | | |

가족 중 특별히 나와 친한 사람 및 이유:

가족 구성원 간 친밀도 및 분위기 소개:

위 가족 중 실제로는 같이 살고 있지 않은 분은?

| 좋아하는 과목과 이유 : | | | 싫어하는 과목과 이유 : | |
|---|---|---|---|---|
| 장래 희망 | 학생 | | 부모 | |
| 취미 : | | | 특기 : | |
| 취득자격증 | 종류 : | 번호 : | 취득시기: | 발급기관 : |

| 선생님께 드리는 나의 이야기 |
|---|
| |

〈표 9-2〉 학생파악을 위한 학부모 설문지 예시(○○고등학교)

**학생파악을 위한 학부모용 설문지**

## 선생님께 알려 드리는 우리 아이 이야기

이 설문은 학교 교육에 대한 학부모님들의 기대, 그리고 자녀들의 환경과 생활 · 학습 습관 등을 세심하게 파악하여 학교생활과 성장발달을 좀 더 알차게 지도하기 위한 자료로 쓰고자 마련한 것입니다. 바쁘시더라도 학부모님께서 서로 상의하여 솔직하고 꼼꼼하게 써 주시면 자녀 지도에 여러모로 도움이 될 것입니다. 감사합니다.

•학생: (　　) 학년 (　　) 반 (　　) 번　　이름 (　　　　　)
•작성 학부모님: 이름 (　　　　　) 나이 (　　세)

**자녀관/교육관**

1. 자녀가 진학하길 원하십니까? 취업하길 원하십니까?
   1-1 진학을 한다면 어느 대학 어느 과를 가길 원하십니까?
   1-2 취업을 한다면 어느 직장에 취업하길 원하십니까?

2. 올 일 년 동안 자녀의 어떤 부분이 특히 발전했으면 좋겠습니까?
   ① 성적향상 ② 건강 증진 ③ 성격 성숙 ④ 안정된 생활습관 ⑤ 기타(　　)

3. 학교 교육에 대한 가장 큰 불만(혹은 제안)이 있으면 생각나는 대로 써 주십시오.

**가정환경**

4. 부모님께서는 맞벌이를 하십니까? ① 예 ② 아니요

5. 지금 같이 사는 식구들은 모두 몇 명이며 누구입니까?
   ① (　　)명　② 누구:

6. 자녀 문제를 두고 부모님께서 자주 이야기를 하거나 상의하는 편입니까?
   ① 그렇다 ② 비교적 그런 편임 ③ 거의 하지 않음 ④ 전혀 하지 않음

7. 아버님은 집에서 자녀를 전반적으로 엄하게 대하는 편입니까?
   ① 무척 엄격하게 대함　② 비교적 엄격하게 대함
   ③ 아주 자유분방하게 대함　④ 기타(　　)

8. 어머님은 집에서 자녀를 전반적으로 엄하게 대하는 편입니까?
   ① 무척 엄격하게 대함　② 비교적 엄격하게 대함
   ③ 아주 자유분방하게 대함　④ 기타(　　)

9. 부모님께서 특히 엄하게 꾸짖는 때가 있다면 어떤 경우입니까?

10. 댁의 자녀는 집에 돌아와 학교에 관한 이야기를 합니까?
    ① 자세히 함 ② 조금 하는 편임 ③ 물어봐야 대답함 ④ 전혀 하지 않음

11. 자녀가 식구들 가운데 특히 따르는 사람은 누구이며, 왜 그를 따른다고 생각합니까?

12. 자녀와 큰 갈등을 빚었던 적이 있습니까? 있다면 그 내용을 간단히 적어 주십시오.

**생활지도**

13. 용돈은 한 달에 평균 얼마쯤 주십니까? (　　　원)

14. 용돈은 어떻게 주십니까?
① 달라고 할 때 줌　　② 매일(　　　원)씩 줌
③ 매주(　　　원)씩 줌　　④ 매달(　　　원)씩 줌

15. 자녀는 친구들을 자주 집에 데려 옵니까?
① 매일 데려옴　　② 가끔 데려옴　　③ 전혀 데려오지 않음

16. 부모님께서는 자녀가 친구를 사귀는 것에 대해 간섭을 하는 편입니까?
① 골라 사귈 수 있도록 간섭을 하는 편임
② 나쁜 친구를 사귀지 않는 한 간섭하지 않음
③ 거의 간섭하지 않음　　④ 기타(　　　)

17. 평소에 자녀들에게 특히 강조하고 있는 생활 습관은 어떤 것입니까?

18. 자녀의 성격 중 장점은 무엇이라고 생각하십니까?

19. 자녀의 성격 중 단점은 무엇이라고 생각하십니까?

20. 자녀의 건강 가운데 특히 안 좋거나 염려스러운 점이 있다면 어떤 것입니까?

21. 귀가 시간은 대체로 몇 시 정도입니까? 자주 늦는다면 왜 그런지 아십니까?
(　　　)시, 자주 늦는 이유? (　　　)

22. 아이의 성장기(가정, 교육, 성장한 과정, 성장에서 있었던 특이한 일)

23. 작년도 아이가 가장 힘들게 하였던 점

24. 기타 담임선생님에게 하고 싶은 말씀이 있으시면 써 주십시오.

〈표 9-3〉 연간 학급경영계획 수립 전 점검사항 예시

| 연간 학급경영계획 수립 전 점검사항 |
|---|
| 학급경영계획을 세우기 전에 교사, 학생을 둘러싼 여러 주 · 객관적인 상황을 점검하는 것이 필요하다. 성공적인 학급경영 사례와 연간계획이 있다고 하여 모든 학급에 적용할 수 있는 것은 아니기 때문이다. 무리한 의욕보다 자신이 잘할 수 있는 것, 자신에게 맞는 방법을 찾아가는 과정이 있어야 한다.<br><br>1) 교사 자신에 대한 이해<br>① 나는 어떤 사람인가?<br>② 나는 어떤 교사가 되고 싶은가?<br>③ 나는 아이들이 어떤 모습으로 성장하길 원하는가?<br>④ 내가 바라는 학급의 모습은 어떠한가?<br>⑤ 나의 전년도 학급경영에서 아쉬웠던 점은?<br>2) 아이들에 대한 이해<br>① 급별, 성별, 학년별 특성 파악<br>② 학교의 지역적 위치와 학부모의 사회경제적 처지<br>③ 관리자의 성향 및 교사들 간의 분위기<br>④ 학급 내 또래집단 파악(리더그룹, 노는 아이들, 성실하고 의욕적인 아이들, 중간그룹, 소극적인 아이들)<br>⑤ 더 많은 관심을 필요로 하는 아이들(폭력, 따돌림, 결손가정, 학습결손, 주의력 산만, 경제 형편 곤란, 게으름, 지나친 소극성을 보이는 아이)<br>3) 나에게 맞는 학급경영<br>① 학급경영의 목표는? 학급경영의 원칙은?<br>예를 들어 학급경영의 목표가 '자율적인 학급, 민주적인 학급, 더불어 사는 학급'인 한 선생님은 이를 위해 ㉠모든 일을 아이들 스스로 하게 한다. ㉡결정된 약속은 반드시 지킨다. ㉢일관성을 유지한다는 원칙을 정하여 실천한다.<br>② 무엇을 중심으로 학급을 조직할 것인가? (부서별, 모둠별, 두레별, 동아리 등), 학급 조직에서 교사가 어느 정도 개입할 것인가? (학생들 요구와 교사 의도 결합하기)<br>③ 학급 내 의사소통 구조를 어떻게 보장할 것인가? (반장선거, 학급회의, 모둠토론, 학급경영위원회) 소집단회의 → 학급경영위원회 → 전체 회의<br>④ 학생들을 이해하고 파악하기 위한 방법은? (개별상담, 집단상담, 두레일기, 관찰일기, 수시 접촉, 쪽지 상담, 방학 중 행복노트 쓰기 등)<br>⑤ 조회종례, 청소지도, 봉사활동, 독서지도, 학습지도 방안은?<br>⑥ 학부모와 적극적인 소통을 위해서는? (총회, 소식지, 전화, 편지)<br>⑦ 계기별 학교행사에 대한 준비 및 활용방안은? (환경정리, 소풍, 수련회, 수학여행, 체육대회, 스승의 날, 어버이날, 축제, 학생의 날, 생일잔치 등)<br>⑧ 연간계획에 따른 학기말, 학년 말 평가방안은? (야영, 신문, 문집, 마무리 행사 등) |

## 나. 학급경영평가

### 1) 평가의 기본방침

- 교육목표와 교육활동이 올바로 선정되어 실천되었는지 진단 및 평가한다(투입평가).

- 교육활동 실천 전 과정을 평가하여 교육활동 등의 수정 · 보완 · 개선자료를 얻는다(과정평가).
- 교육활동 결과 학생들의 행동이 어떻게 달라졌는가를 측정한다(산출평가).
- 학급평가를 통해 학교교육의 자율성과 책무성을 강조하고, 이를 토대로 교육의 질적 개선을 추구한다.
- 목표 지향적 평가가 되도록 최선의 노력을 경주한다.
- 평가 결과는 수시로 현재의 교육계획을 수정 · 보완하는 자료로 활용하며, 최종적으로 내년도 교육계획 수립을 위한 소중한 자료로 활용한다.

### 2) 평가영역

<table>
<tr><th>구분</th><th colspan="2">평가영역</th><th>비 고</th></tr>
<tr><td rowspan="4">학교경영 평가</td><td colspan="2">1) 교육목표 관리</td><td rowspan="8">•투입평가<br>-실시 시기<br>-실시 대상<br>•과정평가<br>-실시 시기<br>-실시 대상<br>•산출평가<br>-실시 시기<br>-실시 대상</td></tr>
<tr><td colspan="2">2) 교육과정 관리: 교과활동, 재량활동, 특별활동, 생활지도</td></tr>
<tr><td colspan="2">3) 교육조건 관리: 인사 및 연수, 시설, 재정</td></tr>
<tr><td colspan="2">4) 교육성과 관리</td></tr>
<tr><td rowspan="4">학급경영 평가</td><td>1) 기본 관점</td><td>5) 특별활동</td></tr>
<tr><td>2) 학급경영계획</td><td>6) 생활지도</td></tr>
<tr><td>3) 교과활동</td><td>7) 학급 업무</td></tr>
<tr><td>4) 재량활동</td><td></td></tr>
</table>

### 3) 학급경영평가

#### (1) 투입평가

투입평가는 교육목표와 교육활동이 올바로 선정되어 실천되었는지 진단 평가하는 것으로, 점수는 3점 척도로 15문항에 45점 만점이다. 점수는 비례식을 적용, 100점으로 환산하여 계산할 수 있다. 예를 들어, 45점 만점에 40점을 얻은 경우 100점으로 환산하여 계산하면 $40 : 45 = \square : 100$, $\square = 40 \times 100 \div 45 = 89$점이 된다.

| 영역 | 평가관점 | 평가척도 | | | 문제점 및 개선 방향 |
|---|---|---|---|---|---|
| | | 3 | 2 | 1 | |
| 학급 경영 계획 | 1) 학급경영을 위한 기초 조사를 실시하였는가? | | | | |
| | 2) 학교, 학년경영계획과 일관성 있는 학급경영계획이 수립되었는가? | | | | |
| | 3) 담임교사의 교육관이 확립되어 있으며, 학급 특색 교육을 수립하였는가? | | | | |
| 교과 활동 | 4) 교육과정 시간 배당 및 교과별 진도표가 적절하게 수립되었는가? | | | | |
| | 5) 학습평가, 실기평가 계획이 수립되었는가? | | | | |
| 특별 활동 | 6) 학급 어린이회 운영 계획이 구체적으로 수립되었는가? | | | | |
| | 7) 학생의 개성, 소질, 취미를 고려한 클럽 활동 조직과 운영계획이 수립되었는가? | | | | |
| | 8) 학급 역할 분담 계획이 수립되었는가? | | | | |
| | 9) 특별 활동 평가 계획이 수립되었는가? | | | | |
| 재량 활동 | 10) 아동의 흥미를 고려한 창의적인 학교 재량 시간 운영 계획이 수립되어 있는가? | | | | |
| | 11) 학교 재량 시간 평가 계획이 수립되었는가? | | | | |
| 생활 지도 | 12) 생활지도를 위한 기초조사는 되어 있는가? | | | | |
| | 13) 연간, 월간, 주간 행사 지도 계획이 수립되었는가? | | | | |
| 학급 업무 | 14) 학급 사무 처리에 대한 계획이 수립되어 있는가? | | | | |
| | 15) 학급경영안의 활용 계획을 수립하였는가? | | | | |
| 총 합 계 | | ( )/45 = ( )/100 | | | |

### (2) 과정평가

과정평가는 교육활동 실천 전 과정을 평가하여 교육활동 등의 수정 · 보완 · 개선자료를 얻는다. 점수는 3점 척도로 19문항에 57점 만점이다. 점수는 비례식을 적용, 100점으로 환산하여 계산할 수 있다. 예를 들어, 57점 만점에 50점을 얻은 경우 100점으로 환산하여 계산하면 50 : 57 = □ : 100, □ = 50 × 100 ÷ 57 = 88점이 된다.

| 영역 | 평가관점 | 평가척도 | | | 문제점 및 개선 방향 |
|---|---|---|---|---|---|
| | | 3 | 2 | 1 | |
| 학급 경영 계획 | 1) 학교, 학년경영계획과 일관성 있게 학급경영이 실천되며 재구성 · 보완되고 있는가? | | | | |
| | 2) 학급 특색교육 및 행사는 계획대로 잘 실천되고 있는가? | | | | |
| | 3) 학급경영계획은 실천 과정 속에서 계속적으로 재구성 · 보완되고 있는가? | | | | |

| 영역 | 평가관점 | 평가척도 | | | 문제점 및 개선 방향 |
|---|---|---|---|---|---|
| | | 3 | 2 | 1 | |
| 교과 활동 | 4) 교육과정 시간 운영은 계획대로 실천하고 있는가? | | | | |
| | 5) 학습 지도안을 작성 · 활용하는가? | | | | |
| | 6) 교과의 특질에 다른 학습 지도법을 연구 적용하기 위해 노력하는가? | | | | |
| | 7) 학습에 필요한 자료는 최대한 준비 · 활용하는가? | | | | |
| | 8) 기본 학습 훈련 및 부진아 지도를 위해 노력하고 있는가? | | | | |
| | 9) 학습 · 실기평가는 적기에 실시되며, 누가 기록되고 있는가? | | | | |
| 재량 활동 | 10) 재량 활동은 계획대로 운영되고 있는가? | | | | |
| | 11) 재량 활동 평가가 적이하게 이루어지고 있는가? | | | | |
| 특별 활동 | 12) 학급 어린이회, 클럽활동, 학급 역할 분담 활동 운영은 계획대로 실천되고 있는가? | | | | |
| | 13) 평가 결과를 누가 기록 활용하고 있는가? | | | | |
| 생활 지도 | 14) 연간 · 월간 · 주간 행사 계획에 맞추어 실천되고 있는가? | | | | |
| | 15) 기본생활습관 지도는 계속적으로 이루어지고 있는가? | | | | |
| | 16) 행동 발달 상황은 계속 관찰하여 누가 기록하고 있는가? | | | | |
| | 17) 생활 지도를 위한 학부형과의 가정 통신은 지속적으로 이루어지고 있는가? | | | | |
| 학급 업무 | 18) 학급사무는 계획적으로 처리되고 있는가? | | | | |
| | 19) 학급경영안과 제 장부 정리는 적기에 누가 기록하고 있는가? | | | | |
| 총 합 계 | | ( )/57 = ( )/100 | | | |

### (3) 산출평가

산출평가는 교육활동 결과 학생들의 행동이 어떻게 달라졌는가를 측정한다. 점수는 3점 척도로 29문항에 87점 만점이다. 점수는 비례식을 적용, 100점으로 환산하여 계산할 수 있다. 예를 들어, 87점 만점에 80점을 얻은 경우 100점으로 환산하여 계산하면 80 : 87 = □ : 100, □ = 80 × 100 ÷ 87 = 92점이 된다.

| 영역 | 평가관점 | 평가척도 3 | 평가척도 2 | 평가척도 1 | 문제점 및 개선 방향 |
|---|---|---|---|---|---|
| 기본 관점 | 1) 학급의 독자적 특성이 조성되어 있는가? | | | | |
| | 2) 학급운영에 전 학생이 골고루 참여하고 있는가? | | | | |
| 학급 경영 계획 | 3) 학급경영계획은 목표대로 잘 실천되었는가? | | | | |
| | 4) 학급 특색 교육은 효과적이었는가? | | | | |
| | 5) 학급 행사는 계획대로 잘 실천되었는가? | | | | |
| | 6) 학급경영은 부단히 재구성 · 보완되었는가? | | | | |
| 교과 활동 | 7) 교육과정은 계획대로 잘 운영되었는가? | | | | |
| | 8) 교과별 학력 도달도는 목표대로 실천되었는가? | | | | |
| | 9) 학습 지도안 작성 · 활용은 효과적이었는가? | | | | |
| | 10) 교과의 특질에 다른 학습 지도법을 연구 적용하였는가? | | | | |
| | 11) 학습 자료는 최대한 준비 · 활용하였는가? | | | | |
| | 12) 기본 학습 훈련 및 부진아 지도는 효과적으로 이루어졌는가? | | | | |
| | 13) 학습 · 실기평가는 적기에 실시되었으며, 결과를 누가 기록 활용하였는가? | | | | |
| 재량 활동 | 14) 재량 활동은 아동의 흥미를 고려해 창의적이며 계획대로 실천되었는가? | | | | |
| | 15) 재량 활동 평가 목표에 맞게 전 영역에 걸쳐 타당한 평가가 이루어졌는가? | | | | |
| 특별 활동 | 16) 학급 어린이회 운영은 계획대로 이루어졌는가? | | | | |
| | 17) 클럽활동은 학생의 개성, 소질, 취미를 고려하여 이루어졌는가? | | | | |
| | 18) 학교 행사 시 관련 학급 행사 계획을 학년에 맞게 수립하여 실천하였는가? | | | | |
| | 19) 학급 역할 분담 활동은 효과적으로 운영되었는가? | | | | |
| | 20) 특별활동 평가 목표에 맞게 전 영역에 걸쳐 타당한 평가가 이루어졌는가? | | | | |
| 생활 지도 | 21) 연간 · 월간 · 주간 행사 지도 계획대로 실천되었는가? | | | | |
| | 22) 기본 생활 습관 지도는 잘 이루어졌는가? | | | | |
| | 23) 행동 발달 상황은 계속 관찰, 누가 기록되고 아동 지도에 활용되었는가? | | | | |
| | 24) 생활 지도를 위한 학부형과의 가정 통신은 적절히 이루어졌는가? | | | | |
| 학급 업무 | 25) 학급 사무 처리는 잘 이루어졌는가? | | | | |
| | 26) 학급경영안은 교육적으로 활용되었는가? | | | | |
| | 27) 동 학년 협의회에 적극적으로 참여하고 학년 경영에 협조적이었는가? | | | | |
| | 28) 담당 업무는 계획대로 잘 처리되었는가? | | | | |
| | 29) 제 장부 정리는 잘 마감되었는가? | | | | |
| 총 합 계 | | ( )/87 = ( )/100 | | | |

## 다. 빛깔 있는 학급경영

걸핏하면 화를 내는 아들 때문에 고심하던 아버지가 있었다. 그는 아들에게 못을 한 자루 주면서 화가 날 때마다 울타리에 망치질을 하라고 했다. 아들은 첫날 못을 30개 박았다. 그러나 다음날부터는 못의 수가 줄어들었다. 못 박는 것이 너무 힘들어 차라리 화를 참자고 생각한 것이다. 그러자 함부로 화를 내는 버릇이 점점 사라졌다. 어느 날 아버지에게 이제 못을 그만 박겠다고 말했다. 아버지는 이제 자신의 감정을 잘 추슬렀을 때마다 못을 하나씩 뽑으라고 했다. 울타리의 못을 모두 뽑은 날, 아버지는 아들을 보고 말했다. "장하구나. 그런데 울타리에 선명한 못 자국이 보이니? 네가 화나서 내뱉은 말들이 이 자국처럼 누군가에게 흔적을 남긴단다. 말로 다른 사람을 아프게 하는 일이 없도록 해라."

아이들에게 권위를 가지기 위해서는 한 수 위에서 놀아야 한다. 같은 수준에서 놀아서는 안 된다. 그들과 '같은 수준에서 노는' 대표적인 행동이 바로 화를 내는 것이다. 아이들에게 화나는 과정을 살펴보자. 일단 어른들은 아이들이 화나게 만들었기 때문이라고 쉽게 생각한다. 그러나 더 근본적으로 생각해 보면, 어른들 스스로가 무능하기 때문에 화가 나는 것이다. 아이들이 자신의 말을 듣지 않는 상황에서 그 아이들을 자기 뜻에 따라 행동하게 할 능력이 있다면 과연 그때도 화를 내겠는가? 화낼 만한 상황일수록 큰 바위가 되어야 한다. 그런 후에 과연 아이들이 왜 그런 식으로 행동하는지를 생각하여, 그들이 예상하지 못하는 방식으로 행동하는 것이 효과적이다. 아이들이 버릇없는 행동으로 화나게 하면, 잠시 시간적인 여유를 가지고 있다가 어떤 이유가 있어서 그렇게 행동하는지를 물어보라. 평정심을 유지하고 있다는 것을 보여줄 수 있어야 진정 아이들보다 한수 위가 되는 것이다. 그때야 비로소 아이들은 존경의 눈빛을 보이게 된다.

### 1) 체벌

초·중등 교육법시행령에는 교육상 불가피한 경우를 제외하고는 학생에게 신체적 고통을 가하지 아니하는 훈육·훈계 등의 방법을 행하여야 한다고 명시하고 있다. 대법원(2004. 6. 10.)은 체벌의 교육적 의미를 알리지 않은 채 교사의 성격 또는 감정에서 비롯된 지도 행위, 개별적으로 훈계, 훈육의 방법으로 지도할 수 있는 상황이었음에도 공개적으로 학생에게 체벌, 모욕을 가하는 행위, 학생의 신체나 정신건강에 위험한 물건 또는 지도교사의 신체를 이용해 부상의 위험성이 있는 부위를 때리는 행위, 학생의 성별·연령·개인적 사정에 따라 견디기 어려운 모욕감을 주는 행위 등은 사회통념상 체벌이 용인될 수 있을 만한 객관적 타당성으로 보기 어려운 경우라고 보고 있다.

헌법재판소(2006. 7. 27.)에서도 체벌은 교육상 불가피한 경우에만 행해져야 하고, 절차를 준수해야 하며, 방법이 적정하고, 정도가 지나치지 않아야 한다고 명시하고 있다.

교육상 불가피한 경우란 훈육이나 훈계 등 다른 교육적 수단으로는 교정이 불가하여 체벌을 할 수밖에 없는 경우를 말한다. 교사의 성격에서 비롯되거나 감정을 내세워 행해지는 폭력행위는 교육상 필요한 목적을 위한 것이라고 하기 어렵고, 다른 대체수단으로 지도할 수 있음에도 체벌을 하는 경우에는 체벌의 불가피성을 충족하기 어렵다.

절차를 준수하라는 것은 체벌 전에 학생에게 체벌의 목적을 알리고 훈계하여 변명과 반성의 기회를 주고, 신체의 이상 유무를 살핀 후 시행해야 하며, 만약 학칙에서 정한 체벌 절차가 따로 있는 경우에는 특별한 사정이 없는 한 그에 따라야 한다는 것을 의미한다.

방법이 적정해야 한다는 것은 체벌은 부득이한 사정이 없는 한 정해진 체벌도구를 사용해야 하고 위험한 도구나 신체를 이용하여서는 안 되며, 체벌의 장소는 가능한 비공개 장소에서 개별적으로 행해야 한다는 것이다. 또한 체벌부위는 상해가 발생할 위험이 적은 둔부 등이어야 한다. 정도가 지나치지 않아야 한다는 것은 학생의 연령, 개인적인 사정에 따라 받아들일 수 있는 정도이어야 하고, 특히 견디기 어려운 모욕감을 주어서는 안 된다는 것을 의미한다.

### 2) 칭찬과 벌

수업활동 중 칭찬은 학생들에게 행복감과 자신감, 학습의욕을 불러일으키며, 자아발달을 촉진시키는 계기가 된다. 효과적인 칭찬 방법을 제시하면 다음과 같다. 첫째, 칭찬은 즉흥적인 판단보다 일정한 계획하에 제공하는 것이 바람직하다. 둘째, 교사 자신이 여유로운 마음가짐을 가져야 한다. 셋째, 칭찬은 기법을 익히는 것이 아니라, 학습자의 심리를 이해하고 공감의 능력을 키워 가면서 유머와 칭찬을 생활화해야 한다. 넷째, 칭찬은 적절한 시기가 있어 즉시 칭찬하는 것이 가장 좋다. 다섯째, 칭찬은 구체적으로 해야 한다. 모호하거나 과장된 표현, 평가적인 칭찬은 삼가며, 구체적으로 칭찬하는 것이 좋다. 소박하고 진실한 칭찬이 학생들의 마음에 더 닿는다. 여섯째, 학생들의 자존심을 길러 주는 칭찬이어야 한다.

벌은 강화보다 비효과적이며, 단순한 행동의 억압이므로 피치 못할 경우에 한하여 벌을 준다. 행동을 인도하는 데는 약한 벌이 효과적이나 약한 벌이라도 일관성 있게 해야 한다. 또한 즉각적인 처벌이 효과적이고 처벌하고 나서 보상하지 말아야 하며, 처벌한 반응에 대해 받아들일 수 있는 대안을 제공하여야 한다.

### 3) 모둠 구성

학급의 모둠은 학급에 따라 다양하게 구성할 수 있다. 일반적으로 다음과 같이 구성할 수 있다(부산광역시 교육연구정보원, 2007).

첫째, 독서 모둠은 중학생이 읽을 만한 좋은 책을 선정하는 일, 학생과 학부모님들께 좋은 책을 추천 받아 학급문고를 마련하는 일, 학급문고 책을 대출해주고 반납하는 일, 금주의 베스트셀러를 찾아 알려 주는 일, 독서 퍼즐·독서 퀴즈 대회 등 좋은 책을 많이 읽을 수 있는 계기를 마련해 주는 일 등을 한다.

둘째, 정보 모둠은 학급 홈페이지를 만들고, 매일 관리하여 사이버상에 친구들과 선생님, 부모님들이 항상 들어오고 싶도록 게시판을 관리하고, 유용한 자료, 사진, 글 등을 올려놓는 일, 친구들이 평소에 쓴 글, 감상문, 기행문, 소감문, 생활문 등을 모아서 2월말에 학급문집을 만들 때 입력 및 편집을 하는 일 등을 한다.

셋째, 환경 모둠은 아름답고 깨끗하며 살기 좋은 환경이 되도록 교실을 꾸미고 관리하는 일, 게시판 꾸미기, 예쁜 화초 기르기, 모종 키우기, 청소도구와 학급물품을 관리하는 일 등을 한다.

넷째, 체육 모둠은 일주일에 한 번씩 아침 시간에 학급 친구들에게 즐거운 노래와 놀이 등을 가르쳐주고, 학급 행사가 있을 때 게임이나 퀴즈 대회를 여는 일 등을 한다.

다섯째, 학습 모둠은 학생들이 학급에서 정한 규칙과 학교의 규칙을 잘 지켜서 바르게 생활할 수 있도록 돕는 모둠으로 지각생 단속, 복장, 머리, 실내화, 실내 정숙 등을 지도하고, 학급 내 싸움이라든가, 사건이 있을 때 앞장서서 고민하고 해결하는 일 등을 한다.

여섯째, 봉사 모둠은 학교에서 나눠주는 각종 인쇄물, 홍보물 등을 나눠주고 걷는 등 선생님을 도와 일을 처리하며, 예절노트 관리, 성적표 파일 관리, 명상의 시간 파일 관리하는 일, 봉사활동 계획을 세운 후, 봉사가 필요한 곳(고아원, 양로원, 복지관, 동사무소, 자원봉사센터 등)을 방문하여 위문활동, 봉사활동, 거리 청소활동 등을 한다.

친구들과 하는 재미있는 모둠놀이로는 다음과 같은 활동이 있다.

| 놀이명 | 진행방법 | 예상 시간 | 유의점 |
|---|---|---|---|
| ○, × 퀴즈 | ① ○, ×형태의 문제를 내고 선택하도록 한다.<br>② 문제를 낸 후 제한 시간을 주어야 아쉬움과 기쁨이 크다. | 15 | 답이 아리송하지 않도록 주의한다. |
| 기억을 되살려라 | ① 동물, 사물, 위인, 식물, 산 이름, 꽃 이름 등을 약 20개 적힌 카드를 한 번만 읽어 준다.<br>② 일정한 시간(1분 정도)을 주어 그 이름들을 쓰게 한다. | 15 | ① 집중력을 높인다.<br>② 꼭 한 번만 읽어 준다. |
| 모둠별 장기자랑 | ① 모둠별로 개인이든, 모둠이든 장기자랑을 준비하도록 한다.<br>② 여러 가지도 관계없이 한다. | 25 | 모두 참여하도록 유도한다. |
| 도전 50곡 | ① 가요, 동요, 꽝, 벌칙 등을 순서 없이 만든 칸에 써 넣는다.<br>② 각 모둠별로 돌아가면서 선택을 하고 모둠원 전체가 주어진 대로 한다. | 25 | 공정한 심사가 될 수 있도록 한다. |

| 놀이명 | 진행방법 | 예상 시간 | 유의점 |
|---|---|---|---|
| 사구 동성 | ① 각 모둠에게 한 가지 낱말을 제시한다.<br>② 각 모둠에서 네 명씩 참가자를 선정한다.<br>③ 각각 하나의 낱말을 동시에 크게 소리친다.<br>④ 듣는 모둠들은 그 낱말을 맞춘다. | 20 | 반드시 똑같이 외치도록 한다. |
| 양파링 먹기 | ① 모둠별로 일렬로 늘어선다.<br>② 처음 사람은 젓가락으로 양파링을 걸어 다음 사람에게 넘긴다.<br>③ 맨 마지막 사람은 넘어온 양파링을 먹는다.<br>④ 제일 많이 먹은 모둠이 이긴다. | 20 | ① 시간제한<br>② 도중에 떨어뜨린 것은 소용이 없다. |

### 4) 주의 집중 아이디어

주의 집중을 위한 아이디어로는 맥박재기, 소리 없는 출석 부르기, 소리듣기, 청개구리, 쿵따, 몸 표현, 양팔 기차놀이 등이 있다.

| | |
|---|---|
| 맥박 재기 | 공부를 시작하기 전이나 모임이 있을 때 지도자나 사회자에게 주의를 집중시켜야 할 필요성을 많이 느끼게 된다. 이때 자기의 손목이나 가슴에 손을 대고 1분이나 2분 정도의 시간을 주고 몸의 맥박이 몇 번이나 뛰고 있는지 재어 보게 한다. |
| 소리 없는 출석 부르기 | 이름을 불러 준다는 것은 사소한 것인데도 아이들이 예상외로 좋아한다. 그리고 이름을 부른 후 눈을 마주치고 웃도록 해보자. 하루가 즐겁지 않을까? ☞ 1단계: 출석부대로 부른다. ▶ 2단계: 어떤 규칙으로(대각선, 4의 배수 등) 부르다 멈추고 다음은 누구일까 하면서 맞추기 하기 ▶ 3단계: 아주 작은 소리로 ▶ 4단계: 소리 없는 출석(입 모양만 크게 하여 부르고 불린 학생은 자신의 이름이나 별칭으로 대답) |
| 소리 듣기 | 눈을 감고 주변에서 들리는 소리 다섯 개 이상 찾기(시계, 옆 교실 선생님의 말소리, 운동장의 아이들 소리, 옆 친구의 숨소리, 침 삼키는 소리 등), 들은 소리 중 자기만 들었을 것 같은 소리 발표. |
| 청개구리 | 선생님이 행동을 반대로 하는 것. 예) 손 위로(교) – 손 아래(아), 벌리면(교) – 오므리고(아) |
| 쿵 따 | 주의 집중용 놀이: 선생님이 '쿵' 하면, 학생은 '따' 하고, 선생님이 '쿵쿵' 하면, 학생은 '따따' 하고, '쿵따' 하면 '따쿵'이라고 리드미컬하게 한다. 반대로 하기 위해 정신을 집중하게 된다. |
| 몸 표현 | 속담, 노래 제목, 영화 제목 등을 한 학생이 나와 몸동작으로 표현하여 맞추는 놀이 |
| 양 팔 기차놀이 | 교사가 양팔을 길게 뻗어 앞으로 뒤로 또는 위로 아래로 교대로 움직이게 하는 놀이이며, 때로는 교사와 반대가 되게 동작을 시키기도 한다. |

### 5) 연간 계획표

학교의 행사에 따라 담임이 준비할 일을 연간 계획표로 살펴보면 다음과 같다.

〈표 9-4〉 연간 계획표 예시

| 1학기 | | | | | |
|---|---|---|---|---|---|
| 월 | 주 | 기간 | 학교행사 · 기념일 | 학급의 일 | 담임이 준비할 일 |
| 3월<br>새로운 만남,<br>새 출발에 대한 기대 드러내기 | 1 | 1~2 | 3 · 1절, 입학식(2) | • 첫인사 – 학부모와 인사<br>• 번호정하기, 좌석배치, 임시반장 선출<br>• 인적사항 조사서 배부 | • 담임 인사말 – 담임 소개서<br>• 3월 중 계획서 / 연간 학급경영계획서 |
| | 2 | 4~9 | 학생 기초 조사 | • 자기소개 시간<br>• 자기 소개서 작성<br>• 나의 성장기 작성<br>• 선거관리위원회 구성<br>• 주번, 청소 구역 및 활동안내<br>• 반장 입후보 | • 자기 소개서, 성장기 양식 준비<br>• 이름 외우기, 인적 사항 파악<br>• 아침시간 자기소개 시간 진행<br>• 반장선거의 의미와 절차에 관하여 / 선관위의 역할<br>• 인사말 및 학급경영계획, 3월 일정, 설문조사 |
| | 3 | 11~16 | 정부반장 선출<br>클럽활동 조직 | • 반장선거 및 학급회 부서 조직<br>• 모둠 편성 및 모둠장 면담<br>• 급훈 / 반가 / 학급 규칙 정하기<br>• 개인상담 시작 | • 반장 후보 면담 및 선관위 면담<br>• 개인상담 일정표<br>• 모둠 활동 안내 및 신청서<br>• 좋은 급훈이란?<br>• 학급회조직 및 학운위 홍보 |
| | 4 | 18~23 | 학부모총회<br>학교운영위원 선출 | • 학부모 총회 안내장 발송 및 학부모 면담 – 개인 상담 | • 학부모 총회 내용 준비<br>• 학부모 단체 조직 |
| | 5 | 25~30 | 환경정리 | • 모둠별 게시판 및 교실 환경 정비<br>• 모둠별 면담 | • 교실 물품, 시설 수리 보수<br>• 3월 평가 및 수련회 안내 |
| 4월<br>소집단 안에서의 나<br>–모둠과 나 | 6 | 1~6 | 1학년 수련회(2~4)<br>소풍, 식목일(5) | • 가정방문 안내서 | • 수련활동 안내<br>• 수련회 결과 및 가정방문 안내 |
| | 7 | 8~13 | 과학의 달 행사 | • 홈페이지 제작 계획<br>• 학급 봉사활동 계획 | • 가정방문 희망조사 및 시간 약속 |
| | 8 | 15~20 | 영어 듣기평가 | • 가정방문<br>• 학급문고 마련 계획 | • 학급문고 운영에 관한 협조 |
| | 9 | 22~27 | | • 중간고사 일정 안내 | • 학습태도 및 시험일정에 관하여 |
| 5월<br>소중한 사람들에 대한 고마움<br>–가족과 스승 | 10 | 2~4 | 모범학생표창 | | |
| | 11 | 6~11 | 어린이날(5)<br>어버이날(8) | • 어버이날 편지쓰기<br>• 선생님께 편지쓰기 | |
| | 12 | 13~18 | 중간고사(13, 14)<br>스승의 날(15) | • 1학기 중간 평가<br>• 학급 단합대회(체육행사) | • 시험 준비 과정 평가하기 |
| | 13 | 20~25 | 석가탄신일(19) | • 학급 봉사활동 | • 12(성적표, 1학기 중간 평가) |

| 1학기 | | | | | |
|---|---|---|---|---|---|
| 월 | 주 | 기간 | 학교행사 · 기념일 | 학급의 일 | 담임이 준비할 일 |
| 6월<br>더 큰 우리를 알자<br>-민족과 통일 | 14 | 27~1 | 1학년 체험학습 | | |
| | 15 | 3~8 | 현충일(6) | | |
| | 16 | 10~15 | 개교기념일(10) | • 통일을 주제로 한 학급활동 | |
| | 17 | 17~22 | 영어듣기평가 | • 기말고사 일정 안내 및 계획 세우기 | • 기말고사 일정 |
| | 18 | 24~29 | | • 1학기 평가계획 세우기 | • 6월 평가 |
| 7월<br>1학기를 마치며<br>-평가와 계획 | 19 | 1~6 | 기말고사(3~5) | • 기말고사를 마치고 | |
| | 20 | 8~13 | | • 1학기 종합 생활 평가<br>• 방학생활 계획 세우기 | • 성적표, 방학생활 안내 및 계획세우기 |
| | 21 | 15~20 | 방학식(20) | • 성적표발송 | • 20(방학을 알차게) |
| 8월 | 22 | 26~31 | 개학식(23) | • 방학 때 편지하기 / 방학소감문 작성 / 방학과제 | • 방학 체험 나누기 준비<br>• 2학기 학급경영계획 |

| 2학기 | | | | | |
|---|---|---|---|---|---|
| 월 | 주 | 기간 | 행사/기념일 | 학급의 일 | 담임이 준비할 것 |
| 9월<br>뿌리를 찾아서<br>-추석 효 체험학습 | 23 | 2~7 | 1학년 체험학습(7) | • 새 학기 계획<br>• 자리 배치<br>• 새로운 모둠 편성, 모둠 활동 월간 계획<br>• 새 모둠장 면담 | • 2학기 생활목표 및 계획<br>• 2학기 주요 일정 안내<br>• 2학기 모둠 편성 안내<br>• 2학기(주 1회, 일정 안내 및 학급 일 의논) |
| | 24 | 9~14 | 독서의 달 행사<br>체력장 | • 모둠별 면담<br>• 모둠별 게시판 정리<br>• 독서의 달 행사 참여 | • 모둠 편성 후 모둠역할 및 2학기 모둠활동 계획<br>• 모둠장 회의(월 2회)<br>• 게시판 정리 계획 |
| | 25 | 16~21 | 중추절(20~22)<br>임시휴교(19, 23) | • 추석 가정 체험학습<br>• 중간고사 계획세우기 | • 추석맞이 가정 효체험학습지 |
| | 26 | 23~28 | 영어듣기평가<br>환경심사 | • 추석 소감 나누기<br>• 보고서 및 사진 제출 | • 체력검사 촬영 |
| 10월<br>힘과 마음을 모아<br>-우리들의 축제 만들기 | 27 | 30~5 | 개천절(3)<br>예절 노트 시상 | • 모둠 활동 월간 계획<br>• 학급지 제작 계획 | • 학급지 제작을 위한 기초 자료 정리 |
| | 28 | 7~12 | 중간고사(4, 5, 7)<br>1학년 체험학습(12) | • 중간고사 준비과정 평가<br>• 학교축제 참여 계획 | • 학교축제 부문 및 일정 안내<br>• 축제 준비팀 구성 |
| | 29 | 14~19 | 영어듣기평가,<br>건강진단 검사<br>아나바다행사 | • 체육대회 참여(응원계획, 가장 행렬, 학급대항놀이)<br>• 소풍계획 | • 행사 촬영, 기록 계획<br>• 소풍 계획 세우기(일정, 프로그램) |
| | 30 | 21~26 | 2학년 수학여행<br>(21~23)<br>추계 소풍(22) | • 소풍을 다녀와서<br>• 성적표 발송 | • 소풍 촬영<br>• 학생의 날 행사 준비 |

| 2학기 | | | | | |
|---|---|---|---|---|---|
| 월 | 주 | 기간 | 행사/기념일 | 학급의 일 | 담임이 준비할 것 |
| 11월<br>자치와 참여<br>-우리의<br>권리 | 31 | 28~2 | 학생의 날(3)<br>모범학생표창<br>1학년 체험학습(2) | • 학생의 날 주간 행사<br>• 모둠 활동 월간 계획 | • 학생의 날 행사(훈화, 학급토론회, 퀴즈대회, 외부 행사에 참여) |
| | 32 | 4~9 | 대학수능시험(6) | • 학급문집 제작 일정 의논 | • 기존 학급문집 돌려보기<br>• 학급문집의 내용, 구성, 제목, 편집위 구성 일정 세우기 |
| | 33 | 11~16 | 3학년 기말 고사<br>(12~14) | • 문집 편집위원회 구성 | • 편집 계획 세우기 |
| | 34 | 18~23 | | • 학급 자체 독서 행사<br>• 기말고사 계획 세우기 | • 독서 행사 계획(학기 초부터 준비-담당 모둠과 의논) |
| | 35 | 25~30 | 학생회장 선거 | • 학생회장 선거를 마치고 | |
| 12월<br>한 해를<br>마치며<br>-평가와<br>계획 | 36 | 2~7 | 1, 2학년 기말고사<br>(3~5)<br>불우이웃돕기 | • 모둠 활동 월간 계획<br>• 기말고사를 마치고<br>• 불우이웃 돕기 참여 | • 학기말 성적 면담계획 |
| | 37 | 9~14 | 졸업사정회 | • 방학 계획 세우기(학습, 봉사, 여가, 체험)<br>• 한 해를 돌아보며(개인, 모둠, 학급 평가) | • 학기말 마무리 행사 계획 세우기<br>• 생활기록부 보조 자료 점검 |
| | 38 | 16~21 | 방학(21)<br>성탄절(25) | • 1년 마무리 행사(10대 사건, 각 부문 인물, 크리스마스카드 만들기, 과자로 만든 집)<br>• 성적표 발송<br>• 방학 일정 세우기 | • 방학 일정 점검(문집, 소집일)<br>• 방학 때 편지쓰기<br>• 학년말 업무(생활기록부, 사정회 등 준비, 교실 정리정돈) |
| 2월<br>다음 만남을<br>기약하며 | 39 | 3~8 | 개학식(4)<br>진급 사정회 | • 방학 소감 나누기<br>• 봉사활동 확인 | • 학급문집 인쇄 |
| | 40 | 10~15 | 졸업식(13)<br>종업식(15) | • 1학년을 마치며<br>• 문집 발간<br>• 출판 기념회 겸 종업식 | • 문집 발간 및 학년 마무리<br>• 반장 부반장, 모둠장 면담 |
| | 41 | 17~22 | 신학기 준비 | | • 교무분장, 담임배정에 따른 신학기 업무 준비 |

강원근(2008). 학급경영. 서울: 교육과학사.

김진한(2009). 교사를 위한 교직실무. 서울: 학지사.

박남기, 김근영(2007). 학부모와 함께하는 학급경영. 서울: 태일사.

부산광역시교육연구정보원(2007). 부산교육총서(제23집) 교육실무매뉴얼. 부산광역시교육청.

부산광역시서부교육청(2009). 빛깔 있는 학급경영. 부산광역시교육청.

송기창, 김민조, 김병주, 김병찬, 김성기(2009). 중등 교직실무. 서울: 학지사.

전국교직원노동조합(2005). 새내기 교사 첫걸음 길눈이 자료집. 전국교직원노동조합.

James, L., & James, N.(2007). *Principles of Classroom Management: A Professional Decision-Making Model* (5th ed.). Pearson Education.

예은이네: http://picture.edumoa.com

CHAPTER

# 10

# 교육과정

## 성호 선생의 교육사상

벼를 심으면 벼를 수확하고 보리를 심으면 보리를 수확한다. 벼를 심어서 보리를 수확하는 일은 없다. 나라에서 군자(君子)를 심는 것은 또한 이와 같다. 소인을 심으면서 군자가 되기를 기다리는 그런 이치가 있겠는가? 심은 것은 어떻게 할 것인가 북돋아서 기를 뿐이다.

내가 사람들의 외어 읽는 것을 많이 보았는데, 기억력이 같지 않아서 귀로 기억하는 자가 있고 눈으로 기억하는 자가 있고 입으로 기억하는 자가 있어 각각 그 장점이 다르다. 그런가 하면 당장에는 잘 외는데, 오래 간직하지 못하는 자가 있고 급히 못 외는데도 오래도록 잊어버리지 않는 자도 있으니 이것이 다 심력의 차이가 있기 때문이다.

『星湖先生文集』 중에서

# 1. 2022년 개정 교육과정의 개요

## 가. 교육과정 구성의 방향

### 1) 추구하는 인간상

우리나라의 교육은 홍익인간의 이념 아래 모든 국민으로 하여금 인격을 도야하고, 자주적 생활 능력과 민주시민으로서 필요한 자질을 갖추어 인간다운 삶을 영위하고, 민주 국가의 발전과 인류 공영의 이상을 실현할 수 있도록 함을 목적으로 한다.

이러한 교육 이념과 교육 목적을 바탕으로, 2022년 개정 교육과정이 추구하는 인간상은 다음과 같다.

① 전인적 성장을 바탕으로 자아정체성을 확립하고 자신의 진로와 삶을 스스로 개척하는 자기주도적인 사람

② 폭넓은 기초 능력을 바탕으로 진취적 발상과 도전을 통해 새로운 가치를 창출하는 창의적인 사람

③ 문화적 소양과 다원적 가치에 대한 이해를 바탕으로 인류 문화를 향유하고 발전시키는 교양 있는 사람

④ 공동체 의식을 바탕으로 다양성을 이해하고 서로 존중하며 세계와 소통하는 민주시민으로서 배려와 나눔, 협력을 실천하는 더불어 사는 사람

### 2) 핵심역량

추구하는 인간상을 구현하기 위한 2022년 개정 교육과정의 핵심역량은 다음과 같다.

① 자아정체성과 자신감을 가지고 자신의 삶과 진로를 스스로 설계하며 이에 필요한 기초 능력과 자질을 갖추어 자기주도적으로 살아갈 수 있

는 자기관리 역량

② 문제를 합리적으로 해결하기 위하여 다양한 영역의 지식과 정보를 깊이 있게 이해하고 비판적으로 탐구하며 활용할 수 있는 지식정보처리 역량

③ 폭넓은 기초 지식을 바탕으로 다양한 전문 분야의 지식, 기술, 경험을 융합적으로 활용하여 새로운 것을 창출하는 창의적 사고 역량

④ 인간에 대한 공감적 이해와 문화적 감수성을 바탕으로 삶의 의미와 가치를 성찰하고 향유하는 심미적 감성 역량

⑤ 다른 사람의 관점을 존중하고 경청하는 가운데 자신의 생각과 감정을 효과적으로 표현하며 상호협력적인 관계에서 공동의 목적을 구현하는 협력적 소통 역량

⑥ 지역 · 국가 · 세계 공동체의 구성원에게 요구되는 개방적 · 포용적 가치와 태도로 지속 가능한 인류 공동체 발전에 적극적이고 책임감 있게 참여하는 공동체 역량

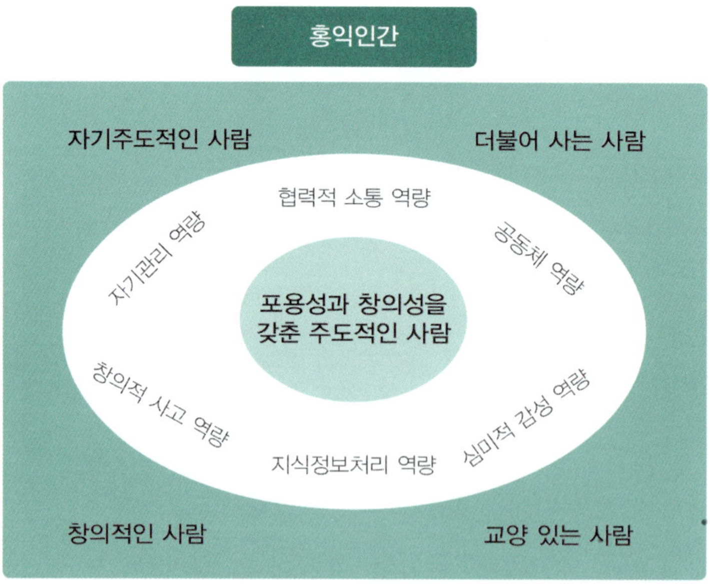

### 3) 교육과정의 배경

① 인공지능 기술 발전에 따른 디지털 전환, 감염병 대유행 및 기후·생태환경 변화, 인구 구조 변화 등에 의해 사회의 불확실성이 증가하고 있다.

② 사회의 복잡성과 다양성이 확대되고 사회적 문제를 해결하기 위한 협력의 필요성이 증가함에 따라 상호 존중과 공동체 의식을 함양하는 것이 더욱 중요해지고 있다.

③ 학생 개개인의 특성과 진로에 맞는 학습을 지원해 주는 맞춤형 교육에 대한 요구가 증가하고 있다.

④ 교육과정 의사 결정 과정에 다양한 교육 주체들의 참여를 확대하고 교육과정 자율화 및 분권화를 활성화해야 한다는 요구가 높아지고 있다.

### 4) 교육과정 구성의 중점

2022년 개정 교육과정은 우리나라 교육과정이 추구해 온 교육 이념과 인간상을 바탕으로, 미래 사회가 요구하는 핵심역량을 함양하여 포용성과 창의성을 갖춘 주도적인 사람으로 성장하게 하는 데 중점을 둔다.
이를 위한 교육과정 구성의 중점은 다음과 같다.

① 디지털 전환, 기후·생태환경 변화 등에 따른 미래 사회의 불확실성에 능동적으로 대응할 수 있는 능력과 자신의 삶과 학습을 스스로 이끌어 가는 주도성을 함양한다.

② 학생 개개인의 인격적 성장을 지원하고, 사회 구성원 모두의 행복을 위해 서로 존중하고 배려하며 협력하는 공동체 의식을 함양한다.

③ 모든 학생이 학습의 기초인 언어·수리·디지털 기초소양을 갖출 수 있도록 하여 학교 교육과 평생 학습에서 학습을 지속할 수 있게 한다.

④ 학생들이 자신의 진로와 학습을 주도적으로 설계하고, 적절한 시기에 학습할 수 있도록 학습자 맞춤형 교육과정 체제를 구축한다.

⑤ 교과 교육에서 깊이 있는 학습을 통해 역량을 함양할 수 있도록 교과

간 연계와 통합, 학생의 삶과 연계된 학습, 학습에 대한 성찰 등을 강화한다.

⑥ 다양한 학생 참여형 수업을 활성화하고, 문제 해결 및 사고의 과정을 중시하는 평가를 통해 학습의 질을 개선한다.

⑦ 교육과정 자율화 · 분권화를 기반으로 학교, 교사, 학부모, 시 · 도 교육청, 교육부 등 교육 주체들 간의 협조 체제를 구축하여 학습자의 특성과 학교 여건에 적합한 학습이 이루어질 수 있도록 한다.

## 나. 학교 급별 교육목표

### 1) 초등학교 교육목표

초등학교 교육은 학생의 일상생활과 학습에 필요한 기본 습관 및 기초 능력을 기르고 바른 인성을 함양하는 데 중점을 둔다.

① 자신의 소중함을 알고 건강한 생활 습관을 기르며, 풍부한 학습 경험을 통해 자신의 꿈을 키운다.

② 학습과 생활에서 문제를 발견하고 해결하는 기초 능력을 기르고, 이를 새롭게 경험할 수 있는 상상력을 키운다.

③ 다양한 문화 활동을 즐기며 자연과 생활 속에서 아름다움과 행복을 느낄 수 있는 심성을 기른다.

④ 일상생활과 학습에 필요한 규칙과 질서를 지키고 서로 돕고 배려하는 태도를 기른다.

### 2) 중학교 교육목표

중학교 교육은 초등학교 교육의 성과를 바탕으로, 학생의 일상생활과 학습에 필요한 기본 능력을 기르고, 바른 인성 및 민주시민의 자질을 함양하는 데 중점을 둔다.

① 심신의 조화로운 발달을 바탕으로 자아존중감을 기르고, 다양한 지식과

경험을 통해 책임감을 가지고 적극적으로 삶의 방향과 진로를 탐색한다.

② 학습과 생활에 필요한 기본 능력 및 문제 해결력을 바탕으로, 도전정신과 창의적 사고력을 기른다.

③ 자신을 둘러싼 세계에서 경험한 내용을 토대로 우리나라와 세계의 다양한 문화를 이해하고 공감하는 태도를 기른다.

④ 공동체 의식을 바탕으로 타인을 존중하고 서로 소통하는 민주시민의 자질과 태도를 기른다.

### 3) 고등학교 교육목표

고등학교 교육은 중학교 교육의 성과를 바탕으로, 학생의 적성과 소질에 맞게 진로를 개척하며 세계와 소통하는 민주시민으로서의 자질을 함양하는 데 중점을 둔다.

① 성숙한 자아의식과 인간의 존엄성에 대한 존중을 바탕으로 일의 가치를 이해하고, 자신의 진로에 맞는 지식과 기능을 익히며 평생 학습의 기본 능력을 기른다.

② 다양한 분야의 지식과 경험을 융합하여 창의적으로 문제를 해결하고, 새로운 상황에 능동적으로 대처하는 능력을 기른다.

③ 다양한 문화에 대한 이해를 바탕으로 자신의 삶을 성찰하고 새로운 문화 창출에 기여할 수 있는 자질과 태도를 기른다.

④ 국가 공동체에 대한 책임감을 바탕으로 배려와 나눔을 실천하며 세계와 소통하는 민주시민으로서의 자질과 태도를 기른다.

## 다. 학교 급별 교육과정 편성·운영의 기준

### 1) 기본사항

① 초등학교 1학년부터 중학교 3학년까지의 공통 교육과정과 고등학교 1학년부터 3학년까지의 학점 기반 선택 중심 교육과정으로 편성·운영

한다.

② 학교는 학교 교육과정 편성 · 운영 계획을 바탕으로 학년(군)별 교육과정 및 교과(군)별 교육과정을 편성할 수 있다.

③ 학년 간 상호 연계와 협력을 통해 학교 교육과정을 유연하게 편성 · 운영할 수 있도록 학년군을 설정한다.

④ 공통 교육과정의 교과는 교육 목적상의 근접성, 학문 탐구 대상 또는 방법상의 인접성, 생활양식에서의 연관성 등을 고려하여 교과(군)로 재분류한다.

⑤ 고등학교 교과는 보통 교과와 전문 교과로 구분하며, 학생들의 기초소양 함양과 기본 학력을 보장하기 위하여 보통 교과에 공통 과목을 개설하여 모든 학생이 이수하도록 한다.

⑥ 교과와 창의적 체험활동의 내용 배열은 반드시 따라야 할 학습 순서를 의미하는 것은 아니며, 학생의 관심과 요구, 학교의 실정과 교사의 필요, 계절 및 지역의 특성 등에 따라 각 교과목의 학년군별 목표 달성을 위해 지도 내용의 순서와 비중, 교과 내 또는 교과 간 연계 지도 방법 등을 조정하여 운영할 수 있다.

⑦ 학업 부담을 적정화하고 의미 있는 학습 활동이 이루어질 수 있도록 학기당 이수 교과목 수를 조정하여 집중이수를 실시할 수 있다.

⑧ 학교는 학교급 간 전환기의 학생들이 상급 학교의 생활 및 학습을 준비하는 데 필요한 교육을 지원하기 위해 진로연계교육을 운영할 수 있다.

⑨ 범교과 학습 주제는 교과와 창의적 체험활동 등 교육 활동 전반에 걸쳐 통합적으로 다루도록 하고, 지역사회 및 가정과 연계하여 지도한다.

> 안전 · 건강 교육, 인성 교육, 진로 교육, 민주시민 교육, 인권 교육, 다문화 교육, 통일 교육, 독도 교육, 경제 · 금융 교육, 환경 · 지속가능발전 교육

⑩ 학교는 가정과 학교, 사회에서의 위험 상황을 알고 대처할 수 있도록 체험 중심의 안전교육을 관련 교과와 창의적 체험활동과 연계하여 운영한다.

⑪ 학교는 필요에 따라 계기 교육을 실시할 수 있으며, 이 경우 계기 교육 지침에 따른다.

⑫ 학교는 필요에 따라 원격수업을 실시할 수 있으며, 이 경우 원격수업 운영 기준은 관련 법령과 지침에 따른다.

⑬ 시 · 도 교육청과 학교는 필요에 따라 이 교육과정에 제시되어 있는 과목 외에 새로운 과목을 개설할 수 있다. 이 경우 시 · 도 교육감이 정하는 지침에 따라 사전에 필요한 절차를 거쳐야 한다.

⑭ 특수교육 대상 학생에 대해서는 이 교육과정 해당 학년군의 편제와 시간(학점 배당)을 따르되, 학생의 교육적 요구를 고려하여 특수교육 교육과정의 교과(군) 내용과 연계하거나 대체하여 수업을 설계 · 운영할 수 있다.

## 2) 초등학교

### (1) 편제와 시간 배당 기준

#### ① 편제

가) 초등학교 교육과정은 교과(군)와 창의적 체험활동으로 편성한다.

나) 교과(군)는 국어, 사회/도덕, 수학, 과학/실과, 체육, 예술(음악/미술), 영어로 한다. 다만, 1, 2학년의 교과는 국어, 수학, 바른 생활, 슬기로운 생활, 즐거운 생활로 한다.

다) 창의적 체험활동은 자율 · 자치 활동, 동아리 활동, 진로 활동으로 한다.

② 시간 배당 기준

<table>
<tr><th colspan="2">구 분</th><th>1~2학년</th><th>3~4학년</th><th>5~6학년</th></tr>
<tr><td rowspan="8">교과(군)</td><td>국어</td><td rowspan="2">국어 482</td><td>408</td><td>408</td></tr>
<tr><td>사회/도덕</td><td>272</td><td>272</td></tr>
<tr><td>수학</td><td>수학 256</td><td>272</td><td>272</td></tr>
<tr><td>과학/실과</td><td>바른 생활 144</td><td>204</td><td>340</td></tr>
<tr><td>체육</td><td rowspan="2">슬기로운 생활 224</td><td>204</td><td>204</td></tr>
<tr><td>예술(음악/미술)</td><td>272</td><td>272</td></tr>
<tr><td>영어</td><td>즐거운 생활 400</td><td>136</td><td>204</td></tr>
<tr><td>소계</td><td>1,506</td><td>1,768</td><td>1,972</td></tr>
<tr><td colspan="2">창의적 체험활동</td><td>238</td><td>204</td><td>204</td></tr>
<tr><td colspan="2">학년군별 총 수업 시간 수</td><td>1,744</td><td>1,972</td><td>2,176</td></tr>
</table>

① 1시간의 수업은 40분을 원칙으로 하되, 기후 및 계절, 학생의 발달 정도, 학습 내용의 성격, 학교 실정 등을 고려하여 탄력적으로 편성·운영할 수 있다.
② 학년군의 교과(군)별 및 창의적 체험활동 시간 배당은 연간 34주를 기준으로 2년간의 기준 수업 시수를 나타낸 것이다.
③ 학년군별 총 수업 시간 수는 최소 수업 시수를 나타낸 것이다.
④ 실과의 수업 시간은 5~6학년 과학/실과의 수업 시수에만 포함된다.
⑤ 정보교육은 실과의 정보영역 시수와 학교자율시간 등을 활용하여 34시간 이상 편성·운영한다.

### (2) 교육과정 편성 운영 기준

① 학교는 학년(군)별 교과(군)와 창의적 체험활동의 수업 시수를 학년별, 학기별로 자율적으로 편성할 수 있다.

가) 학교는 학생이 학년(군)별로 이수해야 할 교과를 학년별, 학기별로 편성하여 학생과 학부모에게 안내한다.

나) 학교는 모든 교육 활동을 통해 학생이 기본 생활 습관, 기초 학습 능력, 바른 인성을 함양할 수 있도록 교육과정을 편성·운영한다.

다) 학교는 학교의 특성, 학생·교사·학부모의 요구 및 필요에 따라 자율적으로 교과(군)별 및 창의적 체험활동의 20% 범위 내에서 시수를 증감하여 편성·운영할 수 있다. 단, 체육, 예술(음악/미술) 교과는 기준 수업 시수를 감축하여 편성·운영할 수 없다.

라) 학교는 교육의 효과를 높이기 위하여 필요한 경우 학년별, 학기별로 교과 집중이수를 실시할 수 있다.

마) 학교는 창의적 체험활동의 영역을 학생들의 발달 수준, 학교의 여건 등을 고려하여 학년(군)별로 자율적으로 편성·운영한다.

② 학교는 모든 학생의 학습 기회를 보장할 수 있도록 학교 교육과정을 편성·운영한다.

가) 학교는 각 교과의 기초적, 기본적 요소들이 체계적으로 학습되도록 교육과정을 편성·운영한다. 특히 국어사용 능력과 수리 능력의 기초가 부족한 학생들을 대상으로 기초 학습 능력 향상을 위한 별도의 프로그램을 편성·운영할 수 있다.

나) 전입 학생이 특정 교과를 이수하지 못할 경우, 시·도 교육청과 학교에서는 보충 학습 과정 등을 통해 학습 결손이 발생하지 않도록 한다.

다) 학년을 달리하는 학생을 대상으로 복식 학급을 편성·운영하는 경우에는 교육 내용의 학년별 순서를 조정하거나 공통 주제를 중심으로 교재를 재구성하여 활용할 수 있다.

③ 학교는 3~6학년별로 지역과 연계하거나 다양하고 특색 있는 교육과정 운영을 위해 학교자율시간을 편성·운영한다.

가) 학교자율시간을 활용하여 이 교육과정에 제시되어 있는 교과 외에 새로운 과목이나 활동을 개설할 수 있으며, 이 경우 시·도 교육감이 정하는 지침에 따라 사전에 필요한 절차를 거쳐야 한다.

나) 학교자율시간에 운영하는 과목과 활동의 내용은 지역과 학교의 여건 및 학생의 필요에 따라 학교가 결정하되, 다양한 과목과 활동으로 개설하여 운영한다.

다) 학교자율시간은 학교 여건에 따라 연간 34주를 기준으로 한 교과별 및 창의적 체험활동 수업 시간의 학기별 1주의 수업 시간을 확보하여 운영한다.

④ 학교는 입학 초기 및 상급 학교(학년)으로 진학하기 전 학기의 일부 시간을 활용하여 학교급 간 연계 및 진로 교육을 강화하는 진로연계교육을 편성 · 운영한다.

가) 학교는 1학년 학생의 학교생활 적응 및 한글 해득 교육 등의 입학 초기 적응 프로그램을 교과와 창의적 체험활동 시간을 활용하여 진로연계교육으로 운영한다.

나) 학교는 중학교의 생활 및 학습 준비, 진로 탐색 등의 프로그램을 교과와 창의적 체험활동 시간을 활용하여 진로연계교육을 자율적으로 운영한다.

다) 학교는 진로연계교육의 중점을 학생의 역량 함양 및 자기주도적 학습 능력 향상에 두고, 교과별 학습 내용 및 학습 방법의 학교급 간 연계, 교과와 연계한 진로 활동 등을 통해 학생의 학습과 성장을 지원한다.

⑤ 학교는 학생의 발달 특성을 고려하여 학교 교육과정을 편성 · 운영한다.

가) 학교는 1~2학년 학생에게 실내 · 외 놀이 및 신체 활동의 기회를 충분히 제공한다.

나) 1~2학년의 안전교육은 바른 생활 · 슬기로운 생활 · 즐거운 생활 교과의 64시간을 포함하여 교과 및 창의적 체험활동을 활용하여 편성 · 운영한다.

다) 정보통신 활용 교육, 보건 교육, 한자 교육 등은 관련 교과와 창의적 체험활동 시간을 활용하여 체계적인 지도가 이루어질 수 있도록 한다.

## 3) 중학교

### (1) 편제와 시간 배당 기준

#### ① 편제

가) 중학교 교육과정은 교과(군)와 창의적 체험활동으로 편성한다.

나) 교과(군)는 국어, 사회(역사 포함)/도덕, 수학, 과학/기술 · 가정/정보, 체육,

예술(음악/미술), 영어, 선택으로 한다.

다) 선택 교과는 한문, 환경, 생활 외국어(생활 독일어, 생활 프랑스어, 생활 스페인어, 생활 중국어, 생활 일본어, 생활 러시아어, 생활 아랍어, 생활 베트남어), 보건, 진로와 직업 등의 과목으로 한다.

라) 창의적 체험활동은 자율·자치 활동, 동아리 활동, 진로 활동으로 한다.

### ② 시간배당 기준

| 구 분 | | 1~3학년 |
|---|---|---|
| 교과(군) | 국어 | 442 |
| | 사회(역사 포함)/도덕 | 510 |
| | 수학 | 374 |
| | 과학/기술·가정/정보 | 680 |
| | 체육 | 272 |
| | 예술(음악/미술) | 272 |
| | 영어 | 340 |
| | 선택 | 170 |
| | 소계 | 3,060 |
| 창의적 체험활동 | | 306 |
| 총 수업 시간 수 | | 3,366 |

① 1시간 수업은 45분을 원칙으로 하되, 기후 및 계절, 학생의 발달 정도, 학습 내용의 성격, 학교 실정 등을 고려하여 탄력적으로 편성·운영할 수 있다.
② 교과(군)별 및 창의적 체험활동 시간 배당은 연간 34주를 기준으로 3년간의 기준 수업 시수를 나타낸 것이다.
③ 총 수업 시간 수는 3년간의 최소 수업 시수를 나타낸 것이다.
④ 정보는 정보 수업 시수와 학교자율시간 등을 활용하여 68시간 이상 편성·운영한다.

## (2) 교육과정 편성 운영 기준

### ① 학교는 교과(군)와 창의적 체험활동의 수업 시수를 학년별, 학기별로 자율적으로 편성할 수 있다.

가) 학교는 학생이 3년간 이수해야 할 교과목을 학년별, 학기별로 편성하여 학생과 학부모에게 안내한다.

나) 학교는 학교의 특성, 학생·교사·학부모의 요구 및 필요에 따라 자율적으로 교과(군)별 및 창의적 체험활동의 20% 범위 내에서 시수를 증

감하여 편성·운영할 수 있다. 단, 체육, 예술(음악/미술) 교과는 기준 수업 시수를 감축하여 편성·운영할 수 없다.

다) 학교는 학생의 학업 부담을 적정화하고 의미 있는 학습 활동이 이루어질 수 있도록 학기당 이수 교과목 수를 8개 이내로 편성한다. 단, 체육, 예술(음악/미술) 교과 및 선택 과목과 학교자율시간에 편성한 과목은 이수 교과목 수 제한에서 제외하여 편성할 수 있다.

라) 학교는 선택 과목을 개설할 경우, 2개 이상의 과목을 동시에 개설하여 학생의 선택권을 보장한다. 학교는 필요한 경우 새로운 선택 과목을 개설할 수 있으며, 이 경우 시·도 교육감이 정하는 지침에 따라 사전에 필요한 절차를 거쳐야 한다.

마) 학교는 창의적 체험활동의 영역을 학생들의 발달 수준, 학교의 여건 등을 고려하여 자율적으로 편성·운영한다.

② 학교는 모든 학생의 학습 기회를 보장할 수 있도록 학교 교육과정을 편성·운영한다.

가) 전입 학생이 특정 교과목을 이수하지 못할 경우, 시·도 교육청과 학교에서는 학습 결손이 발생하지 않도록 보충 학습 과정 등을 제공한다.

나) 교과목 개설이 어려운 소규모 학교, 농산어촌학교 등에서는 학습 결손이 발생하지 않도록 온라인 활용 및 지역 내 교육자원 공유·협력을 활성화한다. 이 경우 시·도 교육감이 정하는 지침에 따른다.

③ 학교는 지역과 연계하거나 다양하고 특색 있는 교육과정 운영을 위해 학교자율시간을 편성·운영한다.

가) 학교자율시간을 활용하여 이 교육과정에 제시되어 있는 교과목 외에 새로운 선택 과목을 개설할 수 있다.

나) 학교자율시간에 개설되는 과목의 내용은 지역과 학교의 여건 및 학생의 필요에 따라 학교가 결정하되, 학생의 선택권을 고려하여 다양한 과목을 개설·운영한다.

다) 학교자율시간은 학교 여건에 따라 연간 34주를 기준으로 한 교과별 및 창의적 체험활동 수업 시간의 학기별 1주의 수업 시간을 확보하여 운영한다.

④ 학교는 학생들이 자신의 적성과 미래에 대해 탐색하고 학습의 즐거움을 경험할 수 있도록 자유학기와 진로연계교육을 편성 · 운영한다.

가) 중학교 과정 중 한 학기는 자유학기로 운영하되, 해당 학기의 교과 및 창의적 체험활동을 자유학기 취지에 부합하도록 편성 · 운영한다.

(1) 자유학기에는 지역 및 학교 여건을 고려하여 자율적으로 학생 참여 중심의 주제선택 활동과 진로 탐색 활동을 운영한다.

(2) 자유학기에는 토의 · 토론 학습, 프로젝트 학습 등 학생 참여형 수업을 강화하고, 학습의 과정을 중시하는 다양한 평가 방법을 활용하되, 일제식 지필 평가는 지양한다.

나) 학교는 상급 학교(학년)로 진학하기 전 학기나 학년의 일부 시간을 활용하여 학교급 간 연계 및 진로 교육을 강화하는 진로연계교육을 편성 · 운영한다.

(1) 학교는 고등학교 생활 및 학습 준비, 진로 탐색, 진학 준비 등을 위해 교과와 창의적 체험활동 시간을 활용하여 진로연계교육을 자율적으로 운영한다.

(2) 학교는 진로연계교육의 중점을 학생의 역량 함양 및 자기주도적 학습 능력 향상에 중점을 두고 교과별 내용 및 학습 방법 등의 학교급 간 연계를 통해 학생의 학습과 성장을 지원한다.

(3) 학교는 진로연계교육을 창의적 체험활동의 진로 활동 및 자유학기의 활동과 연계하여 운영한다.

⑤ 학교는 학생들이 삶 속에서 스포츠 문화를 지속적으로 향유하여 건전한 심신 발달과 정서 함양이 이루어질 수 있도록 학교스포츠클럽 활동을 편성 · 운영한다.

가) 학교스포츠클럽 활동은 창의적 체험활동의 동아리 활동으로 편성하고

학년별 연간 34시간 운영하며, 매 학기 편성하도록 한다.

나) 학교스포츠클럽 활동의 종목과 내용은 학생들의 희망을 반영하여 학교가 결정하되, 다양한 종목을 개설하여 학생들의 선택권이 보장되도록 한다.

### 4) 고등학교

#### (1) 편제와 단위 배당 기준

##### ① 편제

가) 고등학교 교육과정은 교과(군)와 창의적 체험활동으로 편성한다.

나) 교과는 보통 교과와 전문 교과로 한다.

**【보통 교과】**

㉮ 보통 교과의 교과(군)는 국어, 수학, 영어, 사회(역사/도덕 포함), 과학, 체육, 예술, 기술·가정/정보/제2외국어/한문/교양으로 한다.

㉯ 보통 교과는 공통 과목과 선택 과목으로 구분한다. 선택 과목은 일반 선택 과목, 진로 선택 과목, 융합 선택 과목으로 구분한다.

**【전문 교과】**

㉮ 전문 교과의 교과(군)는 국가직무능력표준 등을 고려하여 경영·금융, 보건·복지, 문화·예술·디자인·방송, 미용, 관광·레저, 식품·조리, 건축·토목, 기계, 재료, 화학 공업, 섬유·의류, 전기·전자, 정보·통신, 환경·안전·소방, 농림·축산, 수산·해운, 융복합·지식 재산 과목으로 한다.

㉯ 전문 교과의 과목은 전문 공통 과목, 전공 일반 과목, 전공 실무 과목으로 구분한다.

다) 창의적 체험활동은 자율·자치 활동, 동아리 활동, 진로 활동으로 한다.

### ② 학점 배당 기준

#### 가) 일반 고등학교와 특수 목적 고등학교(산업수요 맞춤형 고등학교 제외)

| 교과(군) | 공통 과목 | 필수 이수 학점 | 자율 이수 학점 |
|---|---|---|---|
| 국어 | 공통국어1, 공통국어2 | 8 | 학생의 적성과 진로를 고려하여 편성 |
| 수학 | 공통수학1, 공통수학2 | 8 | |
| 영어 | 공통영어1, 공통영어2 | 8 | |
| 사회<br>(역사/도덕 포함) | 한국사1, 한국사2 | 6 | |
| | 통합사회1, 통합사회2 | 8 | |
| 과학 | 통합과학1, 통합과학2<br>과학탐구실험1, 과학탐구실험2 | 10 | |
| 체육 | | 10 | |
| 예술 | | 10 | |
| 기술 · 가정/정보/<br>제2외국어/<br>한문/교양 | | 16 | |
| 소계 | | 84 | 90 |
| 창의적 체험활동 | | 18(288시간) | |
| 총 이수 학점 | | 192 | |

① 1학점은 50분을 기준으로 하여 16회를 이수하는 수업량이다.
② 1시간의 수업은 50분을 원칙으로 하되, 기후 및 계절, 학생의 발달 정도, 학습 내용의 성격, 학교 실정 등을 고려하여 탄력적으로 편성 · 운영할 수 있다.
③ 공통 과목의 기본 학점은 4학점이며, 1학점 범위 내에서 감하여 편성 · 운영할 수 있다. 단, 한국사1, 2의 기본 학점은 3학점이며 감하여 편성 · 운영할 수 없다.
④ 과학탐구실험1, 2의 기본 학점은 1학점이며 증감 없이 편성 · 운영하는 것을 원칙으로 한다. 단, 과학, 체육, 예술 계열 고등학교의 경우 학교 실정에 따라 탄력적으로 운영할 수 있다.
⑤ 필수 이수 학점 수는 해당 교과(군)의 최소 이수 학점이다. 특수 목적 고등학교의 경우 예술 교과(군)는 5학점 이상, 기술 · 가정/정보/제2외국어/한문/교양 교과(군)는 12학점 이상 이수하도록 한다.
⑥ 국어, 수학, 영어 교과의 이수 학점 총합은 81학점을 초과하지 않도록 하며, 교과 이수 학점이 174학점을 초과하는 경우에는 초과 이수 학점의 50%를 넘지 않도록 한다.
⑦ 창의적 체험활동의 학점 수는 최소 이수 학점이며 (  )안의 숫자는 이수 학점을 시간 수로 환산한 것이다.
⑧ 총 이수 학점 수는 고등학교 졸업을 위해 3년간 이수해야 할 최소 이수 학점을 의미한다.

### 나) 특성화 고등학교와 산업수요 맞춤형 고등학교

<table>
<tr><th colspan="2">교과(군)</th><th>공통 과목</th><th>필수 이수 학점</th><th>자율 이수 학점</th></tr>
<tr><td rowspan="10">보통 교과</td><td>국어</td><td>공통국어1, 공통국어2</td><td rowspan="3">24</td><td rowspan="9">학생의 적성과 진로를 고려하여 편성</td></tr>
<tr><td>수학</td><td>공통수학1, 공통수학2</td></tr>
<tr><td>영어</td><td>공통영어1, 공통영어2</td></tr>
<tr><td rowspan="2">사회<br>(역사/도덕 포함)</td><td>한국사1, 한국사2</td><td>6</td></tr>
<tr><td>통합사회1, 통합사회2</td><td rowspan="2">12</td></tr>
<tr><td>과학</td><td>통합과학1, 통합과학2</td></tr>
<tr><td>체육</td><td></td><td>8</td></tr>
<tr><td>예술</td><td></td><td>6</td></tr>
<tr><td>기술·가정/정보/<br>제2외국어/<br>한문/교양</td><td></td><td>8</td></tr>
<tr><td colspan="2">소계</td><td>64</td><td rowspan="2">30</td></tr>
<tr><td>전문<br>교과</td><td colspan="2">17개 교과(군)</td><td>80</td></tr>
<tr><td colspan="3">창의적 체험활동</td><td colspan="2">18(288시간)</td></tr>
<tr><td colspan="3">총 이수 학점</td><td colspan="2">192</td></tr>
</table>

① 1학점은 50분을 기준으로 하여 16회를 이수하는 수업량이다.
② 1시간의 수업은 50분을 원칙으로 하되, 기후 및 계절, 학생의 발달 정도, 학습 내용의 성격 등과 학교 실정 등을 고려하여 탄력적으로 편성·운영할 수 있다.
③ 공통 과목의 기본 학점은 4학점이며, 1학점 범위 내에서 감하여 편성·운영할 수 있다. 단, 한국사1, 2의 기본 학점은 3학점이며 감하여 편성·운영할 수 없다.
④ 필수 이수 학점 수는 해당 교과(군)의 최소 이수 학점이다.
⑤ 자연현장 실습 등 체험 위주의 교육을 전문적으로 실시하는 특성화 고등학교의 전문 교과 필수 이수 학점은 시·도 교육감이 정한다.
⑥ 창의적 체험활동의 학점 수는 최소 이수 학점이며 ( )안의 숫자는 이수 학점을 시간 수로 환산한 것이다.
⑦ 총 이수 학점 수는 고등학교 졸업을 위해 3년간 이수해야 할 최소 이수 학점을 의미한다.

**【보통 교과】**

<table>
<tr><th rowspan="2">교과(군)</th><th rowspan="2">공통 과목</th><th colspan="3">선택 과목</th></tr>
<tr><th>일반 선택</th><th>진로 선택</th><th>융합 선택</th></tr>
<tr><td>국어</td><td>공통국어1<br>공통국어2</td><td>화법과 언어,<br>독서와 작문,<br>문학</td><td>주제 탐구 독서,<br>문학과 영상,<br>직무 의사소통</td><td>독서 토론과 글쓰기,<br>매체 의사소통,<br>언어생활 탐구</td></tr>
<tr><td rowspan="2">수학</td><td>공통수학1<br>공통수학2</td><td rowspan="2">대수, 미적분Ⅰ,<br>확률과 통계</td><td rowspan="2">기하, 미적분Ⅱ,<br>경제 수학, 인공지능 수학,<br>직무 수학</td><td rowspan="2">수학과 문화,<br>실용 통계,<br>수학과제 탐구</td></tr>
<tr><td>기본수학1<br>기본수학2</td></tr>
</table>

| 교과(군) | 공통 과목 | 선택 과목 | | |
|---|---|---|---|---|
| | | 일반 선택 | 진로 선택 | 융합 선택 |
| 영어 | 공통영어1<br>공통영어2<br>기본영어1<br>기본영어2 | 영어Ⅰ, 영어Ⅱ,<br>영어 독해와 작문 | 영미 문학 읽기, 영어 발표와 토론,<br>심화 영어, 심화 영어 독해와 작문,<br>직무 영어 | 실생활 영어 회화,<br>미디어 영어,<br>세계 문화와 영어 |
| 사회<br>(역사/<br>도덕 포함) | 한국사1<br>한국사2<br>통합사회1<br>통합사회2 | 세계시민과 지리,<br>세계사,<br>사회와 문화,<br>현대사회와 윤리 | 한국지리 탐구, 도시의 미래 탐구,<br>동아시아 역사 기행,<br>정치, 법과 사회, 경제,<br>윤리와 사상, 인문학과 윤리,<br>국제 관계의 이해 | 여행지리,<br>역사로 탐구하는 현대 세계,<br>사회문제 탐구,<br>금융과 경제생활,<br>윤리문제 탐구,<br>기후변화와 지속가능한 세계 |
| 과학 | 통합과학1<br>통합과학2<br>과학탐구실험1<br>과학탐구실험2 | 물리학, 화학,<br>생명과학, 지구과학 | 역학과 에너지, 전자기와 양자,<br>물질과 에너지, 화학 반응의 세계,<br>세포와 물질대사, 생물의 유전,<br>지구시스템과학, 행성우주과학 | 과학의 역사와 문화,<br>기후변화와 환경생태,<br>융합과학 탐구 |
| 체육 | | 체육1, 체육2 | 운동과 건강,<br>스포츠 문화*,<br>스포츠 과학* | 스포츠 생활1,<br>스포츠 생활2 |
| 예술 | | 음악, 미술, 연극 | 음악 연주와 창작,<br>음악 감상과 비평,<br>미술 창작, 미술 감상과 비평 | 음악과 미디어,<br>미술과 매체 |
| 기술·가정/<br>정보 | | 기술·가정 | 로봇과 공학세계,<br>생활과학 탐구 | 창의 공학 설계,<br>지식 재산 일반,<br>생애 설계와 자립*,<br>아동발달과 부모 |
| | | 정보 | 인공지능 기초,<br>데이터 과학 | 소프트웨어와 생활 |
| 제2외국어/<br>한문 | | 독일어, 프랑스어,<br>스페인어, 중국어,<br>일본어, 러시아어,<br>아랍어, 베트남어 | 독일어 회화, 프랑스어 회화,<br>스페인어 회화, 중국어 회화,<br>일본어 회화, 러시아어 회화,<br>아랍어 회화, 베트남어 회화, | 독일어권 문화, 프랑스어권<br>문화, 스페인어권 문화,<br>중국 문화, 일본 문화,<br>러시아 문화, 아랍 문화,<br>베트남 문화 |
| | | | 심화 독일어, 심화 프랑스어,<br>심화 스페인어, 심화 중국어,<br>심화 일본어, 심화 러시아어,<br>심화 아랍어, 심화 베트남어 | |
| | | 한문 | 한문 고전 읽기 | 언어생활과 한자 |
| 교양 | | 진로와 직업,<br>생태와 환경 | 인간과 철학, 논리와 사고,<br>인간과 심리, 교육의 이해,<br>삶과 종교, 보건 | 인간과 경제활동, 논술 |

① 선택 과목의 기본 학점은 4학점이다. 단, 체육, 예술, 교양 교과(군)의 기본 학점은 3학점이다.
② 선택 과목은 1학점 범위 내에서 증감하여 편성·운영할 수 있다.
③ * 표시한 과목의 기본 학점은 2학점이며, 1학점 범위 내에서 감하여 편성·운영할 수 있다.
④ 체육 교과는 매 학기 이수하도록 한다. 단, 특성화 고등학교와 산업수요 맞춤형 고등학교의 경우, 현장 실습이 있는 학년에는 탄력적으로 운영할 수 있다.

| 계열 | 교과(군) | 선택 과목 | | | | |
|---|---|---|---|---|---|---|
| | | 진로 선택 | | | | 융합 선택 |
| 과학 계열 | 수학 | 전문 수학 | 이산 수학 | 고급 기하 | 고급 대수 | |
| | | 고급 미적분 | | | | |
| | 과학 | 고급 물리학 | 고급 화학 | 고급 생명과학 | 고급 지구과학 | 물리학 실험 |
| | | | | | | 화학 실험 |
| | | 과학과제 연구 | | | | 생명과학 실험 |
| | | | | | | 지구과학 실험 |
| | 정보 | 정보과학 | | | | |
| 체육 계열 | 체육 | 스포츠 개론 | 육상 | 체조 | 수상 스포츠 | 스포츠 교육 |
| | | 기초 체육 전공 실기 | 심화 체육 전공 실기 | 고급 체육 전공 실기 | 스포츠 경기 체력 | 스포츠 생리의학 |
| | | 스포츠 경기 기술 | 스포츠 경기 분석 | | | 스포츠 행정 및 경영 |
| 예술 계열 | 예술 | 음악 이론 | 음악사 | 시창·청음 | 음악 전공 실기 | 음악과 문화 |
| | | 합창·합주 | 음악 공연 실습 | | | |
| | | 미술 이론 | 드로잉 | 미술사 | 미술 전공 실기 | 미술 매체 탐구 |
| | | 조형 탐구 | | | | 미술과 사회 |
| | | 무용의 이해 | 무용과 몸 | 무용 기초 실기 | 무용 전공 실기 | 무용과 매체 |
| | | 안무 | 무용 제작 실습 | 무용 감상과 비평 | | |
| | | 문예 창작의 이해 | 문장론 | 문학 감상과 비평 | 시 창작 | 문학과 매체 |
| | | 소설 창작 | 극 창작 | | | |
| | | 연극과 몸 | 연극과 말 | 연기 | 무대 미술과 기술 | 연극과 삶 |
| | | 연극 제작 실습 | 연극 감상과 비평 | 영화의 이해 | 촬영·조명 | 영화와 삶 |
| | | 편집·사운드 | 영화 제작 실습 | 영화 감상과 비평 | | |
| | | 사진의 이해 | 사진 촬영 | 사진 표현 기법 | 영상 제작의 이해 | 사진과 삶 |
| | | 사진 감상과 비평 | | | | |

① 특수 목적 고등학교 선택 과목은 과학, 체육, 예술 계열에 관한 과목으로 한다.
② 특수 목적 고등학교 선택 과목의 기본 학점 및 증감 범위는 시·도 교육감이 정한다.

**【전문 교과】**

| 교과(군) | 선택 과목 | | | | 기준 학과 |
|---|---|---|---|---|---|
| | 전문 공통 | 전공 일반 | 전공 실무 | | |
| 경영 · 금융 | 성공적인 직업<br>생활<br>노동 인권과<br>산업 안전 보건<br>디지털과 직업<br>생활 | 상업 경제<br>기업과 경영<br>사무 관리<br>회계 원리<br>회계 정보 처리 시스템<br>기업 자원 통합 관리<br>세무 일반<br>유통 일반<br>무역 일반<br>무역 영어<br>금융 일반<br>보험 일반<br>마케팅과 광고<br>창업 일반<br>비즈니스 커뮤니케이션<br>전자 상거래 일반 | 총무<br>노무 관리<br>사무 행정<br>회계 실무<br>유통 관리<br>자재 관리<br>공급망 관리<br>물류 관리<br>원산지 관리<br>무역 금융 업무<br>전자 상거래 실무 | 인사<br>비서<br>예산 · 자금<br>세무 실무<br>구매 조달<br>공정 관리<br>품질 관리<br>수출입 관리<br>창구 사무<br>고객 관리<br>매장 판매 | 경영사무과<br>세무회계과<br><br>유통과<br>금융정보과<br>마케팅과 |
| 보건 · 복지 | | 인간 발달<br>보육 원리와 보육 교사<br>보육 과정<br>아동 생활 지도<br>아동 복지<br>보육 실습<br>영유아 교수 방법<br>생활 서비스 산업의 이해<br>복지 서비스의 기초<br>사회 복지 시설의 이해<br>공중 보건<br>인체 구조와 기능<br>간호의 기초<br>기초 간호 임상 실무<br>보건 간호<br>보건 의료 법규<br>치과 간호 임상 실무 | 영유아<br>건강 · 안전 · 영양<br>지도<br>사회 복지 시설<br>실무<br>요양 지원 | 영유아 놀이 지도<br>대인 복지 서비스 | 보육과<br>복지과<br>간호과 |
| 문화 · 예술 ·<br>디자인 · 방송 | | 문화 콘텐츠 산업 일반<br>미디어 콘텐츠 일반<br>영상 제작 기초<br>애니메이션 기초<br>음악 콘텐츠 제작 기초<br>디자인 제도<br>디자인 일반<br>조형<br>색채 일반<br>컴퓨터 그래픽<br>공예 일반 | 영화 콘텐츠 제작<br>광고 콘텐츠 제작<br>게임 디자인<br>애니메이션 콘텐츠<br>제작<br>캐릭터 제작<br>VR · AR 콘텐츠<br>제작<br>제품 디자인<br>실내 디자인<br>편집 디자인 | 음악 콘텐츠 제작<br>게임 기획<br>게임 프로그래밍<br>만화 콘텐츠 제작<br>스마트 문화 앱 콘텐츠<br>제작<br>시각 디자인<br>디지털 디자인<br>색채 디자인<br>도자기 공예<br>금속 공예 | 문화콘텐츠과<br>디자인과<br>공예과<br>방송과 |

| 교과(군) | 선택 과목 | | | | 기준 학과 |
|---|---|---|---|---|---|
| | 전문 공통 | 전공 일반 | 전공 실무 | | |
| | | 공예 재료와 도구<br>방송 일반 | 목공예<br>방송 콘텐츠 제작 | 방송 제작 시스템 운용 | |
| 미용 | | 미용의 기초<br>미용 안전 · 보건 | 헤어 미용<br>메이크업 | 피부 미용<br>네일 미용 | 미용과 |
| 관광 · 레저 | | 관광 일반<br>관광 서비스<br>관광 영어<br>관광 일본어<br>관광 중국어<br>관광 문화와 자원<br>관광 콘텐츠 개발<br>전시 · 컨벤션 · 이벤트<br>일반<br>레저 서비스 일반 | 호텔 식음료<br>서비스 실무<br>국내 여행 서비스<br>실무<br>전시 · 컨벤션 · 이<br>벤트 실무 | 호텔 객실 서비스 실무<br>국외 여행 서비스 실무<br>카지노 서비스 실무 | 관광과<br>레저산업과 |
| 식품 · 조리 | | 식품과 영양<br>기초 조리<br>디저트 조리<br>식음료 기초<br>식품 과학<br>식품 위생<br>식품 가공 기술<br>식품 분석 | 한식 조리<br>중식 조리<br>바리스타<br>식공간 연출<br>축산 식품 가공<br>건강 기능 식품<br>가공<br>음료 · 주류 가공<br>떡 제조<br>제빵 | 양식 조리<br>일식 조리<br>바텐더<br>수산 식품 가공<br>유제품 가공<br>김치 · 반찬 가공<br>식품 품질 관리<br>제과 | 조리과<br>식음료과<br>식품가공과<br>제과제빵과 |
| 건축 · 토목 | | 공업 일반<br>기초 제도<br>건축 일반<br>건축 기초 실습<br>건축 도면 해석과 제도<br>토목 일반<br>토목 도면 해석과 제도<br>건설 재료<br>역학 기초<br>토질 · 수리<br>측량 기초<br>드론 기초<br>스마트 시티 기초<br>건물 정보 관리 기초 | 철근 콘크리트<br>시공<br>건축 마감 시공<br>건축 설계<br>토목 시공<br>측량<br>공간 정보 융합<br>서비스<br>국토 도시 계획<br>주거 서비스 | 건축 목공 시공<br>건축 도장 시공<br>토목 설계<br>지적<br>공간 정보 구축<br>소형 무인기<br>운용 · 조종<br>교통 계획 · 설계 | 건축과<br>건축인테리어<br>과<br>토목과<br>공간정보과<br>스마트시티과 |
| 기계 | | 기계 제도<br>기계 기초 공작<br>전자 기계 이론<br>기계 일반<br>자동차 일반<br>기계 기초 역학<br>냉동 공조 일반<br>유체 기계 | 기계요소 설계<br>선반 가공<br>연삭 가공<br>측정<br>특수 가공<br>기계 소프트웨어<br>개발<br>건설 광산 기계 | 기계 제어 설계<br>밀링 가공<br>컴퓨터 활용 생산<br>성형 가공<br>기계 수동 조립<br>운반 하역 기계<br>설치 · 정비<br>공작 기계 설치 · 정비 | 기계과<br>공조산업<br>설비과<br>자동차과<br>조선과<br>항공과 |

| 교과(군) | 선택 과목 | | | | 기준 학과 |
|---|---|---|---|---|---|
| | 전문 공통 | 전공 일반 | 전공 실무 | | |
| | | 산업 설비<br>자동차 기관<br>자동차 섀시<br>자동차 전기 · 전자 제어<br>선박 이론<br>선박 구조<br>선박 건조<br>선체 도면 독도와 제도<br>항공기 일반<br>항공기 실무 기초 | 설치 · 정비<br>승강기<br>설치 · 정비<br>자전거 정비<br>사출 금형 제작<br>사출 금형 조립<br>프레스 금형 제작<br>프레스 금형 조립<br>냉동 공조 설계<br>보일러<br>설치 · 정비<br>피복 아크 용접<br>가스 텅스텐 아크<br>용접<br>보일러 장치 설치<br>자동차<br>전기 · 전자 장치<br>정비<br>자동차 섀시 정비<br>자동차 도장<br>자동차 튜닝<br>전장 생산<br>항공기 기체 제작<br>항공기 기체 정비<br>항공기 왕복 엔진<br>정비<br>항공기<br>전기 · 전자 장비<br>정비<br>항공기 정비 관리 | 오토바이 정비<br>사출 금형 설계<br>사출 금형 품질 관리<br>프레스 금형 설계<br>프레스 금형 품질 관리<br>배관 시공<br>냉동 공조 유지 보수<br>관리<br>판금 · 제관<br>이산화탄소 · 가스 메탈<br>아크 용접<br>로봇 용접<br>냉동 공조 장치 설치<br>자동차 엔진 정비<br>자동차 차체 정비<br>자동차 정비 검사<br>선체 조립<br>선체 생산 설계<br>항공기 전기 · 전자<br>장비 제작<br>항공기 가스 터빈 엔진<br>정비<br>항공기 계통 정비<br>소형 무인기 정비 | |
| 재료 | | 재료 일반<br>재료 시험<br>세라믹 재료<br>세라믹 원리 · 공정 | 제선<br>압연<br>금속 재료 가공<br>도금<br>도자기<br>용융 세라믹 제조 | 제강<br>주조<br>금속 열처리<br>금속 재료 신뢰성 시험<br>탄소 재료 | 금속재료과<br>세라믹과 |
| 화학 공업 | | 공업 화학<br>제조 화학<br>스마트 공정 제어<br>화공 플랜트 기계<br>화공 플랜트 전기<br>바이오 기초 화학<br>에너지 공업 기초<br>에너지 화공 소재 생산 | 화학 분석<br>화학 공정 유지<br>운영<br>고분자 제품 제조<br>바이오 화학 제품<br>제조<br>에너지 설비<br>유틸리티 | 화학 물질 관리<br>기능성 정밀 화학 제품<br>제조<br>바이오 의약품 제조<br>화장품 제조<br>신재생 에너지 실무 | 화학공업과<br>바이오화학<br>공업과<br>에너지화학<br>공업과 |
| 섬유 · 의류 | | 섬유 재료<br>섬유 공정<br>염색 · 가공 기초 | 텍스타일 디자인<br>제포<br>패션 디자인의 | 방적 · 방사<br>염색 · 가공<br>패턴 메이킹 | 섬유과<br>의류과 |

| 교과(군) | 선택 과목 | | | | 기준 학과 |
|---|---|---|---|---|---|
| | 전문 공통 | 전공 일반 | 전공 실무 | | |
| | | 패션 소재<br>패션 디자인의 기초<br>의복 구성의 기초<br>편물<br>패션 마케팅 | 실제<br>서양 의복 구성과 생산<br>한국 의복 구성과 생산<br>패션 상품 유통 관리 | 니트 의류 생산<br>패션 소품 디자인과 생산<br>비주얼 머천다이징 | |
| 전기 · 전자 | | 전기 회로<br>전기 기기<br>전기 설비<br>자동화 설비<br>전기 · 전자 일반<br>전자 회로<br>전기 · 전자 측정<br>디지털 논리 회로<br>전자 제어 | 발전 설비 운영<br>전기 기기 설계<br>전기 기기 유지 보수<br>내선 공사<br>자동 제어 기기 제작<br>자동 제어 시스템 운영<br>전기 철도 시설물 유지 보수<br>전자 제품 생산<br>전자 제품 설치 정비<br>가전 기기 하드웨어 개발<br>산업용 전자 기기 하드웨어 개발<br>산업용 전자 기기 소프트웨어 개발<br>정보 통신 기기 소프트웨어 개발<br>전자 응용 기기 기구 개발<br>전자 부품 기구 개발<br>반도체 제조<br>반도체 재료<br>로봇 하드웨어 설계<br>로봇 소프트웨어 개발<br>로봇 유지 보수<br>의료 기기 인허가<br>LED 기술 개발<br>3D 프린터용 제품 제작 | 송 · 변전 배전 설비 운영<br>전기 기기 제작<br>전기 설비 운영<br>외선 공사<br>자동 제어 시스템 유지 정비<br>전기 철도 시공<br>철도 신호 제어 시공<br>전자 부품 생산<br>가전 기기 시스템 소프트웨어 개발<br>가전 기기 · 기구 개발<br>산업용 전자 기기 · 기구 개발<br>정보 통신 기기 하드웨어 개발<br>전자 응용 기기 하드웨어 개발<br>전자 응용 기기 소프트웨어 개발<br>반도체 개발<br>반도체 장비<br>디스플레이 생산<br>로봇 기구 개발<br>로봇 지능 개발<br>의료 기기 연구 개발<br>의료 기기 생산<br>3D 프린터 개발 | 전기과<br>전자과 |
| 정보 · 통신 | | 통신 일반<br>통신 시스템<br>정보 통신<br>정보 처리와 관리<br>컴퓨터 구조 | 네트워크 구축<br>무선 통신 구축 · 운용<br>응용 프로그래밍 개발 | 유선 통신 구축 · 운용<br>초고속망 서비스 관리 운용<br>응용 프로그래밍 화면 구현 | 통신과<br>정보컴퓨터과<br>소프트웨어과 |

| 교과(군) | 선택 과목 | | | | 기준 학과 |
|---|---|---|---|---|---|
| | 전문 공통 | 전공 일반 | 전공 실무 | | |
| | | 프로그래밍<br>자료 구조<br>알고리즘 설계<br>컴퓨터 시스템 일반<br>컴퓨터 네트워크<br>인공지능 일반<br>사물 인터넷과 센서 제어 | 시스템 프로그래밍<br>네트워크<br>프로그래밍<br>빅 데이터 분석<br>정보 보호 관리<br>사물 인터넷<br>서비스 기획 | 데이터베이스<br>프로그래밍<br>시스템 관리 및 지원<br>인공지능 모델링<br>컴퓨터 보안 | |
| 환경 · 안전 · 소방 | | 인간과 환경<br>환경 화학 기초<br>환경 기술<br>환경과 생태<br>산업 안전 보건 기초<br>소방 기초<br>소방 법규<br>소방 건축<br>소방 기계<br>소방 전기 | 대기 관리<br>폐기물 관리<br>토양 · 지하수 관리<br>환경 생태 복원 관리<br>전기 안전 관리<br>화공 안전 관리<br>소방 시설 설계<br>소방 안전 관리 | 수질 관리<br>소음 진동 관리<br>환경 유해 관리<br>기계 안전 관리<br>건설 안전 관리<br>가스 안전 관리<br>소방 시설 공사 | 환경과<br>산업안전과<br>소방과 |
| 농림 · 축산 | | 농업 이해<br>농업 기초 기술<br>농업 경영<br>재배<br>농산물 유통<br>농산물 거래<br>관광 농업<br>친환경 농업<br>생명 공학 기술<br>농업 정보 관리<br>농업 창업 일반<br>원예<br>생산 자재<br>조경 식물 관리<br>화훼 장식 기초<br>산림 휴양<br>산림 자원<br>임산 가공<br>조림<br>조경<br>동물 자원<br>반려동물 관리<br>곤충 산업 일반<br>농업 기계<br>농업 기계 공작<br>농업 기계 운전 작업<br>농업용 전기 · 전자<br>농업 토목 제도 · 설계<br>농업 토목 시공 · 측량<br>농업 생산 환경 일반 | 수도작 재배<br>육종<br>농촌 체험 상품 개발<br>스마트 팜 운영<br>과수 재배<br>화훼 장식<br>임업 종묘<br>산림 보호<br>목재 가공<br>조경 설계<br>조경 관리<br>수의 보조<br>젖소 사육<br>가금 사육<br>말 사육<br>농업용 기계 설치 · 정비 | 전특작 재배<br>종자 생산<br>농촌 체험 시설 운영<br>채소 재배<br>화훼 재배<br>버섯 재배<br>산림 조성<br>임산물 생산<br>펄프 · 종이 제조<br>조경 시공<br>종축<br>애완동물 미용<br>돼지 사육<br>한우 사육<br>곤충 사육<br>농업 생산 환경 조성 | 농업과<br>원예과<br>산림자원과<br>조경과<br>동물자원과<br>농업기계과<br>농업토목과 |

| 교과(군) | 선택 과목 | | | | 기준 학과 |
|---|---|---|---|---|---|
| | 전문 공통 | 전공 일반 | 전공 실무 | | |
| 수산 · 해운 | | 해양의 이해<br>수산 · 해운 산업 기초<br>해양 생산 일반<br>해양 오염 · 방제<br>전자 통신 운용<br>어선 전문<br>수산 일반<br>수산 생물<br>수산 양식 일반<br>수산 경영<br>수산물 유통<br>양식 생물 질병<br>관상 생물 기초<br>수산 해양 창업<br>활어 취급 일반<br>해양 레저 관광<br>요트 조종<br>잠수 기술<br>항해 기초<br>해사 일반<br>해사 법규<br>선박 운용<br>선화 운송<br>항만 물류 일반<br>해사 영어<br>항해사 직무<br>열기관<br>선박 보조 기계<br>선박 전기 · 전자<br>기관 실무 기초<br>기관 직무 일반 | 근해 어업<br>해면 양식<br>내수면 양식<br>수상 레저 기구 조종<br>산업 잠수<br>어촌 체험 시설 운영<br>선박 갑판 관리<br>선박 안전 관리<br>기관사 직무<br>선박 보조 기계 정비 | 원양 어업<br>수산 종묘 생산<br>수산 질병 관리<br>일반 잠수<br>어촌 체험 상품 개발<br>선박 통신<br>선박 운항 관리<br>선박 기기 운용<br>선박 기관 정비 | 해양생산과<br>수산양식과<br>해양레저과<br>항해과<br>기관과 |
| 융복합 · 지식 재산 | | 스마트 공장 일반<br>스마트 공장 운용<br>스마트 공장 설계와 구축<br>발명 · 특허 기초<br>발명과 기업가 정신<br>발명과 디자인<br>발명과 메이커 | 스마트 설비 실무<br>특허 출원의 실제 | 특허 정보 조사 · 분석<br>지식 재산 관리 | 스마트공장과<br>발명특허과 |

• 전문 교과의 과목 기본 학점 및 증감 범위는 시 · 도 교육감이 정한다.

### (2) 교육과정 편성 운영 기준

#### ① 공통사항

가) 고등학교 교육과정의 총 이수 학점은 192학점이며 교과(군) 174학점, 창의적 체험활동 18학점(288시간)으로 편성한다.

나) 학교는 학생이 3년간 이수할 수 있는 과목을 학기별로 편성하여 학생과 학부모에게 안내한다.

다) 학교는 학생이 자신의 진로에 적합한 과목을 이수할 수 있도록 진로·학업 설계 지도와 연계하여 선택 과목에 대한 정보를 적극적으로 안내한다.

라) 과목의 이수 시기와 학점은 학교에서 자율적으로 편성·운영하되, 다음의 각호를 따른다.

(1) 학생이 학기 단위로 과목을 이수할 수 있도록 편성·운영한다.

(2) 공통 과목은 해당 교과(군)의 선택 과목 이수 전에 편성·운영하는 것을 원칙으로 한다.

(3) 학생의 발달 수준 등을 고려하여 공통수학1, 2와 공통영어1, 2를 기본수학1, 2와 기본영어1, 2로 대체하여 이수하도록 편성·운영할 수 있다. 이와 관련된 구체적인 사항은 시·도 교육감이 정하는 지침에 따른다.

(4) 선택 과목 중에서 위계성을 갖는 과목의 경우, 계열적 학습이 가능하도록 편성한다. 단, 학교의 실정 및 학생의 요구, 과목의 성격에 따라 탄력적으로 편성·운영할 수 있다.

마) 학교는 학생의 학업 부담을 완화하고 깊이 있는 학습이 이루어질 수 있도록 학기당 이수하는 학점을 적정하게 편성한다.

바) 학교는 학생의 필요와 학업 부담을 고려하여 교과(군) 총 이수 학점을 초과 이수하는 학점이 적정화되도록 하며, 특수 목적 고등학교는 특수 목적 고등학교 선택 과목에 한하여, 특성화 고등학교 및 산업수요 맞춤형 고등학교는 전문 교과의 과목에 한하여 초과 이수할 수 있다.

사) 학교는 일정 규모 이상의 학생이 이 교육과정에 제시된 선택 과목의

개설을 요청할 경우 해당 과목을 개설해야 한다. 이와 관련된 구체적인 사항은 시·도 교육감이 정하는 지침에 따른다.

아) 학교는 다양한 방식으로 학생의 선택 과목 이수 기회를 확대하기 위해 노력하되, 다음의 각호를 따른다.

(1) 학교에서 개설하지 않은 선택 과목 이수를 희망하는 학생이 있을 경우 그 과목을 개설한 다른 학교에서의 이수를 인정한다. 이와 관련된 구체적인 사항은 시·도 교육감이 정하는 지침에 따른다.

(2) 학교는 필요에 따라 이 교육과정에 제시되어 있는 과목 외에 새로운 과목을 개설할 수 있다. 이 경우 시·도 교육감이 정하는 지침에 따라 사전에 필요한 절차를 거쳐야 한다.

(3) 학교는 학생의 필요에 따라 지역사회 기관에서 이루어진 학교 밖 교육을 과목 또는 창의적 체험활동으로 이수를 인정한다. 이와 관련된 구체적인 사항은 시·도 교육감이 정하는 지침에 따른다.

(4) 학교는 필요에 따라 대학 과목 선이수제의 과목을 개설할 수 있고, 국제적으로 공인된 교육과정이나 과목을 개설할 수 있다. 이와 관련된 구체적인 사항은 시·도 교육감이 정하는 지침에 따른다.

자) 학교는 창의적 체험활동의 영역을 학생의 발달 수준, 학교의 여건 등을 고려하여 자율적으로 편성·운영하고, 학생의 진로 및 적성과 연계하여 다양한 활동이 이루어질 수 있도록 한다.

차) 학교는 학생이 교과 및 창의적 체험활동의 이수 기준을 충족한 경우 학점 취득을 인정한다. 이수 기준은 출석률과 학업성취율을 반영하여 설정하며, 이와 관련된 구체적인 사항은 교육부 장관이 정하는 지침에 따른다.

카) 학교는 과목별 최소 성취수준을 보장하기 위해 학교의 여건 등을 고려하여 다양한 방식으로 예방·보충 지도를 실시한다.

타) 학교는 학교급 전환 시기에 학교급 간 연계 및 진로 교육을 강화하는 진로연계교육을 편성·운영한다.

(1) 학교는 학생의 진로·학업 설계 지도를 위해 교과와 창의적 체험활동

시간을 활용하여 진로연계교육을 자율적으로 운영한다.

(2) 졸업을 앞둔 시기에 교과와 창의적 체험활동 시간을 활용하여 대학 생활에 대한 이해, 대학 선이수 과목, 사회생활 안내와 적응 활동 등을 운영한다.

파) 학교는 특수교육 대상 학생을 위해 필요시 특수교육 전문 교과의 과목을 개설할 수 있다. 이 경우 진로 선택 과목 또는 융합 선택 과목으로 편성한다.

### ② 일반 고등학교

가) 교과(군) 174학점 중 필수 이수 학점은 84학점으로 한다. 단, 필요한 경우 학교는 학생의 진로 및 발달 수준 등을 고려하여 필수 이수 학점 수를 학생별로 다르게 정할 수 있으며, 이와 관련된 구체적인 사항은 시·도 교육감이 정하는 지침에 따른다.

나) 학교는 교육과정을 보통 교과 중심으로 편성하되, 필요에 따라 전문 교과의 과목을 개설할 수 있다. 이 경우 진로 선택 과목으로 편성한다.

다) 학교가 제2외국어 과목을 개설할 경우, 2개 이상의 과목을 동시에 개설하도록 노력해야 한다.

라) 학교가 필요에 따라 이 교육과정에 제시되어 있는 과목 외에 새로운 과목을 개설할 경우 진로 선택 과목 또는 융합 선택 과목으로 편성한다.

마) 학교는 교육과정을 특성화하기 위해 특정 교과를 중심으로 중점학교를 운영할 수 있다. 이 경우 자율 이수 학점의 30% 이상을 해당 교과(군)의 과목으로 편성하도록 권장하며, 이와 관련된 구체적인 사항은 시·도 교육감이 정하는 지침에 따른다.

바) 학교는 직업교육 관련 학과를 설치·운영하거나 직업 위탁 과정을 운영할 수 있다. 이 경우 특성화 고등학교와 산업수요 맞춤형 고등학교의 학점 배당 기준을 적용할 수 있으며, 이와 관련된 구체적인 사항은

시 · 도 교육감이 정하는 지침에 따른다.

③ 특수 목적 고등학교(산업수요 맞춤형 고등학교 제외)

가) 교과(군) 174학점 중 필수 이수 학점은 75학점으로 하고, 자율 이수 학점 중 68학점 이상을 특수 목적 고등학교 전공 관련 선택 과목으로 편성한다.

나) 이 교육과정에 제시되지 않은 계열의 교육과정은 유사 계열의 교육과정에 준한다. 부득이 새로운 계열을 설치하고 그에 따른 교육과정을 편성할 경우에는 시 · 도 교육감이 정하는 지침에 따라 사전에 필요한 절차를 거쳐야 한다.

다) 학교는 필요에 따라 전문 교과의 과목을 개설할 수 있다. 이 경우 진로 선택 과목으로 편성한다.

라) 학교가 필요에 따라 이 교육과정에 제시되어 있는 과목 외에 새로운 과목을 개설할 경우 진로 선택 과목 또는 융합 선택 과목으로 편성한다.

④ 특성화 고등학교와 산업수요 맞춤형 고등학교

가) 학교는 산업수요와 직업의 변화를 고려하여 학과를 개설하고, 학과별 인력 양성 유형, 학생의 취업 역량과 경력 개발 등을 고려하여 학생이 직업기초능력 및 직무능력을 함양할 수 있도록 교육과정을 편성 · 운영한다.

(1) 교과(군)의 총 이수 학점 174학점 중 보통 교과의 필수 이수 학점은 64학점, 전문 교과의 필수 이수 학점은 80학점으로 한다. 단, 필요한 경우 학교는 학생의 진로 및 발달 수준 등을 고려하여 필수 이수 학점을 학생별로 다르게 정할 수 있으며, 이와 관련된 구체적인 사항은 시 · 도 교육감이 정하는 지침에 따른다.

(2) 학교는 두 개 이상의 교과(군)의 과목을 선택하여 전문 교과를 편성 · 운영할 수 있다.

(3) 학교는 모든 교과(군)에서 요구되는 전문 공통 과목을 학교 여건과 학생

요구를 반영하여 편성·운영할 수 있다.

(4) 전공 실무 과목은 국가직무능력표준의 성취기준에 적합하게 교수·학습이 이루어지도록 하며, 내용 영역인 능력단위 기준으로 평가한다.

나) 학교는 학과를 운영할 때 필요한 경우 세부 전공, 부전공 또는 자격 취득 과정을 개설할 수 있다. 이와 관련된 구체적인 사항은 시·도 교육감이 정하는 지침에 따른다.

다) 전문 교과의 기초가 되는 과목을 선택하여 이수할 경우, 이와 관련되는 보통 교과의 선택 과목 이수로 간주할 수 있다.

라) 내용이 유사하거나 관련되는 보통 교과의 선택 과목과 전문 교과의 과목을 교체하여 편성·운영할 수 있다. 이 경우 시·도 교육감이 정하는 지침에 따라 사전에 필요한 절차를 거쳐야 한다.

마) 학교는 산업계의 수요 등을 고려하여 전문 교과의 교과 내용에 주제나 내용 요소를 추가하여 구성할 수 있다. 단, 전공 실무 과목의 경우에는 국가직무능력표준에 기반을 두어야 하며, 학교 및 학생의 필요에 따라 내용 영역(능력단위) 중 일부를 선택하여 운영할 수 있다.

바) 다양한 직업적 체험과 현장 적응력 제고 등을 위해 학교에서 배운 지식과 기술을 경험하고 적용하는 현장 실습을 교육과정에 포함하여 운영한다.

(1) 현장 실습은 교육과정과 관련된 직무를 경험할 수 있도록 운영한다. 특히, 산업체를 기반으로 실시하는 현장 실습은 학생이 참여 여부를 선택하도록 하되, 학교와 산업계가 현장 실습 프로그램을 공동으로 개발하고 현장 실습의 과정과 결과를 평가하도록 한다.

(2) 현장 실습은 지역사회 기관들과 연계하여 다양한 형태로 운영할 수 있으며, 이와 관련된 구체적인 사항은 시·도 교육감이 정하는 지침에 따른다.

사) 학교는 실습 관련 과목을 지도할 경우 사전에 수업 내용과 관련된 산업안전보건 등에 대한 교육을 실시해야 하고, 안전 장구 착용 등 안전 조치를 취한다.

아) 창의적 체험활동은 학생의 진로 및 경력 개발, 인성 계발, 취업 역량 제고 등을 목적으로 프로그램을 운영할 수 있다.

자) 이 교육과정에 제시되지 않은 교과(군)의 교육과정은 유사한 교과(군)의 교육과정에 준한다. 부득이 새로운 교과(군)의 설치 및 그에 따른 교육과정을 편성·운영하고자 할 경우에는 시·도 교육감이 정하는 지침에 따라 사전에 필요한 절차를 거쳐야 한다.

차) 학교가 필요에 따라 이 교육과정에 제시되어 있는 과목 외에 새로운 전공 실무 과목을 개설하여 운영할 경우 국가직무능력표준에 기반을 두어야 하며, 이 경우 시·도 교육감이 정하는 지침에 따라 사전에 필요한 절차를 거쳐야 한다.

카) 산업수요 맞춤형 고등학교는 산업계의 수요와 직접 연계된 맞춤형 교육과정 운영이 가능하도록 교육과정 편성·운영의 자율권을 부여하고, 이와 관련된 구체적인 사항은 시·도 교육감이 정하는 지침에 따른다.

## 라. 현행 교육과정 대비 신구 대조표

이번 교육과정은 깊이 있는 학습, 교과 간 연계와 통합, 삶과 연계한 학습, 학습 과정에 대한 성찰을 중심으로 역량 함양 교과 교육과정을 개발하였다. 또한, 다양한 문제해결 상황에 대해 스스로 문제를 인식하고 해결 방법을 탐구하여 자신만의 방식으로 과정을 실천하는 학습자 주도성을 강조하였다는 점이 가장 큰 특징으로 볼 수 있다.

| 구분 | 주요 내용 | |
|---|---|---|
| | 2015 개정 | 2022 개정 |
| 교육과정 개정 방향 | ○ 창의융합형 인재 양성<br>○ 모든 학생이 인문·사회·과학기술에 대한 기초 소양 함양<br>○ 학습량 적정화, 교수·학습 및 평가 방법 개선을 통한 핵심역량 함양 교육<br>○ 교육과정과 수능·대입제도 연계, 교원 연수 등 교육 전반 개선 | ○ 포용성과 창의성을 갖춘 주도적인 사람<br>○ 모든 학생이 언어·수리·디지털소양에 대한 기초 소양 함양<br>○ 학습량 적정화, 교수·학습 및 평가 방법 개선을 통한 역량 함양 교육<br>○ 교육과정과 수능·대입제도 연계, 교원 연수 등 교육 전반 개선 |

| 구분 | | | 주요 내용 | |
|---|---|---|---|---|
| | | | 2015 개정 | 2022 개정 |
| 총론 | 공통사항 | 핵심역량 반영 | ○ 총론 '추구하는 인간상' 부문에 6개 핵심 역량 제시<br>○ 교과별 교과 역량을 제시하고 역량 함양을 위한 성취기준 개발<br>※ 일반화된 지식, 핵심개념, 내용요소, 기능 | ○ 총론 6개 핵심역량 개선<br>: 의사소통역량→ 협력적 소통 역량<br>○ 교과 역량을 목표로 구체화하고 역량 함양을 위한 내용체계 개선, 핵심 아이디어 중심으로 적정화<br>※ (개선) 지식·이해, 과정·기능, 가치·태도 |
| | | 역량함양 강화 | ○ 연극교육 활성화<br>- (초·중) 국어 연극 단원 신설<br>- (고) '연극'과목 일반선택으로 개설<br>○ 독서교육 활성화 | ○ 디지털 기초소양, 자기주도성, 지속가능성, 포용성과 시민성, 창의와 혁신 등 미래사회 요구 역량 지향 |
| | | 소프트웨어 교육 강화 | ○ (초) 교과(실과) 내용을 SW 기초 소양교육으로 개편<br>○ (중) 과학/기술·가정/정보 교과 신설<br>○ (고) '정보' 과목을 심화선택에서 일반선택 전환, SW 중심 개편 | ▸ 모든 교과교육을 통한 디지털 기초소양 함양<br>○ (초) 실과 + 학교 자율시간 등을 활용하여 34시간 이상 편성<br>○ (중) 정보과 + 학교 자율시간 등을 활용하여 68시간 이상 편성<br>○ (고) 교과 신설, 다양한 진로 및 융합선택 과목 신설(데이터과학, 소프트웨어와 생활 등) |
| | | 안전교육 강화 | ○ 안전 교과 또는 단원 신설<br>- (초 1~2)「안전한 생활」신설(64시간)<br>- (초 3~고3) 관련 교과에 단원 신설 | ○ 체험·실습형 안전교육으로 개선<br>- (초 1~2) 통합교과 주제와 연계(64시간)<br>- (초 3~고3) 다중밀집도 안전을 포함하여 체험·실습형 교육 요소 강화 |
| | | 범교과 학습주제 개선 | ○ 10개 범교과 학습 주제로 재구조화 | ○ 10개 범교과 학습 주제로 유지<br>※ (초·중등교육법 개정) 교육과정 영향 사전협의하도록 관련 법 개정 |
| | | 창의적 체험활동 | ○ 창의적체험활동 내실화<br>- 자율활동, 동아리활동, 봉사활동, 진로활동(4개) | ○ 창의적 체험활동 영역 개선(3개)<br>- 자율·자치활동, 동아리활동, 진로활동<br>※ 봉사활동은 동아리 활동 영역에 편성되어 있으며, 모든 활동과 연계 가능 |
| 총론 | 고등학교 | 공통과목 신설 및 이수단위 | ○ 공통과목 및 선택과목으로 구성<br>○ (선택과목) 일반선택과 진로선택<br>- 진로선택 및 전문교과를 통한 맞춤형 교육, 수월성 교육 실시 | ○ 공통과목 및 선택과목으로 구성<br>○ 선택과목은 일반선택과 진로선택, 융합선택으로 구분<br>- 다양한 진로선택 및 융합선택과목재구조화를 통한 맞춤형 교육 |
| | | 특목고 과목 | ○ 보통교과에서 분리하여 전문교과로 제시 | ○ 전문교과Ⅰ 보통교과로 통합(학생 선택권 확대), 진로선택과 융합선택으로 구분, 수월성 교육 실시 |
| | | 편성운영 기준 | ○ 필수이수단위 94단위, 자율편성단위 86학점, 총 204단위<br>○ 선택과목의 기본단위 5단위(일반선택 2단위증감, 진로선택 3단위 증감가능) | ○ 필수이수학점 84학점, 자율이수학점 90학점, 총 192학점<br>○ 선택과목의 기본학점 4학점(1학점 내 증감 가능) |

| 구분 | | 주요 내용 | |
|---|---|---|---|
| | | 2015 개정 | 2022 개정 |
| | 특성화고 교육과정 | ○ 총론(보통교과)과 NCS 교과의 연계 | ○ 국가직무능력표준 기반 교육과정 분류체계 유지<br>○ 신산업 및 융합기술 분야 인력양성 수요 반영 |
| | 중학교 | ○ 중학교 '교육과정 편성·운영의 중점'에 자유학기제 교육과정 운영 지침 제시 | ○ 자유학기제 영역, 시수 적정화<br>※ (시수) 170시간→ 102시간<br>※ (영역) 4개→ 2개(주제선택, 진로탐색)<br>○ 학교스포츠클럽활동 시수적정화<br>※ (시수)136시간→ 102시간 |
| | 초등학교 | ○ 주당 1시간 증배, '안전한 생활' 신설<br>- 창의적 체험활동에서 체험중심 교육으로 실시<br>○ 초등학교 교육과정과 누리과정의 연계 강화(한글교육 강화) | ○ 입학초기적응활동 개선<br>- 창의적 체험활동 중심으로 실시<br>○ 기초문해력강화, 한글해득 강화를 위한 국어 34시간 증배<br>○ 누리과정의 연계 강화(즐거운생활 내 신체활동 강화) |
| 교과교육과정 개정 방향 | | ○ 총론과 교과교육과정의 유기적 연계 강화 | ○ 총론과 교과교육과정의 유기적 연계 강화 |
| | | ○ 교과교육과정 개정 기본방향 제시<br>- 핵심개념 중심의 학습량 적정화<br>- 핵심역량을 반영<br>- 학생참여중심 교수학습방법 개선<br>- 과정중심 평가 확대 | ○ 교과교육과정 개정 기본방향 제시<br>- 핵심아이디어 중심의 학습량 적정화<br>- 교과역량 교과 목표로 구체화<br>- 학생참여중심, 학생주도형 교수학습방법 개선(비판적 질문, 글쓰기 등)<br>- 학습의 과정을 중시하는 평가, 개별 맞춤형 피드백 강화 |
| 지원체제 | 교과서 | ○ 흥미롭고 재미있는 질 높은 교과서 개발 | ○ 실생활 맥락에서 학습자의 자기주도성과 소통협력을 이끄는 교과서 개발 |
| | 대입 제도 및 교원 | ○ 교육과정에 부합하는 수능 및 대입 제도 도입 검토<br>- 수능 3년 예고제에 따라 '17년까지 '21학년도 수능 제도 확정<br>○ 교원양성기관 질 제고, 연수 확대 | ○ 교육과정에 부합하는 대입 제도 도입 검토<br>- '24년까지 '28학년도 대입제도 개편안 확정발표<br>○ 교원양성기관 질 제고, 연수 확대 |

## 마. 2022 개정 교육과정의 실시 시기

초·중등교육법 제23조제2항, 제48조 및 국가교육위원회법 부칙 제4조에 의거하여 초·중등학교 교육과정을 다음과 같이 고시하였다.

1. 이 교육과정은 학교급별, 학년별로 다음과 같이 시행한다.

가. 2024년 3월 1일 : 초등학교 1, 2학년

나. 2025년 3월 1일 : 초등학교 3, 4학년, 중학교 1학년, 고등학교 1학년

다. 2026년 3월 1일 : 초등학교 5, 6학년, 중학교 2학년, 고등학교 2학년

라. 2027년 3월 1일 : 중학교 3학년, 고등학교 3학년

2. 다만, 한국어 교육과정은 교육부 고시 제2017-131호에 따른다.

## 2. 학교 교육과정 편성·운영의 이해

### 가. 학교 교육과정 편성·운영 기준

학교 교육과정은 국가 수준 교육과정 기준과 시·도 교육과정 편성·운영 지침을 근거로 하여 지역의 특수성과 학교의 실정, 학생의 실태에 알맞게 각 학교별로 마련한 당해 학교의 구체적인 실행 교육과정이다. 또한 당해 학교가 수용하고 있는 학생에게 책임지고 실현하여야 할 교육 목표, 내용, 방법, 평가 등에 대한 구체적인 실행 교육 프로그램, 특색 있는 교육 설계도, 상세한 교육 운영 세부 시행 계획 등이 포함되어야 한다.

학교 교육과정 편성·운영의 법률적 근거로는 교육기본법 제2조, 초·중등교육법 제23조(교육과정 등), 교육과학기술부 고시 제2015-74호 등이 있다.

(1) 교육기본법 제2조 : 우리나라의 교육 이념 제시

(2) 초·중등교육법 제23조(교육과정 등)

① 학교는 교육과정을 운영하여야 한다.

② 교육과학기술부장관은 제1항의 규정에 의한 교육과정의 기준과 내용에 관한 기본적인 사항을 정하며, 교육감은 교육과학기술부장관이 정한 교육과정의 범위 안에서 지역의 실정에 적합한 기준과 내용을 정할 수 있다.

③ 학교의 교과는 대통령령으로 정한다.

(3) 교육과학기술부 고시 제2015-741호에 의하면, 학교는 이 교육과정과 시

· 도의 교육과정 편성 · 운영 지침, 지역 교육청의 학교 교육과정 편성 · 운영에 관한 장학 자료를 바탕으로, 학교 실정에 알맞은 학교 교육과정을 편성 · 운영한다.

또한 학교 교육과정 편성 · 운영은 학교교육과정위원회 조직과 편성 계획 수립, 교육과정 기준과 지침의 내용 분석, 각종 실태 조사 분석과 시사점 추출, 학교 교육과정의 기본 방향 설정, 학교 교육과정 시안 작성, 학교 교육과정 시안의 심의 및 확정, 학교 교육과정의 운영, 학교 교육과정 평가와 개선 등의 절차를 거친다.

| ◦ 학교교육과정위원회 조직과 편성 계획 수립<br>• 조직, 임무, 역할의 구체화<br>※학교 교육과정 편성 계획 수립 |
|---|

⇓

| ◦ 교육과정 기준과 지침의 내용 분석<br>• 교육부 고시 교육과정, 시교육청 지침 분석<br>• 관계 법령, 교육 시책, 지표, 과제의 분석<br>※학교 교육과정에 반영할 시사점 추출 |
|---|

⇓

| ◦ 각종 실태 조사 분석과 시사점 추출<br>• 교직원 현황, 학교 여건, 학생과 학부모 실태, 지역 사회의 특성 조사, 분석<br>• 교원, 학생, 학부모의 요구 사항 조사 분석<br>• 교과, 재량활동, 특별활동의 운영 실태 분석<br>※학교 교육과정에 반영할 시사점 추출 |
|---|

⇓

| ◦ 학교 교육과정의 기본 방향 설정<br>• 학교장의 학교 경영 방침 및 학교 교육 목표 설정<br>• 교과 · 영역 · 학년별 교육중점 제시<br>※편성 · 운영의 기본 원칙 결정 |
|---|

⇓

○ 학교 교육과정 시안 작성
- 편제와 시간 배당, 수업 일수, 수업 시수 결정
- 교과, 재량활동, 특별활동의 연간 운영 계획 수립
- 특별활동의 학교별도 확보 시간 결정
- 목표, 내용, 수준, 지도 순서, 시간, 방법의 조정
- 교육평가 계획 수립
- 생활지도, 특수아 지도 및 교육자료 활용 계획의 수립
- 특별실, 운동장 활용 계획
- 귀국자 자녀 교육을 위한 특별학급 운영 계획
- 수준별 교육과정 운영에 따른 특별보충과정 운영 계획
- 영재아, 학습 부진아 지도 계획
- 기타 학교 운영 전반에 필요한 계획 수립

※학교의 특색을 살리는 창의적인 교육활동 계획 수립

⇓

○ 학교 교육과정 시안의 심의 및 확정
- 시안의 심의, 검토 분석
- 추출된 문제점 반영, 시안의 수정 · 보완

※학교 교육과정의 확정

⇓

○ 학교 교육과정의 운영
- 지속적인 연수 실시, 교내 자율장학의 활성화
- 운영 과정의 문제점에 탄력적으로 대처
- 교내외 장학 협의를 통한 교육과정의 수정 · 보완

※융통성 있는 운영(시간 운영, 장소 활용, 교사 조직, 주제 선정, 집단 편성 등)

⇓

○ 학교 교육과정 평가와 개선
- 교과, 재량활동, 특별활동의 운영 평가
- 평가 기준에 따른 교육과정 평가

※개선점 추출, 다음 해의 편성 · 운영에 반영

학교 교육과정 편성 · 운영의 절차

## 나. 학교 교육과정의 구성 체제

### 1) 일반적 구성 체제

제1장 학교 교육과정 편성 · 운영의 방향
1. 학교 교육과정의 성격 2. 학교 교육목표와 노력 중점
3. 편성 · 운영의 기본 방향 4. 편제 및 시간(단위) 배당

제2장 교과, 재량활동, 특별활동의 지도
1. 교과(수준별 교육과정, 특별보충과정, 선택중심 교육과정 운영 계획 등)
2. 재량활동(목표, 내용, 방법) 3. 특별활동(영역별, 학년별 운영)

제3장 학교 교육과정의 평가
1. 교과 2. 재량활동 및 특별활동 3. 학교 교육과정의 편성 · 운영

부록(또는 학교 경영 지원 체제)

### 2) 학교 교육계획서에 삽입 시 구성 체제

Ⅰ. 학교 교육계획의 기저
  1. 교훈, 건학 이념(사학) 2. 학교장 경영 방침
  3. 학교 연혁 4. 교육과학기술부 및 부산 교육의 기본 방향
  5. 학교 교육환경 분석
    • 전년도 교육활동 평가결과/실태분석
    • 학교 현황 : 학생, 학부모, 교직원, 시설, 예산 등
Ⅱ. 학교 교육목표 및 추진 내용
  1. 학교 교육목표 2. 교육목표별 구현 내용
  3. 노력 중점 및 특색사업 4. 중장기 발전 계획
Ⅲ. 학교 교육과정의 편성 · 운영
  1. 기본 방침
    • 학교 교육과정의 성격, 편성 · 운영 방침
  2. 학교 교육과정의 편성
    • 편제 및 시간(단위) 배당

> 3. 학교 교육과정의 운영
>    - 학사 일정, 수업 시수 확보 계획
>    - 교과[수준별 교육과정, 특별보충과정(기초학력 책임지도 계획 포함), 선택중심 교육과정 운영), 재량활동, 특별활동 운영 및 평가 계획
>    - 직업반, 방과 후 교육 활동, 수능 이후 교육과정 운영 계획 등
>
> Ⅳ. 교육목표별(부서별) 주요 업무 추진 계획
>
> Ⅴ. 학교 교육활동 평가 계획
>
> 1. 학교 교육과정 편성 · 운영 평가
> 2. 학교 교육과정 실행 여건 평가
>
> ◉ 부 록
>
> •각종 위원회, 업무분장, 각종 규정 등

## 다. 학교 교육과정 설계와 운영

### 1) 설계의 원칙

(1) 학교는 이 교육과정을 바탕으로 학교 교육과정을 자율적으로 설계 · 운영하며, 학생의 특성과 학교 여건에 적합한 학습 경험을 제공한다.

① 학습자의 발달 수준에 적합한 폭넓고 균형 있는 교육과정을 통해 다양한 영역의 세계를 탐색해보는 기회를 제공하고, 학습자의 전인적인 성장 · 발달이 가능하도록 학교 교육과정을 설계하여 운영한다.

② 학생 실태와 요구, 교원 조직과 교육 시설 · 설비 등 학교 실태, 학부모 의견 및 지역사회 실정 등 학교의 교육 여건과 환경을 종합적으로 고려하여 학습자에게 적합한 학습 경험을 제공한다.

③ 학교는 학생의 필요와 요구에 따라 학교의 특성을 고려하여 다양한 교육 활동을 설계하여 운영할 수 있다.

④ 학교 교육 기간을 포함한 평생 학습에 필요한 기초소양과 자기주도 학습 능력을 갖출 수 있도록 지원하며 학습 격차를 줄이도록 노력한다.

⑤ 학생들의 자발적인 참여를 원칙으로 하여 학교와 시 · 도 교육청은 학생과 학부모의 요구에 따라 방과 후 활동 또는 방학 중 활동을 운영 · 지원할 수 있다.

⑥ 학교는 학교 교육과정의 효율적인 설계와 운영을 위하여 지역사회의 인적, 물적 자원을 계획적으로 활용한다.

⑦ 학교는 가정 및 지역과 연계하여 학생이 건전한 생활 태도와 행동 양식을 가지고 학습할 수 있도록 지도한다.

(2) 학교 교육과정은 모든 교원이 전문성을 발휘하여 참여하는 민주적인 절차와 과정을 거쳐 설계·운영하며, 지속적인 개선을 위해 노력한다.

① 교육과정의 합리적 설계와 효율적 운영을 위해 교원, 교육 전문가, 학부모 등이 참여하는 학교 교육과정 위원회를 구성·운영하며, 이 위원회는 학교장의 교육과정 운영 및 의사 결정에 관한 자문 역할을 담당한다. 단, 특성화 고등학교와 산업수요 맞춤형 고등학교의 경우에는 산업계 전문가가 참여할 수 있고, 통합교육이 이루어지는 학교의 경우에는 특수교사가 참여할 것을 권장한다.

② 학교는 학습 공동체 문화를 조성하고 동학년 모임, 교과별 모임, 현장 연구, 자체 연수 등을 통해서 교사들의 교육 활동 개선이 이루어지도록 한다.

③ 학교는 학교 교육과정 설계·운영의 적절성과 효과성 등을 자체 평가하여 문제점과 개선점을 추출하고, 다음 학년도의 교육과정 설계·운영에 그 결과를 반영한다.

### 2) 교수 학습

(1) 학교는 학생들이 깊이 있는 학습을 통해 핵심역량을 함양할 수 있도록 교수·학습을 설계하여 운영한다.

① 단편적 지식의 암기를 지양하고 각 교과목의 핵심 아이디어를 중심으로 지식·이해, 과정·기능, 가치·태도의 내용 요소를 유기적으로 연계하며 학생의 발달 단계에 따라 학습 경험의 폭과 깊이를 확장할 수 있도록 수업을 설계한다.

② 교과 내 영역 간, 교과 간 내용 연계성을 고려하여 수업을 설계하고 지도함으로써 학생들이 융합적으로 사고하고 창의적으로 문제를 해결하는 능력을 함양할 수 있도록 한다.

③ 학습 내용을 실생활 맥락 속에서 이해하고 적용하는 기회를 제공함으로써 학교에서의 학습이 학생의 삶에 의미 있는 학습 경험이 되도록 한다.

④ 학생이 여러 교과의 고유한 탐구 방법을 익히고 자신의 학습 과정과 학습 전략을 점검하며 개선하는 기회를 제공하여 스스로 탐구하고 학습할 수 있는 자기주도 학습 능력을 함양할 수 있도록 한다.

⑤ 교과의 깊이 있는 학습에 기반이 되는 언어·수리·디지털 기초소양을 모든 교과를 통해 함양할 수 있도록 수업을 설계한다.

(2) 학교는 학생들이 수업에 능동적으로 참여하고 학습의 즐거움을 경험할 수 있도록 교수·학습을 설계하여 운영한다.

① 학습 주제에서 다루는 탐구 질문에 관심과 호기심을 가지고 스스로 문제를 해결하는 학생 참여형 수업을 활성화하며, 토의·토론 학습을 통해 자신의 생각을 표현하는 기회를 가질 수 있도록 한다.

② 실험, 실습, 관찰, 조사, 견학 등의 체험 및 탐구 활동 경험이 충분히 이루어질 수 있도록 한다.

③ 개별 학습 활동과 함께 소집단 협동 학습 활동을 통하여 협력적으로 문제를 해결하는 경험을 충분히 갖도록 한다.

(3) 교과의 특성과 학생의 능력, 적성, 진로를 고려하여 학습 활동과 방법을 다양화하고, 학교의 여건과 학생의 특성에 따라 다양한 학습 집단을 구성하여 학생 맞춤형 수업을 활성화한다.

① 학생의 선행 경험, 선행 지식, 오개념 등 학습의 출발점을 파악하고 학생의 특성을 고려하여 학습 소재, 자료, 활동을 다양화한다.

② 정보통신기술 매체를 활용하여 교수·학습 방법을 다양화하고, 학생 맞

춤형 학습을 위해 지능정보기술을 활용할 수 있다.

③ 다문화 가정 배경, 가족 구성, 장애 유무 등 학습자의 개인적·사회문화적 배경의 다양성을 이해하고 존중하며, 이를 수업에 반영할 때 편견과 고정 관념, 차별을 야기하지 않도록 유의한다.

④ 학교는 학생 개개인의 학습 상황을 확인하여 학생의 학습 결손을 예방하도록 노력하며, 학습 결손이 발생한 경우 보충 학습 기회를 제공한다.

(4) 교사와 학생 간, 학생과 학생 간 상호 신뢰와 협력이 가능한 유연하고 안전한 교수·학습 환경을 지원하고, 디지털 기반 학습이 가능하도록 교육공간과 환경을 조성한다.

① 각 교과의 특성에 맞는 다양한 학습이 이루어질 수 있도록 교과 교실 운영을 활성화하며, 고등학교는 학점 기반 교육과정 운영을 위해 유연한 학습공간을 활용한다.

② 학교는 교과용 도서 이외에 시·도 교육청이나 학교 등에서 개발한 다양한 교수·학습 자료를 활용할 수 있다.

③ 다양한 지능정보기술 및 도구를 활용하여 효율적인 학습을 지원할 수 있도록 디지털 학습 환경을 구축한다.

④ 학교는 실험 실습 및 실기 지도 과정에서 학생의 안전사고를 예방하기 위해 시설·기구, 기계, 약품, 용구 사용의 안전에 유의한다.

⑤ 특수교육 대상 학생 등 교육적 요구가 다양한 학생들을 위해 필요할 경우 의사소통 지원, 행동 지원, 보조공학 지원 등을 제공한다.

### 3) 평가

(1) 평가는 학생 개개인의 교육 목표 도달 정도를 확인하고, 학습의 부족한 부분을 보충하며, 교수·학습의 질을 개선하는 데 주안점을 둔다.

① 학교는 학생에게 평가 결과에 대한 적절한 정보를 제공하고 추수 지도를 실시하여 학생이 자신의 학습을 지속적으로 성찰하고 개선할 수 있

도록 한다.

② 학교와 교사는 학생 평가 결과를 활용하여 수업의 질을 지속적으로 개선한다.

(2) 학교와 교사는 성취기준에 근거하여 교수·학습과 평가 활동이 일관성 있게 이루어지도록 한다.

① 학습의 결과만이 아니라 결과에 이르기까지의 학습 과정을 확인하고 환류하여, 학습자의 성공적인 학습과 사고 능력 함양을 지원한다.

② 학교는 학생의 인지적·정의적 측면에 대한 평가가 균형 있게 이루어질 수 있도록 하며, 학생이 자신의 학습 과정과 결과를 스스로 평가할 수 있는 기회를 제공한다.

③ 학교는 교과목별 성취기준과 평가기준에 따라 성취수준을 설정하여 교수·학습 및 평가 계획에 반영한다.

④ 학생에게 배울 기회를 주지 않은 내용과 기능은 평가하지 않는다.

(3) 학교는 교과목의 성격과 학습자 특성을 고려하여 적합한 평가 방법을 활용한다.

① 수행평가를 내실화하고 서술형과 논술형 평가의 비중을 확대한다.

② 정의적, 기능적 측면이나 실험·실습이 중시되는 평가에서는 교과목의 성격을 고려하여 타당하고 합리적인 기준과 척도를 마련하여 평가를 실시한다.

③ 학교의 여건과 교육활동의 특성을 고려하여 다양한 지능정보기술을 활용함으로써 학생 맞춤형 평가를 활성화한다.

④ 개별 학생의 발달 수준 및 특성을 고려하여 평가 계획을 조정할 수 있으며, 특수학급 및 일반학급에 재학하고 있는 특수교육 대상 학생을 위해 필요한 경우 평가 방법을 조정할 수 있다.

⑤ 창의적 체험활동은 내용과 특성을 고려하여 평가의 주안점을 학교에서 결정하여 평가한다.

## 참고문헌

개정 초중등 교육과정 총론(2022). 교육부.
교육부 총론 발표 보도자료(2022.12.21.).
진영은(2005). 교육과정: 이론과 실제. 학지사.

CHAPTER

# 11

# 장학과 수업연구

나는 지혜에 관해서는 아무것도 잉태한 것이 없네.

나는 아무것도 모르는 자일세. 나는 영혼과 정신의 생산이라는 사건을 결코 경험해 본 적이 없네. 그러나 내가 대화를 나누었던 사람들은 처음에는 아무것도 모르는 것처럼 보였으나, 대화가 진행되는 가운데 신의 도움을 받아 놀라운 발전을 이룩하였다네. 그들이 나에게 무엇인가 배운 바가 전혀 없이 오직 자신으로부터 많은 아름다운 것을 발견해 내고 그것을 확고하게 간직한 것은 명확한 사실이라네.

-소크라테스-

## 1. 장학의 이론과 실제

### 가. 장학의 이론

장학이란 교사를 대상으로 하는 봉사활동으로서 교사의 교육행위의 변화를 전문적으로 조력해 줌으로써 교사의 성장, 전문성 개발, 문제 해결력 등을 키워 주는 활동이다. 장학의 초점은 교수-학습 개선에 있고 효과적 수업을 통하여 학생의 학습효과를 증진시키는 활동이다. 장학은 수업 과정에 직접 영향을 미치는 교사, 교육과정, 교육환경, 교육운영 등 인적·물적·과정적 자원을 변화시키고 조정하는 활동이다.

장학의 개념을 Oliva와 Pawlas(1997)는 수업 개선을 돕기 위해 교사에게 제공되는 전문적 노력의 한 방법으로 정의하였고, 윤정일 등(2008)은 교수행위의 개선을 위해 교사에게 제공되는 장학담당자의 모든 노력이라고 정의하였다. 국내외 학자들이 내린 장학의 개념을 살펴보면, 장학의 개념에 공통적으로 포함되는 요소는 교육활동의 개선과 조언활동이라고 볼 수 있다. 교육활동의 개선은 주로 교실에서 이루어지는 교수-학습의 개선을 말하는 것으로서 장학활동의 목적으로 볼 수 있다. 그리고 조언활동은 장학담당자가 장학대상자에게 제공하는 장학활동의 방법이자 형태이다. 그런데 교수-학습의 주요 당사자는 교사들이므로 조언활동을 통해 교육활동의 개선을 도모하는 것은 결국 교사들이라고 할 수 있다(김도기, 2005).

장학의 목적으로는 첫째, 교육의 질적 수월성 제고이다. 장학에 있어서 가장 중요한 목표는 교수-학습의 질을 높여서 교육의 질적 수월성을 도모하는 것이다. 장학자는 교사가 수업 효과성을 높이도록 자극하고, 바람직한 프로그램을 스스로 개발하도록 고무시켜 주며, 교육과정의 개발과 운영의 개선을 유도하고, 교수-학습 환경을 개선시켜 줌으로써 교수-학습 개선을 통하여 학교 생산성이 제고될 수 있게 한다. 둘째, 교사의 전문성 신장이다. 장학은 교사들이 학습자와 교수-학습에 대한 이해를 넓히도록 돕고, 교수에 활용되는 기술과 지식을 확장해 나가도록 교사들을 유도한다. 장학담당자는 교사와 직접 상호작용을 통하여 교사를 조력하고, 기술적·심리적 지원을 해 주며 수업의 계획과 과정에 참여함으로써 수업 효과성을 최대한 높이는 데 기여한다. 셋째, 직무동기의 부여이다. 장학은 교사들이 가르치는 일에 헌신하고 동기화되도록 북돋워 준다. 교사들이 학교조직의 목적에 적극적으로 기여하고자 하는 교육의 신념이나 가치를 내면화하도록 돕는다. 넷째, 학교 효과성의 제고이다. 장학은 교수의 질을 관리하고 학습 풍토를 조성하며, 시설과 기자재를 효율적으로 활용하고, 참여적 의사결정과 양방향 의사소통이 이루어지도록 민주적 절차와 과정을 활용한다. 장학은 변화 지향적 지도성을 발휘하여 교사를 지원해 주고, 정책들을 개발함으로써 학교 교육의 성과를 높일 수 있다.

## 나. 장학의 실제

### 1) 교내자율장학

교내자율장학의 목적은 단위학교에서 자율적으로 교장·교감을 중심으로 하여 전체 교직원들이 상호 이해와 협력을 기초로 하여 교육활동에 활용될 수 있는 좋은 지식, 기술, 정보, 아이디어, 경험, 도움, 조언 등을 나누어 가짐으로써 교사들의 수업기술 향상과 전문성 신장을 도모하는 것이다.

교내자율장학은 교육공동체로 구성하는 교내 자율장학협의회를 구성하여 운영하고 동 학년 협의회, 교과별 협의회, 동아리회 등과 연계 조직하여 운영한다. 또한 교사의 경력 및 능력을 고려하여 임상장학, 마이크로티칭, 동료장학, 자기장학, 약식장학 등을 선택적으로 적용하여 컨설팅 장학으로 운영한다. 교내자율장학의 내용은 다음과 같다.

〈표 11-1〉 교내자율장학의 내용

| 기본 형태 | 주 장학 담당자 | 구체적 형태 | 대 상 |
|---|---|---|---|
| • 수업장학 | 교장, 교감, 부장교사, 장학요원, 전문가 | • 임상장학<br>• 마이크로티칭<br>• 수업연구<br>• 초임교사 수업관련 지도 · 조언 활동 | • 초임교사<br>• 저경력교사<br>• 수업기술 향상의 필요성이 있는 교사 |
| • 동료장학 | 동료 교사 | • 수업연구 중심 동료장학<br>-동 학년 수업연구<br>-동 교과 수업연구<br>• 협의 중심 동료장학<br>-동 학년, 동 교과, 동 부서<br>-부장교사, 스터디 그룹<br>-공식 · 비공식적 그룹<br>• 연구과제 중심 동료장학<br>-공동 연구과제 추진<br>-공동 시범과제 추진<br>-공동 자료 · 작품제작 등<br>• 일대일 동료장학<br>-초임교사와 경력교사 간 짝짓기 | • 전체 교사<br>• 협동으로 일하기를 원하는 교사<br>• 관심분야가 같은 교사<br>• 동호인 |
| • 자기장학 | 교사 개인 | • 자기 수업 분석 · 연구<br>• 학생을 통한 수업반성<br>• 1인 1과제연구 · 개인연구<br>• 전문서적 · 자료 탐독<br>• 대학원 수강<br>• 전문기관, 전문가 방문 · 상담<br>• 현장방문 · 견학<br>• 각종 학술회, 강연회 참석<br>• 각종 자기연찬 활동 | • 전체교사<br>• 자기분석 · 자기지도의 기술이 있는 교사<br>• 혼자 일하기를 원하는 교사 |
| • 약식장학 (일상장학) | 교장 교감 | • 학급순시<br>• 수업참관 등 | • 전체 교원 |
| • 자체연수 | 전체 교원 외부인사 등 | • 학교 주도의 각종 연수활동 | • 전체 교원 |

## (1) 대상, 방법, 시기

- 대상: 유 · 초 · 중 · 고등학교
- 방법: 교사의 경력 · 능력 · 요구 · 필요를 고려한 자율장학
- 시기: 연중

#### (2) 절차

| 사전 준비 | 실 천 | 결과처리 및 환류 |
|---|---|---|
| • 교내 자율장학 협의회<br>– 장학팀 구성<br>• 수업장학 계획<br>• 신규교사 연수계획<br>• 자율연수 계획<br>• 자기장학 계획 | • 교내 자율장학 협의회<br>– 장학팀 운영<br>• 수업장학 운영<br>• 신규교사 연수<br>• 자율연수 운영<br>• 자기장학 운영 | • 실시 결과 분석 및 환류 |

[그림 11-1] 교내자율장학의 절차

### 2) 지구자율장학

지구자율장학의 목적은 지구 내 학교 간에 상호협력 체제를 구축하여 학교 간, 교원 간의 자율장학활동을 조장하고 지원하며, 교수 · 학습 · 평가 방법 개선을 위한 공동 노력 및 교육정보 교환, 지구별 특성에 따른 현안 해결 및 학생 지도방안을 강구하는 데 있다.

장학지구별 자율장학은 장학지구 내 학교 및 교원 간 우수 교육정보의 공유를 통한 교육의 질을 제고하고 장학지구별 자율장학협의회 구성 · 운영을 통한 교육연구, 수업연구, 생활지도, 학예활동, 유 · 초 · 중학교 연계 수업 등의 교육활동을 협동적으로 추진하며 장학지구 중심학교 주관으로 자율적으로 운영하되, 운영 주제의 다양화로 학교별 다수 교원의 참여를 유도하여야 한다.

장학지구별 자율장학의 내용으로는 중심학교 자율적 연간계획 수립 · 실행, 주관학교 공개수업 실시, 학교 간 교차 참관, 교실수업개선을 위한 공동 협의회 개최, 학교 간 교육활동 및 학교경영 정보 교환 · 공유, 지구공동 특색사업 추진 및 학예활동 행사 공동 개최 등이 있다.

#### (1) 대상, 방법, 시기

- 대상: 장학지구별 유 · 초 · 중학교
- 방법: 장학지구별 중심학교 주관으로 운영
- 시기: 3~12월

### (2) 절차

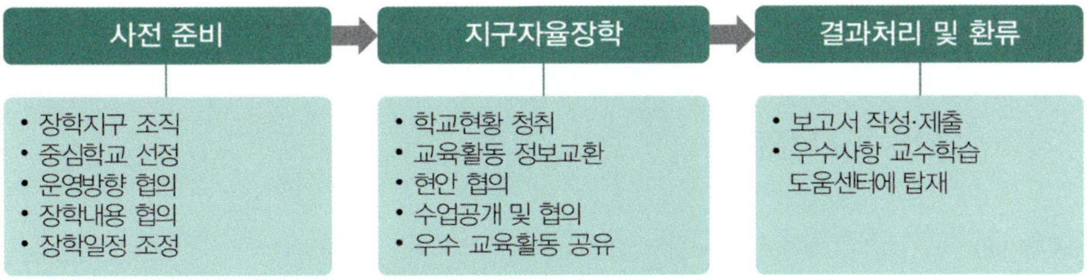


[그림 11-2] 지구자율장학의 절차

## 3) 담임장학

담임장학의 목적은 학교 교육과정 및 학교교육 계획을 파악하여 추진방안을 공동 모색하고, 신학기 운영을 위한 인적·물적 자원의 관리계획을 지원하여 학교교육의 질을 향상시키는 데 있다.

담임장학은 학교와 담임 장학사 간 상시 의사소통 채널을 확보하고 협의하며, 학기별 학교교육을 위한 인적·물적 자원의 확보·배치 현황 및 자체 점검 결과를 서면으로 제출한다.

담임장학의 내용으로는 담임 장학사 방문 장학(통신장학), 학교교육계획 수립의 적절성, 인적·물적 자원 확보 및 배분의 적합성, 교실수업개선을 위한 연간 계획 및 실천적 노력, 수업우수교사 발굴, 단위학교 특색사업 지도, 학교 현안사항 및 건의사항 파악, 정·부 담임 장학 중심의 지원 장학, 1학교 연 2회 수업지원장학, 'e-mail 서비스' 지원체제 구축·운영, 수요자 맞춤형 '생각하는 교실' 만들기 지원, 주5일 수업제 현장 정착을 위한 지원, 수요자의 요구에 부응하는 방과후학교 운영, 교수학습지원센터 수업자료 탑재·활용, 독서교육 및 도서관활용 수업 지원, 교원의 전문성 신장을 위한 연수 지원, 기타 학교별 현안사항 해결을 위한 협의·지도 조언, 담임 장학사 방문장학(통신장학), 학교교육계획의 실행 및 교육목표 달성도 확인, 교육목표 미달성 부분의 원인 분석 및 대책 협의, 우수교육활동사례 발굴 등이 있다.

#### (1) 대상, 방법, 시기

- 대상: 유 · 초 · 중 · 고등학교
- 방법: 담임 장학사 1명이 현장지원장학
- 시기: 정기 - 3~12월

#### (2) 절차

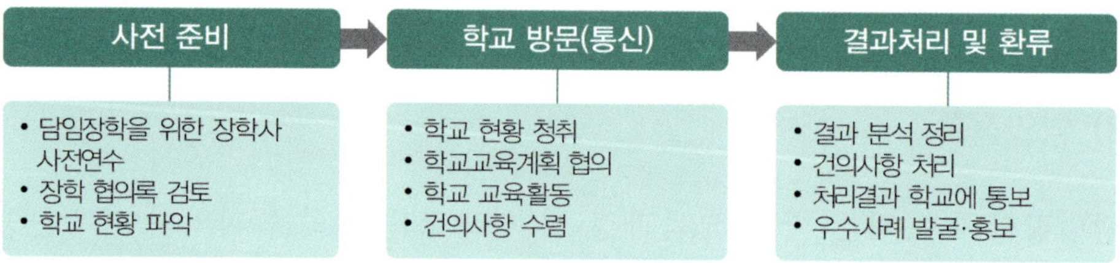


[그림 11-3] 담임장학의 절차

### 4) 수업지원장학

수업지원장학의 목적은 교수 · 학습 계획 단계에서부터 지도안 작성, 자료제작, 수업공개, 협의회에 이르기까지 지원활동을 통하여 교실수업개선을 도모하는 데 있다.

수업지원장학의 내용으로는 '생각하는 수업' 만들기 과제 추진 지원, 수업력 제고를 위한 다양한 프로그램 지원, 교원의 전문성 신장과 지속적인 교실수업개선 지원 체제 구축, 학생 중심 교육과정 운영 지원, 교실수업개선 우수사례 발굴 및 일반화 등이 있다.

#### (1) 대상, 방법, 시기

- 대상: 수업지원장학을 희망하는 교원
- 방법: 전문직 및 장학지원단을 통한 장학팀 구성
- 시기: 연중

#### (2) 절차

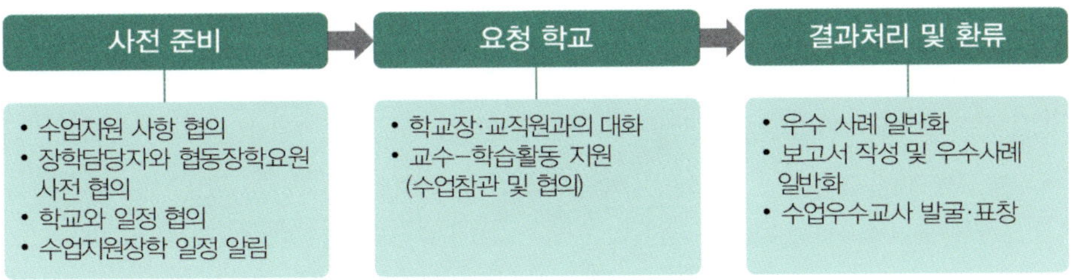


[그림 11-4] 수업지원장학의 절차

### 5) 주제장학

주제장학의 목적은 연구 · 시범학교 및 각종 중심학교 운영과제의 실천과정 및 해결방안에 대한 협의로 운영학교의 성과 거양을 돕고 연구결과의 일반화를 도모하는 데 있다.

주제장학은 운영과제의 실천과정 전반에 담당 장학사와 학교 간의 긴밀한 의사소통 체제를 구축하여 지원하고, 내실 있는 주제장학을 통한 운영성과의 질을 높여 교실수업 개선을 위한 자료 개발을 지원한다. 주제장학의 내용으로는 연구과제의 실천과정 전반에 걸친 담당 장학사와 학교 간의 긴밀한 지원 체제 구축, 학교별 특성에 맞는 주제장학을 통한 운영 성과의 질 제고 및 일반화 가치가 높은 자료 개발 지원 등이 있다.

#### (1) 대상, 방법, 시기

- 대상: 연구 · 시범학교, 필요에 의해 요청하는 학교
- 방법: 주제에 따른 장학팀 구성 지원
- 시기: 연중

### (2) 절차

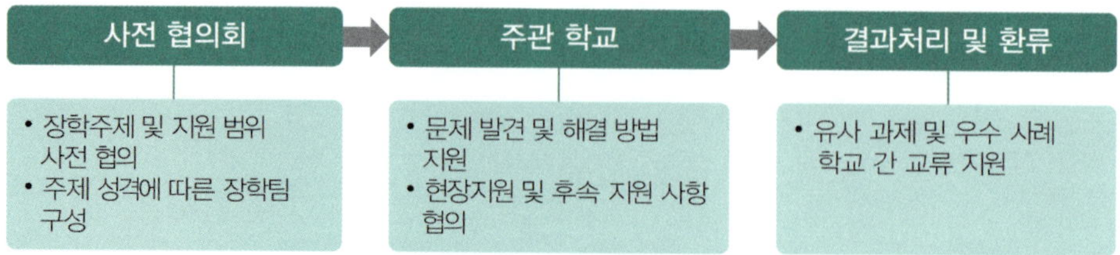


[그림 11-5] 주제장학의 절차

## 6) 통신장학

통신장학의 목적은 학교 또는 교육청 담당 장학사가 각종 통신수단을 통하여 교육활동 전반에 대하여 수시 확인하고, 교육정보를 전달·청취·입수하며, 교육현장에서 발생하는 현안 및 직무상 필요한 경우 이의 효과적인 해결을 위하여 협의·지원함으로써 교육 정상화 및 교육의 질적 개선을 도모하는 데 있다.

통신장학은 교육활동 분야별 전문가로 구성된 사이버장학 지원단 조직·운영하고, 교육청 홈페이지에 「사이버장학」 사이트 개설·운영하며, 현장교육에 실제 적용 가능한 활동사례 중심의 안내로 현장교원의 수업력을 제고토록 지원한다. 통신장학의 내용으로는 교육현장에서 야기되는 현안 문제에 대한 해결방안 제시, 교육청 개발 자료의 소개 및 활용 안내, 생활지도 및 학급경영을 위한 사례 및 아이디어 제공 등이 있다.

### (1) 대상, 방법, 시기

- 대상: 유·초·중·고등학교
- 방법: 지원팀에 의한 유선, 정보 통신망 또는 홈페이지 활용
- 시기: 연중

### (2) 절차

**사전 준비** → **통신장학** → **결과 처리**

- 사전 준비
  - 지원단 조직
  - 통신장학 내용 선정
  - 통신방법 선정
  - 대상학교 선정
- 통신장학
  - 현안문제 해결방법 협의
  - 교단지원 개발자료 활용 안내
  - 우수사례 및 아이디어 제공
- 결과 처리
  - 현안문제 해결결과 제출
  - 자료, 우수사례, 아이디어 활용

[그림 11-6] 통신장학의 절차

## 2. 수업연구의 이론과 실제

### 가. 수업연구의 계획

#### 1) 수업연구의 개념

수업이란 목표로 설정한 행동 유형의 변화, 즉 학습이 학습자에게 일어나도록 그의 내적 심리과정에 맞추어 외적 조건과 상황을 설계·개발·관리하는 과정이다(진위교, 1996). 수업은 '목표행동 유형의 변화', '학습자의 내적 과정', '외적 조건 상황' 등과 같은 세 가지 핵심 요소를 포함하는 개념이다. 수업이란 교사가 구체적인 수업목표를 설정하고 그것을 달성하기 위해 행하는 행동 및 교사-학생 간 상호작용이다. 학생이 배워야 할 모든 것을 가르치는 교사활동 또는 상호작용이라고 볼 수 있으며, 특정 또는 불특정의 다수인이 참관할 수 있도록 공개적으로 하는 수업을 말한다.

학습자의 수업목표 달성 또는 바람직한 학습효과 달성을 위해서는 우선 교육과정 총론·각론 분석, 교사용지도서와 교과서 분석, 선배 교사들과의 수업 모형이나 단계 협의 등 수업연구의 흐름을 체계적으로 계획하는 것이 필요하다.

수업 전 계획은 연구문제를 결정하고 선정된 문제를 검토하며 사전 실태조사를 하는 것이고, 수업 실시 계획은 시간계획, 학습계획, 수업 중 계획의 수정 등이며 수업 반성 계획은 수업 결과의 평가, 연구발표회, 연구협의회 등을 말한다.

수업연구를 위한 사전 준비로 교실 환경의 정리, 연구 인쇄물의 준비, 교사의 수업 전 검토사항이 있다. 교사의 수업 전 검토사항으로는 학습자는 수업연구의 의미를 잘 이해하고 있는가? 학습의 진도는 예정대로 진행되고 있는가? 수업연구의 주제와 연구발표의 각 제목이 관련되어 있는가? 학습에 필요한 학습자의 실태가 잘 파악되어 있는가? 참관자에 대한 예의가 잘 지도되어 있는가? 참관자에게 배부할 인쇄물은 준비되어 있는가? 교실의 청소는 잘 되어 있는가? 환경 구성 및 정비가 잘 되어 있는가? 참관자에게 안내가 잘 되어 있는가? 복도, 벽면 등이 학습자에 의해 잘 이용되고 있는가? 등이 있다.

### 2) 수업연구 준비 시 고려사항

수업연구 진행 시 유의사항으로는 수업목표에 접근하는 동기유발, 주요 학습개념 강조, 수업목표 접근 및 도달도 확인, 학생의 능력 수준에 따라 다양한 수업활동 전개, 개별화 수업 유도, 학생의 요구를 수업 중에 반영, 학생의 창의성 신장, 학생의 질문을 적극적으로 수용, 학생들이 사고를 할 수 있는 질문 등이 있다. 수업연구의 본질을 살펴보면 다음과 같다.

첫째, 교과의 본질을 추구하는 수업이어야 한다. 이를 위해서는 교육과정 해설서 및 교사용 지도서를 통한 올바른 교재관을 정립하여야 하고, 교과 및 교재에 적합한 수업 모형 적용으로 교과의 본질을 살리는 수업이어야 하며, 통합의 필요성이 절실한 경우에 한하여 교과 통합 및 시간을 통합한 수업도 가능하다.

둘째, 문제 해결력을 키워 주는 수업이어야 한다. 이를 위해서는 기초·기본 학습 요소를 철저히 지도하여야 하고, 주변 생활과 관련된 학습 문제를 설정하며 학습 결과를 실생활에 적용할 수 있어야 한다. 또한 학습하는 방법을 지도하고 개념·원리·법칙 발견, 일반화 지식을 도출하는 등의 발표·토의 중심 수업을 진행하여야 한다. 또한 체험 위주 학습 활동을 전개하고 인터넷을 활용한 정보화 교육이 이루어져야 한다.

셋째, 학습자의 발달 수준과 의견이 존중되는 학습자 중심 수업이어야 한다. 이를 위해서는 표현 방식의 순차성을 고려한 눈높이 교육이 실시되어야 하고, 학습자의 요구를 반영하며 학습자 중심 교육 활동으로 수업을 진행하여야 한다. 또한 학습자에게 다양한 방법을 안내하여 선택권을 부여하고, 주제 탐구 학습을 실시하며 학습 결과에 대한 학습자의 자기 책무성을 강조하는 수업이어야 한다.

넷째, 전원 참여, 전원 성취 수업이어야 한다. 개개인의 능력에 적합한 역할을 분담하고 함께 배우는 협력 학습 기회를 제공하며, 학습 결과 정리는 스스로 할 수 있도록 진행하여야 한다.

다섯째, 실제 수업 활동에 충분한 시간이 주어지는 수업이어야 한다. 예습적 과제를 부여해 학습 문제 파악 시간을 단축하고 교수-학습 모형을 적용하여 단위 시간별 수업의 기본 흐름을 매끄럽게 이어갈 수 있는 수업이어야 한다.

여섯째, 누구나 할 수 있는 일반화가 가능한 수업이어야 한다. 기존 자료 및 교과서 삽화를 최대한 활용하고, 오류를 범하기 쉬운 내용에 대한 효과적인 지도 방법을 모색하며 쉽고 재미있게 배우는 학습 방법을 찾는 수업이어야 한다.

### 3) 좋은 수업안 작성하기

좋은 수업안을 작성하기 위해서는 수업안에 어떤 내용이 포함되어야 하고 또 어떤 양식으로 작성되어야 하는가에 대하여 생각해 보아야 한다. 수업안에 반드시 포함되어야 할 내용으로는 첫째, 학습내용 관련으로 교과, 단원명, 차시, 학습 주제, 학습 목표, 예습적 과제, 학습 자료, 학습 활동 형태 등이 있다. 둘째, 지도자 및 대상 관련으로 지도 교사, 대상 학년, 일시, 장소 등이 있다. 셋째, 학습 활동 관련으로 학습 과정(단계), 학습 내용(요소), 학습 활동

(교사, 아동)시간, 자료, 지도상 유의점 등이 있다. 넷째, 기타 사항으로 판서 계획, 평가 계획, 학습지 등이 있다.

수업안이란 수업자가 교수 활동을 수행하기 위한 계획이므로 교사가 수업의 흐름을 알기 쉽게 나타내면 되기 때문에 원칙적으로 어떤 일정한 틀이 존재할 수 없으며, 교과, 단원제재에 따라 다르므로 어느 것이 옳다고 단언할 수는 없다. 일반적으로 수업안 왼쪽에는 학습 과정과 학습 단계, 학습 내용(요소)을, 중앙에는 교수-학습 활동을, 오른쪽에는 시간, 학습 조직 형태, 학습 활동 형태, 자료 및 지도상 유의점 등을 나타낼 수 있다.

참고로 이를 양식으로 제시하면 다음과 같다.

| 단계 | 학습 내용 | 교수-학습 활동 | | 시간 | 자료 및 유의점 |
|---|---|---|---|---|---|
| | | 교 사 | 학 생 | | |
| | | | | | |

수업안의 교수-학습 활동란에는 교사가 어떻게 가르칠 것이냐보다는 학습자가 어떻게 활동하도록 할 것인가에 대한 내용을 구체적으로 기록하여야 하며, 교사 활동란에 발문 내용만을, 학생 활동란에 예상 답변만을 기록하는 것은 지양하고 교사나 학생 모두 '활동'을 빠짐없이 기록해야 한다. 그리고 수업안에는 예습적 과제를 활용하여 학생 중심 수업을 진행할 수 있도록 배려하고, 그 수업안만 있으면 누구든지 수업할 수 있도록 구체적으로 작성하면서도 수업 현장의 예상치 못한 돌발 사태를 고려할 수 있도록 융통성 있게 작성되어야 한다.

### 4) 수업연구 자기 평가표와 수업 참관록 작성

수업자는 수업 전에 교실수업개선을 위한 공개수업 자기 평가표나 수업 참관록의 관점을 미리 파악하여 그것을 의식하면서 수업에 임하도록 해야 한다. 자기 평가표는 5점 척도로써 4개 분야의 20문항으로 이루어지며 100

점 만점이다. 교실수업개선을 위한 공개수업 자기 평가표와 수업 참관록의 구체적인 내용은 다음과 같다.

〈표 11-2〉 교실수업개선을 위한 수업연구 자기 평가표

| 분야 | 영 역 | 평가항목 | 평 점 | | | | | 특기사항 |
|---|---|---|---|---|---|---|---|---|
| | | | 5 | 4 | 3 | 2 | 1 | |
| 교재연구 | 교재 연구의 심도 | 1) 다양한 방법으로 연구되는가?<br>2) 안내와 지도에 충분하도록 연구되는가?<br>3) 학생들의 능력을 고려하여 연구되는가?<br>4) 지식, 기능, 태도의 학습을 계열화하는가?<br>5) 목표, 성취 수준의 설정에는 학급실정이 고려되는가? | | | | | | |
| | 수업안 작성체계 및 내용 | 6) 지식, 기능, 태도의 학습을 계열화하는가?<br>7) 목표, 성취수준의 설정에는 학급실정이 고려되는가?<br>8) 체계와 내용의 설정에 교재의 특질이 고려되는가? | | | | | | |
| | 본시의 전개안 | 9) 성취목표는 구체적으로 진술되는가?<br>10) 활동에 따른 적절한 시간 배분이 연구되는가?<br>11) 목표 성취가 효과적으로 이루어지도록 연구되는가? | | | | | | |
| | 소 계 | | | | | | | |
| 기본교수법 | 교사의 태도 | 12) 언어는 학생들에게 적절하며 친근감을 주는가?<br>13) 자세는 자연스러우며 품위를 유지하는가?<br>14) 학생들에게 안정감을 주는가? | | | | | | |
| | 교사의 지도력 | 15) 설명은 간명한가?<br>16) 학생들의 적극성을 유발하도록 발문하는가?<br>17) 시범은 효과적으로 제시되는가? | | | | | | |
| | 판서의 요령 | 18) 필체는 바르고 크기는 알맞은가?<br>19) 학습효과 제고를 위해 사전 계획되는가?<br>20) 구조화되는가? | | | | | | |
| | 소 계 | | | | | | | |
| 기본학습법 | 학습용구 준비 및 사용요령 | 21) 학습활동에 지장이 없도록 준비되는가?<br>22) 사용요령은 사전 지도되며 실천되는가?<br>23) 사후 처리지도는 이루어지고 실천되는가? | | | | | | |
| | 학습자세 및 학습참여 | 24) 수용적 자세는 되어 있는가?<br>25) 성실하게 참여하고 있는가?<br>26) 학습목표 성취에 자진 참여하는가? | | | | | | |
| | 발표력 | 27) 발표 의욕은 왕성한가?<br>28) 발표 요령은 바른가?<br>29) 발표 능력은 양호한가? | | | | | | |
| | 소 계 | | | | | | | |

| 분야 | 영 역 | 평가항목 | 평 점 | | | | | 특기사항 |
|---|---|---|---|---|---|---|---|---|
| | | | 5 | 4 | 3 | 2 | 1 | |
| 지도과정 | 출발점 행동 고르기 | 30) 출발점의 수준은 고려되는가?<br>31) 능력에 따른 개별 지도 계획과 출발점은 고려되는가?<br>32) 가르치고 배워야 할 내용이 제시되는가? | | | | | | |
| | 동기유발 및 문제의식 | 33) 수업목표를 성취할 수 있도록 동기화되는가?<br>34) 스스로 생각하고 문제를 해결하도록 촉진하는가?<br>35) 방법이 다양하고 적절한가? | | | | | | |
| | 교재의 특질에 따른 지도과정 | 36) 내용에 따라 적절한 과정이 적용되는가?<br>37) 계획의 차질에 대한 대안은 수립 활용되는가?<br>38) 학생들은 교재의 특질에 따른 활동에 익숙한가? | | | | | | |
| | 소 계 | | | | | | | |
| 학습형태 및 활용 | 집단화와 개별화의 지도과정 | 39) 학습내용에 따라 인적 구성이 적절하게 이루어지는가?<br>40) 학생들은 학습 분위기에 빨리 적응하는가?<br>41) 개인의 학습속도가 촉진되도록 고려되는가? | | | | | | |
| | 개인차의 고려 | 42) 개인별 의욕과 능력이 고려되는가?<br>43) 개인 활동은 상호 수용적인가?<br>44) 개인차에 따른 학습 저해 요인의 제거에 노력하는가? | | | | | | |
| | 집단학습 구성 및 활용도 | 45) 구성원 간 응집력이 고려되는 학습 집단 구성인가?<br>46) 집단은 목표 접근에 효과적으로 활용되는가?<br>47) 집단은 계속적인 협동 활동이 되도록 조직되는가? | | | | | | |
| | 소 계 | | | | | | | |
| 정리발전 | 본시학습 내용의 환류 및 정리 | 57) 학습 성취가 고려된 환류인가?<br>58) 개인차가 고려된 환류인가?<br>59) 간명하게 학습 내용의 강화 정리가 되는가? | | | | | | |
| | 차시학습 계획 및 발전 | 60) 학습 흥미를 유발하도록 계획되는가?<br>61) 학습 자료는 흥미를 유발하도록 계획되는가?<br>62) 학습 사항의 발전 방법은 제시되는가? | | | | | | |
| | 예습과제 및 발전과제 제시 | 63) 능력에 맞는 과제 제시인가?<br>64) 해결에 소요되는 시간은 고려되는가?<br>65) 적절한 과제인가? | | | | | | |
| | 소 계 | | | | | | | |
| 학력정착 | 형성평가 | 66) 적시에 실시되는가?<br>67) 성취도 확인이 가능한 정확한 측정인가?<br>68) 결과는 교수와 학습으로 환류되는가? | | | | | | |
| | 학력의 성취도, 정착도 | 69) 기대 성취에 도달되는가?<br>70) 성취도의 현상은 분석되는가?<br>71) 결과는 자료로 활용되는가? | | | | | | |
| | 전이가가 높은 지식 기능 획득 | 72) 전이가가 높은 지식이 획득되는가?<br>73) 전이가가 높은 기능이 획득되는가?<br>74) 전이는 확인되는가? | | | | | | |
| | 소 계 | | | | | | | |

| 분야 | 영 역 | 평가항목 | 평 점 | | | | | 특기사항 |
|---|---|---|---|---|---|---|---|---|
| | | | 5 | 4 | 3 | 2 | 1 | |
| 자료 활용 | 자료의 준비도 | 48) 색채, 질량, 형태가 정확한가?<br>49) 자료의 효과를 높이기 위하여 연구하는가?<br>50) 안전성이 고려되는가? | | | | | | |
| | 자료의 효율성과 활용도 | 51) 수업 효과 제고를 위해 충분하게 준비되는가?<br>52) 자료의 효율성은 높은가?<br>53) 자료 활용에 대한 동기유발은 적절한가? | | | | | | |
| | 학습 환경 조성 | 54) 적절한 물리적 환경이 조성되는가?<br>55) 학습 공간 활용은 적절한가?<br>56) 유쾌한 학습 분위기 형성을 위해 노력하는가? | | | | | | |
| | 소 계 | | | | | | | |

〈표 11-3〉 교실수업개선을 위한 수업 참관록

1. 수업일: 년 월 일 요일 2. 교 과: 3. 수업대상: 학년 반명
4. 수업자: 5. 참관자:

| 영역 | 요 소 | 분석관점 | 평 점 | | | | | 특기사항 |
|---|---|---|---|---|---|---|---|---|
| I. 수업 설계 | 1. 목표의 진술 | • 수업 목표가 학년 수준에 적합하며 진술 원칙에 부합되는가? | 5 | 4 | 3 | 2 | 1 | |
| | 2. 학습 내용 | • 가르칠 내용이 교육과정에 기초하여 선정되었는가?<br>• 학습자의 요구 수준을 고려한 내용인가? | 5 | 4 | 3 | 2 | 1 | |
| | 3. 수업 과정 | • 교과와 교재의 특성을 고려한 수업 과정인가? | 5 | 4 | 3 | 2 | 1 | |
| | 4. 수업안 | • 학습자의 활동중심으로 계획되어 있는가?<br>• 어느 누구도 수업할 수 있도록 구체적인가? | 5 | 4 | 3 | 2 | 1 | |
| | 5. 지도계획 | • 학습량이 적절한가?<br>• 예습과제를 활용하여 자기 주도적 학습을 할 수 있는 지도 계획인가? | 5 | 4 | 3 | 2 | 1 | |
| II. 교수 행위 | 1. 교사 발언 | • 학습자의 의견을 존중하고 학습활동 조성을 위해 적절한 발언인가? | 5 | 4 | 3 | 2 | 1 | |
| | 2. 교수 기술 | • 학습자의 자주적 학습활동을 촉진하고 있는가?<br>• 학습장애를 잘 지원해 주고 있는가? | 5 | 4 | 3 | 2 | 1 | |
| | 3. 개별화 지도 | • 학습과정에서 개인차를 고려하고 있는가? | 5 | 4 | 3 | 2 | 1 | |
| | 4. 학습조직 | • 교재나 학습자의 특성을 고려한 학습 집단 조직인가? | 5 | 4 | 3 | 2 | 1 | |
| | 5. 판서 활동 | • 판서 활동이 목표수준과 관련을 갖고 시기, 양, 위치, 내용, 기술이 적절한가? | 5 | 4 | 3 | 2 | 1 | |
| | 6. 자료의 활용 | • 자료의 선택 및 제시 방법이 적절한가? | 5 | 4 | 3 | 2 | 1 | |
| | 7. 평가 활동 | • 목표도달 여부를 파악하기 위한 평가 방법이 적절한가? | 5 | 4 | 3 | 2 | 1 | |

| 영역 | 요 소 | 분석관점 | 평 점 | | | | | 특기사항 |
|---|---|---|---|---|---|---|---|---|
| Ⅲ. 학생 활동 | 1. 아동의 발언 | • 목표도달에 필요한 내용을 자진하여 발언하는가? | 5 | 4 | 3 | 2 | 1 | |
| | 2. 학습 활동 | • 자기 주도적으로 학습에 참여하고 있는가?<br>• 학습활동이 다양하게 이루어져 있는가? | 5 | 4 | 3 | 2 | 1 | |
| | 3. 학습방법 훈련 | • 자발적인 협의, 조사, 발표, 토론, 필기 등이 훈련되어 있는가?<br>• 예습과제를 활용하는 능력이 길러져 있는가? | 5 | 4 | 3 | 2 | 1 | |
| | 4. 학습자료 활용 | • 목표도달에 적합한 자료이며, 활용 시기가 적절하고, 활용 능력 등이 갖추어져 있는가? | 5 | 4 | 3 | 2 | 1 | |
| | 5. 학습결과 정리 | • 학습결과를 잘 정리하고 있는가?<br>• 학습누적물은 잘 전시되어 있는가? | 5 | 4 | 3 | 2 | 1 | |
| | 6. 자기 평가 | • 아동 스스로 객관적인 태도로, 자기평가 활동을 하며 학습 목표에 접근하고 있는가? | 5 | 4 | 3 | 2 | 1 | |
| Ⅳ. 수업 분위기 | 1. 학습 분위기 | • 물리적 · 심리적 학습 분위기가 조성되어 있는가? | 5 | 4 | 3 | 2 | 1 | |
| | 2. 학습안내 | • 학습과 관련된 적절한 학습 안내인가? | 5 | 4 | 3 | 2 | 1 | |
| | 합 계 | | | | | | | |
| 종합의견 | (잘된 점) :<br>(개선할 점) : | | | | | | | |

## 나. 수업 연구의 실제

### 1) 수업 설계

Glaser의 수업 설계 과정 모형은 다음 [그림 11-7]과 같이 네 단계로 구성되어 있으며, 수업의 과정을 설명하고 계획하는 데 자주 활용된다.

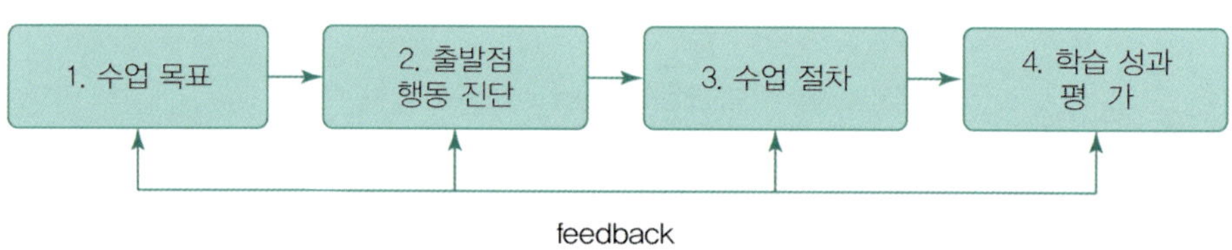


[그림 11-7] Glaser의 수업 모형

#### (1) 수업 목표의 설정과 진술

수업의 결과로 학생들에게 나타나게 될 행동의 변화를 설정하고 행동적인 용어로 진술한다. 이 단계에서 이루어지는 구체적 활동은 다음과 같다.

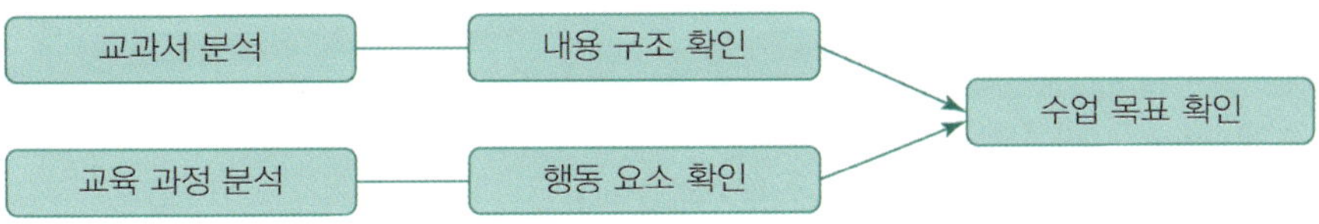


### (2) 출발점 행동의 진단과 확인

이 단계에서는 학생들의 학습 상태, 즉 새로운 목표를 달성하기에 필요한 선행 학습의 정도를 알아보는 것으로, 흔히 말하는 학습의 준비성과도 관련이 깊다. 이 단계에서 이루어지는 구체적 활동은 다음과 같다.

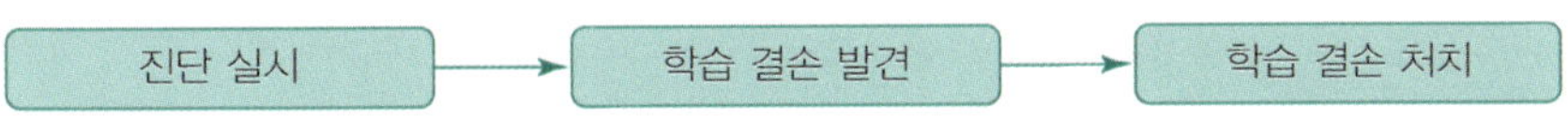


### (3) 수업 절차의 선정과 실행

수업 전략과 구체적인 수업 계획을 수립하고 이에 따라 실제 수업을 전개하는 단계로, 교사와 학생의 상호작용, 수업 모형 적용과 수업 기술 발휘, 수업 매체의 활용이 이루어진다. 이 단계에서 이루어지는 구체적 활동은 다음과 같다.

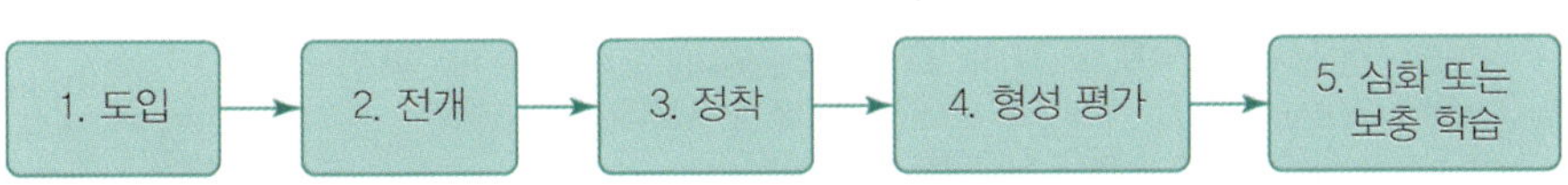


### (4) 학습 성취의 평가와 사정

수업 목표에 대한 성취도 여부를 측정하는 단계로서 교수-학습을 개선하고 수정하는 데 활용된다. 이 단계에서 이루어지는 구체적 활동은 다음과 같다.

평가 실시 — 결과 활용

## 좋은 수업을 위한 수업 설계

가. 수업을 위한 준비 단계

☞ 수업의 초석을 다지려면

- 교재분석: 필수 교육목표 추출, 교육과정 분석, 목표의 일관성 유지 등
- 교수-학습 설계: 기본방향 설정, 통합 여부, 지역화 여부 등 결정
- 교수-학습안: 수업안만 보고도 흐름을 자세히 알 수 있도록 기술
- 교수-학습 준비: 학습지, 준비물, 자료, 발문, 환경 등
- 교수-학습: 자기 주도적 학습
- 수행평가 및 피드백: 필수 학습목표 달성 및 수준별 운영

나. 교수 학습 계획안 작성은 이렇게

1) 수업설계의 동기

☞ 수업의 필요성과 당위성

- 수업 제재를 선택하게 된 이유, 수업을 통해서 심어주고 싶은 생각
- 수업의 특징, 강조하고 싶은 내용, 적용되는 이론이나 생각, 자료의 특징 등 기술

2) 단원의 개관 및 단원의 목표

☞ 교사용 지도서를 참고하여 작성하되 본 수업과 관련된 내용은 진하게 처리하여 강조

3) 단원의 지도계획

☞ 교사용 지도서 참고하여 기술, 내용의 재구성

- 단원의 지도계획 및 본 단원과 관련한 학습의 위계나 계통 분석

4) 실태 분석

☞ 본시지도와 관련이 깊은 학습의 내적·외적 요건을 분석하되 본 수업의 방향 근거로 활용

- 본시학습을 위한 기초 기능이나 능력 분석
- 학습자의 학습에 대한 정의적인 분석(관심도, 흥미도 등)
- 소집단학습 능력이나 자기 주도적 학습력의 분석, 문제점의 해결방안 마련

5) 교재 연구

☞ 본시 제재와 직접 관련된 다양한 이론 탐색 및 교육과정의 분석

가) 제재와 관련된 이론 탐색 및 관련 교수 학습 방법

- 본단원 학습지도를 위한 교재연구

나) 본시 수업의 설계

- 교재의 재구성 및 본시 수업과 관련한 교수 수업 모형 탐색

6) 본시 교수 학습 과정안

☞ 교과/대상/수업자/지도차시/제재 또는 단원명/본시의 목표/수업전개 과정안

- 아동 활동과 교사활동 구별, 효과적인 동기유발(불쏘시개의 역할)
- 교사의 확산적 발문, 아동의 사고활동 촉진 내용
- 수업의 정리를 확실히 하고 수준별 학습활동을 보여 줄 것

7) 판서계획

- 판서의 구조화-글자의 크기, 판서의 위치, 판서의 내용 등

8) 평가계획

- 평가 목표, 성취 기준 및 평가 기준, 평가 결과의 활용

9) 참고문헌

## 2) 수업 전략 탐색

수업은 과목별 수업 차시에 따라 다양한 수업 모형이 제시되는데, 여기선 도입, 전개, 정리 단계의 일반적 수업 모형으로 수업의 각 단계에 따른 수업 전략을 탐색해보고자 한다.

### (1) 도입 단계

도입 단계는 학습 환경 및 학습준비상황, 전시 학습상기, 학습 분위기 조성, 동기유발, 학습문제 제시 등이 이루어진다.

먼저 학습 환경 및 학습준비상황은 학습 환경을 확인하고 정비하며 학습 준비 상황을 점검한다. 학습활동에 필요한 교재와 교구가 준비되었는지, 배우고 싶은 욕구가 생기는 환경인지를 확인한다.

다음으로 전시 학습상기는 본시학습을 성공적으로 학습할 수 있는지를 전시 학습내용과 관련지어 지도한다. 그리고 학습 분위기 조성은 교과서 도입면을 살펴보면서 본시에 공부할 문제를 추측하게 하는 방법, 전시 학습에 학습한 내용을 상기시켜 그와 연계되어 발전적으로 학습해야 할 본시의 학습문제를 예측하는 방법, 예습적 과제를 제시하였으면 예습적 과제를 확인하거나 준비물을 예고하였을 때 준비물을 살펴보는 활동으로 학습 분위기를 조성할 수 있다.

또한 동기유발은 현실적인 학습 목표를 학습 문제나 과제 형태로 분명하게 제시하거나 학생들의 학습 욕구(수용, 인정, 성취 등)를 자극하는 것이어야 한다. 이를 위해 각종 시청각 기자재를 활용하거나 게임이나 역할 놀이법 등을 활용할 수 있다.

끝으로 학습문제 제시는 학습효과를 높이기 위한 다양한 방법으로 제시한다. 학습문제는 재미있고 친근감 있게, 학생의 입장에서 쉽게, 적절한 제시 시기를 고려하여야 한다. 공개수업에서는 수업시간을 고려하여 인쇄물을 부착하는 경우가 많은데, 다소 시간이 걸리더라도 인쇄물보다는 직접 판서를 하는 것이 바람직하다.

### (2) 전개 단계

전개 단계는 자기 학습계획, 목적을 부여한 읽기, 주의 집중 방법, 교수용어, 학생과의 대화 및 습관, 개별화 학습, 기본 학습 방법 훈련, 교사의 질문·조언·지시, 지명요령, 학습자의 질문과 응답, 학습자의 발표, 구조화된 판서, 교사의 역할 등이 이루어진다.

첫째, 자기 학습계획은 교사와 학생이 주제에 따른 학습내용과 방법을 의논하여 결정하고 학생들에게 학습과제의 선택 기회를 부여한다.

둘째, 목적을 부여한 읽기는 학습문제가 제시되고 교과서를 읽을 때 교사가 학생에게 읽기 관점을 제시하는 것이다. 주의 집중 방법은 교수활동에 주의를 기울일 수 있는 학습 분위기를 조성하는 것으로, 이때 통제어나 구호, 노래, 무용 등을 습관적으로 사용하지 않는다.

셋째, 교수 용어는 학습자에게 경어를 사용하고 분명하고 의미 있는 말을 하며 상투적인 말버릇과 태도에 유의한다. 학생과의 대화는 자유스런 분위기 조성과 교사와 학습자 간에 상호작용이 활발한 수업이 되도록 한다.

넷째, 교사 습관은 수업에 임하는 교사의 복장·언어·행동을 말한다. 개별화 학습은 수준별 교육과정 학습 집단을 편성하고 개인차에 적합한 학습과제를 선택하며 제작한다. 이때 전체지도·소집단지도·개별지도 등 다양한 지도 방법을 활용한다.

다섯째, 기본 학습 방법 훈련은 남의 이야기를 귀담아 듣고 자기의 생각이나 느낌을 말하며, 자기 주도적 학습 태도를 갖거나 소집단 토의학습 활동방법을 익힌다.

여섯째, 교사의 질문·조언·지시는 학습자의 수준에 맞는 발문, 구체적이고 간결한 발문으로 학습효과를 높이고, 발문 뒤 학생이 충분히 대답할 시간을 주고 교육적인 재발문과 학생의 오답을 수용하며 이를 적극 격려한다.

일곱째, 지명요령은 전체 학생을 대상으로 던진 발문으로 학습 기회를 주고 개별 지명으로는 학습효과를 높일 수 있다. 발문과 동시에 지명하는 것은 되도록 피하고, 다양한 지명 방법들을 활용하며 친근감 있는 태도로 지명한다.

여덟째, 학습자의 질문과 응답은 학생에게 되도록 많은 질문의 기회를 주고 질문에 대한 비판은 피하며, 질문에 교사가 바로 답하기보다는 학생 상호간의 토의토론이 가능하도록 어느 정도의 시간적인 여유를 갖는다.

아홉째, 학습자의 발표는 우선 친구의 발표를 잘 듣는 태도를 기르고 발표 절차를 익혀 발표토록 한다. 발표 시 발표대나 배경그림 등을 활용할 수 있다.

열째, 구조화된 판서는 판서계획과 판서해야 할 내용, 위치, 강조점을 표시한다. 이를 위해 글씨의 크기를 조정하거나 색분필을 활용하기도 한다. 바람직한 판서의 방법은 판서는 크고 정확하게 필순과 띄어쓰기에 유의하며 정자체로 쓴다. 학습자의 시야를 가리지 않는 위치에서 판서하고 학습자의 발표와 동시에 판서하고 판서가 교사의 독점물이 되지 않도록 한다. 교사는 수준별 학습지도, 소집단 지도, 학습의 이해자 및 학습의 촉진자로서의 역할을 한다.

### (3) 정리 단계

정리 단계는 학습내용정리, 확인학습, 차시예고 등이 이루어진다. 학습내용정리는 형성평가를 통해 학습목표 도달을 확인하고, 교사가(또는 교사와 아동이) 전체학습으로 수업을 정리한다. 확인학습은 본시목표 달성도를 알아보는 것으로, 확인학습 문항은 본시의 학습목표를 준거로 지도교사가 작성하고 선다형으로만 작성하는 것은 피하며 학습상황에 따라 적절한 방법으로 제시한다. 다양한 방법으로 짧은 시간 내에 본시의 정확한 학습목표를 확인하도록 한다. 차시예고는 차시내용의 예고와 다음 시간의 학습과제를 제시해 줌으로써 학교와 가정에서의 연계된 학습이 이루어질 수 있도록 한다. 실제 교수-학습 과정안을 살펴보면 다음과 같다.

〈표 11-4〉 교수-학습 과정안

| 대단원명 | 3. 문학과 의사소통 | 대상 | 1-5 | 일시 | 2013.9.25. | 장소 | 1-5 교실 |
|---|---|---|---|---|---|---|---|
| 소단원명 | (1) 호 수 | | | 활동유형 | 개별 및 모둠학습 | 차시 | 3/3 |
| 학습목표 | • 창의적으로 문제를 해결할 수 있다.<br>• 목적에 맞게 문제를 해결했는지 평가할 수 있다. | | | | | | |

| 학습자료활용계획 | 학습자료 | 내 용 | 활용시기 도입 | 활용시기 전개 | 활용시기 정리 |
|---|---|---|---|---|---|
| | PPT | 전시 활동 확인 | ○ | | |
| | | 학습안내 (교사) | ○ | | |
| | | 모둠별 활동 내용 발표(발표) | | ○ | |
| | 탐구지 | 개인 탐구지(개별 주제 탐구지) | ○ | | |
| | | 모둠 활동계획서 및 활동보고서 | ○ | ○ | |
| | 학습지 | 수준별 과제 학습지 | | | ○ |
| | 평가지 | 모둠평가지, 모둠 내 동료평가지 | | ○ | ○ |

| 단계 | 학습내용 | 교수-학습 활동: 교 사 | 교수-학습 활동: 학 생 | 시간 | 학습 자료 및 유의점 |
|---|---|---|---|---|---|
| 도입 | 인사<br>전시학습확인 | - 반갑게 인사한다.<br>- 지난 시간까지의 활동 과정에 대해 설명한다. | - 인사한다.<br>- 자료화면을 보며 경청한다. | 5분 | PPT 1, 2 |
| | 학습목표제시 및 동기유발 | - 모둠별 발표과제를 확인한다.<br>- 학습 목표를 제시한다. | - 모둠별로 준비한 과제를 제시한다.<br>- 학습 목표를 보며 본시 학습 내용을 추측한다. | | PPT 3 |
| 전개 | 본시활동안내<br>모둠활동점검 | - 본시 수업 절차를 간단하게 안내한다. | - 본시 수업의 절차를 정확히 이해하고 수업에 적극적으로 참여할 준비를 한다. | 35분 | PPT 4<br>▷모둠 발표가 원활하게 진행될 수 있도록 수시로 학생들을 점검한다. |
| | 발표 준비 및 평가 안내 | - 모둠 발표 시 다른 모둠에 대한 평가지를 작성하면서 주의 깊게 경청하도록 한다. | - 교사의 설명을 경청한 후 발표를 준비한다. | | |
| | 결과보고<br>(모둠발표) | - 각 모둠의 활동 계획과 활동과정 및 결과물을 발표하도록 지도한다. | - 각 모둠의 발표자가 준비한 자료를 발표한다.<br>- 상호평가하며 경청한다. | | ▷모둠활동 보고서<br>▷개인탐구지<br>▷상호평가지 |
| | 발표 정리 및 평가 | - 각 모둠은 선정한 우수 모둠에 대하여 평가하도록 지도한다. | - 각 모둠별로 상호 평가한 내용(잘 된 부분과 고치면 좋은 곳)을 정리하여 발표한다. | | |
| 정리 | 학습내용정리<br>형성 평가<br>차시수업예고<br>인사 | - 학습 내용을 정리한다.<br>- 수업 10자평을 실시한다.<br>- 다음 시간 수업 내용을 간단히 소개한다.<br>- 인사한다. | - 학습 목표를 다시 생각하며 수업 내용을 정리한다.<br>- 배운 내용에 대해 느낀 점을 10글자로 표현하여 발표한다.<br>- 배울 내용을 확인한다.<br>- 인사한다. | 5분 | |

### 3) 발문 기술

발문이란 수업목표를 향하여 학생의 사고라든지 이론을 자극유발하고 발전시켜 나가기 위한 문제의 제기이며, 학생이 특정 내용과 관련된 기본적인 사실을 이해하고 비판적 사고 기능을 이용하여 그 사실을 응용하도록 하는 데에 목표가 있다.

#### (1) 발문의 기능

발문의 주된 목표는 학습내용의 이해를 확인하기보다는 학생들에게 사고력을 길러 주는 데 있다. 이러한 목표를 달성하기 위한 발문의 기능은 다음과 같다.

첫째, 발문은 특정 유형의 사고와 인지 활동을 자극하기 위하여 사용된다. 발문은 일반적으로 인지적으로 낮은 수준의 지식 이해나 인지적으로 높은 수준, 즉 고등정신기능을 지도하기 위해서도 사용된다. 특히 발문은 고등정신의 기능을 길러 주는 데 더 큰 의의가 있다.

둘째, 발문은 학생들의 지식, 이해 정도를 평가하는 데 사용된다. 교사들은 가끔 학생들이 이미 배운 내용을 제대로 이해하고 있는지를 판단하기 위하여 발문을 제기한다. 발문에 대한 응답이 옳을 경우에는 다음 학습 과제로 넘어가지만 응답이 불충분하거나 틀렸을 경우에는 보충 설명을 통하여 올바른 응답을 가르쳐 주어야 한다.

셋째, 발문은 학생과의 의사소통을 촉진시킨다. 발문을 통하여 교사와 학생 간에는 언어 상호작용이 일어난다. 교사가 발문을 하면 학생들은 발문에 대하여 응답을 하게 되며, 응답에 따라 교사의 설명, 칭찬 또는 부가 발문이 제기된다. 학생 역시 교과의 발문이나 설명에 대하여 질문을 제기할 수 있어 결국 교사와 학생 간에는 언어 상호작용, 즉 의사소통이 촉진되게 된다.

넷째, 발문은 주제의 내용에 주의를 집중시킨다. 교사가 발문을 할 때에는 모든 내용을 다 포함하는 것이 아니라 그 내용 중 핵심내용을 발문하게 된다. 핵심내용에 대한 발문을 하게 되면, 학생들은 이 내용이 중요하다고 생각하여 주의를 집중하게 된다.

다섯째, 발문은 학생들의 사회적 행동을 통제하기 위하여도 사용된다. 발문은 종종 바람직한 행동을 권장하거나 바람직하지 못한 행동을 제한하기 위해서도 사용된다. 특히 학생들의 대인 관계에 관한 발문은 학생들의 사회적 행동을 지도하기 위한 것이다.

여섯째, 발문은 학생들의 학습동기를 유발하기 위해서도 사용된다. 학습의 효과는 학생들이 학습에 적극적으로 참여했을 때 증진된다. 발문은 학생들의 학습참여를 촉진시켜 준다. 단, 발문을 할 때에는 한 개인 학생을 지적하기보다는 여러 학생을 대상으로 하는 것이 좋다.

### (2) 발문의 유형

어떠한 발문을 어떻게 할 것이냐는 학습 목표에 따라 달라진다. 예 또는 아니요로 답변할 수 있는 발문보다는 다양한 해답이 나올 수 있는 발문을 하는 것이 좋다. 학생들이 이해하고 있는지를 입증해 보일 수 있는 발문을 하고, 발문에 사용되는 어휘나 구문은 명확하고 이해 가능해야 한다. 여기서는 발문의 몇 가지 유형을 제시한다.

첫째, 높은 수준의 발문과 낮은 수준의 발문이다. 낮은 수준의 발문은 교과의 지식이나 사실 또는 구체적인 내용의 회상과 관련된 발문이다. 따라서 사실 발문이라고도 불린다. 높은 수준의 발문이란 교과 내용의 해석, 적용, 분석, 종합, 평가에 관련된 발문으로 사고 발문이라고도 부른다.

둘째, 산출 발문, 과정 발문, 의견 발문이다. 산출 발문은 결론, 결과, 산출과 같은 답을 요구하는 발문이다. 그리고 그 답은 간단하다. 예를 들어, '남북 전쟁의 발발 원인 세 가지는 무엇인가?'와 같은 발문이 산출 발문이다. 과정 발문은 학생들에게 해결책을 찾고 결론에 도달하게 되는 절차, 목적에 이르는 수단이나 단계의 설명을 요구하는 발문 유형이다. 예를 들어, '남북 전쟁의 발발 원인 세 가지가 왜 중요한 이유라고 생각하는가?'와 같은 발문이 과정 발문이다. 의견 발문은 학생들에게 판단이 요구되는 상황에서 자신의 견해를 제시하도록 요구하는 발문이다. '남북전쟁 이전의 귀족의 생활 습관에 대하여 어떠한 생각을 하고 있는가?'와 같은 발문의 의견 발문으로 이에 대한 답변에는 객관적인 증거뿐만 아니라 주관적인 의견이나 판단도 적용된다. 일반적으로 학교 수업에서는 산출 발문이 많이 사용된다. 왜냐하면 교사들은 자기가 가르친 학습 내용을 이해하고 있는지를 확인하고 싶어 하기 때문이다. 높은 수준의 인지 능력을 향상시키려면 과정 발문이 좋고, 의견 발문은 주의를 집중시킨다든지 다양한 관점을 갖도록 지도할 때 유익하다.

셋째, 개방적 발문과 폐쇄적 발문이다. 폐쇄적 발문은 수렴적 사고를 조장하며, 단지 좁은 범위의 대답만을 요구한다. 개방적 발문은 확산적인 또는 창의적인 사고를 강조하며, 넓은 범위의 대답을 요구하는 발문이다. 이 발문 가운데 어느 것을 사용할 것인가는 발문의 목적과 가르칠 교과 내용에 따라 달라진다. 일반적으로 기초 기능을 기르는 수업에서는 정확한 답이 강조되는 폐쇄적 발문이 좋고, 문항이나 사회적 문제 해결과 같은 영역에서는 확산적 사고가 요구되므로 개방적 발문이 좋다.

넷째, 기억 발문과 탐구 발문이다. 기억 발문은 교과 내용의 회상을 요구하는 발문이다. 기억은 학습에서 중요하며, 기억 발문을 적절히 활용함으로써 학습의 효과를 증진시킬 수 있다. 그렇다고 기억 발문만을 강조한다면 사고력을 기르는 데 방해 요인이 될 수 있다. 탐구발문은 기억 발문처럼 즉시 대답하지 않고 어느 정도의 탐구 과정을 거쳐야 해결되는 발문이다. 실생활에 있어 대부분의 문제 해결은 관련된 자료를 조사, 분석하는 능력에 달려 있다. 따라서 탐구 발문은 기억에 요구되는 능력과는 다른 분석 종합하는 능력에 의하여 해결된다.

다섯째, 수렴적 발문, 확산적 발문, 평가적 발문이다. 수렴적 발문이란 정답을 요구하는 발문이며 주로 정답이 요구되는 발문이므로 사고를 자극하기 위하여 좋은 발문은 아니다. 확산적 발문은 수렴적 발문과는 대조되는 발문으로 학생들로부터 보다 깊고 다양한 반응을 요구한다. 따라서 학생들의 다양한 반응을 얻고자 한다면 확산적 발문이 좋다. 예를 들면, 정답이 없는 문제를 토의해 나갈 때 확산적 발문이 효과적이다. 평가적 발문은 발문의 형태가 확산적이면서 평가적인 특성을 지닌 발문이다. 그러나 확산적 발문과 평가적 발문의 차이는 가치 기준을 사용한다는 점에 있다. 평가적 발문은 반응자가 어떤 사람이나 사건 또는 정책에 대하여 자신의 견해를 표현하도록 요구한다.

여섯째, 인지적 발문과 정의적 발문이다. 인지적 발문은 발문 유목을 크게 지식, 이해, 문제해결, 분석, 창출, 판단으로 나눈다. 정의적 발문은 학교 교육에서 도외시되어 온 발문이다. 교사가 학교 수업 중 학생에게 많이 사용하는 발문은 인지적 발문이며, 그 가운데서도 주로 사실적 발문이 주류를 이루어 오고 있다. 그러나 태도나 성격은 지력의 발달과 마찬가지로 중요하며, 최근에 와서는 세계화와 더불어 그 중요성이 부각되고 있다.

발문을 할 때 고려해야 할 점으로는 먼저 한 번에 여러 종류의 발문을 하지 말고 한 가지만 발문하며, 발문 후에 학생들이 답변을 준비할 수 있도록 충분히 시간적 여유를 둔다. 또한 발문 후의 답변 대기 시간의 길이는 학생 반응의 양과 질에 큰 영향을 주기 때문에 발문을 한 후, 충분히 여유를 주되 학생들에게 골고루 발문하고 어느 특정 학생만을 지적하여 발문하지 않는 것이 학생들의 다양한 수업 참여를 유도할 수 있다.

# 좋은 수업을 위한 10계명

### 제1조 지시 설명의 원칙

- 지시의 의미를 설명하라. '○○의 목적으로 이것을 하고 있다.'고 지시의 의미를 설명하여야 한다. 지시의 말은 짧게 해야 한다.

### 제2조 1시 1사의 원칙

- 동시에 두 가지 또는 세 가지 지시를 해서는 안 된다.
- 일을 성사케 하는 비결은 1시에 1사를 행함에 있다.

### 제3조 간명의 원칙

- 지시나 발문은 짧게 한정해서 말하라(예: 한 사람이 세 번씩 뛰고 선생님께 모여라).

### 제4조 전원의 원칙

- 지시는 전원에게 해야 한다. 어린이가 손에 뭔가를 갖고 있을 때는 그것을 만지작거리고 싶어 한다. 어른도 그렇다. 그러므로 손에 뭔가를 가지고 있는 상태일 때에 한 지시를 지시라고 할 수 없다. 작업 중인 어린이들에게 지시할 때는 가지고 있는 것을 모두 놓게 한 뒤에 '가슴을 선생님쪽으로 향하게 하라.'고 지시한 뒤 전원이 이쪽으로 집중하고 있음을 확인한 후에 지시를 한다. 지시의 추가는 안 된다. 최후의 행동까지 지시한 뒤에 움직이게 하라.

### 제5조 소지물의 원칙

- 어린이들로 하여금 활동케 하기 위해서는 장소와 시간과 자료(물건)를 주어라. 자료를 보이고 거기에서 생각난 것을 기록시킬 경우라면 3~5분 기다리는 것이 원칙이라고 생각한다. 어린이들에게 작업을 시킬 때는 작업시키는 장을 만들어야 한다. 예컨대 책상의 배치요령: 네 개를 합쳐 놓기, 책상을 밀쳐 놓고 전반의 공간 이용, 사방으로 밀어 놓고 그 중앙 공간을 이용하는 등

### 제6조 세분화의 원칙

- 지도내용을 세분화하라. 어떤 직업이든 프로는 아마추어가 보지 못한 것까지 볼 수 있다. 예컨대 의사는 '열이 39도'라는 증상에 대하여 아마추어보다 많은 분석을 할 수 있다. 프로야구의 투수는 시합 중에 자신이 던진 공의 종별을 1구 1구 자세히 설명할 수 있다.
- 뜀틀 뛰기 지도의 경우도 몇 가지로 세분화하여 생각할 수 있다. 이것이 프로와 아마추

어의 차이다. 따라서 지도내용을 세분화하고 이해하고 발문하라. 집중화하고 구체화할 필요가 있다.

### 제7조 공백금지의 원칙

- 단 한 사람의 어린이라도 공백의 시간이 생기지 않도록 하라. 단 1분이라도, 무엇을 해야 좋을지도 모르고 망설이게 해서는 안 된다. 공백을 만들지 않는 지시의 원칙은 먼저 전체에게 큰 과제를 주어라. 그런 다음에 개별로 지시하라. 이것을 역으로 해서는 안 된다. 때때로 전체에게 지시를 주지 않은 채 개별로 지도하고 있는 사람이 있다. 이것은 최악의 부류이다.
- 수업 중의 개별지도는 '완전하게 시킨다.'가 아니라, '짧게 여러 번 시킨다.'를 원칙으로 할 것. 완전히 지도하고자 할 때는 특별시간을 내서 하라. 끝난 뒤의 발전과제를 반드시 준비해 두어라. 빨리 끝낸 어린이가 무엇을 할 것인가를 준비해 두어라.

### 제8조 확인의 원칙

- 지도 도중 몇 차례 달성 여부를 확인한다. 가령 지도책에서 독도를 찾을 때 전원이 찾았는지의 여부를 확인해야 한다. '찾은 사람 손들어요.'의 방법은 서투른 방법이다. '독도를 손가락으로 가리키시오.'라고 한다. 이것은 전체 상황을 알 수 있고, 행동함으로써 집중하게 된다. '친구들과 비교해 보시오.'라고 덧붙인다. 서로 확인할 수 있다.

### 제9조 개별평정의 원칙

- 뜀틀 뛰기를 지도할 경우의 예: '대체로 잘했다.'라든가 '힘이 있어서 좋다.' 등의 비평은 어린이에게 이해가 되지 않는다. '착지했을 때의 자세가 좋았다.'와 같이 포인트를 지적해야 한다. '분석하여 비평한다.'함은 '어디가 왜 좋은가?'를 말하는 방법이다.

### 제10조 격려의 원칙

- 항상 칭찬, 격려를 계속하라. '상을 걸어 놓고 경쟁을 시키는 방법'은 어린이의 지적 호기심을 감퇴시켜 단순한 형식적인 되풀이 행위를 체득케 해 버린다. 반 교육적 최저의 방법이다. 인간이 움직이는 데는 하고자 하는 마음이 있을 때다. 그 외에 다른 방법이 없다. '하고 싶은 마음으로 되게 함에 있어 가장 중요한 것은 칭찬, 격려하는 일이다.' 그리고 항상 이것을 계속하는 일이다. '이전보다 잘하게 됐다.'고 계속적으로 격려의 말을 들은 어린이는 분발하게 된다. 이것이 교사가 해야 할 일이다.

김도기(2005). 컨설팅 장학에 관한 질적 실행연구. 서울대학교 박사학위논문.
변영계, 김경현(2008). 수업장학과 수업분석. 서울: 학지사.
부산광역시교육연구정보원(2007). 부산교육총서(제23집) 교육실무매뉴얼.
부산광역시교육청(2010). 2010년도 수업공개 활성화 세부 추진 계획.
부산광역시교원단체총연합회(2009). 2009 교단 지킴이를 위한 교수·학습 길잡이.
부산광역시서부교육청(2009). 빛깔 있는 학급경영.
송기창, 김민조, 김병주, 김병찬, 김성기(2009). 중등 교직실무. 서울: 학지사.
윤정일, 송기창, 조동섭, 김병주(2008). 교육행정학원론. 서울: 학지사.
정석기(2008). 수업기술 향상을 위한 좋은 수업설계와 실제. 서울: 원미사.
Donna Walker Tileston(2007). 좋은 수업의 실제 - 10가지 전략. 서울: 시그마프레스.
Oliva, P. E. & Pawlas, G. E.(1997). *Supervision for today's school* (5th ed.). New York: Longman.
에듀넷: http://www.edunet4u.net/

PART

# Ⅳ

# 학교업무의 이해

CHAPTER

12

# 교원의 복무 · 보수

교육의 사회적 기능은 개인으로 하여금 뒷날 사회에서 이룩하게 될 역할을 수행할 수 있는 소질을 부여하는 일이다. 즉, 개인의 성격을 사회적 성격에 접근시켜 그의 욕구를 그의 사회적 역할에서 요구되는 것과 일치시키도록 하는 일이다. 어떠한 사회의 교육제도도 모두 이와 같은 기능에 의해서 결정된다. 자기 성격과 사회적 성격을 일치시키고, 자기 욕구와 사회적 역할에 필요한 것을 일치시켜 나가는 교육! 그러한 교육을 소중히 여기도록 하자.

– 에리히 프롬 –

## 1. 교원의 복무

교원의 복무는 국가공무원법, 교육공무원법, 교육기본법 등 관련 법령에 명시된 의무와 책임을 토대로 하여 교육공무원임과 동시에 국가공무원으로서의 지켜야 할 전반적인 자세와 행동규범을 말한다.

### 가. 교원의 복무와 관련된 법조항

교원의 복무와 관련된 법조항은 다음과 같이 국가공무원법, 교육기본법, 교육공무원법, 초·중등교육법에 명시되어 있다.

〈표 12-1〉 교원의 복무와 관련된 법조항

| 법령 | 내 용 |
|---|---|
| 국가<br>공무원법 | 제55조(선서) 공무원은 취임할 때 소속기관장 앞에서 대통령령이 정하는 바에 따라 선서를 하여야 한다.<br>제56조(성실의 의무) 모든 공무원은 법령을 준수하며 성실히 직무를 수행하여야 한다.<br>제57조(복종의 의무) 공무원은 직무를 수행함에 있어서 소속 상관의 직무상의 명령에 복종하여야 한다.<br>제58조(직장 이탈 금지) 공무원은 소속 상관의 허가 또는 정당한 이유 없이 직장을 이탈하지 못한다.<br>제59조(친절 공정의 의무) 공무원은 국민 전체의 봉사자로서 친절 공정히 집무하여야 한다.<br>제59조의 2(종교 중립의 의무) 공무원은 종교에 따른 차별 없이 직무를 수행하여야 한다.<br>제60조(비밀 엄수의 의무) 공무원은 재직 중은 물론 퇴직 후에도 직무상 취득한 비밀을 엄수하여야 한다.<br>제61조(청렴의 의무) ① 공무원은 직무와 관련하여 직접적이든 간접적이든 사례 · 증여 또는 향응을 주거나 받을 수 없다. ② 공무원은 직무상의 관계가 있든 없든 그 소속 상관에게 증여하거나 소속 공무원으로부터 증여를 받아서는 아니 된다.<br>제62조(외국 정부의 영예 등을 받을 경우) 공무원이 외국 정부로부터 영예 또는 증여를 받을 경우는 대통령의 허가를 얻어야 한다.<br>제63조(품위 유지의 의무) 공무원은 직무의 내외를 불문하고 그 품위를 손상하는 행위를 하여서는 아니 된다.<br>제64조(영리 업무 및 겸직 금지) 공무원은 공무 이외의 영리를 목적으로 하는 업무에 종사하지 못하며 소속기관의 장의 허가 없이 다른 직무를 겸할 수 없다. |
| 국가<br>공무원법 | 제65조(정치운동의 금지) ① 공무원은 정당 기타 정치단체의 결성에 관여하거나 이에 가입할 수 없다. ② 공무원은 선거에 있어서 특정 정당 또는 특정인의 지지나 반대를 하기 위하여 다음의 행위를 하여서는 아니 된다.<br>제66조(집단행위 금지) ① 공무원은 노동운동이나 그 밖에 공무 외의 일을 위한 집단 행위를 하여서는 아니 된다. 다만, 사실상 노무에 종사하는 공무원은 예외로 한다. |
| 교육<br>기본법 | 제14조(교원) ② 교원은 교육자로서 갖추어야 할 품성과 자질을 향상시키기 위하여 노력하여야 한다. |
| 교육<br>공무원법 | 제38조(연수와 교재비) ① 교육공무원은 그 직책을 수행하기 위하여 끊임없이 연구와 수양에 힘써야 한다. |

| 법령 | 내 용 |
|---|---|
| 초·중등 교육법 | 제20조(교직원의 의무) ① 교장은 교무를 통할(統轄)하고, 소속 교직원을 지도·감독하며, 학생을 교육한다. ② 교감은 교장을 보좌하여 교무를 관리하고 학생을 교육하며, 교장이 부득이한 사유로 직무를 수행할 수 없을 때에는 교장의 직무를 대행한다. 다만, 교감이 없는 학교에서는 교장이 미리 지명한 교사(수석교사를 포함한다)가 교장의 직무를 대행한다. ③ 수석교사는 교사의 교수·연구 활동을 지원하며, 학생을 교육한다. ④ 교사는 법령에서 정하는 바에 따라 학생을 교육한다. ⑤ 행정직원 등 직원은 법령에서 정하는 바에 따라 학교의 행정사무와 그 밖의 사무를 담당한다. |

자료: 김진한(2009). 교사를 위한 교직실무. 서울: 학지사.

또한 교원은 국민을 위한 봉사자로서의 창의력과 성실로써 책임을 완수해야 하는 공무원의 책임을 지닌다. 교원의 책임은 행정상의 책임과 형사상의 책임으로 나눌 수 있다. 행정상의 책임을 충실히 수행하지 않았을 경우 파면·해임·정직·감봉·견책과 같은 징계를 받게 되고, 국가 재산상 손해를 끼쳤을 때는 국가배상법 및 회계 관계 직원 등의 책임에 관한 법률에 의한 변상의 책임이 있다. 형사상의 책임을 수행을 충실히 수행하지 않았을 경우는 특별 권력관계에 있는 공무원으로서의 책임 외에 일반 법익을 침해하는 경우에 징계·벌 이외의 형벌 병과가 가능하다.

## 나. 근무·휴가·휴직·공무 외의 국외여행

### 1) 근무

국가공무원복무규정 제9~11조에 의거하여 단위학교별 탄력적 근무시간제에 따라 근무하되, 법과 규정에 정한 범위 내에서 기관장의 판단에 따라 탄력적으로 운영할 수 있다. 1주간 근무시간은 점심시간을 제외하고 40시간이나, 초·중등 교원은 직무의 특수성을 감안하여 9시부터 17시로 변경하여 실시하며 점심시간에도 학생들을 지도해야 한다. 다만 학교장은 직무의 성질, 지역 또는 기관의 특수성을 감안하여 1시간의 범위 안에서 점심시간을 달리 정하여 운영할 수 있다. 또한 단위학교별 탄력적 근무시간제 운영이 가능하다. 단 1일 근무시간의 총량(평일 8시간, 토요일 4시간)을 확보해야 하고 교육과정운영에 지장을 주지 않는 범위 내에서 실시해야 한다. 탄력 근무시간제는 교사 개인별 근무시간을 정할 수 없으며 단위학교별 학교 구성원의 의견을 수렴하여 결정할 수 있다.

시간외근무 및 공휴일 등의 근무여부는 특별사유 발생 시 공휴일 근무를 명할 수 있고, 그 다음 정상 근무일을 휴무할 수 있다. 특히 학교장은 다음의 경우 근무시간 외 근무를 명할 수 있다.

- 보충수업, 방과 후 학교, 자율학습지도
- 등·하교 및 방과 후의 학생 생활지도
- 학사 사무처리 등 기타 학교장이 필요하다고 인정하는 경우

근무시간 외 근무자 및 휴일 근무자에게 학교 예산의 범위 내에서 수당을 지급한다.

학교장은 휴무일과 휴업일을 준수하고 엄정한 근무기강 확립을 하는 등의 근무상황관리를 위해 노력하여야 한다. 특히 휴가·지참·조퇴·외출과 근무지내 출장 시 교육행정정보시스템으로 학교장에게 허가를 받아야 하며, 학교장의 허가를 받지 않고 출근하지 않은 경우는 결근으로 처리된다. 출장의 절차는 신청서를 작성하여 학교장의 허가를 받아야 하며, 출장을 마친 후에는 지체 없이 복명서를 제출한다(구두 보고 가능).

### 2) 휴가

휴가는 국가공무원복무규정 제14~24조에 의거하며, 연가, 병가, 공가, 특별휴가 등이 있다. 학교장은 휴가를 허가함에 있어 교원이 원하는 시기에 법정일수가 보장되도록 하되, 휴가로 인한 학생들의 수업결손 및 업무공백 방지 등을 고려하여야 하며, 특히 연가와 장기근속휴가는 학생들의 수업 등을 고려하여 특별한 경우(부모 위독 등) 외는 학교교육활동에 지장이 없는 기간에 실시하도록 필요한 조치를 취하여야 한다. 휴가 신청 시에는 휴가 허가권자에게 사전에 신청하여 사유 발생 전까지 허가를 받도록 하고, 병가·특별휴가 등 사전 신청이 불가능한 경우에는 당일 정오까지 필요한 절차를 취해야 하며 타교원이 대행할 수 있다.

휴가일수의 계산 시 연가 · 병가 · 공가 · 특별휴가의 일수는 종류별로 따로 계산한다. 휴가 중 토요일 또는 공휴일은 그 휴가일수에서 산입하지 않으나, 휴가일수가 연속하여 30일 이상 계속되는 경우와 경조사 특별휴가 시에는 포함하되 토요일도 1일로 처리한다. 법정 휴가일을 초과한 경우에는 결근으로 처리한다.

휴가실시 등의 유의할 점은 다음과 같다. 휴가 중 긴급 연락이 가능하도록 연락체계를 유지한다. 휴가실시에 있어 수업 및 담당사무 등을 학교장이 정한 자에게 인계하여 업무의 연속성을 유지한다. 근무상황부의 수시확인(연가 사유를 고의적으로 병가 처리하는 사례, 연가보상비 수령을 위해 연가사실을 미기록하는 사례, 지참 · 외출 · 조퇴 묵인 사례, 연간 6일 초과하는 병가일수의 연가 미공제 사례 등)과 정상출근이 어려운 경우 미리 신고하되, 그 후 출근한 때에는 출근 즉시 지참으로 출근하지 않을 때는 결근으로 처리한다.

참고로 출근 · 지참 · 조퇴 · 외출 용어정의를 덧붙이자면 출근은 정해진 근무시간까지 근무장소(사무실 또는 현장)에 도착하는 것이고, 지참은 정해진 근무시간까지 출근하지 못하는 것이다. 조퇴는 퇴근시간 전에 퇴근하는 것이고, 외출은 근무시간 중 개인용무로 학교 외부로 나간 후 퇴근시간 전에 돌아오는 것이다.

### (1) 연가

한 해 동안 사용할 수 있는 연가일수는 재직기간에 따라 차이가 있다. 재직 기간별 연가일수는 다음과 같다.

〈표 12-2〉 재직 기간별 연가일수 〈2018.7.2. 개정〉

| 재직 기간 | 연가일수 | 재직 기간 | 연가일수 |
|---|---|---|---|
| 3개월 이상~1년 미만 | 11일 | 4년 이상~5년 미만 | 17일 |
| 1년~2년 미만 | 12일 | 5년 이상~6년 미만 | 20일 |
| 2년 이상~3년 미만 | 14일 | 6년 이상 | 21일 |
| 3년 이상~4년 미만 | 15일 | | |

* 임용된 경력직공무원 및 특수경력직공무원의 재직기간이 2년 미만이면서 인사혁신처장이 정하는 공무원 경력 외의 유사경력이 있는 경우에는 2년 미만의 재직기간별 연가 일수에 각각 2일을 더한다.

* 연도 중 결근 · 휴직 · 정직 · 강등 및 직위 해제된 사실이 없는 공무원으로서 다음 각 호의 어느 하나에 해당하는 공무원에 대해서는 다음 해에만 제1항의 재직기간별 연가 일수에 각각 1일을 더한다.
  1. 병가를 받지 아니한 공무원
  2. 연가보상비를 받지 못한 연가 일수가 남아 있는 공무원

* 행정기관의 장은 소속 공무원에게 연가 일수가 없거나 재직기간별 연가 일수를 초과하는 휴가 사유가 발생한 경우에는 재직기간 구분 중 그 다음 재직기간의 연가 일수를 다음 표에 따라 미리 사용하게 할 수 있다.

| 재직기간 | 미리 사용하게 할 수 있는 최대 연가 |
|---|---|
| 1년 미만 | 5 |
| 1년 이상 2년 미만 | 6 |
| 2년 이상 3년 미만 | 7 |
| 3년 이상 4년 미만 | 8 |
| 4년 이상 | 10 |

* 연가의 저축 - 공무원은 사용하지 아니하고 남은 연가 일수를 그 해의 마지막 날을 기준으로 이월 · 저축하여 사용할 수 있다. 이에 따라 이월 · 저축한 연가 일수는 이월 · 저축한 다음 연도부터 10년 이내에 사용하지 아니하면 소멸된다. 소멸된 저축연가에 대해서는 인사혁신처장이 정하는 사유를 제외하고는 연가보상비를 지급 안 한다.

* 연가 일수에서의 공제 - 결근 일수, 정직 일수, 직위해제 일수 및 강등 처분에 따라 직무에 종사하지 못하는 일수는 연가 일수에서 뺀다. 다만, 직

위해제 처분에 따른 기간 중 직무에 종사하지 못하는 일수는 연가 일수에서 빼지 않는다. 연도 중 임용되거나 휴직 또는 퇴직하는 등의 사유로 인사혁신처장이 정하는 사실상 직무에 종사하지 아니한 기간이 있는 경우의 연가 일수는 다음의 계산식에 따라 산정한다. 이 경우 해당 연도 중 사실상 직무에 종사한 기간은 개월 수로 환산하여 계산하되, 15일 이상은 1개월로 계산하고, 15일 미만은 산입하지 아니하며, 계산식에 따라 산출된 소수점 이하의 일수는 반올림한다.

$$\frac{\text{해당 연도 중 사실상 직무에 종사한 기간(개월)}}{\text{12(개월)}} \times \text{해당 연도의 연가 일수}$$

사실상 직무에 종사하지 아니한 기간이 있는 공무원이 같은 항의 계산식에 따른 연가 일수를 초과하여 사용한 연가 일수는 결근으로 본다. 질병이나 부상 외의 사유로 인한 지각·조퇴 및 외출은 누계 8시간을 연가 1일로 계산한다. 병가 중 연간 6일을 초과하는 병가 일수는 연가 일수에서 뺀다. 다만, 의사의 진단서가 첨부된 병가 일수는 연가 일수에서 빼지 않는다.

### (2) 병가

병가는 일반병가와 공무상 병가로 나뉜다. 일반병가는 연 60일의 범위 안에서 병가 사용 가능하며, 질병 또는 부상으로 인하여 직무수행이 불가능할 때, 전염병으로 인하여 교원의 출근이 다른 교원이나 학생건강에 영향을 미칠 우려가 있을 때 사용가능하다. 공무상 병가는 연 180일 범위 내에서 병가 사용이 가능하고, 직무상 질병 또는 부상으로 직무를 수행할 수 없거나 요양을 요할 경우 사용 가능하다. 질병이나 부상으로 인한 지각·조퇴 및 외출은 누계 8시간을 병가 1일로 계산하고, 연가 일수에서 빼는 병가는 병가 일수에 산입하지 않는다.

행정기관의 장은 소속 공무원이 공무상 질병 또는 부상으로 직무를 수행할 수 없거나 요양이 필요할 경우에는 연 180일의 범위에서 병가를 승인할 수 있다. 병가 일수가 연간 6일을 초과하는 경우에는 의사의 진단서를 첨부하여야 한다.

### (3) 공가

행정기관의 장은 소속 공무원이 다음 각 호의 어느 하나에 해당하는 경우에는 이에 직접 필요한 기간을 공가로 승인하여야 한다.

① 「병역법」이나 그 밖의 다른 법령에 따른 병역판정검사 · 소집 · 검열점호 등에 응하거나 동원 또는 훈련에 참가할 때
② 공무와 관련하여 국회, 법원, 검찰 또는 그 밖의 국가기관에 소환되었을 때
③ 법률에 따라 투표에 참가할 때
④ 승진시험 · 전직시험에 응시할 때
⑤ 원격지(遠隔地)로 전보(轉補) 발령을 받고 부임할 때
⑥ 「산업안전보건법」 제43조에 따른 건강진단, 「국민건강보험법」 제52조에 따른 건강검진 또는 「결핵예방법」 제11조 제1항에 따른 결핵검진 등을 받을 때
⑦ 「혈액관리법」에 따라 헌혈에 참가할 때
⑧ 「공무원 인재개발법 시행령」 제32조 제5호에 따른 외국어능력에 관한 시험에 응시할 때
⑨ 올림픽, 전국체전 등 국가적인 행사에 참가할 때
⑩ 천재지변, 교통 차단 또는 그 밖의 사유로 출근이 불가능할 때
⑪ 「공무원의 노동조합 설립 및 운영 등에 관한 법률」 제9조에 따른 교섭위원으로 선임(選任)되어 단체교섭 및 단체협약 체결에 참석하거나 같은 법 제17조 및 「노동조합 및 노동관계조정법」 제17조에 따른 대의원회(「공무원의 노동조합 설립 및 운영 등에 관한 법률」에 따라 설립된 공무원 노동조합의 대의원회를 말하며, 연 1회로 한정한다)에 참석할 때
⑫ 공무 국외출장 등을 위하여 「검역법」 제5조 제1항에 따른 오염지역 또는 같은 법 제5조의 2 제1항에 따른 오염인근지역으로 가기 전에 같은

법 제2조 제1호에 따른 검역감염병의 예방접종을 할 때

공가 시 유의사항은 공가사유에 따라 직접 필요한 시간으로 하며 검사일·소환일·투표일·시험일 등의 당일에 왕복 소요일수를 가산 가능하다. 그러나 승진시험 준비기간은 공가의 대상이 아니다. 전보 시 업무인계·인수·이사 등에 필요한 최소 일수를 포함한다. 건강진단 시 재진료의 경우에도 공가대상이다. 행사참가는 학교장이 선수·심판 등 공가활용이 불가피하다고 인정되는 경우에 한한다.

### (4) 특별휴가

특별휴가는 사회통념 및 관례상 특별한 사유가 있어서 부여받는 휴가를 말한다. 특별휴가에는 경조사휴가와 기타 특별휴가로 나뉜다. 특별휴가에는 경조사휴가, 출산휴가, 난임치료시술휴가, 여성보건휴가, 모성보호시간, 육아시간, 수업휴가, 재해구호휴가, 포상휴가, 자녀돌봄휴가 등이 있다.

경조사휴가는 결혼이나 기타 경조사가 있을 경우 경조사 휴가를 얻을 수 있다. 경조사휴가가 2일 이상인 경우 그 사유가 발생한 날을 포함하여 전후에 연속 실시한다. 참고로 직계존속의 범위는 부모·조부모·증조부모·외증조부모를 포함하고, 양자·양녀로 입적된 경우에는 양부모와 친생부모를 포함한다. 그러나 계부·계모는 인척으로 직계존속이 아니다.

경조사별 휴가 일수는 다음과 같다.

〈표 12-3〉 경조사별 휴가 일수(토요 휴무일/공휴일 포함 안 됨)

| 구분 | 대상 | 일수 |
|---|---|---|
| 결혼 | 본인 | 5 |
| | 자녀 | 1 |
| 출산 | 배우자 | 5 |
| 입양 | 본인 | 20 |

| 구분 | 대상 | 일수 |
|---|---|---|
| 사망 | 배우자, 본인 및 배우자의 부모 | 5 |
| | 본인 및 배우자의 조부모 · 외조부모 | 2 |
| | 자녀와 그 자녀의 배우자 | 2 |
| | 본인 및 배우자의 형제자매 | 1 |

비고: 입양은 「입양촉진 및 절차에 관한 특례법」에 따른 입양으로 한정하며, 입양 외의 경조사휴가를 실시할 때 원격지일 경우에는 실제 왕복에 필요한 일수를 더할 수 있다.

임신 중인 여교원에게 출산 전과 출산 후를 통하여 90일(한 번에 둘 이상의 자녀를 임신한 경우에는 120일)의 출산휴가를 승인하되, 출산 후의 휴가기간이 45일(한 번에 둘 이상의 자녀를 임신한 경우에는 60일) 이상이 되게 하여야 한다. 임신 중인 여교원은 출산 전 어느 때라도 최장 44일(한 번에 둘 이상의 자녀를 임신한 경우에는 59일)의 범위에서 출산휴가를 나누어 사용할 수 있한다.

여성교원은 생리기간 중 휴식과 임신한 경우의 검진을 위하여 매월 1일의 여성보건휴가를 받을 수 있다. 다만, 생리기간 중 휴식을 위한 여성보건휴가는 무급으로 한다.

임신 중인 여성은 1일 2시간의 범위에서 휴식이나 병원 진료 등을 위한 모성보호시간을 받을 수 있다. 5세 이하의 자녀가 있는 공무원은 자녀를 돌보기 위하여 24개월의 범위에서 1일 최대 2시간의 육아시간을 받을 수 있다. 한국방송통신대학교에 재학 중인 교원은 「한국방송통신대학교 설치령」에 따른 출석 수업에 참석하기 위하여 제15조의 연가 일수를 초과하는 출석 수업 기간에 대한 수업휴가를 받을 수 있다.

풍해 · 수해 · 화재 등 재해로 인하여 피해를 입은 공무원과 재해지역에서 자원봉사활동을 하려는 공무원은 5일 이내의 재해구호휴가를 받을 수 있다.

여성교원이 유산하거나 사산한 경우 유산휴가 또는 사산휴가를 주어야 한다. 인공수정 또는 체외수정 등 난임 치료 시술을 받는 교원은 시술 당일에 1일의 휴가를 받을 수 있다. 다만, 체외수정 시술의 경우 여성은 난자 채취일에 1일의 휴가를 추가로 받을 수 있다.

국가 또는 해당 기관의 주요 업무를 성공적으로 수행하여 탁월한 성과와 공로가 인정되는 경우에는 10일 이내의 포상휴가를 줄 수 있다. 자녀가 있는 교원은 다음의 경우 연간 2일(자녀가 3명 이상인 경우에는 3일)의 범위에서 자녀돌봄 휴가를 받을 수 있다.

1. 「영유아보육법」에 따른 어린이집, 「유아교육법」에 따른 유치원 및 「초·중등교육법」 제2조 각 호의 학교(이하 이 항에서 "어린이집 등"이라 한다)의 공식 행사에 참여하는 경우
2. 어린이집 등 교사와의 상담에 참여하는 경우
3. 자녀의 병원 진료(「국민건강보험법」 제52조에 따른 건강검진 또는 「감염병의 예방 및 관리에 관한 법률」 제24조 및 제25조에 따른 예방접종을 포함한다)에 동행하는 경우

### 3) 휴직

휴직제도는 교육공무원이 재직 중 일정한 사유로 직무에 종사할 수 없는 경우에 일정기간 동안 신분을 유지하면서 직무에 종사하지 않고 질병치료, 법률상의 의무이행, 능력개발을 위한 연수기회를 부여하는 등 교육공무원의 신분을 보장하기 위한 제도이다. 휴직의 유형과 절차는 다음과 같다.

〈표 12-4〉 휴직의 유형과 절차

| 구 분 | 내 용 |
|---|---|
| 휴직의 유형과 절차 | • 직권휴직: 본인 의사와 무관하게 임용권자 직권으로 명하는 휴직<br>- 절차: 휴직 사유 발생 → 휴직 여부 판단(임용권자) → 휴직발령(임용권자) |
| | • 청원휴직: 본인 스스로 직무를 이탈하기 원하는 휴직<br>- 절차: 본인(휴직신청: 휴직사유별 관련서류) → 휴직여부 판단(임용권자) → 휴직 발령(임용권자) |

#### (1) 직권휴직

본인의 의사에도 불구하고 임명권자가 휴직을 명해야 하는 경우로 다음의 사유에 해당된다.

- 신체 및 정신상의 장애로 장기요양을 요할 때(1년 이내)
- 병역법에 의한 병역의 복무를 위하여 징집 또는 소집된 때(복무기간)

- 천재지변 · 또는 전시 · 사변이나 기타의 사유로 인하여 생사 또는 소재가 불분명하게 된 때(3월 이내)
- 기타 법률의 규정에 의한 의무를 수행하기 위하여 직무를 이탈하게 된 때(복무기간)
- 교원의 노동조합 설립 및 운영에 관한 법률에 의하여 노동조합의 전임자로 종사하게 된 때로 구체적인 요건은 다음과 같다.

〈표 12-5〉 직권휴직(교육공무원법 제44조 제1항)

| 종류 | 질병휴직 | 병역휴직 | 생사불명 | 법정의무 수행 | 노조전임자 |
|---|---|---|---|---|---|
| 근거 | 제1호 | 제2호 | 제3호 | 제4호 | 제11호 |
| 요건 | 신체 · 정신상의 장애로 장기 요양을 요할 때 | 병역의 복무를 위하여 징 · 소집된 때 | 천재지변 · 전시 · 사변, 기타 사유로 생사 · 소재 불명 시 | 기타 법률상 의무수행을 위해 직무 이탈 시 | 교원노동조합 전임자로 종사하게 된 때 |
| 기간 | 1년 이내 | 복무기간 | 3월 이내 | 복무기간 | 노조전임기간 |
| 재직경력인정 | • 경력평정: 미산입 (단, 공무상 질병은 산입)<br>• 승급제한(단, 공무상 질병은 포함) | • 경력평정: 산입<br>• 승급 인정 | • 경력평정: 제외<br>• 승급 제한 | • 경력평정: 산입<br>• 승급 인정 | • 경력평정: 산입<br>• 승급 인정 |
| 결원 보충 | 결원보충 불가 | 6개월 이상 휴직 시 결원 보충 | 결원보충 불가 | 6개월 이상 휴직 시 결원 보충 | 6개월 이상 휴직 시 결원 보충 |
| 보수 지급 | 봉급 7할 지급(결핵은 8할) 공무상 질병은 전액지급 | 지급 안함 | 지급 안함 | 지급 안함 | 지급 안함 |
| 수당 | 공통수당: 보수와 같은 비율 지급<br>기타수당: 휴직사유별 차등 지급 | 지급 안함 | 지급 안함 | 지급 안함 | 지급 안함 |
| 기타 | 의사진단서 첨부 | | | | |

### (2) 청원휴직

청원휴직은 본인이 원해서 휴직을 하는 경우로 다음의 사유에 해당된다. 학위취득을 목적으로 해외유학을 하거나 외국에서 1년 이상 연구 · 연수 시, 국제기구 · 외국기관 · 재외국민 교육기관에 임시 고용 시, 만 6세 이하의 초등학교 취학 전 자녀를 양육하기 위하여 필요하거나 여교원이 임신 또는 출산 시, 장관이 지정하는 국내의 연구기관 · 교육기관 등에서 연수하게 된 때, 부모 · 배우자 · 자녀 또는 배우자의 부모의 간호를 위하여 필요한 때이다. 그리고 배우자의 국외 근무나 유학휴직 시로 구체적인 요건은 다음과 같다.

〈표 12-6〉 청원휴직의 종류

| 구분 | 유학휴직 | 고용휴직 | 육아휴직 | 연수휴직 | 간병휴직 | 동반휴직 |
|---|---|---|---|---|---|---|
| 근거 | 제5호 | 제6호 | 제7호 | 제8호 | 제9호 | 제10호 |
| 요건 | 학위취득 목적 해외유학, 1년 이상 외국 연구 연수 시 | 국제기구, 외국기관, 재외국민 교육기관에 임시 고용 시 | 만 6세 미만 자녀 양육이나 여교원의 임신 또는 출산 | 교육부장관지정 국내 연구기관 · 교육기관 등에서 연수 시 | 부모, 배우자, 자녀 및 배우자 부모 간호 | 배우자가 국외 근무를 하거나 제5호에 해당된 때 |
| 기간 | 3년 이내 (학위취득시 3년 연장 가능) | 고용기간 | 1년 이내 (여교사의 경우 2년 연장 가능) | 3년 이내 | 1년 이내 (재직 중 총 3년 이내) | 3년 이내 (3년 연장 가능) |
| 재직경력인정 | • 경력평정: 5할 산입<br>• 승급인정 | • 경력평정: 산입<br>• 승급 인정으로 근무한 경우 각 5할 산입) | • 경력평정: 최초 1년 범위 내 10할 산입<br>• 승급제한 | • 경력평정: 5할 산입<br>• 승급제한 | • 경력평정: 제외<br>• 승급제한 | • 경력평정: 제외<br>• 승급제한 |
| 결원보충 | 6개월 이상 휴직 시 결원보충 | 6개월 이상 휴직 시 결원보충 | 6개월 이상 휴직 시 결원보충 | 6개월 이상 휴직 시 결원보충 | 6개월 이상 휴직 시 결원보충 | 6개월 이상 휴직 시 결원보충 |
| 보수 | 봉급 5할 지급 | 지급 안함 | 최초 1년간 월 50만 원 지급 | 지급 안함 | 지급 안함 | 지급 안함 |
| 수당 | 공통수당 5할, 기타수당 미지급 | 지급 안함 | 지급 안함 | 지급 안함 | 지급 안함 | 지급 안함 |
| 비고 | | | 출산휴가: 별도 신청 가능 | | | |

※ 공통수당: 기말수당, 정근수당, 장기근속수당, 자녀학비보조수당, 보전수당.

### (3) 휴직의 효력

휴직 중인 교원은 신분은 보유하나 직무에는 종사하지 못하며, 휴직 중에 정년 및 명예퇴직 신청도 가능하다. 휴직 중이라도 교원의 신분은 보유하므로 신분상의 의무(겸직금지, 집단행위의 금지, 정치운동의 금지, 비밀엄수 등)를 위반하였을 때는 징계처분의 대상이 된다.

#### (4) 복직절차

휴직기간 중 휴직사유 소멸 시 30일 이내에 임용권자 또는 임용 제청권자에게 신고 후 지체 없이 복직조치한다. 휴직기간 만료 시 30일 이내에 복귀신고 → 당연복직 조치(휴직기간 만료로 복귀신고 후 복직 발령일까지 소요된 기간은 휴직기간으로 본다)한다.

휴직기간이 만료되지 않았더라도 휴직사유가 소멸되거나 휴직을 계속 유지할 필요가 없을 때 복직을 할 수 있으며, 이 경우 임용권자는 휴직사유의 소멸을 객관적으로 입증할 만한 증빙서류 제출을 요구할 수 있다. 휴직기간이 만료 또는 휴직사유가 소멸된 후에도 직무에 복귀하지 아니하거나 직무를 감당할 수 없을 경우 휴직기간 만료일 또는 휴직사유 소멸일을 임용일자로 소급하여 직권면직시킬 수 있다. 휴직기간을 연장하고자 할 때는 만료일 15일 전까지 신청해야 한다.

#### (5) 결원 보충

휴직 · 파견 등으로 인한 업무공백을 방지하고 기관별 정원관리 원칙의 예외를 인정한다.

6개월 이상 휴직하는 경우 당해 교원의 휴직일로부터 결원 보충을 인정(단, 질병휴직은 제외한다)하고 이 경우 별도의 결원 보충승인은 필요 없다. 휴직자가 복귀신고를 한 때에는 그 직급에 결원이 없더라도 휴직자는 반드시 복직시켜야 한다. 현원이 정원보다 초과된 때는 과원으로 처리하는 것이 아니라, 그 초과된 현원에 상당하는 숫자만큼 별도의 정원으로 관리하여야 한다.

### 4) 공무 외의 국외여행

교원의 공무 외 국외여행은 휴업일(여름 · 겨울 및 학기말 휴업일을 말한다) 중에 실시함을 원칙으로 하며, 공무 외 자율연수 목적의 국외여행은 국가공무원 복무규정에 의한 휴가와 별도로 실시한다.

#### (1) 휴가일수 범위 내 공무 외 국외여행 등

본인 또는 친인척의 경조사, 질병의 치료, 친지방문, 견문목적, 취미활동, 가족기념일 여행, 기타 필요한 경우에 실시하며, 본인 또는 친인척의 경조사 및 본인의 긴급한 질병치료 등 특별한 경우를 제외하고는 학교교육에 지장이 없는 휴업일 중 휴가기간의 범위 안에서 공무 외의 목적으로 국외여행을 할 수 있다. 다만 여름·겨울 및 학기말 등의 휴업일에 공무외의 국외여행을 할 경우에도 국가공무원복무규정에 의한 휴가일수의 범위 안에서 실시한다. 다만, 교육공무원법 제41조의 규정에 의한 연수목적의 국외여행은 별도이다.

#### (2) 국외 자율연수를 위한 공무 외 국외여행(이하 '국외 자율연수')

교직단체가 주관하는 연수 또는 해외 교육기관의 초청에 의한 연수 참가, 개인의 학습 자료 수집 등을 할 때 실시할 수 있다.

## 다. 상훈 및 징계

### 1) 상훈

교육공무원에 대한 훈장 및 포상은 상훈법과 상훈시행령에 따라 이루어진다. 포상은 스승의 날 포상, 업무추진유공(우수모범)공무원 포상, 퇴직자 포상의 크게 세 가지 종류의 포상이 있다.

① 공무원으로서 직무에 힘을 다하거나 사회에 공헌한 공적이 뚜렷한 자에게는 훈장 또는 포장을 수여하거나 표창을 한다.

② 제1항에 따른 훈장·포장 및 표창에 관한 사항은 법률로 정한 것 외에는 대통령령으로 정한다. 다만, 표창에 관한 사항은 국회규칙, 대법원규칙, 헌법재판소규칙 또는 중앙선거관리위원회규칙으로도 정할 수 있다.

## 2) 징계

### (1) 징계 사유(국가공무원법 제78조 제1항)

국가공무원법 및 동법에 따른 명령에 위반하였을 때, 직무상의 의무(다른 법령에서 공무원의 신분으로 인하여 부과된 의무를 포함한다)에 위반하거나 직무를 태만히 한 때, 직무의 내외를 불문하고 그 체면 또는 위신을 손상하는 행위를 한 때 등이 징계 사유에 해당된다.

### (2) 징계의 종류

징계는 본인의 의사에 반하여 타율적 · 강제적으로 행해지는 신분상의 제재를 말한다. 중징계는 파면, 해임 정직(1월~3월)에 해당되며 경징계는 감봉(1월~3월), 견책에 해당된다. 각 징계의 구체적인 종류와 효력은 다음과 같다.

〈표 12-7〉 공무원에 대한 징계의 종류와 효력

| 종 류 | 기 간 | 신분 및 보수 |
|---|---|---|
| 파면 | - | • 공무원관계로부터 배제<br>• 5년간 공직재임용 제한<br>• 퇴직급여 1/2 감액(재직기간 5년 미만인 자는 1/4 감액)<br>• 퇴직수당 1/2 감액 |
| 해임 | - | • 공무원관계로부터 배제<br>• 3년간 공직재임용 제한<br>• 금품·향응수수, 공금횡령·유용의 경우 퇴직급여 1/4 감액(재직기간 5년 미만인 자는 퇴직수당 1/8 감액) |
| 강등 | 3개월 | • 1계급 내림(연구관 및 지도관은 연구사 및 지도사) + 정직 3개월<br>• 처분기간(3개월)에 신분은 보유하나 직무에 종사하지 못하고 해당기간 보수전액 감액<br>• 처분기간(3개월) + 18개월은 승진소요최저연수에서 제외하고 승진임용 제한(「지방공무원법」 제69조의2제1항 각 호의 어느 하나에 해당하는 사유로 인한 징계처분과 성폭력, 성희롱 및 성매매에 따른 징계처분의 경우에는 각각 6개월을 가산)<br>• 처분기간(3개월) 경력평정에서 제외 |
| 정직 | 1~3개월 | • 처분기간(1~3개월)에는 신분은 보유하나 직무에 종사하지 못하고 해당기간 보수 전액 감액<br>• 처분기간(1~3개월) + 18개월은 승진소요최저연수에서 제외하고 승진임용 제한(「지방공무원법」 제69조의2제1항 각 호의 어느 하나에 해당하는 사유로 인한 징계처분과 성폭력, 성희롱 및 성매매에 따른 징계처분의 경우에는 각각 6개월을 가산)<br>• 처분기간(1~3개월) 경력평정에서 제외 |

| 종 류 | 기 간 | 신분 및 보수 |
|---|---|---|
| 감봉 | 1~3개월 | • 3처분기간(1~3개월)에 보수의 1/3 감액<br>• 처분기간(1~3개월) + 12개월은 승진소요최저연수에서 제외하고 승진임용 제한(「지방공무원법」 제69조의2제1항 각 호의 어느 하나에 해당하는 사유로 인한 징계처분과 성폭력, 성희롱 및 성매매에 따른 징계처분의 경우에는 각각 6개월을 가산) |
|  | - | • 36개월은 승진소요최저연수에서 제외하고 승진임용 제한(「지방공무원법」 제69조의 2 제1항 각 호의 어느 하나에 해당하는 사유로 인한 징계처분과 성폭력, 성희롱 및 성매매에 따른 징계처분의 경우에는 각각 6개월을 가산) |

자료: 2018년 지방공무원 인사실무. p.396.

동일한 징계사유일지라도 그 비위의 정도 및 과실의 경중, 비위의 유형에 따라 징계가 달라진다. 구체적인 징계양정의 기준은 다음과 같다.

〈표 12-8〉 징계양정의 기준

**[별표] 징계기준 (제2조 관련)**

| 비위의 정도 및 과실 / 비위의 유형 | 비위의 정도가 심하고 고의가 있는 경우 | 비위의 정도가 심하고 중과실인 경우 또는 비위의 정도가 약하고 고의가 있는 경우 | 비위의 정도가 심하고 경과실인 경우 또는 비위의 정도가 약하고 중과실인 경우 | 비위의 정도가 약하고 경과실인 경우 |
|---|---|---|---|---|
| 1. 성실의무 위반 | | | | |
| 가. 공금횡령 · 유용, 업무상 배임 | 파면 | 파면-해임 | 해임-강등 | 정직-감봉 |
| 나. 직권남용으로 다른 사람의 권리 침해 | 파면 | 해임 | 강등-정직 | 감봉 |
| 다. 직무태만 또는 회계질서 문란 | 파면 | 해임 | 강등-정직 | 감봉-견책 |
| 라. 시험문제를 유출하거나 학생의 성적을 조작하는 등 학생 성적과 관련한 비위 및 학교생활기록부 허위사실 기재 또는 부당 정정과 관련한 비위 | 파면 | 해임 | 해임-강등-정직 | 감봉-견책 |
| 마. 신규채용, 특별채용, 승진, 전직, 전보 등 인사와 관련한 비위 | 파면 | 해임 | 해임-강등-정직 | 감봉-견책 |
| 바. 「학교폭력예방 및 대책에 관한 법률」에 따른 학교폭력을 고의적으로 은폐하거나 대응하지 아니한 경우 | 파면 | 해임 | 해임-강등-정직 | 감봉-견책 |
| 사. 연구비의 부당 수령 및 부정 사용 등 연구비의 수령 및 사용과 관련한 비위 | 파면 | 파면-해임 | 해임-강등 | 정직-감봉 |
| 아. 그 밖의 성실의무 위반 | 파면-해임 | 강등-정직 | 감봉 | 견책 |
| 2. 복종의무 위반 | | | | |
| 가. 지시사항 불이행으로 업무 추진에 중대한 차질을 준 경우 | 파면 | 해임 | 강등-정직 | 감봉-견책 |
| 나. 그 밖의 복종의무 위반 | 파면-해임 | 강등-정직 | 감봉 | 견책 |

| 비위의 정도 및 과실 / 비위의 유형 | 비위의 정도가 심하고 고의가 있는 경우 | 비위의 정도가 심하고 중과실인 경우 또는 비위의 정도가 약하고 고의가 있는 경우 | 비위의 정도가 심하고 경과실인 경우 또는 비위의 정도가 약하고 중과실인 경우 | 비위의 정도가 약하고 경과실인 경우 |
|---|---|---|---|---|
| 3. 직장 이탈 금지 위반 | | | | |
| 가. 집단 행위를 위한 직장 이탈 | 파면 | 해임 | 강등-정직 | 감봉-견책 |
| 나. 무단결근 | 파면 | 해임-강등 | 정직-감봉 | 견책 |
| 다. 그 밖의 직장 이탈 금지 위반 | 파면-해임 | 강등-정직 | 감봉 | 견책 |
| 4. 친절 · 공정의무 위반 | 파면-해임 | 강등-정직 | 감봉 | 견책 |
| 5. 비밀 엄수의무 위반 | | | | |
| 가. 비밀의 누설 · 유출 | 파면 | 파면-해임 | 강등-정직 | 감봉-견책 |
| 나. 비밀 분실 또는 해킹 등에 의한 비밀 침해 및 비밀 유기 또는 무단 방치 | 파면-해임 | 강등-정직 | 정직-감봉 | 감봉-견책 |
| 다. 개인정보 부정 이용 및 무단 유출 | 파면-해임 | 해임-강등 | 정직 | 감봉-견책 |
| 라. 개인정보의 무단 조회 · 열람 및 관리 소홀 등 | 파면-해임 | 강등-정직 | 감봉 | 견책 |
| 마. 그 밖에 보안관계 법령 위반 | 파면-해임 | 강등-정직 | 감봉 | 견책 |
| 6. 청렴의무 위반 | 파면 | 파면-해임 | 해임-강등-정직 | 감봉 |
| 7. 품위유지의무 위반 | | | | |
| 가. 성희롱 | 파면-해임 | 해임-강등 | 정직-감봉 | 견책 |
| 나. 성매매 | 파면 | 해임 | 강등-정직 | 감봉-견책 |
| 다. 미성년자 또는 장애인에 대한 성매매 | 파면 | 파면 | 파면-해임 | 해임 |
| 라. 성폭력 | 파면 | 파면 | 파면-해임 | 해임 |
| 마. 미성년자 또는 장애인에 대한 성폭력 | 파면 | 파면 | 파면 | 파면-해임 |
| 바. 학생에 대한 상습적이고 심각한 신체적 폭력 | 파면 | 해임 | 해임-강등-정직 | 감봉-견책 |
| 사. 그 밖의 품위유지의무 위반 | 파면-해임 | 강등-정직 | 감봉 | 견책 |
| 8. 영리 업무 및 겸직 금지 의무 위반 | 파면-해임 | 강등-정직 | 감봉 | 견책 |
| 9. 정치운동 금지 위반 | 파면 | 해임 | 강등-정직 | 감봉-견책 |
| 10. 집단 행위 금지 위반 | 파면 | 해임 | 강등-정직 | 감봉-견책 |

※ 비고:
- 제7호에서 "성희롱"이란 「국가인권위원회법」제2조 제3 라목에 따른 성희롱을 말한다.
- 제7호 다목, 라목에서 "미성년자"란 민법 제4조에 따른 성년에 이르지 않은 19세 미만인 사람을 말한다.
- 제7호 다목, 라목에서 "장애인"이란「장애인복지법」 제2조, 같은 법 시행령 제2조, 「장애인 등에 대한 특수교육법」 제15조에 해당하는 사람을 말한다.

자료: 교육공무원 징계양정 등에 관한 규칙(2018). 교육부.

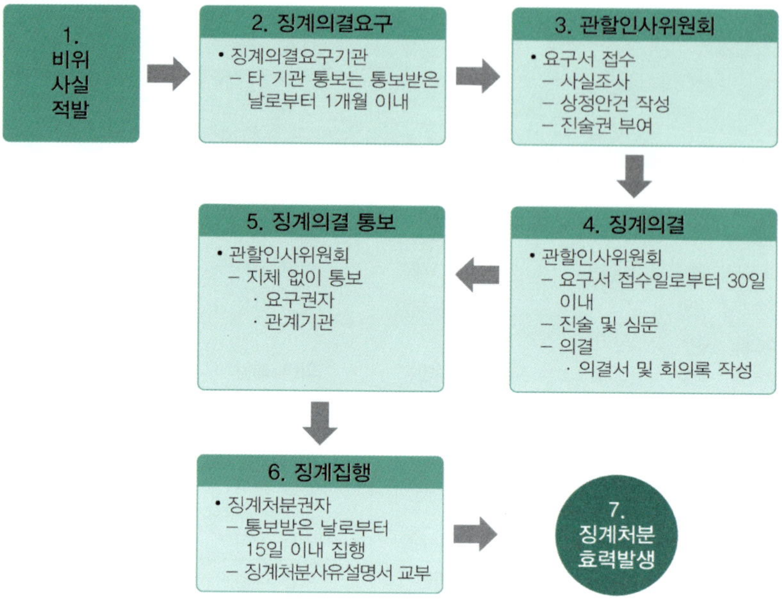


자료: 2018년 지방공무원 인사실무. p.413.

[징계업무처리 흐름도]

## 2. 교원의 보수

### 가. 교원보수제도의 개요

보수는 조직 구성원이 조직의 목적 달성을 위해 제공하는 육체적·정신적 노력 또는 봉사에 대한 반대급부로서 취득하는 금전적인 보상을 의미한다. 교원보수는 교원의 직무수행에 대한 반대급부로서 취득하는 금전적인 보상으로 볼 수 있고, 특히 교원이 교육공무원인 점을 감안하면 교원보수는 교원이 국민을 위하여 봉사한 일에 대한 대가로서 국가나 지방자치단체로부터 정기적으로 취득하는 금전적인 보상이다(김진한, 2009).

### 1) 교원보수 결정의 원칙과 종류

#### (1) 교원보수 결정의 원칙(UNESCO와 ILO의 교사의 지위에 관한 권고안)

교원의 사회적 중요성을 반영해야 하고 유사 또는 이와 동등한 수준의 자격을 요구하는 타 직업 종사자의 봉급에 손색이 없어야 하며, 교원의 전문적 자격 향상을 위한 계속 교육이나 문화 활동, 교원 자신과 그 가족의 상당한 생활수준을 확보하는 수단이 되어야 하며, 교직은 보다 높은 자격과 경험을 필요로 하며 보다 큰 책임을 수반한다는 사실을 반영해야 한다는 원칙을 제시하고 있다.

### 2) 보수체계의 종류와 형태

#### (1) 보수체계의 종류

보수체계의 종류로는 연공급, 직무급, 절충급이 있다. 연공급은 학력, 자격, 연령 등을 기준으로 근속연수에 따라 보수수준을 결정하는 보수체계이다. 근속연수나 경력에 따라 보수액이 달라진다. 연공급은 개인별 임금결정의 기준으로 근속의 비중이 너무 높고, 그 결과 근속별 임금격차가 매우 크다는 점과 그 결과 임금이 노동의 결과에 대응하지 않고 직종이나 숙련과는 무관한 특징이 있다. 직무급은 직무의 양과 질에 따라 보수를 결정하는 것으로, 직무의 상대적 가치를 평가하기 위하여 직무분석이 시도된다. 절충급은 연공급과 직무급을 절충한 것으로 직능급과 자격급이 있다. 직능급은 직무의 내용과 직무수행 능력에 따라 보수가 정해지는 것이며, 자격급은 취득자격을 기준으로 보수지급에 차이를 두는 것이다.

#### (2) 보수체계의 형태

보수체계의 형태로는 고정급과 성과급이 있다. 고정급은 근무시간이나 단위로 보수를 지급하는 것으로서 정액급이라고도 한다. 성과급은 생산량 등의 성과에 따라서 보수가 달리 지급되는 것이다.

## 나. 교원보수체계의 현황

현재 교원의 보수체계는 동등한 학력과 자격 및 경력을 가진 교원은 학교급별, 성별 등의 조건에 관계없이 동일한 보수를 지급하는 것을 원칙으로 하는 단일호봉제를 지향하고 있다. 다만 유·초·중등학교와 대학(교)에서 호봉제와 기산호봉, 봉급 및 수당 등을 각기 다르게 정하는 이원제 체계로 유지하고 있다. 교원보수체계는 공무원보수규정과 공무원수당 등에 관한 규정에 의하여 결정된다.

### 1) 교원보수와 관련된 용어의 정의

봉급, 보수, 승급, 수당, 승격, 연봉 등 교원보수와 관련된 용어의 정의는 다음과 같다.

〈표 12-9〉 교원보수와 관련된 용어의 정의

| 구 분 | 용어의 정의 |
|---|---|
| 봉급 | 직무의 곤란성 및 책임의 정도에 따라 직책별로 지급되는 기본 급여 또는 직무의 곤란성 및 책임의 정도와 재직기간 등에 따라 계급(직무등급 또는 직위를 포함한)별·호봉별로 지급되는 부가급여 |
| 보수 | 봉급과 기타 각종 수당을 합산한 금액 |
| 보수의 일할계산 | 그 달의 보수를 그 달의 일수로 나누어 계산한 것 |
| 승급 | 일정한 재직기간의 경과, 기타 법령의 규정에 의하여 현재의 호봉보다 높은 호봉을 부여하는 것 |
| 수당 | 직무여건 및 생활여건 등에 따라 지급되는 부가급여 |
| 승격 | 외부공무원이 현재 임용된 직위의 직무등급보다 높은 직무등급의 직위에 임용되는 것 |
| 연봉 | 매년 1월 1일부터 12월 31일까지 1년간 지급되는 기본연봉과 성과연봉을 합산한 금액 |
| 기본연봉 | 개인의 경력·누적 성과와 계급 또는 직무의 곤란성 및 책임의 정도를 반영하여 지급되는 기본급여의 연액 |
| 성과연봉 | 전년도 업무실적의 평가 결과를 반영하여 지급되는 급여의 연액 |
| 연봉월액 | 연봉에서 매월 지급되는 금액으로 연봉을 12로 나눈 금액 |
| 연봉의 일할계산 | 연봉월액을 그 달의 일수로 나누어 계산하는 것 |

### 2) 교원보수 내 보수유형의 요소

교원보수 내 보수유형의 요소는 연공급, 직무급, 실적급, 자격급, 생활급이 있다.

우선 연공급은 연령이나 근속연수 등 경력과 연공서열을 기준으로 보수를 산정하는 것으로, 안정적인 신분보장으로 조직에 대한 귀속의식을 증대시킬 수 있다는 장점이 있지만 능력이나 업적에 대한 고려가 부족한 단점을 가지고 있으며 그 예로는 정근수당, 정근수당가산금, 장기근속수당 등이 있다.

직무급은 직무의 중요성과 곤란도 등에 근거하여 보수액을 결정하는 것으로 보전수당, 담임업무수당, 보직수당, 교원연구비, 직급보조비, 관리업무수당 등을 들 수 있다.

실적급은 직무수행의 실적을 보수결정의 기준으로 활용하는 보수체계로서 실적에 따라 보수가 차등 지급되기 때문에 실적이 높은 구성원의 사기를 높이고 구성원의 동기유발이 가능하여 조직전체의 생산성을 향상시키지만, 조직 내 과열경쟁을 일으키고 평가에 대한 불신 등 부작용이 있다. 그 예로는 성과상여금, 시간 외 근무수당을 들 수 있다.

자격급은 조직 내 구성원의 자격취득 기준을 정해 놓고 그 자격취득에 근거하여 보수를 지급하는 것으로 기본급이 해당된다.

생활급은 연령 · 가족사항을 고려한 생계비가 보수결정의 근거가 되며, 생활을 보장하기 위한 것으로 가족수당비, 자녀학비보조수당, 정액급식비, 교통보조비, 가계지원비, 명절휴가비, 연가보상비, 봉급조정수당 등이 해당된다.

## 다. 교원보수제도의 이해

### 1) 보수체계

보수란 봉급과 그 밖의 각종 수당을 포함한 개념이다. 봉급은 직무의 곤란성과 책임의 정도에 따라 직책별로 지급되는 기본급여 또는 직무의 곤란성과 책임의 정도 및 재직기간 등에 따라 계급별, 호봉별로 지급되는 급여를 말하며, 수당이란 직무여건 및 생활여건 등에 따라 지급되는 부가급여를 말한다.

**보수**

- **봉급(기본급)**
  - 직종별 11개 봉급표
  - 일반직, 공안직, 연구직, 지도직, 일반적 우정직군 등, 전문경력관, 경찰 · 소방직, 초중고교원, 국립대학교원, 군인, 헌법연구관
- **수당 등(18종)**
  - **수 당(14종)**
    - **정액급식비(월13만 원)**
      - 대우공무원수당(월봉급액의 4.1%)
      - 정근수당(월봉급액의 0~50%, 연2회)
        - *정근수당가산금(월 5~13만 원, 5년 이상자)
      - 성과상여금(지급기준액의 0~172.5%, 연 1회예상)
    - **정액급식비(월13만 원)**
      - 가족수당(배우자 월 4만, 기타부양가족 월 2만 원, 4인까지)
        - * 자녀: 첫째(월 2만 원), 둘째(월 6만 원), 셋째 이후(월 10만 원)
      - 자녀학비보조수당(고등학생 자녀의 학비, 분기별)
      - 주택수당(하사이상 중령이하, 월 8만 원)
      - 육아휴직수당(월봉급액의 50%, 상한 120~하한 70만 원)
        - *단, 첫 3개월은 월봉급액의 80%(상한 150~하한 70만 원)
    - **특수지근무수당**
      - 도서, 벽지, 집적지, 특수기관 근무자(월 3~6만 원) 등
    - **특수근무수당(4종)**
      - 위협근무수당(위협직무종사자, 월 4~6만 원)
      - 특수업무수당(특수업무종사자)
      - 업무대행수당(육아 휴직자 등 업무대행, 월 20만 원)
      - 군법무관수당(월봉급액의 35% 이하)
    - **초과근무수당 등(2종)**
      - 초과근무수당(5급이하 공무원 시간외근무, 야간근무, 휴일근무)
      - 관리업무수당(4급이상 공무원, 월봉급액의 9%)
  - **실비변상 등(4종)**
    - 정액급식비(월 13만 원)
    - 직급보조비(월 13.5~75만 원)
    - 명절휴가비(월봉급액의 50%, 설날 · 추석날)
    - 연가보상비(1급 이하, 연가보상일수는 20일 내)

## 2) 봉급제도

교원의 봉급체계는 크게 호봉제와 연봉제로 구분되며, 연봉제는 고정급적 연봉제, 성과급적 연봉제, 직무성과급적 연봉제로 구분된다

호봉제는 호봉에 따라 봉급(기본급)이 지급되는 제도로서, 공무원의 경우 매년 정기승급을 통하여 호봉이 올라가도록 되어 있는 연공급적 성격의 보수체계로 되어있다. 호봉체계에 따른 봉급표는 직종별로 다르게 설정되어 있으며, 봉급 외에 각종 수당이 지급된다. 특히 공직사회의 경쟁력을 높이고 일하는 분위기를 조성하여 열심히 일하는 자를 우대하기 위한 취지에서 근무성적 기타 업무실적 등에 따라 차등지급되는 성과급(실적급)인 성과상여금을 지급하고 있다.

과거 연공급을 근간으로 한 보수제도는 보상의 공정성 측면보다는 균등성을 지향함으로써 개인의 능력과 실적, 공헌도 및 조직의 성과를 제대로 반영할 수 없으며 조직의 동기부여를 위한 인센티브 기능이 미흡하다는 단점이 있었다. 이에 공무원의 보수체계를 연공급 보수체계에서 능력(실적)주의 보수체계로 전환함으로써 공직사회의 경쟁력과 생산성을 제고하고, 창의적이고 열심히 일하는 공직분위기를 조성하며, 탄력적인 보수체계 전환으로 민간부문의 우수전문인력의 공직유치에 기여하고, 복잡한 보수체계의 단순화로 보수제도의 투명성을 확보하고자 하는 목적으로 1999년부터 연봉제를 도입하게 되었다.

우리나라 공무원연봉제는 고정급적 연봉제, 성과급적 연봉제, 직무성과급적 연봉제로 나뉜다. 직위별로 연봉이 고정되는 고정급적 연봉제는 차관급 이상 정무직공무원 등을 대상으로 한다. 정무직공무원은 일반직공무원과 달리, 성과측정이 극히 어렵기 때문에 개별직위마다 고정된 연봉을 책정하고 있다. 고정급적 연봉대상자는 공무원보수규정에서 정한 연봉외에 가족수당, 자녀학비보조수당, 직급보조비, 정액급식비 등을 보수관련법령에 따라 지급받는다.

성과급적 연봉제는 일반직, 별정직 등 1~5급(상당) 공무원과 임기제공무원

을 대상으로 하며, 계급별 기본연봉과 업무실적에 따른 평가결과에 따라 차등지급되는 성과연봉으로 구성된다. 연봉은 계급별로 설정된 연봉한계액 범위 내에서 정해진다. 연봉 외의 급여로는 가족수당, 시간외근무수당, 자녀학비보조수당, 연가보상비, 직급보조비, 정액급식비, 특수근무수당, 특수지근무수당 등이 지급된다.

직무성과급적 연봉제는 고위공무원단에 적용되며, 기본 골격은 성과급적 연봉제와 같다. 다만, 기본연봉이 기준급과 직무급으로 구분되며 성과급 비중이 더 높다는 점에서 성과급적 연봉제와 다르다.

| 구분 | | 적용대상 공무원 |
|---|---|---|
| 호봉제 | | 공무원보수규정 별표3, 별표3의 2, 별표4내지 별표6, 별표8, 별표10내지 별표14 적용공무원 |
| 연봉제 | 고정급적 연봉제 | 정무직공무원 |
| | 성과급적 연봉제 | 1급 내지 5급(상당) 공무원<br>치안정감부터 경정까지에 해당하는 경찰공무원, 소방정감부터 소방정까지에 해당하는 소방공무원 |
| | | 국립대학의 교원(국립대학의 장 제외) |
| | | 임기제공무원(한시임기제공무원 제외) |
| | 직무성과급적 연봉제 | 고위공무원단에 속하는 공무원(연구직 공무원과 지도직 공무원 등 호봉제가 적용되는 공무원 제외) |

### 3) 수당제도

교원 수당은 공무원에게 지급되는 보수 중의 일부로서 직무여건 및 생활여건 등에 따라 지급되는 부가급여를 말한다. 「공무원수당 등에 관한 규정」에 따라 5개 분야 14종으로 구분되며, 동 규정은 실비변상 4종도 함께 규정하고 있다. 동 규정은 국가공무원에게 적용되며, 지방공무원에게 지급되는 수당 및 실비변상은 「지방공무원수당 등에 관한 규정」에 따라 별도로 규정하고 있다. 각각의 수당 및 실비변상에 대해 자세히 살펴보면 다음과 같다.

상여수당(3종)은 상위직급의 대우공무원으로 선발된 공무원에게 지급하는 대우공무원수당, 근무연수에 따라 지급되는 정근수당, 근무실적 등이 우수한 사람에게 지급하는 성과상여금이 있다.

가계보전수당(4종)은 부양가족이 있는 공무원에게 지급하는 가족수당, 고등학교에 다니는 자녀가 있는 공무원에게 지급하는 자녀학비보조수당, 군인 및 재외공무원에게 지급하는 주택수당, 육아휴직한 공무원에게 지급하는 육아휴직수당이 있다.

특수지근무수당은 교통이 불편하고 문화 · 교육시설이 거의 없는 지역이나 근무환경이 특수한 기관에 근무하는 공무원에게 지급한다.

특수근무수당(4종)은 위험한 직무에 종사하는 공무원에게 지급하는 위험근무수당, 특수한 업무에 종사하는 공무원에게 지급하는 특수업무수당, 병가 · 출산휴가 · 유산휴가 · 사산휴가나 육아휴직 중인 공무원의 업무 등을 대행하는 공무원에게 지급하는 업무대행수당, 군법무관에게 지급하는 군법무관수당이 있다.

초과근무수당등(2종)은 5급 이하 공무원으로서 규정된 근무시간 외에 근무한 공무원에게 지급하는 초과근무수당과 4급 이상의 관리자에게 지급하는 관리업무수당이 있다.

실비변상등(4종)은 정액급식비, 명절휴가비, 연가보상비, 직급보조비가 있다.

| 구분 | 수당명 | 지급대상 |
|---|---|---|
| 상여수당(3종) | 대우공무원수당 | 대우공무원으로 선발된 공무원 |
| | 정근수당(정근수당가산금) | 지급기준일(1.1./7.1.) 현재 공무원의 신분을 보유하고 봉급이 지급되는 공무원 |
| | 성과상여금 | 근무성적 및 업무실적 등이 우수한 공무원 |
| 가계보전수당(4종) | 가족수당 | 부양가족이 있는 공무원 |
| | 자녀학비보조수당 | 고등학생 자녀를 둔 공무원 |
| | 주택수당 | 하사 이상 중령 이하 군인 및 재외공무원 |
| | 육아휴직수당 | 육아휴직 중인 공무원 |
| 특수지근무수당 | | 도서 · 벽지 · 접적지 및 특수기관 근무자 |

| 구분 | 수당명 | 지급대상 |
|---|---|---|
| 특수근무수당(14종) | 위험근무수당 | 위험직무종사자 |
| | 특수업무수당 | 특수업무 종사자 |
| | 업무대행수당 | 병가 · 출산휴가 · 유산휴가 · 사산휴가 · 육아휴직자의 업무 및 시간제근무공무원의 근무시간 외 업무를 대행하는 공무원 |
| | 군법무관수당 | 군법무관 |
| 초과근무수당등(4종) | 초과근무수당 | 5급이하 공무원 |
| | 관리업무수당 | 4급이상 공무원 |
| 실비변상등(4종) | 정액급식비 | 모든 공무원 |
| | 직급보조비 | 모든 공무원 |
| | 명절휴가비 | 명절일(설날, 추석) 기준 재직 공무원 |
| | 연가보상비 | 1급 이하 공무원(20일 이내의 미사용 연가에 대해 지급) |

## 4) 성과보수제도

### (1) 성과연봉

매년 12월 31일을 기준으로 성과계약 등 평가결과 등에 따라 성과급을 지급한다.

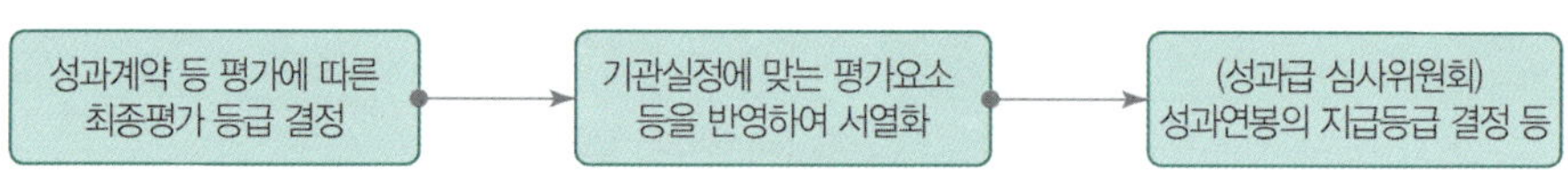


[성과연봉 결정절차]

전년도 업무성과의 평가결과에 따라 지급되는 당해연도 성과연봉은 당해연도 연봉액에 합산하는 누적방식을 적용한다.

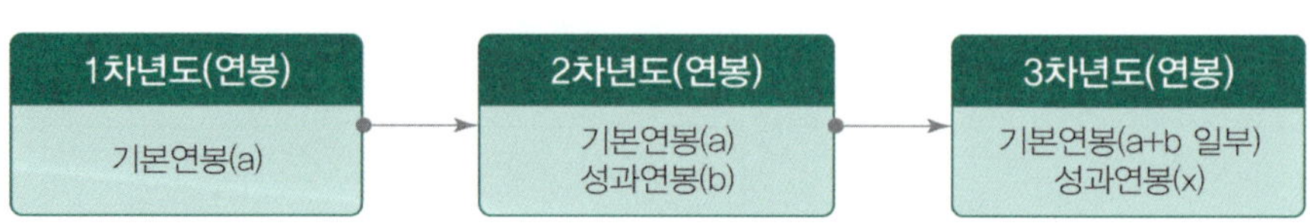

다만, 당해연도 기본연봉과 성과연봉을 합산한 총 연봉액이 연봉상한액을 초과하더라도 당해연도에는 성과연봉을 전액지급할 수 있으나, 다음 연도에 기본연봉에 산입하는 때에는 당해연도의 연봉상한액을 초과하지 아니하는 금액만 산입한다.

책임운영기관의 장과 책임운영기관에 임용되는 일반임기제공무원에 대하여는 소속 장관 또는 책임운영기관의 장이 따로 정하는 성과연봉 운영기준에 따라 성과연봉을 지급할 수 있다.

### (2) 성과상여금

성과상여금의 지급방법은 소속장관이 기관특성 등을 고려하여 개인별로 차등, 부서별로 차등, 개인별 차등 지급방법과 부서별 차등 지급방법을 병용, 부서별로 차등하여 지급한 후 부서 내에서 다시 개인별로 차등하여 지급하는 방법 등을 자율적으로 선택할 수 있도록 하고 있다. 개인별 차등지급 시 지급기준은 다음과 같다.

| 평가등급 | S등급 | A등급 | B등급 | C등급 |
|---|---|---|---|---|
| 인원비율(%) | 상위 20% | 20% 초과 60% 이내 | 60% 초과 90% 이내 | 하위 10% |
| 지급률(%) | 172.5% 이상 | 125% | 85% | 0% |

* 등급 수 3개 이상, 인원비율 및 지급률 부처 조정 가능.

개인별 지급등급은 「공무원 성과평가 등에 관한 규정」 제4조에 의한 근무성적평정결과(근무실적) 평가결과에 의하여 결정하되, 소속장관은 필요한 경우 정부업무평가, 부서업무평가 등 다양한 기준을 반영하여 지급등급을 결정할 수 있으며, 다면평가자료는 참고자료로 활용할 수 있다.

'성과평가규정' 등 법령에 따른 근무성적평정제도가 적용되지 않는 공무원이 있는 경우에는 소속장관이 업무성과를 객관적으로 반영할 수 있는 별도의 평가 기준을 마련하여 평가해야 한다.

### 5) 교원 봉급표

유치원, 초등학교, 중학교, 고등학교 교원 등이 해당된다.

**유치원 · 초등학교 · 중학교 · 고등학교 교원 등의 봉급표(제5조 및 별표 1 관련)**

(월지급액, 단위: 원)

| 호봉 | 봉급 | 호봉 | 봉급 |
|---|---|---|---|
| 1 | 1,605,200 | 21 | 3,059,300 |
| 2 | 1,653,800 | 22 | 3,172,200 |
| 3 | 1,703,100 | 23 | 3,284,300 |
| 4 | 1,752,200 | 24 | 3,396,400 |
| 5 | 1,801,800 | 25 | 3,508,600 |
| 6 | 1,851,300 | 26 | 3,621,200 |
| 7 | 1,900,100 | 27 | 3,738,600 |
| 8 | 1,948,900 | 28 | 3,855,800 |
| 9 | 1,998,400 | 29 | 3,978,300 |
| 10 | 2,052,500 | 30 | 4,101,300 |
| 11 | 2,105,400 | 31 | 4,223,800 |
| 12 | 2,159,600 | 32 | 4,346,200 |
| 13 | 2,257,900 | 33 | 4,470,500 |
| 14 | 2,356,700 | 34 | 4,594,500 |
| 15 | 2,455,300 | 35 | 4,718,600 |
| 16 | 2,554,200 | 36 | 4,842,200 |
| 17 | 2,651,900 | 37 | 4,949,900 |
| 18 | 2,754,200 | 38 | 5,057,600 |
| 19 | 2,856,000 | 39 | 5,165,600 |
| 20 | 2,957,600 | 40 | 5,272,800 |

〈비고〉

유치원 · 초등학교 · 중학교 · 고등학교의 기간제교원에게는 제8조에 따라 산정된 호봉의 봉급을 지급하되, 고정급으로 한다. 다만, 「교육공무원법」 제32조 제1항 제4호에 따른 기간제교원의 봉급은 14호봉을 넘지 못하며, 「교육공무원임용령」 제13조 제2항에 따라 시간제로 근무하는 기간제교원으로 임용된 사람에게 지급하는 월봉급액은 해당 교원이 정상근무 시 받을 봉급월액을 기준으로 하여 근무시간에 비례하여 지급한다.

### 국립대학 교원 등의 봉급표(제5조 및 별표 1 관련)

(월지급액, 단위: 원)

| 호봉 | 봉급 | 호봉 | 봉급 |
|---|---|---|---|
| 1 | 2,027,900 | 21 | 3,990,000 |
| 2 | 2,091,700 | 22 | 4,112,700 |
| 3 | 2,156,000 | 23 | 4,272,600 |
| 4 | 2,219,800 | 24 | 4,432,100 |
| 5 | 2,284,100 | 25 | 4,591,600 |
| 6 | 2,354,500 | 26 | 4,750,900 |
| 7 | 2,424,700 | 27 | 4,910,200 |
| 8 | 2,495,200 | 28 | 5,069,400 |
| 9 | 2,601,100 | 29 | 5,190,600 |
| 10 | 2,706,900 | 30 | 5,312,000 |
| 11 | 2,812,900 | 31 | 5,433,100 |
| 12 | 2,918,400 | 32 | 5,554,200 |
| 13 | 3,023,500 | 33 | 5,675,500 |
| 14 | 3,128,900 | | |
| 15 | 3,252,500 | | |
| 16 | 3,375,900 | | |
| 17 | 3,498,700 | | |
| 18 | 3,621,500 | | |
| 19 | 3,745,100 | | |
| 20 | 3,867,400 | | |

〈비고〉

1. 국립대학 총장의 봉급은 학생의 정원(1만 명을 기준으로 한다), 학교의 종류 등을 고려하여 매년 교육부 장관과 인사혁신처장이 협의하여 정하되, 고정급으로 다음 각 목에 해당하는 봉급을 지급한다. 다만, 제8조와 제9조에 따라 획정한 호봉의 봉급이 많은 경우에는 그 중 유리한 호봉을 적용한다.
   가. 한국복지대학교 총장: 6,796,000원
   나. 금오공과대학교, 목포해양대학교, 한경대학교, 한국체육대학교, 한밭대학교, 한국전통문화대학교, 교육대학 총장: 8,027,100원
   다. 강릉원주대학교, 강원대학교, 경남과학기술대학교, 경북대학교, 경상대학교, 공주대학교, 군산대학교, 목포대학교, 부경대학교, 부산대학교, 서울과학기술대학교, 순천대학교, 안동대학교, 전남대학교, 전북대학교, 제주대학교, 창원대학교, 충남대학교, 충북대학교, 한국교통대학교, 한국해양대학교, 한국교원대학교, 한국방송통신대학교, 한국예술종합학교 총장: 8,172,800원
2. 교육부, 국사편찬위원회, 중앙교육연수원, 국립국제교육원, 교원소청심사위원회, 국립특수교육원 및 대학교에 근무하는 장학관 · 교육연구관과 부교육감인 장학관의 봉급은 대학교원 봉급란의 해당 봉급으로 한다.
3. 조교의 봉급은 해당 호봉의 봉급에서 122,400원을 뺀 금액으로 하되, 전문대학의 조교 중 별표 15의 제6호에 따라 획정된 호봉이 없는 조교의 봉급은 1호봉에 해당하는 봉급에서 186,500원을 뺀 금액으로 한다.

## 라. 교원보수제도의 실제

### 1) 교원호봉 계산법

신규교사가 발령장과 서류를 들고 찾아오면 초임호봉을 획정해야 하며 8일 급여 마감 전에 획정을 마쳐야 한다. 보수 지급일은 매월 17일 인데, 보수 지급일이 토요일 또는 공휴일인 때는 그 전일에 지급한다. 사무원은 교원으로부터 경력합산신청서(필수)와 기타 증빙서류를 받고 전력조회를 한다.

호봉 산정식은 다음과 같다.

| (학령-16) + 가산연수 + 기산호봉 + 군경력 + 임용전경력 |
|---|

학령이란 경력산정 대상자의 법정 수학연한을 통산한 연수(年數)로 학력(학교를 다닌 경력)과는 다르다. 보통은 6+3+3+4=16이 대부분이나 2년/3년 공부하는 전문대를 나왔다면 14나 15가 된다. 여기에 가산연수를 더하게 된다. 가산연수는 다음과 같다.

| | | |
|---|---|---|
| 2년제 이상 사범계(교육계학과 포함) 졸업자 | 1년 | 초등: 1호, 2호, 7호<br>중등: 1호, 4호 |
| 2년제 이상 사범계 졸업+특수자격증 소지자 | 2년 | 1호 |
| 1년 이상 2년 미만 사범계 교원양성기관 수료+특수자격증 소지자 | 1년 | |
| 비사범계 졸업+특수자격증 소지자 | 1년 | |

가산연수는 사범계 혹은 특수계 학과 졸업자에게 부여하는데, 졸업증명서만으로는 이를 판단하기 어려우므로 교원자격증에 기록된 호수를 꼭 확인한다.

기산호봉은 1급 정교사, 2급 정교사, 준교사, 실기교사 등 자격에 따라 산출되는 호봉으로 일반적으로 교직에 처음 들어온 교사의 자격은 2급 정교사로 기산호봉 8에 해당된다. 구체적인 기산호봉표는 다음과 같다.

| 자격별 | 기산호봉 | 자격별 | 기산호봉 |
|---|---|---|---|
| 정교사(1급) | 9 | 사서교사(2급) | 8 |
| 정교사(2급) | 8 | 실기교사 | 5 |
| 준교사 | 5 | 보건교사(1급) | 9 |
| 전문상담교사(1급) | 9 | 보건교사(2급) | 8 |
| 전문상담교사(2급) | 8 | 영양교사(1급) | 9 |
| 사서교사(1급) | 9 | 영양교사(2급) | 8 |

※ 교장, 원장, 교감, 원감, 교육장, 장학관, 교육연구관, 장학사 및 교육연구사에 대해서는 정교사(1급)의 호봉을 적용한다.

군경력은 통상 100% 인정되나 복무기간 및 전역 계급을 통해 보충역 여부를 확인할 필요가 있다.

임용 전 유사경력 중 전문·특수경력 인정 범위는 다음과 같다

① 법인, 단체 또는 민간기업체 등에서 임용예정 직렬 및 직류와 동일한 분야에 직접 종사하면서 정기적인 보수를 지급 받고 상근한 경력 ⇒ 이 경우 '동일한 분야'는 자격증·면허증·박사학위 취득 후 그와 동일한 전문분야에서 근무한 경력만 인정하는데, 그 조건은 다음과 같다.

1. 지방공무원 보수업무 등 처리지침 별표4 직렬별 관련 자격증 취득 후(자격증 취득 전 경력 미인정)
2. 임용예정 직렬 및 직류와 동일한 분야(비동일 분야 미인정)
3. 정기적 보수를 받고 상근한 경력(상근: 정규직원과 동일한 근무시간 근무)

* 조건 1+2+3번 모두 충족 시 유사경력 인정

② 연구 및 기술분야의 공무원이 교육·연구기관에서 동일업무에 상근으로 종사한 경력(「고등교육법」 제17조 및 「초·중등교육법」 제22조에 따른 시간강사 등 경력을 포함한다)

③ 공보업무담당자가 신문, 방송, 통신 기관에서 보도·편집·제작·편성 업무에 상근으로 종사한 경력

④ 교육부장관 또는 행정자치부장관이 인정하는 고도의 전문성을 요하는 업무 및 특수분야에 종사하는 공무원으로서 그와 동일한 업무에 상근으로 종사한 경력

## 2) 초중고 교원호봉 예시

### (1) 경력이 없는 경우

① 대학교 졸업 후 2급 정교사 자격증 소지하고 있는 경우
16 − 16 + 0 + 8 = 8호봉 정근년수 1년 미만

② 사범계 대학교 졸업 후 2급 정교사 자격증 소지하고 있는 경우
16 − 16 + 1 + 8 = 9호봉 정근년수 1년 미만

③ 대학교 졸업 후 2급 정교사 자격증 소지하고 특수학교에 임용되는 경우
16 − 16 + 0 + 0 + 8 = 8호봉 정근년수 1년 미만

④ 대학교 졸업 후 특수학교 2급 정교사 자격증 소지하고 특수학교에 임용되는 경우
16 − 16 + 0 + 1 + 8 = 9호봉 정근년수 1년 미만

⑤ 사범계 대학교 졸업 후 특수학교 2급 정교사 자격증 소지하고 특수학교에 임용되는 경우
16 − 16 + 1 + 1 + 8 = 10호봉 정근년수 1년 미만

### (2) 환산경력이 있는 경우

① 대학교 졸업 후 2급 정교사 자격증 소지하고, 군경력 2년 있는 경우
8(16 − 16 + 0 + 8) + 2(군경력) = 10호봉 정근년수 3년 미만

② 대학교 졸업 후 2급 정교사 자격증 소지하고, 군 2년, 석사 2년 경력이 있는 경우
8(16 − 16 + 0 + 8) + 2(군경력) + 2(석사) = 12호봉 정근년수 5년 미만

③ 대학교 졸업 후 2급 정교사 자격증 소지하고, 동등학력 2년(80% 인정), 석사 2년이 있는 경우
8(16 − 16 + 0 + 8) + 1.7(동등학력) + 2(석사) = 11호봉 정근년수 4년 미만

※ 동등학력은 대학교 4년 졸업 후에 학사편입하여 졸업한 경우 학력이 아닌 경력으로 80%로 인정

강원근 외(2008). 초등교육행정론. 서울: 교육과학사.
권기욱 외(2000). 교육행정의 이해. 서울: 원미사.
교육인적자원부(2008). 2008 교육공무원 보수업무 등 편람.
교육인적자원부(2008). 2008공무원 보수규정 및 수당 규정 주요 개정.
교육인적자원부(2008). 2008 예산 편성 기준. 서울: 교육인적자원부.
김남순(2002). 교육행정과 교육경영. 서울: 교육과학사.
김신일, 이돈희, 황정규(1998). 교육학개론. 서울: 교육과학사.
김진한(2009). 교사를 위한 교직실무. 서울: 학지사.
김윤섭(2001). 교육행정학의 기초. 경기: 양서원.
김윤태(2000). 교육행정 · 경영 및 정책의 탐구. 서울: 동문사.
대구광역시교육청(2008). 신규교사 실무 핸드북.
부산광역시교육연구정보원(2007). 교직실무매뉴얼(23집). 부산: 부산교육총서.
이칭찬, 주상덕(2009). 교직실무이론. 서울: 동문사.
송기창 외(2009). 중등교직실무. 서울: 학지사.
서울특별시교육연구정보원(2006). 교직실무편람. 서울: 서울교육총서.
인사혁신처(2018). 공무원보수규정.
한국교원단체총연합회(2008). 2008 새내기 교사를 위한 교직생활 안내. 서울: 한국교총.
OECD(2004). *Teachers Matter: Attracting, Developing and Retaining Effective Teachers*. Paris: OECD.

CHAPTER

# 13

# 교원의 인사

저는 수업을 하는데 누가 제일 무섭냐면, 아이들 눈이 제일 무섭거든요. 아이들이 제일 무서워요…. 얘들이 지금 내 수업을 어떻게 평가할 것인가? 얼마나 알아들었는가? 이런 것이 제일 걱정이 됩니다. 아이들 눈에 맞추려고 열심히 하다 보니까 이제 아이들이 선생님, 내 마음을 알게 되고, 또 어머니들도 알게 되니까 내가 큰 실수를 하더라도, 아이들도 넘어가 주고, 엄마도 넘어가 주고 그게 그렇게 되는 것 같아요. 그래서 이제 헌신이라는 것은 뭔가 나에게 주어진 시간 동안 늘 아이들을 생각하고 아이들에게 뭔가 해주려고 했던 그게 헌신이 아닌가 생각이 들어요.

– 이숙진 교사 –

자료: 정광희(2007). 헌신적인 한국의 교사 특성 연구. 서울: 교육개발원.

교원은 크게 교원과 교육전문직원으로 구분된다. 교원은 유치원의 원장·원감·교사, 초·중고등학교의 교장·교감·교사, 대학의 총장·부총장·교수·부교수·조교수·전임강사·조교를 포함하며, 교육전문직원은 장학관·장학사·교육 연구관·교육 연구사를 뜻한다.

## 1. 교원의 임용

### 가. 교원의 종별과 자격

교원의 자격은 초·중등학교의 경우 교장, 교감, 정교사(1급, 2급), 보건교사(1급, 2급), 영양교사(1급, 2급), 전문상담교사(1급, 2급), 준교사, 실기교사 등으로 구분된다. 2급 정교사에서 1급 정교사가 되려면 3년 이상의 교육경력을 가지고 소정의 재교육을 받거나 교육대학원에서 석사학위를 받고 1년 이상의 교육경력이 있어야 하며, 준교사에서 2급 정교사가 되려면 2년 이상의 교육경력을 가지고 소정의 재교육을 받아야 한다. 초·중등교육법 제21조에 초·중등교원의 종류와 자격기준이 명시되어 있고, 교육공무원법 제9조에 장학관, 장학사, 교육연구관, 교육연구사의 자격기준이 명시되어 있다. 보직교사와 순회교사, 교과전담교사는 자격이 아니라 일종의 직위이며, 산학겸임교사, 명예교사, 강사는 정규교사가 아니다.

무시험검정에 따른 최초 자격 취득 과정은 정규 교원 양성 기관 졸업, 일반대학의 교직과정 이수, 임시교원양성소 졸업, 특수교육기관 졸업, 학식과 덕망에 의한 인가에 따르며 구체적인 최초 자격 종류는 다음과 같다.

〈표 13-1〉 무시험검정에 따른 최초 자격 취득 형태

| 형 태 | 과 정 | 최초 자격 종류 |
|---|---|---|
| 정규 교원 양성 기관 졸업 | 사범대학 · 일반대학 교육과 | 중등학교 정교사(2급) |
| | 사범대학 문헌정보학 · 도서관학과 | 사서교사(2급) |
| | 교육대학 · 사범대학 · 초등교육과 | 초등학교 정교사(2급) |
| | 사범대학 · 교육대학 특수교육과 | 특수학교 정교사(2급) |
| | 일반대학 · 전문대학 유아교육과 | 유치원 정교사(2급) |
| | 교육대학원 각 교과교육 전공 | 중등학교 정교사(2급) |
| | 교육대학원 상담심리교육 전공 | 전문상담교사(2급) |
| | 교육대학원 초등교육 전공 | 초등학교 정교사(2급) |
| | 교육대학원 사서교육 전공 | 사서교사(2급) |
| | 교육대학원 유아교육 전공 | 유치원 정교사(2급) |
| 교직과정 이수 | 일반대학 각 교과 교직 | 중등학교 정교사(2급) |
| | 교육대학원 유아교육 교직 | 유치원 정교사(2급) |
| | 특수교육 관련학과 교직 | 특수학교 정교사(2급) |
| | 문헌정보학 도서관학과 | 사서교사(2급) |
| | 식품학 · 영양학과 | 영양교사(2급) |
| | 상담 · 심리학과 | 전문상담교사(2급) |
| | 일반대학 · 전문대학 간호학과 | 보건교사(2급) |
| 임시교원양성소 | 임시중등교원양성소 | 중등학교 정교사(2급) |
| | 임시초등교원양성소 | 초등학교 준교사 · 정교사(2급) |
| 특수교육기관 | 교육부장관이 지정한 4년제 대학의 공업 · 수산 · 해양 · 농공계학과 | 중등학교 준교사 |
| | 전문대학 실과계 및 대학 전문대학 예체능 기능 이수자 | 실기교사 |
| | 방송통신대학 초등교육과 | 초등학교 준교사 |
| 학식과 덕망에 의한 인가 | 학식과 덕망이 높은 자로서 교육부장관의 인가를 받은 자 | 초 · 중등 · 특수학교 교장, 유치원 원장 |

## 나. 교사의 임용

### 1) 교사의 신규채용

각종 교원양성기관을 통해 배출되는 교원자격증 소지자는 소정의 임용과정을 거쳐 교사로 임용되는데, 신규임용은 국공립학교와 사립학교가 다른 방식을 채택하고 있다. 교사의 신규임용은 우수한 교사를 선발하기 위하여 공

개 전형으로 실시되며, 3단계의 보다 정밀한 선발과정(1차 객관식, 2차 전공논술, 3차 면접 및 수업실기)과 과목별 특성을 고려한 과목별 별도의 선발방법을 거친다.

공무원 임용의 결격사유(국가공무원법 제33조)는 다음과 같다. 금치산자 또는 한정치산자, 파산자로서 복권되지 아니한 자, 금고 이상의 형을 받고 집행 종료 또는 집행을 받지 않기로 확정된 후 5년 미경과자, 금고 이상의 형을 받고 집행 유예 완료 후 2년 미경과자, 금고 이상 형의 선고유예 기간 중인 자, 법원의 판결 또는 다른 법률에 의하여 자격상실 또는 정지된 자, 징계에 의한 파면 처분을 받은 때로부터 5년 미경과자, 징계에 의한 해임 처분을 받은 때로부터 3년 미경과자는 공무원으로 임용될 수 없다. 또한 성폭력범죄 행위, 아동·청소년대상 성범죄 행위, 성폭력범죄 행위로 파면·해임되거나 100만 원 이상의 벌금형이나 그 이상의 형 또는 치료감호를 선고받아 그 형 또는 치료감호가 확정된 사람(집행유예를 선고받은 후 그 집행유예기간이 경과한 사람을 포함한다)은 공무원으로 임용될 수 없다.

### 2) 교장·교감

교장은 대통령령으로 정하는 바에 따라 교육부장관이 검정(檢定)·수여하는 자격증을 받은 사람이어야 한다. 교장은 임기제로 전환되어 임기는 4년이고 1차에 한하여 중임할 수 있다. 다만 공모교장 기간은 중임 횟수에 포함하지 아니한다. 교장으로 1차 임기를 마친 자가 교사로 임용을 원할 때는 특별한 사유가 없는 한 교사로 임용할 수 있으며, 임기 만료된 교장이 교사로 임용되는 경우 원로 교사로 우대되어야 한다.

### 3) 계약제 교원

휴직, 파견, 정직, 직위 해제 또는 1월 이상 장기 휴가로 그 직무에 종사할 수 없는 경우에 후보자의 보충이 불가피한 때에는 그 기간 중 예산의 범위 안에서 교원의 자격증을 가진 자 또는 그 자격 기준에 해당하는 자 중에서 계약제 교원을 임용할 수 있다.

## 다. 단위학교 교원인사관리

### 1) 학교장의 인사업무

학교 교직원의 인사권은 원칙적으로 설립자(국가, 시 · 도 지방자치단체, 학교법인)에게 있으나 학교경영의 원활화와 효율화를 위하여 상당부분이 학교장에게 위임되어 있다.

학교장에게 주어진 인사상의 권한은 첫째, 인사 내신권으로 전직, 전보, 면직, 휴직, 복직, 직위해제, 징계, 급여호봉 재획정, 표창대상자 추천, 연수대상자 추천 등의 권한 등이다. 둘째, 위임된 인사권은 보직교사 임면, 비정규직원의 임면, 교원 및 일반직 공무원 정기 승급, 기간제교사의 임면, 기능직 공무원의 임면 등의 권한 등을 말한다. 셋째, 고유의 내부인사권으로 교과 담당 명령, 학급담임 명령, 교무분장업무 담당 명령, 근무성적의 평정 등의 권한이 있다.

### 2) 보직교사의 임면

2013년 2월 15일 개정되기 전 「초 · 중등교육법 시행령」 제33조와 「유아교육법 시행령」 제23조에 따르면 각급학교에는 보직교사를 둘 수 있다. 비록 개정된 시행령에는 삭제가 되어 있지만 일반적인 보직교사는 아직도 제33조를 따르고 있다. 보직교사의 명칭은 관할청이 정하되, 학교별 보직교사의 종류 및 그 업무 분장은 학교의 장이 정하도록 되어 있다. 일반적으로 교무부장, 연구부장, 학생부장, 학년부장, 윤리부장, 교육정보부장, 지역사회교육부장, 환경부장, 과학부장, 체육부장, 생활지도부장, 분교장부장, 기타 특수한 업무 또는 교과를 담당하는 부장 등이 있다.

보직교사의 자격요건은 1급 정교사 자격증(교장, 교감, 전문상담교사 자격증을 포함)을 받은 자로 규정한다. 다만 체육부장, 과학부장, 분교장부장의 경우, 임용할 1급 정교사 자격 소지자가 없을 때에는 2급 정교사 자격증을 받은 자로 임용할 수 있다. 진로상담부장은 전문상담교사 자격증 소지자, 체육부장은 체육교사 자격증 소지자, 윤리부장은 윤리 또는 일반사회과 교사 자격증을 받은 자여야 한다. 보직교사의 임면은 당해 학교의 실정을 감안하여 학교장 및 원장이 한다. 초·중등학교의 보직교사 배치기준은 시·도 자율로 결정되며, 지역이나 학교급 및 학교 규모별 여건에 따라 보직교사 수가 달리 적용된다.

## 2. 교원평가제도

근무성적평정이란 교원의 직무수행 능력, 근무성적, 가치, 태도 등을 평정자가 체계적·정기적으로 평가·기록하는 것을 말한다. 근무성적평정의 기본목적은 교원의 승진 및 승급조정, 재배치, 강임, 감봉 등 인사관리를 위한 자료로 사용되며, 교원의 전문성 향상을 위한 지도와 조언의 자료로 활용될 수 있다.

교육공무원 승진규정에 의하면 승진임용의 기준은 경력평정(70점 만점), 근무성적평정(100점 만점), 연수성적평정(30점 만점), 가산점 평정 등 네 가지가 근무성적평정 기준의 근거가 된다. 이 중에서 경력평정과 연수성적평정은 평가기준에 의하여 기계적으로 산출되는 반면, 근무성적평정은 학교장과 교감의 주관적 판단에 의해서 실시되기 때문에 인사행정상 중요한 의의를 가진다.

### 가. 경력평정

① 평정기간: 기본경력은 제9조의 규정에 의한 평정대상경력으로서 평정시기로부터 15년을 평정기간으로 하고, 초과경력은 기본경력전 5년을 평정기간으로 한다.

② 기간 계산: 경력평정의 평정기간 중에 휴직, 직위해제 또는 정직 기간이 있을 때에는 그 기간을 평정에서 제외한다. 구체적인 평정대상자의 직위(교감, 교사, 장학사·교육연구사)별 경력의 등급 및 종별은 다음과 같다.

〈표 13-2〉 경력의 등급 및 종별(승진규정 제9조 관련)

| 평정대상자의 직위 | 등급 | 경력종별 |
|---|---|---|
| 교감 | 가 경력 | 1. 각급학교 교장 또는 교감의 경력<br>2. 장학관 · 교육연구관 · 장학사 또는 교육연구사의 경력 |
| | 나 경력 | 1. 각급학교 교사(전임강사이상의 대학교원 및 중학교 또는 고등학교 졸업학력이 인정되는 사회교육시설에서 동등급교원자격증을 가지고 학생을 지도한 경력을 포함한다)의 경력<br>2. 교육부장관이 지정하는 법인인 교육연구기관에서 당해 직위와 상응한 직무를 담당한 경력<br>3. 교육공무원으로 임용되기 전에 병역법 그밖의 법률에 의한 의무를 수행하기 위하여 징집 또는 소집되거나 근무한 경력 |
| | 다 경력 | 임용권자가 임용하여 전임으로 근무한 강사(대학의 전임강사는 제외한다) 또는 기간제교원(임시교원의 경력을 포함한다)의 경력. 다만, 「교육공무원임용령」 제13조 제2항에 따라 교원의 통상적인 근무시간보다 짧게 근무하는 시간제근무 기간제교원은 해당 교원이 근무한 시간을 합산하여 1일 단위(근무한 시간을 8로 나누어 산정하되, 8시간 미만의 나머지는 버린다)로 경력을 평정한다. |
| 교사 | 가 경력 | 1. 각급학교 교장 · 교감 또는 교사(전임강사이상의 대학교원 및 중학교 또는 고등학교 졸업학력이 인정되는 사회교육시설에서 동등급 교원자격증을 가지고 학생을 지도한 경력을 포함한다)의 경력<br>2. 장학관 · 교육연구관 · 장학사 또는 교육연구사의 경력<br>3. 교육공무원으로 임용되기 전에 병역법 그밖의 법률에 의한 의무를 수행하기 위하여 징집 또는 소집되거나 근무한 경력 |
| | 나 경력 | 임용권자가 임용하여 전임으로 근무한 강사(대학의 전임강사는 제외한다) 또는 기간제교원(임시교원의 경력을 포함한다)의 경력. 다만, 「교육공무원임용령」 제13조 제2항에 따라 교원의 통상적인 근무시간보다 짧게 근무하는 시간제근무 기간제교원은 해당 교원이 근무한 시간을 합산하여 1일 단위(근무한 시간을 8로 나누어 산정하되, 8시간 미만의 나머지는 버린다)로 경력을 평정한다. |
| 장학사 · 교육연구사 | 가 경력 | 1. 장학관 · 교육연구관 · 장학사 또는 교육연구사의 경력<br>2. 각급학교의 교장 또는 교감의 경력 |
| | 나 경력 | 1. 각급학교 교사(전임강사이상의 대학교원 및 중학교 또는 고등학교 졸업학력이 인정되는 사회교육시설에서 동등급교원자격증을 가지고 학생을 지도한 경력을 포함한다)의 경력<br>2. 5급 이상의 일반직 국가공무원 또는 지방공무원으로서의 교육행정 경력<br>3. 교육부장관이 지정하는 법인인 교육연구기관에서 당해 직위와 상응한 직무를 담당한 경력<br>4. 교육공무원으로 임용되기 전에 병역법 그밖의 법률에 의한 의무를 수행하기 위하여 징집 또는 소집되거나 근무한 경력 |
| | 다 경력 | 1. 임용권자가 임용하여 전임으로 근무한 강사(대학의 전임강사를 제외한다) 및 기간제교원(임시교원의 경력을 포함한다)의 경력. 다만, 「교육공무원임용령」 제13조 제2항에 따라 교원의 통상적인 근무시간보다 짧게 근무하는 시간제근무 기간제교원은 해당 교원이 근무한 시간을 합산하여 1일 단위(근무한 시간을 8로 나누어 산정하되, 8시간 미만의 나머지는 버린다)로 경력을 평정한다.<br>2. 5급 이하의 일반직 국가공무원 또는 지방공무원으로서의 경력(나 경력 제2호를 제외한다)<br>3. 고등교육법 제14조의 규정에 의한 조교의 경력 |

## 나. 근무성적평정

### 1) 정의

교원의 근무실적, 근무수행능력, 근무수행태도를 객관적 근거에 의하여 종합적으로 평가하여 승진, 전보, 포상 등에 반영하는 것을 말한다.

### 2) 평정기간

1.1.~12.31.까지로 한다.

### 3) 평정기준

근무성적평정 시 4가지 기준+평정대상자가 작성한 '자기실적평가서'를 참작해 평가한다. 다음은 4가지 기준이다.

- 직위별로 타당한 요소의 기준에 의하여 평정할 것
- 평정자의 주관을 배제하고 객관적 근거에 의하여 평정할 것
- 신뢰성과 타당성을 보장하도록 할 것
- 평정대상자의 근무성적을 종합적으로 분석 · 평가할 것

근무성적 평정자는 당해 학교 교감이며, 학교장이 확인한다. 근무성적평정 결과는 승진서열, 상급자격 연수대상자 선정, 전직 전보, 포상대상자 선정에 활용한다.

- 교사에 대한 근무성적 평정
  ① 자질 및 태도 평정: 교육자로서의 품성과 공직자로서의 자세 평정
  ② 근무실적 평정: 학습지도, 생활지도, 교육연구 및 담당업무 평정
- 근무성적은 상대평가, 수 30%, 우 40%, 미 20%, 양 10% 비율로 평정
- 성과상여금의 지급을 위해 근무성적평정 결과 우수자에게 특별 근무성적평정을 실시할 수 있으며, 실시방법, 시기, 횟수는 교과부 장관이 정함

〈표 13-3〉 교사자기실적평가서

■ 교육공무원 승진규정 [별지 제3호의2서식]: 교사용

# 교사자기실적평가서

1. 평가 지침
   근무성적평정의 신뢰성과 타당성이 보장되도록 객관적 근거에 따라 종합적으로 평가하여야 한다.

2. 평가 기간: 년 월 일부터 년 월 일까지

3. 평가자 인적사항

   ○ 소속: ○ 직위: ○ 성명:

4. 평가자 기초 자료

   ○ 담당 학년 및 학급:
   ○ 담당 과목:
   ○ 담임 여부:
   ○ 담당 업무:
   ○ 보직교사 여부:
   ○ 주당 수업시간 수:
   ○ 연간 수업공개 실적:
   ○ 연간 학생 상담 실적:
   ○ 연간 학부모 상담 실적:
   ○ 기타(기초자료 수정 또는 추가 가능)

5. 자기실적 평가

   가. 학습지도
   ○ 학습지도 추진 목표(학년 초에 계획되었던 학습지도 목표)
   ○ 학습지도 추진 실적(학년 초에 목표한 내용과 대비하여 추진 실적을 구체적으로 작성)

   나. 생활지도
   ○ 생활지도 추진 목표 ○ 생활지도 추진 실적

   다. 전문성개발
   ○ 전문성개발 추진 목표 ○ 전문성개발 추진 실적

   라. 담당 업무
   ○ 담당 업무 추진 목표 ○ 담당 업무 추진 실적 ○ 창의적 업무개선 사항

※ 자기 평가 종합 상황

| | | | | | |
|---|---|---|---|---|---|
| 자기 평가 | 목표달성도 | 설정한 목표에 대한 달성 정도 | 만족 | 보통 | 미흡 |
| | 창 의 성 | 학습지도, 생활지도, 전문성개발, 담당 업무 등의 창의적인 수행 정도 | 만족 | 보통 | 미흡 |
| | 적 시 성 | 학습지도, 생활지도, 전문성개발, 담당 업무 등을 기한 내에 효과적으로 처리한 정도 | 만족 | 보통 | 미흡 |
| | 노 력 도 | 목표 달성을 위한 노력, 공헌도 | 만족 | 보통 | 미흡 |

년 월 일

작성자(본인) 성명 서명(인)

210mm×297mm(백상지 80g/㎡)

〈표 13-4〉 교사근무성적평정 요소 및 내용

※ 평정사항

| 구분 | 평정사항 | 평정요소 | 평정내용 |
|---|---|---|---|
| 교사 | 자질 및 태도 | 교육자로서의 품성 (10점) | 교원의 사명과 직무에 관한 책임과 긍지를 지니고 있는가? |
| | | | 교원으로서의 청렴한 생활태도와 예의를 갖추었는가? |
| | | | 학생에 대한 이해와 사랑을 바탕으로 교육에 헌신하는가? |
| | | | 학부모 · 학생으로부터 신뢰와 존경을 받고 있는가? |
| | | 공직자로서의 자세 (10점) | 교육에 대한 올바른 신념을 가지고 있는가? |
| | | | 근면하고 직무에 충실하며 솔선수범하는가? |
| | | | 교직원 간에 협조적이며 학생에 대해 포용력이 있는가? |
| | | | 자발적 · 적극적으로 직무를 수행하는가? |
| | 근무실적 및 근무수행능력 | 학습지도 (40점) | 수업연구 및 준비에 최선을 다하는가? |
| | | | 수업방법의 개선 노력과 학습지도에 열의가 있는가? |
| | | | 교육과정을 창의적으로 구성하며 교재를 효율적으로 활용하는가? |
| | | | 평가계획이 적절하고, 평가의 결과를 효율적으로 활용하는가? |
| | | 생활지도 (20점) | 학생의 인성교육 및 진로지도에 열의가 있는가? |
| | | | 학교행사 및 교내외 생활지도에 최선을 다하는가? |
| | | | 학생의 심리, 고민 등을 이해하기 위하여 노력하고 적절히 지도하는가? |
| | | | 교육활동에 있어 학생 개개인의 건강 · 안전지도 등에 충분한 배려를 하는가? |
| | | 교육연구 및 담당업무 (20점) | 전문성 신장을 위한 연구 · 연수활동에 적극적인가? |
| | | | 담당업무를 정확하고 합리적으로 처리하는가? |
| | | | 학교교육목표의 달성을 위한 임무수행에 적극적인가? |
| | | | 담당업무를 창의적으로 개선하고 조정하는가? |

## 4) 평정점의 분포 비율

단계별 비율(제1항)

- 수(95점 이상): 30%
- 우(90점 이상 95점 미만): 40%
- 미(85점 이상 90점 미만): 20%
- 양(85점 미만): 10%

### 5) 평정방법(교사의 근무성적)

- 평정점은 평정자가 100점 만점으로 평정한 점수를 30%로, 확인자가 100점 만점으로 평정한 점수를 40%로 환산한 후 그 환산된 점수를 합산하여 70점 만점으로 산출한다.
- 다면평가는 '당해 교사 다면평가 운영계획'에 의거 실시하되, 다면평가자가 100점 만점으로 평정한 점수를 30%로 환산하여 30점 만점으로 산출한다.
- 합산점은 근무성적평정점과 다면평가점을 합산하여 100점 만점으로 산출한다(표 13-5, 13-6 참조).

〈표 13-5〉 교사근무성적평정표(개정 2015.12.31.)

<table>
<tr><th colspan="12">(　　　)근무성적평정표</th></tr>
<tr><th colspan="4">① 평정기간</th><th colspan="3">② 조정자</th><th colspan="2">③ 확인자</th><th colspan="3">④ 평정자</th></tr>
<tr><td colspan="4">. . .부터<br>. . .까지</td><td colspan="3">직위<br>성명 (인)</td><td colspan="2">직위<br>성명 (인)</td><td colspan="3">직위<br>성명 (인)</td></tr>
<tr><td colspan="3">평정사항</td><td>근무수행 태도</td><td colspan="3">근무실적 및 근무수행능력</td><td rowspan="2">⑨ 평정점</td><td rowspan="2">⑩ 환산점</td><td rowspan="2">⑪ 총점</td><td rowspan="2">⑫ 조정점</td><td rowspan="2">⑬ 순위</td></tr>
<tr><td>평정 대상자 소속</td><td>평정 대상자 성명</td><td>평정요소</td><td>⑤ 교육 공무원으로서의 태도 (20점)</td><td>⑥ 교육 활동 및 교육 연구 지원 (40점)</td><td>⑦ 교원 지원 (20점)</td><td>⑧ 행정 · 사무 관리 (20점)</td></tr>
<tr><td rowspan="2"></td><td rowspan="2"></td><td>평정자</td><td></td><td></td><td></td><td></td><td></td><td></td><td rowspan="2"></td><td rowspan="2"></td><td rowspan="2"></td></tr>
<tr><td>확인자</td><td></td><td></td><td></td><td></td><td></td><td></td></tr>
<tr><td rowspan="2"></td><td rowspan="2"></td><td>평정자</td><td></td><td></td><td></td><td></td><td></td><td></td><td rowspan="2"></td><td rowspan="2"></td><td rowspan="2"></td></tr>
<tr><td>확인자</td><td></td><td></td><td></td><td></td><td></td><td></td></tr>
<tr><td rowspan="2"></td><td rowspan="2"></td><td>평정자</td><td></td><td></td><td></td><td></td><td></td><td></td><td rowspan="2"></td><td rowspan="2"></td><td rowspan="2"></td></tr>
<tr><td>확인자</td><td></td><td></td><td></td><td></td><td></td><td></td></tr>
<tr><td rowspan="2"></td><td rowspan="2"></td><td>평정자</td><td></td><td></td><td></td><td></td><td></td><td></td><td rowspan="2"></td><td rowspan="2"></td><td rowspan="2"></td></tr>
<tr><td>확인자</td><td></td><td></td><td></td><td></td><td></td><td></td></tr>
</table>

| | | | | | | | | | | | |
|---|---|---|---|---|---|---|---|---|---|---|---|
| | | 평정자 | | | | | | | | | |
| | | 확인자 | | | | | | | | | |
| | | 평정자 | | | | | | | | | |
| | | 확인자 | | | | | | | | | |
| | | 평정자 | | | | | | | | | |
| | | 확인자 | | | | | | | | | |

210mm×297mm
(백상지 80g/m²)

※ 비 고: 평정자의 환산점 = 평정점 × 50 / 100, 확인자의 환산점 = 평정점 × 50 / 100
※ 비 고: 평정자 및 확인자는 다음 각 목의 분포비율에 맞도록 평정하여야 하며, 평정대상자의 평정점은 특별한 사정이 없는 한 동일하지 아니하도록 하여야 한다. 다만, 라목의 평정점에 해당하는 자가 없거나 라목의 평정점에 해당하는 사람의 비율이 10% 이하일 때에는 라목의 비율을 적용하지 아니하고 다목에 가산할 수 있다.
가. 수(95점 이상) 30%
나. 우(90점 이상 95점 미만) 40%
다. 미(85점 이상 90점 미만) 20%
라. 양(85점 미만) 10%

## 〈표 13-6〉 교사근무성적평정표(개정 2015.12.31.)

| 교사근무성적평정표 | | | | | | | | | | |
|---|---|---|---|---|---|---|---|---|---|---|
| ① 평가기간 | | | | ② 확인자 | | | ③ 평정자 | | | |
| . . .부터<br>. . .까지 | | | | 직위<br>성명 (인) | | | 직위<br>성명 (인) | | | |
| | | 평정사항 | 근무수행 태도 | 근무실적 및 근무수행능력 | | | | ⑨ 평정점 | ⑩ 환산점 | ⑪ 총점 |
| 평정대상자 소속 | 평정대상자 성명 | 평정요소 | ④ 교육공무원으로서의 태도 (10점) | ⑤ 학습지도 (40점) | ⑥ 생활지도 (30점) | ⑦ 전문성 개발 (5점) | ⑧ 담당업무 (15점) | | | |
| | | 평정자 | | | | | | | | |
| | | 확인자 | | | | | | | | |
| | | 평정자 | | | | | | | | |
| | | 확인자 | | | | | | | | |
| | | 평정자 | | | | | | | | |
| | | 확인자 | | | | | | | | |
| | | 평정자 | | | | | | | | |
| | | 확인자 | | | | | | | | |
| | | 평정자 | | | | | | | | |

| | | 확인자 | | | | | | | | |
|---|---|---|---|---|---|---|---|---|---|---|
| | | 평정자 | | | | | | | | |
| | | 확인자 | | | | | | | | |
| | | 평정자 | | | | | | | | |
| | | 확인자 | | | | | | | | |

210mm×297mm
(백상지 80g/m²)

※ 비 고: 평정자의 환산점 = 평가점×20/100, 확인자의 환산점 = 평가점×40/100
※ 비 고: 평정자와 확인자는 다음 각 목의 분포비율에 맞도록 평가하여야 하며, 평가대상자의 평가점은 특별한 사정이 없으면 동점을 주지 않도록 하여야 한다. 다만 라목의 평점점에 해당하는 자가 없거나 라목의 평정점에 해당하는 비율이 10% 이하일 때에는 라목의 비율을 적용하지 않고 다목에 가산할 수 있다.
가. 수(95점 이상) 30%
나. 우(90점 이상 95점 미만) 40%
다. 미(85점 이상 90점 미만) 20%
라. 양(85점 미만) 10%

### 6) 평정결과의 공개

평정대상자의 요구가 있는 때에는 특별한 사정이 없는 한 본인의 최종근무성적 평정점을 알려주어야 한다(공개기관 : 지역교육청).

### 7) 평정결과의 활용

근무성적 평정의 결과는 전보, 포상 등 인사관리에 반영하여야 한다.

### 8) 근무성적 평정점 산정

근무성적 평정점 = (최근 1년 이내에 평정한 평정점 × 50 / 100) + (최근 1년 전 2년 이내에 평정한 평정점 × 30 / 100) + (최근 2년 전 3년 이내에 평정한 평정점 × 20 / 100)

## 다. 연수성적 평정

연수성적의 평정은 교육성적 평정과 연구실적 평정으로 나누고, 연구실적 평정은 연구대회 입상실적과 학위취득 실적으로 나눈다(<표 13-10> 연수성적 평정표 참조).

### 1) 교육성적 평정

- 직무연수성적과 자격연수성적으로 나누어 평정한 후 합산한 성적으로 한다.
- 직무연수성적의 평정은 당해 직위에서 교원 등의 연수에 관한 규정에 의한 연수기관 또는 교육과학기술부장관이 지정한 연수기관에서 10년 이내에 이수한 60시간 이상의 직무연수 성적 및 이수실적을 대상으로 평정한다.
- 자격연수 성적의 평정점은 9점으로 하며, 다음에 따라 환산한다.

〈표 13-7〉 직무연수성적에 따른 직무연수환산성적

| 직무연수성적 | 직무연수환산성적 |
|---|---|
| 95점 초과<br>90점 초과~95점 이하<br>85점 초과~90점 이하<br>85점 이하 | 100점<br>95점<br>90점<br>85점 |

- 자격연수성적평정점 = 9점 - (연수성적 만점 - 연수성적) × 0.05

### 2) 연구실적 평정

연구대회입상 실적평정은 다음에 해당하는 실적을 대상으로 한다.

국가·공공기관 또는 공공단체가 개최하는 교육에 관한 연구대회로서 교육부장관이 인정하는 전국 규모의 연구대회에서 입상한 연구실적, 특별시·광역시 또는 도의 교육청, 지방공공기관 및 공공단체 등이 개최하는 교육에 관한 연구대회로서 시·도교육감이 인정하는 시·도 규모의 연구대회에서 입상한 연구실적이 해당된다.

연구실적은 <표 13-8>에 의하여 평정하되, 평정점은 3점을 초과할 수 없으며, 학위취득 실적평정점은 아래 표와 같고, 1년에 1회의 연구대회 입상실적에 한하여 평정한다.

〈표 13-8〉 연구실적 평정점

| 입상등급 | 전국규모연구대회 | 시 · 도규모연구대회 |
|---|---|---|
| 1등급 | 1.50점 | 1.00점 |
| 2등급 | 1.25점 | 0.75점 |
| 3등급 | 1.00점 | 0.50점 |

| | | |
|---|---|---|
| 박사 | 직무와 관련 있는 학위 | 3점 |
| | 그 밖의 학위 | 1.5점 |
| 석사 | 직무와 관련 있는 학위 | 1.5점 |
| | 그 밖의 학위 | 1점 |

## 라. 가산점 평정

기간제교사로 근무한 기간 중의 가산점을 인정하며, 직무연수 성적으로 평정된 직무연수는 직무연수이수실적 가산점으로 평정할 수 있다.

### 1) 가산점 중복 평정금지

동일한 평정기간 중의 평정사유가 동일한 경우에는 그중 유리한 것 하나만을 평정하여야 한다.

### 2) 가산점 경력기간 계산

가산점의 평정경력기간은 월수를 단위로 계산하되, 1개월 미만은 일 단위로 계산한다.

가산점 평정경력기간 중 휴직 또는 직위해제, 당해 직위에서의 정직 기간이 있을 때에는 그 기간을 제외한 잔여기간만을 평정한다.

공통 · 선택 가산점별 평점점은 <표 13-10>과 같다.

〈표 13-9〉 연수성적 평정표

**연수성적평정표**

1. 평정대상자
  ○ 소속 : ○ 직위 : ○ 성명 :

2. 교육성적 평정

| 교육구분 | 교육명 | 교육기간 | 교육시간 | 교육성적 또는 환산성적 | 평정점 |
|---|---|---|---|---|---|
| 자격연수 | | | | | |
| 직무연수 | | | | | |
| 직무연수 | | | | | |
| 직무연수 | | | | | |
| 계 | | | | | |

3. 연구대회 입상실적 평정

| 대회주관기관 | 대회명 | 입상일자 | 전국 규모 | | | 시 · 도 규모 | | | 평정점 합 계 |
|---|---|---|---|---|---|---|---|---|---|
| | | | 1등급 | 2등급 | 3등급 | 1등급 | 2등급 | 3등급 | |
| | | | | | | | | | |
| | | | | | | | | | |
| 계 | | | | | | | | | |

4. 학위취득실적평정

| 석사 · 박사구분 | 직무관련구분 | 학위명 | 학위수여기관 | 학위취득일자 | 평정점 |
|---|---|---|---|---|---|
| 석 사 | 직무관련 | | | | |
| | 기 타 | | | | |
| 박 사 | 직무관련 | | | | |
| | 기 타 | | | | |

5. 연수성적 평정점

6. 평정자 · 확인자

| 구분 | 소속 | 직위 | 성명 | 서명㊞ |
|---|---|---|---|---|
| 평 정 자 | | | | |
| 확 인 자 | | | | |

〈표 13-10〉 공통 · 선택 가산점별 평점점

가. 공통 가산점

<table>
<tr><th rowspan="2">항 목</th><th colspan="2">현행</th><th colspan="2">개정 후</th><th rowspan="2">비 고</th></tr>
<tr><th>월평정점</th><th>상한점</th><th>월평정점</th><th>상한점</th></tr>
<tr><td>교육부지정 연구학교 운영 유공교원</td><td>0.021</td><td>1.25</td><td>0.021</td><td>1.25</td><td></td></tr>
<tr><td>재외교육기관 파견 근무 경력</td><td>0.021</td><td>0.75</td><td>0.021</td><td>0.75</td><td></td></tr>
<tr><td>직무연수이수실적 평정점</td><td>0.02<br>(1학점)</td><td>0.08<br>(1년)</td><td>0.02<br>(1학점)</td><td>0.08<br>(1년)</td><td>총 상한점 1점</td></tr>
<tr><td>학교폭력예방 및 대응 가산점</td><td colspan="2">신설</td><td colspan="2">0.1(1년)</td><td>총 상한점 2점</td></tr>
</table>

나. 선택 가산점

<table>
<tr><th rowspan="2">선택가산점 항목</th><th colspan="3">현행</th><th colspan="3">개정 후</th><th rowspan="2">비 고</th></tr>
<tr><th>월평정점</th><th colspan="2">상한점</th><th>월평정점</th><th colspan="2">상한점</th></tr>
<tr><td>담임교사 근무경력(중등)</td><td>0.005</td><td>1.00</td><td rowspan="2">2.00</td><td>0.006</td><td>1.00</td><td rowspan="2">3.00<br>(2014.2.28.까지의 경력은 2.00)</td><td>2009.3.1. 이후 경력<br>단, 2014.2.28.까지의 경력은 월 0.005점</td></tr>
<tr><td>보직교사 근무경력</td><td>0.021</td><td>2.00</td><td>0.021</td><td>2.00</td><td>단, 2009.2.28.까지는 1.75점을 초과할 수 없음</td></tr>
<tr><td>장학사 · 교육연구사 근무경력</td><td>0.021</td><td colspan="2">1.00</td><td>0.0007</td><td colspan="2">1.00</td><td></td></tr>
<tr><td>도서벽지 근무경력</td><td>0.012~0.042</td><td>2.00</td><td rowspan="2">2.00</td><td>0.012~0.042</td><td>2.00</td><td rowspan="2">2.00</td><td rowspan="2">1998.1.1.이후 불인정</td></tr>
<tr><td>한센병 환자 자녀학교(급) 근무 담당경력</td><td>0.021</td><td>1.25</td><td>0.021</td><td>1.25</td></tr>
<tr><td>교육감 지정 연구학교 운영 유공교원</td><td>0.01</td><td colspan="2" rowspan="10">1.25</td><td>0.01</td><td colspan="2" rowspan="10">1.25</td><td rowspan="10">교과부지정 연구학교 가산점과 합산하여 1.25점까지 인정 (유리한 것 하나만 인정)</td></tr>
<tr><td>좋은 학교 만들기 지원학교 근무경력</td><td>0.01</td><td>0.01</td></tr>
<tr><td>방과후학교 시범학교 연계협력 학교 유공교원</td><td>0.01</td><td>0.01</td></tr>
<tr><td>연수 협력학교 유공교원</td><td>0.01</td><td>0.01</td></tr>
<tr><td>교원능력개발평가 선도학교</td><td>0.01</td><td>0.01</td></tr>
<tr><td>산업수요맞춤형고 유공교원</td><td>신설</td><td>0.01</td></tr>
<tr><td>교육실습 지도교원 경력(초등)</td><td>0.01</td><td>0.01</td></tr>
<tr><td>학교 교육력 제고 유공교원</td><td>0.01</td><td>0.01</td></tr>
<tr><td>특수학교(급) 근무경력<br>(~2005.12.31.까지의 경력)</td><td>0.021<br>(0.0105)</td><td>0.021<br>(0.0105)</td></tr>
<tr><td>귀국학생 특별학급 담당 경력<br>(2002.3.1.~2010.2.28.의 경력)</td><td>0.0105</td><td>0.0105</td></tr>
</table>

| 선택가산점 항목 | | 현행 | | 개정 후 | | 비 고 |
|---|---|---|---|---|---|---|
| | | 월평정점 | 상한점 | 월평정점 | 상한점 | |
| 국가기술자격법의 자격증 | 특성화, 산업수요맞춤형고 전문교과 현 지도교원 | 1종류 인정 | 0.75 | 1종류 인정 | 0.75 | *1급 0.75, 2급 0.5, 3급 0.3(워드, 컴활 제외) |
| | 그 외 교원 | 2종류 인정 | | 2종류 인정 | | *1급 0.5, 2급 0.4, 3급 0.3 |
| 청소년단체 활동 지도교원 | | 0.005 | | 0.00016 | | 2007 적용(2010 최초 평정). 단, 2014.2.28.까지의 경력은 월 0.005점 |
| 계 | | | | | 초등 7.75, 중등 8.75 | |

## 3. 교원 승진 · 전직 · 전보 · 파견

### 가. 승진

승진은 동일 직렬 내에서의 직위 상승을 의미한다. 승진에 따라 상위직급에 임용되면 책임과 권한이 증가되고 임금 및 각종 근무여건이 개선된다. 교원의 경우 교사가 교감으로, 교감이 교장으로 임용되는 것을 예로 들 수 있다.

승진의 기준은 크게 연공서열주의와 능력주의로 나눌 수 있다. 연공서열주의(seniority system)는 승진 대상자의 근무 연수, 경력, 학력 등의 기준을 중시하는 것이다. 이는 적용이 용이하고 승진관리에 안정성을 기할 수 있으나 유능한 인재의 확보가 미흡하고 행정의 침체성이 우려되는 단점이 있다. 반면 능력주의(merit system)는 승진 대상자의 직무수행능력과 업적 등을 중시하는 것이다. 이는 과학적이며 합리적인 인사가 가능하나 근무보다 시험에 열중하고 시험을 전후한 사기에 영향을 주는 단점이 있다.

교원 승진 임용의 기준은 동종의 직무에 종사하는 바로 하위직에 있는 자 중에서 경력평정, 재교육성적, 근무성적, 기타 능력의 실증에 의해 행한다.

현행 교원의 경력평정 · 근무성적평정 · 연수성적평정, 가산점평정 등을 포함하는 승진 규정은 승진 임용을 위한 준거를 제공하며, 현행 교원의 승진제도는 연공과 실적을 절충하는 형태로 이루어진다.

승진후보자 명부는 승진될 직위별로 나누어서 작성하되 경력평정, 근무성적평정, 연수성적의 평정점을 합산한 점수가 높은 순위로 기재하며, 가산점을 각 평정점의 합산점수에 가산하도록 하고 있다. 교원의 징계의결요구, 징계처분, 직위해제 또는 휴직 중에 있는 경우, 징계처분의 집행이 종료된 날로부터 일정기간(정직의 경우 18월, 감봉은 12월, 견책은 6월)이 경과되지 아니한 경우는 승진 임용될 수 없다. 다만 징계처분을 받은 이후 당해 직위에서 훈장, 포상, 모범공무원 포상, 국무총리 이상의 표창 또는 제안의 채택 시행으로 포상을 받은 경우에는 승진 임용 제한 기간의 1/2을 단축할 수 있다.

구체적인 교육공무원승진규정은 다음과 같다.

- 교감(원감) 승진후보자: 200점 만점(가산점 별도)
- 교장(원장), 장학관 · 교육연구관 승진후보자: 188점 만점(가산점 별도)

〈표 13-11〉 **교육공무원승진규정**

| 구분 | 배점 | 내용 |
|---|---|---|
| 1. 경력평정 | 70점 | • 경력평정기간: 20년(기본경력 15년, 초과경력 5년) |
| 2. 근무성적 평정 (다면평가) | 100점 | • 평정자 및 확인자<br>- 교사: 평정자(교감), 확인자(교장)<br>*다면평가: 동료교사 3인 이상<br>- 교감: 평정자(교장), 확인자(부교육감/교육장/시 · 도교육국장)<br><br>• 평정점에 대한 연도별 반영 비율 및 비중<br>1) 교사(교감자격대상자, 교감승진대상자)<br>- 명부의 작성기준일로부터 5년 이내에 해당 직위에서 평정한 합산점 중에서 평정대상자에게 유리한 3년 선택<br>근무성적평정점 = (명부작성기준일로부터 가장 가까운 학년도의 합산점 ×34 / 100)<br>+ (명부작성기준일로부터 두 번째 가까운 학년도의 합산점 ×33 / 100)<br>+ (명부작성기준일로부터 세 번째 가까운 학년도의 합산점 ×33 / 100)<br><br>2) 교감(교장자격대상자, 교장승진대상자, 교육전문직원)<br>- 명부의 작성기준일로부터 3년 이내에 해당 직위에서 평정한 평정점을 대상으로 함<br>근무성적평정점 = (최근 1년 이내 평정점 ×34 / 100)<br>+ (최근 1년전 2년 이내 평정점 ×33 / 100)<br>+ (최근 2년전 3년 이내 평정점 ×33 / 100) |

<table>
<tr><th colspan="2">구분</th><th>배점</th><th colspan="2">내용</th></tr>
<tr><td rowspan="2">3. 연수 성적 평정</td><td>교육 성적</td><td>27점 (15점)</td><td colspan="2">• 평정점: 교감승진후보자 27점, 교장 등 승진후보자 15점<br>- 자격연수: 9점<br>- 직무연수(10년 이내 이수한 60시간 이상의 연수)<br>• 교감승진후보자: 18점(성적평정 6점 + 이수실적 12점)<br>• 교장, 장학관 · 연구관 승진후보자: 6점(성적평정)</td></tr>
<tr><td>연구 실적</td><td>3점</td><td>• 연구대회 입상실적<br>- 전국 규모: 1등급: 1.50점, 2등급: 1.25점, 3등급: 1.00점<br>- 시 · 도 규모: 1등급: 1.00점, 2등급: 0.75점, 3등급 : 0.50점</td><td>• 학위취득실적<br>- 박사: 직무관련 3.0점<br>그 밖 1.5점<br>- 석사: 직무관련 1.5점<br>그 밖 1.0점</td></tr>
<tr><td colspan="2">4. 가산점 평정</td><td>14점 이내</td><td colspan="2">• 공통가산점: 교육부지정 연구학교 근무(1.25점), 재외국민교육기관 파견근무(0.75점), 직무연수 이수실적 학점(1.00점 이내), 학교폭력예방 및 기여교원에 대하나 가산점(1.00점 이내)<br>• 선택가산점: 총 10점 이내에서 교육감이 자율적으로 정함<br>예) 도서벽지 및 농어촌 학교 근무경력, 명부작성권자가 인정하는 경력 또는 실적</td></tr>
</table>

• 교(원)감 승진후보자: 200점 만점(가산점은 별도)
- 경력평정점 70점, 근무성정평정점 100점, 연수연구성적평정점 30점
• 교(원)장, 장학관 교육연구관 승진후보자: 188점 만점(가산점은 별도)
- 경력평정점 70점, 근무성정평정점 100점, 연수연구성적평정점 18점

## 나. 전직과 전보

전직과 전보는 조직에서 직위의 위치를 변경하는 인사이동을 통해 조직원의 능력개발을 유도하고, 조직목적의 효율적 달성을 도모하는 것이다. 승진이 수직적 이동이라면 전직과 전보는 수평적 이동이라고 할 수 있다.

### 1) 전직

전직은 직급은 동일하나 직렬이 달라지는 횡적 이동, 즉 종별과 자격을 달리하는 직렬변동 이동을 말한다. 예를 들면, 교원이 장학관(장학사), 연구관(연구사) 등으로 이동하거나 장학관(장학사), 연구관(연구사)이 교원으로 되는 경우를 말한다. 교육공무원 인사규정에는 초등학교와 중등학교간의 교원이동도 전직으로 규정하고 있다.

초등학교 교원이 중등학교 교원자격증을 소지하거나 중등학교 교원이 초등학교 교원자격증을 소지하였을 때에는 본인이 희망하는 바에 따라 자격증과 관련이 있는 직위에 전직 임용할 수 있다. 교원을 전문직으로 임용하고자

할 때는 교육관이 투철하고 교육에 대한 자질과 능력이 탁월하다고 인정되는 자로써 장학관·교육연구관은 교장·교감이거나 박사학위 소지자로 교육경력이 5년 이상인 자, 장학사·교육연구사는 근무경력이 6년 이상이고 만 36세 이하인 자여야 한다. 교장을 전문직으로 전직시키고자 할 때는 본인의 동의를 얻어야 한다. 장학사와 교육연구사는 교육기관·교육행정기관 또는 교육연구기관의 추천을 받아 전형을 거쳐 임용하여야 하며, 그 전형기준·방법·절차 등은 임용권자가 정하는 방법에 의한다.

교육전문직에 있는 자가 교원으로 전직할 때는 교육전문직 이전의 직위에 전직해야 한다. 다만 교육전문직 2년 이상 재직자로서 교육·교육행정·교육연구 경력이 22년 이상인자는 교장의 직위로 전직할 수 있고, 17년 이상인자는 교감의 직위로 전직할 수 있다. 하지만 교육경력이 10년 이상이고, 교육전문직으로 10년 이상 근속한 자는 전직될 직위에 제한을 받지 않는다.

### 2) 전보

전보는 동일 직렬·직위 내에서의 수평적 이동, 즉 직렬이나 직급의 변화 없이 근무지 이동 내지 보직을 변경하는 임용행위를 말한다. 교장, 교감, 교사가 근무학교를 이동하거나 장학관, 장학사가 행정기관 간 이동하는 것이 이에 해당된다.

전보시기는 전보의 시기는 교육전문직, 교장은 매년 9월 1일, 교감과 교사는 매년 3월 1일에 하고 있다. 교육감 및 교육장이 교원전보 계획을 수립할 때에는 관할 지역 내의 초등학교를 포함한다. 또한 교원의 생활 근거지나 근무 또는 희망근무지 배치를 최대한으로 보장하여 사기진작 및 생활안정을 도모하게 하기 위해 교육감 및 교육장은 거리·교통 등 지리직 요건과 문화시설의 보급 등을 감안하여 인사구역에 따른 근무기간을 정해 공개하고 정기적으로 실시한다. 동일한 시·도 내의 부부교원은 특별한 사유가 없는 한 동일 거주지에서 통근이 가능한 학교에 임용한다. 실업계 학교 교장·교감은 당해 실업과목의 전공자를 배치한다. 적격자가 없을 때에는 동종 실업학교에 장기근속한 자를 배치한다. 여학교의 교장·교감 중 1인은 가급적 여교원으로 배치한다.

전직과 전보의 의의는 다음과 같다. 전직과 전보의 직무순환은 승진이전의 단계적인 교육훈련의 방법이며, 관리능력을 계발시키는 현직교육 훈련 방법의 하나이다. 교원의 욕구좌절을 방지하고 동기부여의 한 방법이 될 수 있고, 적재적소의 인사관리를 가능하게 하여 궁극적으로 조직의 효율성을 증대시킬 수 있다. 또한 장기보직으로 인한 교원 간·학부모 및 학생과의 불필요한 유대 및 조직의 허점을 이용한 부정을 예방할 수 있다. 조직의 변화·변동에 따른 부서 간의 과부족 인원의 조정이나 교원의 개인적 사정에 따른 구제가 가능하다. 인사침체를 방지하고 태만에서 벗어나 업무 쇄신의 계기가 된다.

전보와 전직, 승진을 비교하면 다음과 같다.

〈표 13-12〉 전보와 전직, 승진 비교

| 비고 | 전 보 | 전 직 | 승 진 |
|---|---|---|---|
| 개념 | • 동일한 직급 내에서 현 직위를 유지하면서 근무지를 변경하는 수평적 이동 | 교육 공무원의 종별과 자격 또는 직렬을 달리하는 임용 | 하위직급에서 직무의 책임도·곤란도가 높은 상위 직급으로 인사이동 |
| 예 | • 교장, 교감, 교사가 동일 직급으로 학교만 이동<br>• 장학사가 장학사로 근무지만 이동하는 것 | 교사, 교감, 교장 ↔ 교육전문직, 교육연구사 ↔ 장학사 | 교사 → 교감 → 교장<br>장학사 → 장학관 |
| 기타 | • 전보시기: 3월 1일, 9월 1일 | | |

## 다. 파견

국가적 사업으로 교육·연구·학술 진흥 등의 업무 수행, 타 기관의 업무 폭주로 인한 행정지원, 업무의 소관이 명백하지 않거나 관련기관의 긴밀한 협조를 요하는 특수업의 공동수행, 교육공무원의 연수를 위하여 필요한 경우, 교육공무원의 연수기관의 교수요원으로 선발된 경우, 학술 진흥과 지역 간 교육의 균형발전을 도모하는 경우는 교원을 파견할 수 있으며 각 사유별 파견의 종류 및 기간은 다음과 같다.

### 〈표 13-13〉 파견의 종류 및 기간

(교육공무원법 제44조, 교육공무원임용령 제7조)

| 구분 | 사유 | 기간 |
|---|---|---|
| 1호 | 교육기관 · 교육행정기관 및 교육연구기관 외의 기관 또는 단체에서 국가적 사업으로 교육 · 연구 · 학술진흥 등의 업무를 수행하기 위하여 특히 필요한 경우 | 2년 이내, 1년 범위 안에서 연장 가능 |
| 2호 | 다른 기관의 업무폭주로 행정지원을 위한 경우 | 2년 이내, 1년 범위 안에서 연장 가능 |
| 3호 | 업무의 소관이 명백하지 아니하거나 관련 기관 간의 긴밀한 협조를 요구하는 특수업무의 공동수행을 위하여 필요한 경우 | 1년 이내, 1년 범위 안에서 연장 가능 |
| 4호 | 교원 등의 연수에 관한 규정에 의한 교육공무원의 연수를 위하여 필요한 경우 | 필요한 기간 |
| 5호 | 법령 또는 조례의 규정에 의한 교육공무원 연수기관의 교수요원으로 선발된 경우 | 1년 이내, 1년 범위 안에서 연장 가능 |
| 6호 | 학술진흥과 지역 간 교육의 균형발전을 도모하기 위하여 교육기관 상호 간, 교육행정기관 상호 간, 교육연구기관 상호 간 또는 교육기관 · 교육행정기관 · 교육연구기관 상호 간에 필요한 경우 | 2년 이내, 1년 범위 안에서 연장 가능 |
| 7호 | 교육공무원의 능력을 개발하기 위하여 국내의 교육기관 또는 교육연구기관에 파견할 필요가 있는 경우 | 1년 6월 이내, 6월의 범위 안에서 연장 가능 |
| 8호 | 국가 간 또는 국제기구와 협력사업을 수행하기 위하여 외국 또는 국제기구에 파견할 필요가 있는 경우 | 2년 이내, 1년 범위 안에서 연장 가능 |
| 9호 | 국내의 연구기관, 민간기관 및 단체에서의 관련 업무수행, 능력개발이나 국가정책 수립과 관련된 자료수집 등을 위하여 필요한 경우 | 대학교원은 2년 이내, 유 · 초 · 중등교원은 1년 이내, 대학교원만 1년 범위 안에서 연장 가능 |

자료: 신재흡 외(2018). 교직실무. p.73.

교육과학기술부(2010). 교육공무원 승진규정 개정령안.
김진한(2009). 교사를 위한 교직실무. 서울: 학지사.
대구광역시교육청(2008). 신규교사 실무 핸드북. 대구: 대구교육총서.
부산광역시교육연구정보원(2007). 교직실무매뉴얼(23집). 부산: 부산교육총서.
부산광역시교육청(2009). 2009 교육공무원승진규정에 따른 사무처리요령.
송기창 외(2009). 중등교직실무. 서울: 학지사.
서울특별시교육연구정보원(2006). 교직실무편람. 서울: 서울교육총서.
신재흡 외(2018). 교직실무. 서울: 동문사.
신철순(1998). 교육행정 및 경영. 서울: 교육과학사.
오은경 외(2005). 교육행정 및 교육경영. 서울: 학지사.
윤정일, 송기창, 조동섭, 김병주(2008). 교육행정학원론. 서울: 학지사.
이상섭(2001). 교육행정 및 교육경영. 서울: 형설출판사.
이찬교, 김재응(2000). 교육행정. 서울: 한국방송대학교출판부.
이칭찬, 주상덕(2009). 교직실무이론. 서울: 동문사.
한국교원단체총연합회(2008). 2008 새내기 교사를 위한 교직생활 안내. 서울: 한국교총.

CHAPTER

# 14

# 학교업무의 실제

보통 학교에서는 수업하고 상담활동 같은 것하고 또 업무처리하고 특히 시골 같은 경우는 선생님 수가 여덟 분밖에 안되니까 업무를 많이 맡겨서 하거든요. 내일까지 무슨 일을 반드시 해야 된다고 하고 그러면 집으로 일을 싸 가지고 갈 수밖에 없죠. 그래서 외부에서 볼 때는 4시 반 퇴근 그러는데 뭐 보안업체 제도도 생기고 그러다 보니까, 또 컴퓨터가 발달하다 보니까 업무라는 것을 집에 가져가서도 충분히 할 수가 있잖아요? 그러니까 당연히 싸 가지고 제시간에 퇴근을 하는 거죠. 일단 집에 가서 우리 애들도 살펴야 되니까, 살펴 놓고 저녁 먹고 나서 11시고 12시고 뭐 밤새워 본 경험도 엄청 많은데요. 그렇게 할 수밖에 없어요. 그래서 외부에서 보는 교사의 업무량과 실질적인 업무량은 엄청난 차이가 있어요.

– 김차숙 교사 –

자료: 정광희(2007). 헌신적인 한국의 교사 특성 연구. 서울: 교육개발원.

# 1. 공문서 관리

## 가. 공문서의 이해

문서란 문자 또는 이를 대신할 수 있는 부호를 사용하여 사람의 의사 또는 사물의 상태, 관계, 현상 등을 어떤 물체 위에 영속적인 상태로 표시한 것을 말한다. 지면에 의한 문자 기록뿐만 아니라 마이크로필름, 디스켓, 테이프, 광디스크 등도 문서로 인정한다.

### 1) 공문서의 개념

사문서와 대비되는 개념으로서 일반적으로 행정기관 또는 공무원이 그 직무상 작성한 문서로 행정기관 내부 또는 상호 간이나 대외적으로 공무상 작성 또는 시행되는 문서(도면, 사진, 디스크, 테이프, 필름, 슬라이드, 전자문서 등의 특수매체기록을 포함) 및 행정기관이 접수한 문서를 말한다.

문서처리는 즉일처리, 책임처리, 적법성의 원칙을 따른다. 즉일처리의 원칙은 효율적인 업무수행을 위하여 그날로 처리하는 것이 바람직하다. 책임처리의 원칙은 정해진 사무분장에 따라 직무의 범위 내에서 책임을 가지고 관계규정에 따라 신속·정확하게 처리하여야 한다. 적법성의 원칙은 법령의 규정에 따라 형식 및 요건을 갖추어 권한 있는 자에 의하여 작성 처리되어야 한다.

공문서의 종류는 작성주체에 의해 공문서와 사문서로 나누고, 유통대상에 따라 대내문서, 대외문서, 전자문서로 나뉜다.

### 2) 공문서의 성질에 의한 구분

헌법·법률·대통령령·총리령·부령·조례 및 규칙 등에 관한 문서인 법규문서와 훈령·지시·예규 및 일일명령 등 행정기관이 그 하급기관 또는 소속공무원에 대하여 일정한 사항을 지시하는 문서인 지시문서가 있다. 또한 고시·공고 등 행정기관이 일정한 사항을 일반인에게 알리기 위한 문서인 공고문서가 있고, 비치대장·비치카드 등 행정기관이 일정한 사항을 기록하여 행정기관 내부에 비치하면서 업무에 활용하는 문서인 비치문서도 있다. 그리고 민원인이 행정기관에 대하여 허가·인가·기타 처분 등 특정한 행위를 요구하는 문서 및 그에 대한 처리문서인 민원문서와 위에 속하지 않는 모든 문서, 회보, 보고서, 그리고 시행문 형식으로 작성한 일반문서가 있다.

### 3) 공문서의 성립과 효력발생

공문서의 성립 요건은 정당한 권한이 있는 공무원이 직무의 범위 내에서 공무상 작성하고 결재권자의 결재가 있어야 한다. 성립 시기는 당해 문서에 대한 결재권자의 서명(전자문자서명·전자이미지서명 및 행정전자서명을 포함한다)에 의한 결재가 있음으로써 성립한다.

효력발생 시기는 문서가 수신자에게 도달됨으로써 그 효력이 발생한다(도달주의). 특히 법규문서는 공포 후 20일이 경과한 날부터 효력이 발생하고, 공고문서는 고시 또는 공고 후 5일이 경과한 날부터 효력이 발생하고, 일반문서는 다른 법령에 특별한 규정이 없는 한 당해 문서가 수신인에게 도달됨으로써 효력이 발생한다. 그러나 전자문서는 수신자의 컴퓨터에 파일로 등록된 때부터 효력이 발생하며, 민원문서는 정보통신망을 이용하여 접수, 처리한 경우에 효력이 발생한다.

## 나. 공문서 작성의 일반적 원칙

### 1) 용지

- 규격: 가로 210mm, 세로 297mm(A4용지)의 흰색
- 여백: 위쪽 30mm, 왼쪽 20mm, 오른쪽 15mm, 아래쪽 15mm

### 2) 문서의 용어

- 글자: 어문 규범에 맞게 한글로 작성하되, 쉽고 간명하게 표현하고 올바른 뜻과 전달을 위해 필요한 경우에는 괄호 안에 한자, 기타 외국어를 넣어 쓸 수 있으며, 특별한 사유가 있는 경우를 제외하고 가로로 쓴다. 검은색 또는 푸른색 사용(도표의 작성이나 수정 · 주의환기 등 특별한 표시를 할 때에는 다른 색 사용 가능)한다.
- 숫자: 아라비아 숫자
- 연호: 서기 연호로 쓰되 '서기'는 표시하지 않는다.
- 날짜: 숫자로 표기하되 년, 월, 일의 글자는 생략하고 그 자리에 온점(.)을 찍어 표시(예 2011년 4월 13일 → 2011. 04. 13.)
- 시간: 24시간제에 따라 숫자로 표기하되 시 · 분의 표기는 생략하고 그 자리에 쌍점(:)을 찍어 구분.(예 오후 3시30분 → 15:30)
- 금액: 금113,560원(금일십일만삼천오백육십원)

### 3) 문서의 구성

① 두문: 행정기관명 및 수신자로 한다.

② 본문: 제목, 내용, 붙임(전자문서의 경우에는 제목 및 내용으로 할 수 있다)

③ 결문

- 발신명의
- 기안자, 검토자, 협조자, 결재자의 직위 또는 직급 및 서명
- 생산등록번호, 시행일자, 접수등록번호와 접수일자
- 행정기관의 우편번호, 주소, 홈페이지주소, 전화번호, 팩스전송번호, 공무원의 공식 전자우편 주소, 공개구분 등

### 4) 항목의 구분

문서의 내용을 두 개 이상의 항목으로 구분하여 작성하고자 할 때에는 다음과 같이 나누어 표시한다.

| 구 분 | 항목부호 | 비 고 |
|---|---|---|
| 첫째 항목 | 1., 2., 3.,x… | • 항목이 하나인 경우 번호를 기재하지 않음<br>• x는 1타 띄움을 나타냄 |
| 둘째 항목 | xx가., 나., 다.,x… | |
| 셋째 항목 | xxxx1), 2), 3)x… | |
| 넷째 항목 | xxxxxx가), 나), 다)x… | |
| 다섯째 항목 | xxxxxxxx(1), (2), (3)x… | |
| 여섯째 항목 | xxxxxxxxxx(가), (나), (다)x… | |
| 일곱째 항목 | xxxxxxxxxxxx①, ②, ③x… | |
| 여덟째 항목 | xxxxxxxxxxxxxx㉮, ㉯, ㉰x… | |

※ 필요한 경우 부분적으로 ◈, ▪, ◎, -, · 등 특수 기호 표시 가능

### 5) 각 항목의 표시위치 및 띄우기

- 첫 번째 항목 부호는 제목의 첫 글자와 같은 위치에서 시작
- 다음 항목부터는 바로 앞 항목의 위치로부터 1자(2타)씩 오른쪽으로 들여서 시작
- 항목부호와 그 항목의 내용 사이에는 1타를 띄움
- 제목은 간결하게 1줄로 표시하는 것이 좋다.

○○중학교
수신자xx○○시교육청교육장(중등교육과장)
(경유)
제목xx문서관리 교육 실시
xxxxxx1.x중등교육과-123(2006.04.14.)에 의거…
xx가.x일시
xxxx1)x초등학교 교사:
xxxx2)x중등학교 교사:
xx나.x장소
(x: 1타, 즉 반자를 나타냄)

### 6) 문서의 '끝' 표시

본문이 끝나면 1자(2타) 띄우고 '끝'자를 쓴다. 예) 바랍니다.xx끝.

① 붙임이 있는 경우: 붙임 표시를 한 다음에 위 '끝'자를 쓴다.

예) 붙임 1. 문서 관리 교육 원고 1부.xx끝.

본문 또는 붙임의 표시문이 오른쪽 한계선에서 끝났을 경우에는 다음 줄의 왼쪽 기본선에서 2타 띄우고 '끝'이라 쓴다.

예)

붙임x1.x○○○○○○○○○x1부.
　　2.x○○○○○○○○○○○○○○○○○○○○○○○○○○○○○○○1부.
xx끝.

② 서식(표)가 있는 경우:  기재 사항이 서식의 중간에 끝나는 경우: 기재 사항의 마지막 다음 줄에 '이하 빈칸'이라 쓴다. 기재 사항이 서식의 마지만 칸까지 작성되는 경우: 서식의 칸 밖 다음 줄의 왼쪽 기본선에서 2타 띄우고 '끝'자를 쓴다.

## 7) 수신기관의 표시

### (1) 수신자

- 수신자명 또는 수신자 기호를 쓰고 이어서 괄호 안에 업무를 처리할 보조기관 또는 보좌기관의 직위를 쓴다.
- 수신자가 많아 본문의 내용을 기재할 란이 줄어들어 곤란한 경우에는 두문의 수신자란에 '수신자 참조'라고 쓰고 결문의 발신명의 밑의 왼쪽 기본선에 맞추어 수신자란을 설치하여 수신자명 또는 수신자기호를 표시한다.

### (2) 참조: 수신기관에서 당해 문서를 처리할 자의 직위를 쓴다.

이상의 공문서 양식에 따른 실제 발송용 기안을 제시하면 다음과 같다.

교육공동체가 함께 가꾸는 교육중심도시 ○○

**○ ○ 중 학 교**

수신자 ○○시교육청교육장(중등교육과)
(경유)
제목 2013. 3. 1.자 교육공무원 임용(전보)제청

---

교육공무원 인사기록 및 인사사무처리규칙 제12조 제2항의 규정에 의하여 붙임과 같이 2013. 3. 1.자 교육공무원 임용(전보)을 제청합니다.

붙임 1. 전보대상자 명부 1부.
2. 전보대상자 근무평정 순위명부 3부.
3. 전보대상자 가산점 확인표 3부.
4. 인원 현황표 1부.
5. 전보대상자 명단 1부.
6. 전보사정표 출력물 5부(별도 사송). 끝.

○ ○ 중 학 교 장

수신자

6/5

담당자 홍길동 교감 이순신 교장 세종대왕
협조자
시 행 ○○중학교-2345(2013.2.23) 접수
우 000-000 ○○시 ○○구 ○○동 ○○중학교 http://www.donga.ms.kr
전화 123) 456-7890 전송 987) 654-3210 / / 공개

[그림 14-1] 발송용 기안

## 2. 교무업무시스템 관리

'교무업무시스템(구 NEIS)'이란 초·중등 학교생활기록 작성 및 관리지침에서 칭한 '교육정보시스템'을 말한다. 제정 2005. 9. 28. 교육인적자원부훈령 제676호에 의하며, 개정 2010. 1. 22. 교육과학기술부 훈령 제158호에 의한 학교생활기록 작성 및 지침은 다음과 같다.

**제1조(목적)** 이 지침은 학교생활기록의 작성 및 관리에 관한 규칙(교육과학기술부령 제1호)에 의한 초등학교·중학교·고등학교·특수학교 등에 적용하는 학교생활기록의 작성 및 관리 방법에 대하여 필요한 사항을 규정함을 목적으로 한다.

**제2조(적용범위)** 이 지침의 적용 범위는 학교생활기록의 작성 및 관리에 관한 규칙 제2조를 준용한다.

**제3조(용어의 정의)** 이 지침에서 사용하는 용어의 정의는 다음과 같다.

① "전산자료"라 함은 학교생활기록부 및 관련 보조부 등을 체계적으로 전산처리한 자료를 말한다.

② "전산매체"라 함은 각종 전산자료가 기억·보관되어 있는 자기테이프, 디스크 등 보조기억매체를 말한다.

③ "사용자"라 함은 교육정보시스템 운영을 위해서 학교장으로부터 정당한 권한을 부여받은 자로서 시스템을 이용하여 관련 업무를 직접 처리하는 자를 말한다.

④ "원적교"라 함은 재취학·재입학(복학 포함)·전입학·편입학 등 학생의 학적이 변동되기 이전에 재학하였던 학교를 말한다.

**제4조(처리요령)** ① 학교생활기록의 자료 입력 및 정정 업무는 당해 업무를

담당하는 사용자가 수행함을 원칙으로 한다.

② 문자는 한글로(부득이한 경우 영문으로), 숫자는 아라비아 숫자로 입력한다.

③ 학교생활기록부 작성에 필요한 보조부는 각 학교의 실정에 알맞게 계획을 수립하여 작성 · 활용하되, 전산 입력하여 관리함을 원칙으로 한다.

④ 학생이 전학할 때, 원적교에서는 재학 당시까지의 상황을 입력한 학교생활기록부 전산자료를 전 · 편입학하는 학교로 이송한다.

**제5조(자료입력항목 및 출력서식)** ① 학교생활기록부(학교생활기록부 I)와 학교생활세부사항기록부(학교생활기록부 II)의 전산입력은 동일하게 한다.

② 학교생활기록부(학교생활기록부 I)와 학교생활세부사항기록부(학교생활기록부 II)의 자료입력 항목과 전산처리 기본서식은 같다.

③ 학교생활기록부(학교생활기록부 I)의 전산 처리된 출력서식은 별지 제1호 내지 제3호와 같다.

④ 학교생활세부사항기록부(학교생활기록부 II)의 전산 처리된 출력서식(모조지 70g/m$^2$, 용지규격 210×297mm: A4)은 별지 제4호 내지 제6호와 같다.

⑤ 학교생활기록부와 학교생활세부사항기록부의 출력 매수는 학생별 자료 입력의 분량에 따라 그 출력 매수를 달리할 수 있다.

**제6조(인적사항)** ① '학생'란에는 성명, 성별, 주민등록번호와 입학 당시의 주소를 입력하되, 재학 중 주소가 변경된 경우에는 변경된 주소를 누가하여 입력한다.

② '가족상황'란에는 부모의 성명, 생년월일을 입력하고, '특기사항'란에는 학생 이해에 도움이 될 수 있는 내용이 있는 경우 본인 또는 보호자의 동의를 받아 입력한다.

**제7조(학적사항)** ① 중 · 고등학교에서는 입학 전 전적학교의 졸업연월일과 학교명을 입력하며, 검정고시 합격자는 합격 연월일과 '검정고시합격'이라고 입력한다.

② 재학 중 학적변동이 발생한 경우에는 전출교와 전입교에서 각각 학적변동이 발생한 일자, 학교와 학년, 학적변동 내용을 입력한다. 학적 처리에 사용하는 용어는 별지 제7호와 같다.

③ '특기사항'란에는 학적변동의 사유를 입력한다.

**제8조(출결상황)** ① '수업일수'는 초 · 중등교육법시행령 제45조의 규정에 의하여 학교장이 정한 학년별 학생이 연간 총 출석해야 할 일수를 입력한다.

② '결석일수', '지각', '조퇴', '결과'는 별지 제8호의 '출결상황 관리'에 따라 질병 · 무단 · 기타로 구분하여 연간 총 일수 또는 횟수를 각각 입력한다.

③ 재취학 등 학적이 변동된 학생의 동 학년의 수업일수 및 출결상황은 학적변동 전(원적교)의 것과 변동 이후의 것을 합산하여 입력한다.

④ '특기사항'란에는 특기사항 및 학급 담임교사의 의견을 입력한다.

**제9조(수상경력)** ① 재학 중 학생이 교내 · 외에서 수상한 상의 명칭, 등급(위), 수상연월일, 수여기관명, 참가대상을 입력한다.

② 교외에서 수상한 상의 입력범위는 교육과학기술부와 시 · 도(지역)교육청이 주최 및 주관한 대회에서 수상한 실적과 학교 내 선발 등을 거쳐 학교장의 추천으로 참가한 대회에서 수상한 실적에 한하며, 교육과학기술부와 시 · 도(지역)교육청이 후원한 대회인 경우에는 교육장, 교육감, 또는 교육과학기술부장관을 포함한 정부부처 기관장 이상의 수상실적에 한한다. 다만, 교과와 관련된 교외 수상경력은 입력하지 않는다. 표창(선행, 효행, 모범 등)의 경우도 위의 범위와 같다.

③ 동일한 작품이나 내용으로 수준이 다른 상을 여러 번 수상하였을 경우, 최고 수준의 수상 경력만을 입력한다.

**제10조(자격증 및 인증 취득상황)** ① 학생이 취득한 자격증과 인증의 명칭 또는 종류, 번호 또는 내용, 취득연월일, 발급기관을 입력한다.

② 자격증은 국가기술자격법에 의한 국가기술자격증, 개별 법령에 의한 국가자격증, 자격기본법에 의한 국가공인을 받은 민간자격증에 한하며, 자격증과 인증은 원본을 대조한 후에 취득한 순서대로 입력한다.

③ 제1항 및 제2항의 내용은 초등학교와 중학교 학교생활기록부인 별지 제1호 내지 2호 및 제4호 내지 5호의 '자격증 및 인증 취득상황'에는 입력하지 않는다.

**제11조(진로지도상황)** ① 학기 중에 진로지도를 실시하여 파악한 학생의 특기 또는 흥미, 학생과 학부모의 진로 희망을 입력한다.

② '특기사항'란에는 흥미 · 적성 · 심리검사 결과, 담임교사, 상담교사, 교과 담당교사가 상담 · 권고한 내용 등 기타 진로지도와 관련된 사항을 종합하여 학년말에 담임교사가 입력한다.

③ 제2항의 규정에 의한 누가기록은 각 학교의 실정에 알맞게 계획을 수립하여 작성 · 활용하되, 전산 입력하여 관리함을 원칙으로 한다.

**제12조(재량활동)** ① 재량활동의 편성 · 운영 및 영역 · 내용 · 평가 등은 학교장이 교육과정의 기준과 학교의 실정에 따라 계획을 수립하여 실시한다.

② 교과재량활동 중, 중학교 선택과목의 평가는 별지 제9호 '교과학습발달상황 평가 및 관리'에 의거 시행하여 제15조 제3항의 규정에 의하여 입력한다. 다만, 체육 · 예술계 중학교에서 선택과목으로 이수한 체육계, 음악 · 미술계 과목은 교과학습발달상황'란에 교과, 과목, 성취도, 석차(동석차수)/재적수를 입력한다.

③ 교과재량활동 중 · 고등학교 선택과목과 전문계 고등학교에서 교과재량활동을 전문교과로 이수하는 경우의 평가는 별지 제9호 '교과학습발달상황 평가 및 관리'에 의거 시행하여 제15조 제4항의 규정

에 의하여 입력한다.

④ 중 · 고등학교 국민공통기본교육과정의 심화 · 보충학습의 이수여부는 학기말에 '세부능력 및 특기사항'란에 이수단위(시간) 및 이수과목 등을 입력한다.

⑤ 창의적재량활동은 '창의적재량활동상황'란에 활동영역 또는 주제, 연간 이수시간을 입력하고 평가는 활동영역 또는 주제에 대한 특기사항을 해당사항이 있는 학생에 한하여 간략한 문장으로 입력한다.

**제13조(특별활동상황)** ① 특별활동의 5개 영역별 활동내용, 평가방법 및 기준은 교육과정을 근거로 학교별로 정하며, 활동상황은 영역별 이수시간을 입력하고 자치 · 적응 · 행사활동과 계발활동, 봉사활동의 3개 부분으로 구분하여 특기사항을 입력하되, 특기사항(참여도, 활동의욕, 태도의 변화 등)은 해당사항이 있는 학생에 한하여 구체적인 문장으로 입력한다.

② 제1항의 봉사활동 영역의 실적은 학교계획에 의한 봉사활동과 학생 개인계획에 의한 봉사활동의 구체적인 내용을 별도의 '봉사활동실적'란에 연간 실시한 봉사활동의 일자 또는 기간, 장소 또는 주관기관명, 활동내용, 시간을 실시일자순으로 모두 입력하며, 체계적이고 지속적인 봉사활동 등 특기할 만한 사항이 있는 경우 봉사활동 특기사항란에 자세히 입력한다.

③ 제1항의 규정에 의한 영역별 누가 기록은 공정성, 객관성, 투명성, 신뢰도, 타당도 등이 확보되도록 서식을 개발하여 활용하되, 전산입력하여 관리함을 원칙으로 한다.

**제14조(교외체험학습상황)** ① 각급학교에서는 시 · 도교육청의 교외체험학습(체험활동) 관련 지침을 참고하여 교외체험학습의 활동유형, 인정절차, 인정범위, 인정기간 등을 학칙으로 정하여 시행한다.

② 교외체험학습상황은 학칙이 정하는 범위 안에서 학교장이 수업으로 인정한 교외체험학습(근거: 초 · 중등교육법 시행령 제48조 제5항)을 입

력한다.

③ 학교 이외의 기관(단체)에서 주최 · 주관한 체험학습에 참여한 실적은 '교외체험학습상황'란에 실시일자 또는 기간, 장소 또는 주관기관명, 내용(수준) 및 평가, 시간 또는 일수를 실시일자 순으로 입력하며, 개별학교 교육과정 운영 계획에 의한 행사활동, 수련활동 및 학년 · 학급단위로 이루어지는 체험활동은 '특별활동상황'란에 입력한다. 다만 개인 교외체험학습의 경우 교육적으로 유의미하고 바람직한 것으로 판단되는 경우에 입력할 수 있다.

④ 제3항의 규정에 의한 영역별 누가 기록은 공정성, 객관성, 투명성, 신뢰도, 타당도 등이 확보되도록 서식을 개발하여 활용하되, 전산입력하여 관리함을 원칙으로 한다.

**제15조(교과학습발달상황)** ① 교과학습발달상황의 평가는 별지 제9호 '교과학습발달상황 평가 및 관리'에 의거 시행한다.

② 초등학교의 교과학습발달상황은 각 교과의 학습활동 진보정도, 수행평가 결과, 특징 등을 종합하여 '세부능력 및 특기사항'란에 과목별로 간략하게 문장으로 입력한다.

③ 중학교는 제1항의 규정에 의하여 시행한 평가에 따라 '교과', '과목', '성취도', '석차(동석차수) / 재적수'를 산출하여 각 학기말에 입력한다. 다만, 체육 · 음악 · 미술교과의 과목은 '교과', '과목', '등급'을 입력하고 '특기사항'란에는 실기능력, 교과적성, 학습활동 참여도 및 태도 등을 특기할 만한 사항이 있는 과목 및 학생에 한하여 간략하게 문장으로 입력한다.

④ 고등학교는 제1항의 규정에 의하여 시행한 평가에 따라 '교과', '과목', '단위수', '원점수 / 과목평균(표준편차)', '석차등급(이수자수)'를 산출하여 각 학기말에 입력한다. 다만, 전문교과 중 체육 · 예술에 관한 교과의 과목을 제외한 체육 · 음악 · 미술교과의 과목은 '교과', '과목', '등급'을 입력하고 '특기사항'란에는 실기능력, 교과적성, 학습활

동 참여도 및 태도 등을 특기할 만한 사항이 있는 과목 및 학생에 한하여 간략하게 문장으로 입력한다.

⑤ 중·고등학교의 '비고'란에는 학교 간 통합 선택교과 이수, 학적변동으로 인한 이수과목 상이 등 교육과정 운영에 따른 특기사항에 관한 내용을 간략하게 입력한다.

⑥ 중·고등학교의 '세부능력 및 특기사항'란에는 과목과 관련된 세부능력 및 수행평가, 학습활동 참여도 및 태도 등을 특기할 만한 사항이 있는 과목 및 학생에 한하여 간략하게 문장으로 입력한다.

⑦ 고등학교의 일반선택 교양과목군(한문, 교련, 교양) 중 교양교과는 과목명, 이수단위 및 이수여부를 입력하고 평가는 '세부능력 및 특기사항'란에 특기할 만한 사항이 있는 과목 및 학생에 한하여 간략하게 문장으로 입력한다.

**제15조의 2(치료교육활동)** 제7차 교육과정을 적용받는 초·중·고 또는 특수학교에 재학하는 특수교육 대상 학생의 치료교육활동 내용은 다음 사항에 의거 기록한다.

① 치료교육활동은 장애아동의 결함을 보상하고 생활 기능을 회복시키기 위해 실시한다.

② 치료교육활동 영역은 장애 영역에 관계없이 개별학생의 필요에 따라 적용한다.

③ 치료교육활동의 8개 영역 중 개별학생의 필요에 적용하는 교과목의 교육내용, 평가방법 및 기준은 교육과정을 근거로 학교별로 정하며, 그 이수 내용은 1, 2학기로 구분하여 교육내용, 발달변화 등을 간략하게 문장으로 입력한다.

④ 학년별 치료교육활동 영역은 개별학생이 8개 교과목 중 1개 교과목 이상 이수할 때에는 이수하는 과목별로 입력한다.

⑤ 특기사항은 치료교육활동과 관련하여 학생 교육에 지속적으로 반영되어야 할 사항을 입력한다.

**제15조의 3(독서활동상황)** ① 중 · 고등학교의 개인별 · 교과별 독서활동상황은 독서활동에 특기할 만한 사항이 있는 학생을 대상으로 학기말에 입력한다.

② 독서 분야, 독서에 대한 흥미, 이해 수준 등을 종합 서술형으로 정리하여 교과 담당교사가 입력하는 것을 원칙으로 하되, 담임교사도 입력할 수 있다.

**제16조(행동특성 및 종합의견)** 행동특성 및 종합의견은 수시로 관찰하여 누가기록된 행동특성을 바탕으로 총체적으로 학생을 이해할 수 있는 종합의견을 문장으로 입력한다.

**제17조(기타사항)** ① '졸업대장번호'란은 졸업대장의 번호를 입력한다.

② '구분'란은 학생의 학과, 반, 번호 및 담임성명을 입력하며, 변경사항이 있을 경우에는 변경 전 · 후의 내용을 함께 입력하며, '전공 · 과정'란에는 전문계 고등학교의 학기별 전공코스 이수, 산업체 실습과정 또는 일반계 및 기타계 고등학교의 개인별 과정선택 등 교육과정 이수에 따른 특기사항을 입력한다.

③ '사진'란에는 입학년도에 촬영한 천연색 상반신 사진(3.5cm × 4.5cm, 전산자료) 1매를 입력하며, 졸업학년도에는 졸업학년도에 촬영한 사진으로 교체 입력한다.

**제18조(자료의 보존)** ① 학교의 장은 공공기록물 관리에 관한 법률 및 동법 시행령에 의거 학교생활기록부(학교생활기록부 I)를 준영구 보존해야 한다. 단, 초 · 중 · 고 및 특수학교의 특수교육대상자 중 특수학교 기본교육과정을 적용하는 학생에 대하여는 교과학습발달상황 항목에 '세부능력 및 특기사항'란을 포함하여 준영구 보존해야 한다.

② 학교의 장은 학교생활세부사항기록부(학교생활기록부 II)의 전산자료와 종이 출력물을 학생 졸업 후 5년 동안 보존하여야 하며, 보존기간

이 종료된 후 폐기 처분하여야 한다. 단, 고등학교는 상급학교 입학전형 자료로 활용할 수 있도록 학교생활세부사항기록부(학교생활기록부 II)를 전산매체로 5년간 추가 보존한다.

**제19조(자료의 정비)** 완료된 학교생활기록부의 내용을 수정, 또는 삭제할 때에는 별지 제10호 서식을 활용한다.

**제20조(준용 등)** 학교생활기록 작성과 관련하여 이 지침에 정하지 아니한 사항에 대하여는 다른 관련 법규를 준용한다.

**제21조(재검토기한)** 「훈령 · 예규 등의 발령 및 관리에 관한 규정」(대통령훈령 제248호)에 따라 이 훈령 발령 후의 법령이나 현실여건의 변화 등을 검토하여 이 훈령의 폐지, 개정 등의 조치를 하여야 하는 기한은 2014년 09월 22일까지로 한다.

〈표 14-1〉 학교생활기록부(학교생활기록부 I, 중학교 예시)

| 졸업 대장 번호 | | | | |
|---|---|---|---|---|
| 구 분<br>학 년 | 반 | 번호 | 담임성명 | 사 진<br>3.5 × 4.5cm |
| 1 | 8 | 28 | 이○○ | |
| 1 | 1 | 36 | 조□□ | |
| 2 | | | | |
| 3 | | | | |

1. 인적사항

| | | |
|---|---|---|
| 학생 | | 성명: 박○○ 성별: 남 주민등록번호: 961012-1443211<br>주소: ○○시 ○○구 ○○동 50 ○○빌라 C-205<br>○○도 ○○시 ○○동 2075 ○○아파트 106-1502 |
| 가족상황 | 부 | 성명: 박○○ 생년월일: 1970년 03월 02일 |
| | 모 | 성명: 강○○ 생년월일: 1972년 04월 05일 |
| 특기사항 | | |

2. 학적사항

| | |
|---|---|
| 2009년 02월 15일 □□초등학교 제6학년 졸업<br>2009년 03월 02일 ○○중학교 제1학년 입학(2009년 03월 27일 전출)<br>2009년 03월 28일 △△중학교 제1학년 전입학 | |
| 특 기<br>사 항 | 부의 직장 전근으로 전 가족 이주 |

3. 출결상황

| 학년 | 수업일수 | 결석일수 | | | 지 각 | | | 조 퇴 | | | 결 과 | | | 특기사항 |
|---|---|---|---|---|---|---|---|---|---|---|---|---|---|---|
| | | 질병 | 무단 | 기타 | 질병 | 무단 | 기타 | 질병 | 무단 | 기타 | 질병 | 무단 | 기타 | |
| 1 | 205 | 6 | | | 1 | | | 3 | | | | | | 편도선 수술 (6일) |
| 2 | | | | | | | | | | | | | | |
| 3 | | | | | | | | | | | | | | |

4. 수상경력

| 구분 | 수 상 명 | 등급(위) | 수상연월일 | 수여기관 | 참가대상 |
|---|---|---|---|---|---|
| 교내상 | 과학탐구대회(물로켓부문) | 최우수상(1위) | 2009.04.20 | ○○학교장 | 1학년 |
| | 교과우수상(국어, 사회) | | 2009.07.15 | ○○학교장 | 1학년 |
| | 한글날기념글짓기대회 (산문부문) | 장원(1위) | 2009.10.09 | ○○학교장 | 전교생 |
| | 표창장(모범학생부문) | | 2009.11.05 | ○○학교장 | 1학년 |
| 교외상 | | | | | |

5. 자격증 및 인증 취득상황

| 구 분 | 명칭 또는 종류 | 번호 또는 내용 | 취득연월일 | 발급기관 |
|---|---|---|---|---|
| 자격증 | 워드프로세서 3급 | 07-I2-031206 | 2009.05.30 | 대한상공회의소 |
| | 컴퓨터활용능력 2급 | 07-K4-010622 | 2009.08.30 | 대한상공회의소 |
| | 한자능력급수 2급 | 31-669-1069023 | 2009.12.05 | 한국어문회 |
| 인증 | 한국사능력검정시험인증 | 4급(05-100365) | 2009.04.20 | 국사편찬위원회 |
| | 정보소양인증 | 계발활동 컴퓨터반 34시간 이수 | 2010.02.15 | ○○중학교 |

6. 진로지도상황

| 학년 | 특기 또는 흥미 | 진 로 희 망 | | 특기사항 |
|---|---|---|---|---|
| | | 학 생 | 학부모 | |
| 1 | 글짓기 | 방송작가 | 방송기자 | 친화력과 대인관계가 뛰어나며 각종 글짓기 대회에서 수상하는 등 글쓰기에 흥미가 높음. 진로를 위해 학부모와 깊은 대화를 나누도록 지도함 |
| 2 | | | | |
| 3 | | | | |

7. 창의적 재량활동상황

| 학년 | 활동영역 또는 주제 | 이수시간 | 특기사항 |
|---|---|---|---|
| 1 | 생태체험학습 | 17시간 | 지역의 생태학습 프로그램(○○환경단체, 2009.05. 09-2009.05.10)에 적극 참여하고 실현 가능한 생태복원 대책 수립을 조리 있게 발표함 |
| | 정보통신윤리교육 | 17시간 | 인터넷 사용으로 인한 제반 문제에 대한 사례 및 건전한 인터넷 활용방안에 대하여 논리적으로 발표함 |
| 2 | | | |
| 3 | | | |

8. 특별활동상황

| 학년 | 특별활동상황 | | |
|---|---|---|---|
| | 영 역 | 시간 | 특기사항 |
| 1 | 자치활동<br>적응활동<br>행사활동 | 18<br>7<br>42 | 학급의 도서부원으로 학급 내 책 돌려 읽기를 발의하고, 실무담당자로서의 역할을 다함. 2학기 교내 선도부원(2009.08.20-2010.02.28)으로서 교문지도에 참여함(총 6회). 선·후배 간의 친목을 도모하는 만남의 시간(○○형제결연, 2009.08.21)에서 소모임의 리더로서 활동함 |
| | 계발활동 | 34 | (문예반)교지제작을 위한 원고 모집과 정리, 탐방활동(2회)에 적극적으로 참여하여 교지 창간호(2009.11.03)를 만들고 동아리 활동 활성화에 이바지함 |
| | 봉사활동 | | RCY 단원들과 2박 3일간 음성 꽃동네를 방문하여 청소, 세탁, 일손 돕기 등의 활동을 함 |
| 2 | | | |
| 3 | | | |

| 학년 | 봉사활동실적 | | | | |
|---|---|---|---|---|---|
| | 일자 또는 기간 | 장소 또는 주관기관명 | 활동내용 | 시간 | 누계 시간 |
| 1 | 2009.03.07<br>2009.03.15-2009.03.16<br>2009.04.08<br>2009.08.12-2009.08.14<br>2009.08.29<br>2009.09.10 | (교내)○○학교<br>(교외)○○양로원<br>(교내)○○학교<br>(교외)꽃동네<br>(교내)○○학교<br>(교외)○○사회복지관 | 봉사활동 소양교육<br>노인목욕 및 청소<br>학교주변 환경정화<br>청소, 빨래 및 일손 돕기<br>학교주변 환경정화<br>장애체험행사 보조 | 2<br>6<br>2<br>18<br>2<br>4 | 2<br>8<br>10<br>28<br>30<br>34 |
| 2 | | | | | |
| 3 | | | | | |

9. 교외체험학습상황

| 학년 | 일자 또는 기간 | 장소 또는 주관기관명 | 내 용 | 시간 또는 일수 |
|---|---|---|---|---|
| 1 | 2009.06.11-2009.06.12 | ○○도 ◇◇교육원 | 2009년 ○○청소년과학캠프 | 1박 2일 |
| | 2009.10.30-2009.11.02 | 일본 큐슈 후쿠오카 현 | 일본의 선진 문화와 전통 문화 체험 | 3박 4일 |

10. 교과학습발달상황

[1학년]

| 교과 | 과목 | 1학기 | | 2학기 | | 비 고 |
|---|---|---|---|---|---|---|
| | | 성취도 | 석차(동석차수)/재적수 | 성취도 | 석차(동석차수)/재적수 | |
| 국어<br>… | 국어<br>… | 우<br>… | 64(5)/406<br>… | 우<br>… | 67(.)/406<br>… | |

| 과 목 | 세부능력 및 특기사항 |
|---|---|
| 심화 · 보충 (1학기) 17시간(국어, 영어)을 이수함<br>심화 · 보충 (2학기) 17시간(영어)을 이수함<br>국 어: 문학 장르 중에서 수필에 대한 이해가 깊고, 관찰력이 예리하여 기발한 착상이 돋보이는 수필을 창작하는 능력을 지님. 특히 떡볶이라는 우리가 일상에서 흔히 발견하는 소재를 활용하여, 바람직한 인간의 모습을 제시하는 글은 일상의 모습에 대한 평소의 예리한 관찰 훈련이 글을 통해서 잘 발현된 매우 좋은 예라고 할 수 있음<br>사 회: 역사를 비롯한 사회과학의 많은 분야에서 폭넓은 지식과 독서량을 가지고 있어, 사회현상이나 역사적 상황을 비판적으로 사고할 줄 알며, 특히 경제의 발전 과정이나 경제제도의 개혁 등에 관해 많은 관심이 있음<br>컴퓨터: 컴퓨터의 발달사와 이용분야에 대한 지식이 풍부하고 컴퓨터 조작 능력 및 응용프로그램 활용 능력이 뛰어남 | |

〈체육 · 음악 · 미술〉

| 교과 | 과목 | 1학기 | 2학기 | 비 고 |
|---|---|---|---|---|
| | | 등급 | 등급 | |
| 체육<br>… | 체육<br>… | 우수<br>… | 우수<br>… | |

| 과 목 | 특기사항 |
|---|---|
| 체육: 농구경기 시 기초 체력이 뛰어나고 민첩성이 뛰어날 뿐 아니라 공의 회전에 대한 이해가 빨라 슛을 던질 때 손목 스냅을 잘 활용함<br>음악: 음악의 구조나 화성, 리듬, 악보의 부호 등을 이해하는 능력이 탁월하며 올바른 발성법에 의한 가창 능력이 뛰어남 | |

[2학년]

| 교과 | 과목 | 1학기 | | 2학기 | | 비 고 |
|---|---|---|---|---|---|---|
| | | 성취도 | 석차(동석차수)/재적수 | 성취도 | 석차(동석차수)/재적수 | |
| | | | | | | |

| 과 목 | 특기사항 |
|---|---|
| | |

〈체육 · 음악 · 미술〉

| 교과 | 과목 | 1학기 | 2학기 | 비고 |
|---|---|---|---|---|
| | | 등급 | 등급 | |
| | | | | |

| 과 목 | 특기사항 |
|---|---|
| | |

[3학년]

| 교과 | 과목 | 1학기 | | 2학기 | | 비 고 |
|---|---|---|---|---|---|---|
| | | 성취도 | 석차(동석차수) / 재적수 | 성취도 | 석차(동석차수) / 재적수 | |
| | | | | | | |

| 과 목 | 특기사항 |
|---|---|
| | |

〈체육 · 음악 · 미술〉

| 교과 | 과목 | 1학기 | 2학기 | 비고 |
|---|---|---|---|---|
| | | 등급 | 등급 | |
| | | | | |

| 과 목 | 특기사항 |
|---|---|
| | |

11. 행동특성 및 종합의견

| 학년 | 행동특성 및 종합의견 |
|---|---|
| 1 | 밝고 명랑한 성격의 학생으로 자신이 하고자 하는 일에 대해 비교적 뚜렷한 생각을 가지고 있음. 친구들의 영향을 많이 받고 친구들과 모여서 공부하기를 좋아하는 학습 성향을 가지고 있어 이를 긍정적으로 승화시킬 필요가 있음. 적극적으로 자신의 학습 환경을 통제하고 수립한 학습계획을 지속적으로 실천하는 자세를 키우고 있어 더 큰 발전이 기대되는 학생임. |
| 2 | |
| 3 | |

## 3. 학교회계제도의 이해

### 가. 학교회계제도의 개요

학교회계제도란 단위학교 중심의 자율적이고 효율적인 재정운영을 통해 다양한 교육활동을 효과적으로 지원하여 학교교육의 질적 수준을 높이기 위하여 하나로 통합된 세입재원을 학교장 책임하에 교직원 등의 예산요구를 받아 단위학교의 우선순위에 따라 자율적으로 세출예산안을 편성하고 학교운영위원회의 심의를 거쳐 집행하는 제도이다(교육인적자원부, 2003:127).

예산은 일반회계와 특별회계로 나뉜다. 일반회계란 기본적 내지 일반적 활동에 관한 세입·세출을 종합하여 관리하는 예산, 즉 정부, 시·도·구청의 일반회계 예산 등을 말한다. 특별회계란 특정한 세입으로 특정한 세출에 충당함으로써 일반회계의 세입·세출과 구분 경리하는 예산, 즉 시·도교육청의 교육비 특별회계 등을 말한다.

반면 본예산은 당초예산, 기정예산을 말한다. 즉, 다음 회계연도의 모든 세입·세출을 예산으로 편성하여 성립한 예산이고, 추가경정예산은 예산이 성립한 후에 생긴 불가피한 사유로 인하여 이미 성립된 예산에 변경을 가할 필요가 있을 때 편성되는 예산을 말한다.

### 나. 학교회계 세입세출예산 구조

예산은 그 내용을 명백히 하기 위하여 일정한 기준에 따라 구분하게 되는데, 이를 예산과목이라고 한다. 예산과목은 세입·세출예산의 성질 및 기능에 따라 관·항·목으로 구분하도록 하고 있는데, 그 구체적 기준 및 내용은 단위 학교의 특성 및 예산규모 등을 고려하여 관할청이 정하도록 하고 있다.

### 1) 세입구조

학교회계의 세입은 국가의 일반회계 또는 지방자치단체의 교육비특별회계로부터의 전입금, 학교운영위원회, 학교발전기금으로부터의 전입금, 학교운영지원비 외에 학교운영위원회의 심의를 거쳐 학부모가 부담하는 경비, 국가 또는 지방자치단체의 보조금 및 지원금, 사용료 및 수수료, 이월금, 기타 수입 등으로 구분된다.

교육비특별회계전입금은 교육청에서 학교운영을 위하여 목적 없이 총액으로 교부되는 경비인 학교교육비와 단위학교의 목적사업 수행을 위하여 지원되는 경비인 목적사업비가 포함된다.

학부모부담 수입비는 당해 학교의 학교운영위원회의 심의를 거쳐 학교운영지원을 위하여 납부하는 학교운영지원비인 학교운영지원비와 현장학습비, 학생수련활동비, 학교급식비, 특기적성교육활동비, 졸업앨범비, 청소년단체활동비, 기타수익자부담경비(생활관사용료, 교지제작비, 교과서대금, 유치원 종일반 운영, 건강검진료, 스쿨버스 이용료 등)의 수익자부담경비가 포함된다.

자체수입은 학교체육시설, 교실, 매점, 급식실 등 학교장이 관리하는 행정재산의 사용허가를 득한 자로부터 수수하는 사용료와 학교물품의 대여 시 발생하는 대여료 등의 사용료와 제증명 발급, 정보공개, 입찰등록 등 시·도 교육청의 조례 및 규칙 등에서 정한 수수료를 학교에서 수납하는 수수료 등의 수수료를 포함한다. 예금이자, 불용물품 매각대, 매점운영 수익금, 폐식용유 매각대, 폐휴지 매각대, 실습물 매각대, 지제상금, 위약금, 생산물 매각대, 동식물 매각대, 공공요금 사용료 및 기타수익금 등의 잡수입도 자체수입에 포함된다.

과년도수입은 전년도에 징수·결정하였으나 미수납한 금액을 당해연도에 수납하는 수입을 말한다. 학교발전기금전입금은 학교운영위원회에서 학교회계로 전출할 것을 심의·의결하여 학교발전기금에서 학교회계로 전입되는 학교발전기금을 말한다.

보조금 및 지원금은 국가 또는 지방자치단체로부터 교부되는 보조금과 시

·군 및 자치구의 교육경비보조에 관한 규정에 따른 지원금이 있다. 마지막으로 이월금이 있는데, 이는 전년도 학교회계에서 발생하는 불용액(추계)으로 당해연도에 이월되는 순세계잉여금을 말한다.

### 2) 세출구조

교직원 인건비는 교원연구비, 제수당이 포함된다. 교원연구비는 중·고·특수학교의 학교운영지원비를 수납하는 학교에서 교원에게 월정액으로 지급하는 연구비(기본연구비, 직책연구비, 학생지도비, 수업연구비 등)이며, 제수당은 중·고·특수학교의 학교운영지원비를 수납하는 학교에서 직급에 따라 지급하는 관리수당, 정원 외 교육과정운영상 채용한 강사에게 지급하는 수당 등을 말한다.

기타직 인건비는 학교회계 직원 보수, 비정규직 보수, 퇴직적립금이 포함된다. 학교회계 직원 보수는 중·고·특수학교의 학교운영지원비를 수납하는 학교에서 학교회계 직원으로 계약된 자에게 매월 지급하는 기본급 및 각종 수당이며, 비정규직 보수는 각급 학교에서 교육과정운영을 위하여 채용하는 일용직(사무보조원, 실험·실습보조원, 차량도우미, 순회코치, 전산보조원, 공익근무요원 등)의 보수이며, 퇴직적립금은 학교회계직원 및 비정규직의 퇴직에 대비한 적립금을 말한다.

학교운영비는 학생복리비, 교수학습활동비, 공통운영비, 업무추진비, 시설비를 들 수 있고, 수익자 부담 경비는 현장학습비, 학생수련활동비, 학교급식비, 특기적성교육활동비, 졸업앨범비, 청소년단체활동비, 기타 수익자 부담 경비가 포함된다. 예비비는 예측할 수 없는 지출 또는 예산의 초과지출에 충당하기 위해 필요한 경비를 일컫는다.

## 다. 에듀파인시스템에서의 회계관리

### 1) 에듀파인 학교회계시스템 추진 배경 및 필요성

시·도교육청 및 지방자치단체는 지방재정법(2005.8.4. 개정)에 의거 2008년 1월 1일부터 복식부기가 시행됨에 따라 학교회계도 복식부기를 도입하여 지방교육 재정의 회계처리 및 재무보고서 작성에 통일성과 객관성을 부여하고 재정 투명성과 공공책임성을 제고하고자 하였다. 특히 학교회계 복식부기 도입에 따라 업무의 편의와 효율성 제고를 위하여 공·사립학교에 학교회계시스템을 구축하여 사업별 예산제도와 발생주의·복식부기 회계제도에 의한 학교회계시스템을 적용하는데, 이는 예산편성, 집행, 결산의 재정 사이클을 하나의 시스템으로 구축하여 학교재정운영의 투명성 제고 및 수작업에 의한 결산작업을 자동화함으로써 결산 데이터 정확성 제고 및 업무처리속도를 개선하기 위함이다.

### 2) 단식·복식부기 비교

단식·복식부기는 크게 회계방식, 예산제도, 결산보고서, 가치지향, 자기검증 기능에서 차이를 보이며 장단점은 다음과 같다.

〈표 14-2〉 단식·복식부기 비교

| 구 분 | 단식부기 | 복식부기 |
|---|---|---|
| 회계방식 | 현금주의 단식부기 | 발생주의 복식부기 |
| 예산제도 | 품목별 예산제도 | 사업별 예산제도 |
| 결산보고서 | 세입·세출결산서 | 재무제표(재정운영, 상태보고서 등) |
| 가치지향 | 행정 내부조직 중심<br>－예산집행통제, 법규준수 | 교직원 책무성 강조<br>－투명한 공개, 효율적 집행 |
| 자기검증 기능 | 없음 | 대차평균의 원리에 의한 회계 오류의 자동 검증 |
| 장점 | • 단식부기 예산제도는 간편성, 용이성<br>• 지출통제 용이 | • 회계보고 책임의 이행 및 회계투명성 제고<br>－재정운영상태 및 운영성과 제공<br>－내부통제를 강화(오류와 부정을 예방)<br>• 원가와 성과 개념의 평가로 전환<br>• 공급자 중심의 회계에서 사용자 중심의 회계로 전환<br>－정보이용자의 이해가능성 및 이용 편의성 제고 |

| 구 분 | 단식부기 | 복식부기 |
|---|---|---|
| 단점 | • 예산회계 적용으로 예산외 거래 파악 불가<br>• 학교 전체적인 재정활동 파악 곤란<br>• 학교의 업무상황 파악 곤란<br>  - 관항목별 지출통제방식<br>• 외부의 유사조직 회계와 비교 곤란<br>• 교육계획서와 예산서가 미연계 | • 복식부기 회계제도의 복잡성<br>• 복식부기 및 사업별 예산제도 도입 초기 적응에 어려움 예상<br>• 복식부기 도입 초기 교원은 잡무가 증가되는 것으로 인식 |

### 3) 교직원의 회계업무 처리 방식 비교

현행의 에듀파인 학교회계시스템은 사업별 예산제도(정책-단위-세부-원가비목)를 기초로 하여 복식부기로 자동 처리할 수 있는 시스템으로 교직원은 시스템상에서 부서별, 개인별 사업 중심의 예산편성 및 지출 품의 등을 작성한다.

반면 과거의 교육행정정보시스템은 품목별예산제도(관-항-목-세목)를 기초로 하여 단식부기로 처리하는 시스템으로, 교직원들이 서면으로 예산편성과 지출품의서 등을 작성하여 행정실에 제출하면 행정실에서 시스템 입력 후 출력하여 회계처리(날인 결재)한다.

### 4) 학교회계시스템 구성

학교회계관리는 사업관리, 예산관리, 수입관리, 지출관리, 세무관리, 발전기금관리, 세외관리, 마감관리, 예산결산으로 구분한다. 재무결산은 장부관리, 단위마감, 단위재무제표, 단위보충정보, 단위부속명세서, 종합마감, 종합재무제표, 종합보충정보, 종합부속명세서, 교육지표관리, 재무보고서로 구분한다. 품목별 예산에서 사업별 예산제도 도입, 사업 중심의 예산편성과 품의, 지출 등을 복식부기로 처리를 할 수 있는 시스템이다.

특히 복식부기에서는 지출·편성 내용에 표준서식, 분석지표, 보고서의 업무 표준화와 물품 등 대장 등재, 재무제표작성, 분석의 One-stop 프로그램을 사용하도록 하였으며 재정연감 발간, 재정통계 DB 구축, 지표분석은 보고서 자동화를 구축하여 학교회계 관리운영의 표준화 및 자동화를 이루었다.

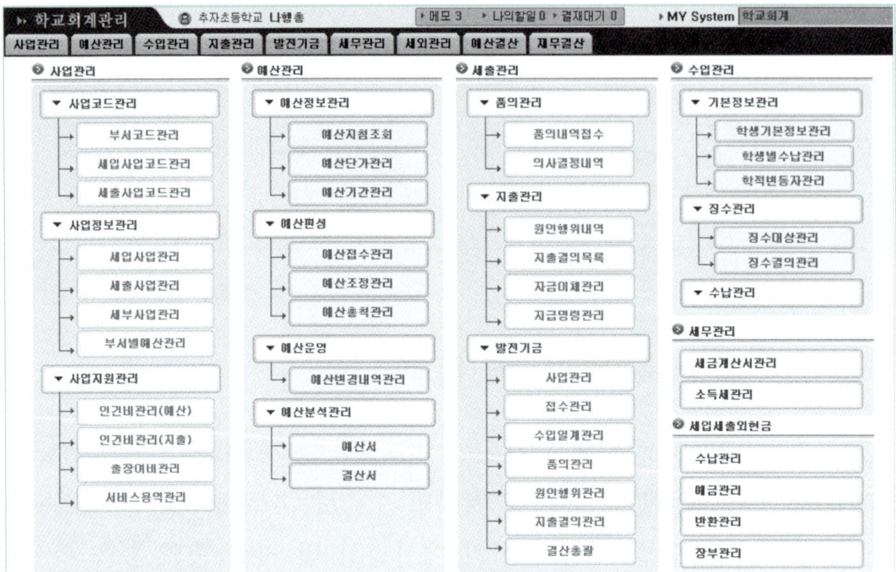


[그림 14-2] 학교회계관리 시스템 구성도

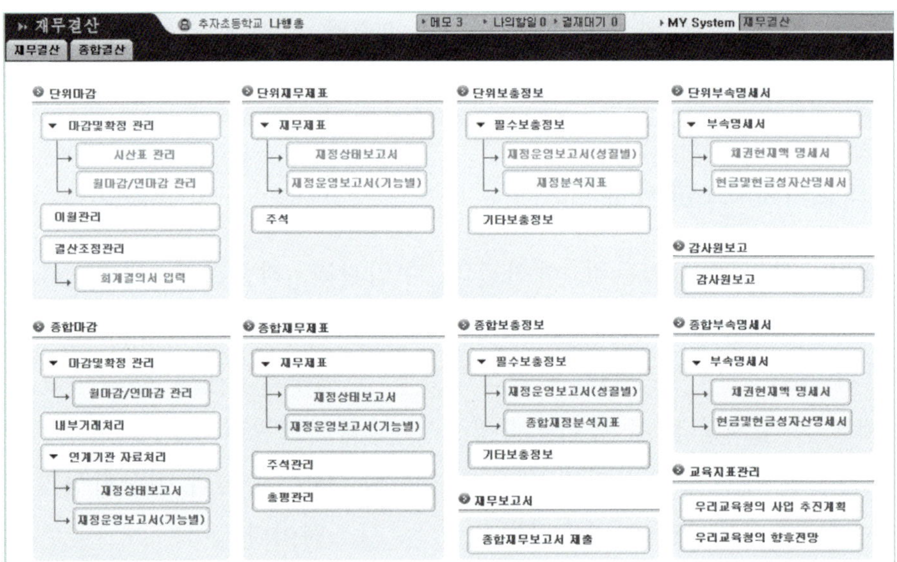


[그림 14-3] 학교회계관리 재무결산

## 4. 학교회계품의 작성절차

학교회계품의 작성 절차는 다음과 같다. 우선 지출품의를 선택한 후 현액관리 마크 중 세부사업을 선택한다. 이후 작성할 품의 내용에 대하여 '제목 입력 - 개요 입력 - 산출내역관리 선택 - 일반 탭 선택 - 행추가 - 내용 - 지급 예정액 - 저장(신용카드 사용 시 '예' 선택) - 결재요청'을 한다.

구체적인 방법은 다음과 같다.

[그림 14-4] 지출품의 선택창

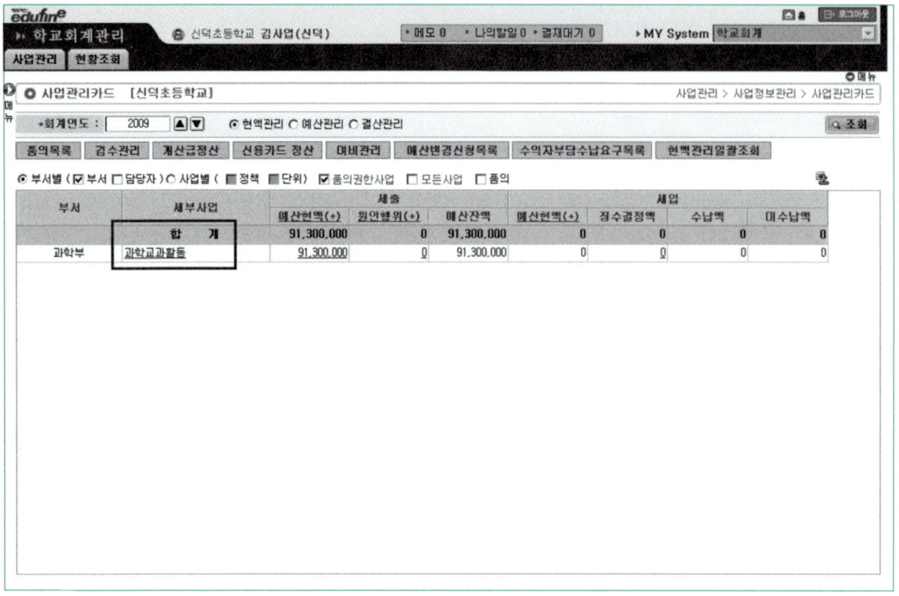


[그림 14-5] 현액관리 중 세부사업 선택창

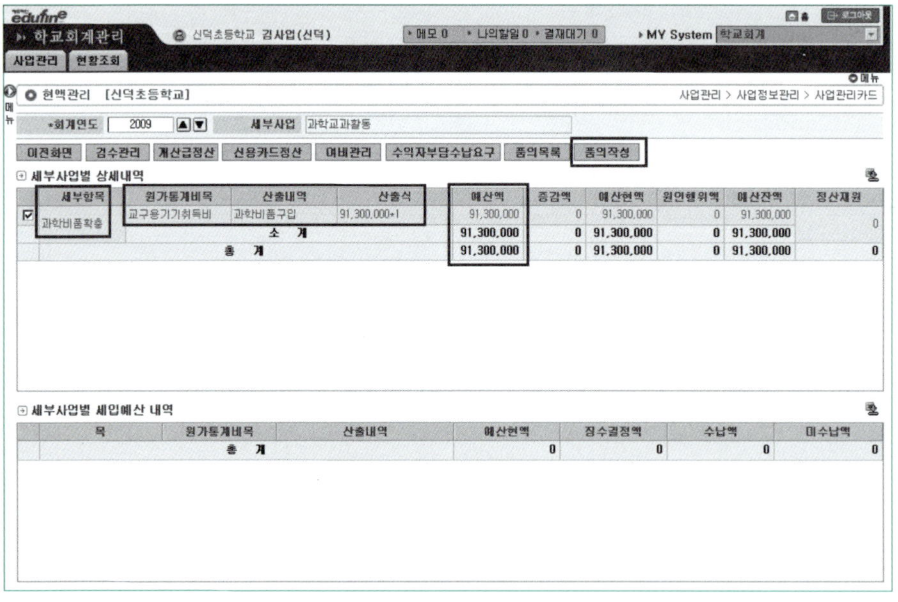


[그림 14-6] 품의작성 선택

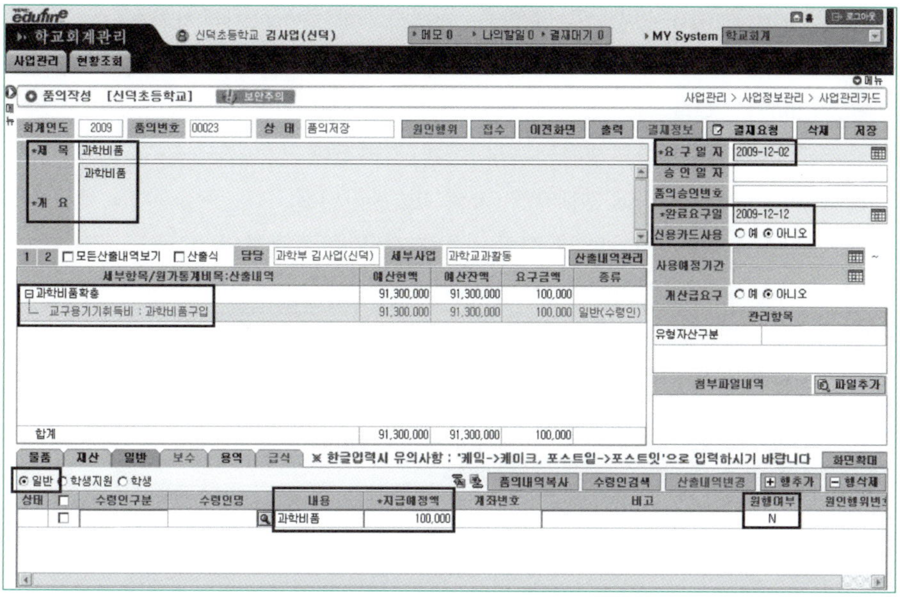


[그림 14-7] 상세내용 기재

교육과학기술부(2010). 2010 공립 초 · 중학교 학교회계예산편성 기본지침.
교육과학기술부(2010). 2010 학교회계 세입예산 편성 지침.
교육과학기술부(2009). 2009 학교회계시스템. 안내.
교육과학기술부(2009). 2009 학교생활기록부 기재 길라잡이.
교육과학기술부(2009). 2009 학교생활기록 작성 및 관리지침.
교육학술정보원(2009). 2009 에듀파인 재산시스템 사용자 설명서.
김종화(2000). 교육행정과 경영이론. 서울: 형설출판사.
김진한(2009). 교사를 위한 교직실무. 서울: 학지사.
김창걸(2003). 교육행정 및 교육경영의 이론과 실제의 탐구. 서울: 형설출판사.
노종희(2002). 교육행정학 이론과 연구. 서울: 문음사.
박성식(1998). 교육행정 관리학. 서울: 학지사.
송기창 외(2009). 중등교직실무. 서울: 학지사.
이칭찬, 주상덕(2009). 교직실무이론. 서울: 동문사.
부산광역시교육연구정보원(2007). 교직실무매뉴얼(23집). 부산: 부산교육총서.
부산광역시교육청(2008). 2008 단위학교자료집계시스템 학교집계사용자 매뉴얼.
부산광역시교육청(2009). 2009 교무 · 학사 사용자 설명서.
부산광역시교육청(2010). 2010 에듀파인 학교회계시스템 강사 교육자료.
부산광역시교육청(2010). 2010 학교회계시스템 안정적 정착 세부추진 계획.

APPENDIX

# 교직실무 FAQ

외부적인 일로 인해 고통을 겪고 있다면 이때 고통의 원인은
그 일 자체가 아니라 그에 대한 나의 평가에 있다.
그리고 나는 이 관점을 언제라도 바꿀 힘이 있다.

- 마르쿠스 안토니우스 -

좋은 교육은 교사가 학생들을 가르치고 지도하는 일에 전념할 수 있을 때 비로소 가능하다. 그럼에도 교육활동에 전념해야 할 교사가 여러 가지 행정 업무와 인사, 복무, 학사, 승진, 보수 등에 관한 고충으로 인하여 어려움을 겪고 있는 것이 학교 현장의 안타까운 현실이다.

여기서는 예비교사들이 교직생활 중에 빈번히 겪을 수 있는 각종 고충 및 교직과 관련된 여러 영역의 궁금증을 해소할 수 있도록 돕기 위해 한국교원단체총연합회(2009)의 『교직상담 유형별 사례집』을 참고하여, 필자들이 교직생활 동안 겪었던 고충과 궁금증에 비추어 중요하다고 생각되는 내용들을 수정하고 보완하였다.

**영역: 자격**

## 1. 보건교사 자격증 소지자의 교직과목 면제 가능 여부

Q 2002년 이전에 4년제 대학의 간호학과에 입학하여 보건교사자격증을 소지한 자로서 방송통신대에서 영어영문학 학사학위를 취득하고 교사자격증 취득을 목적으로 교육대학원 영어교육전공에 입학하였을 경우, 교사자격증 소지자이므로 교직과목 면제가 가능합니까?

A 기존 무시험검정 관련 규정에는 보건교사 자격증을 소지하고 있더라도 교직과목을 이수한 바가 없으므로 보건교사 자격증 소지자의 경우에는 교직과목을 이수해야 했으나, 교원자격 무시험검정 관련 규정의 개정에 따라 2급 이상의 교사자격증 소지자는 학부에서의 교직과목 이수 여부와 상관없이 교직과목의 이수를 면제할 수 있습니다.

## 2. 외국에서 취득한 교원자격증의 인정여부

Q 외국에서 취득한 교사자격증이 국내에서 인정됩니까?

A 우리나라 사람 또는 외국인이 외국에서 취득한 교사자격증은 국내에서 인정되지 않습니다. 다만, 외국의 대학(대학원 포함)을 졸업하고 국내의 교육대학원에 진학할 경우 외국에서 취득한 관련 전공과목 및 교직과목

의 학점은 인정될 수 있습니다.

## 3. 1급 정교사 자격연수 시 기간 제경력 포함여부

Q 1급 정교사 자격연수를 받기 위해선 교육경력이 3년 이상이 되어야 하는 것으로 알고 있습니다. 기간제 근무 경력이 1년이고, 정교사로 임용되어 2년째 고등학교에서 근무하고 있습니다. 이 경우 자격연수를 받기 위한 3년을 충족할 수 있습니까?

A 중등학교 1급 정교사 자격연수를 받기 위해서는 「초·중등교육법」에 따라 중등학교의 정교사(2급) 자격증을 가지고 3년 이상의 교육경력이 충족되어야 합니다. 이때 교육경력은 「교원자격검정령」 제8조(교육경력의 범위) 제1항 제1호에 따라 「유아교육법」 제2조(정의) 제2호에 따른 유치원과 「초·중등교육법」 제2조(학교의 종류) 각 호의 어느 하나 또는 「고등교육법」 제2조(학교의 종류) 각 호의 어느 하나에 해당하는 학교에서 교원으로서 전임으로 근무한 경력을 인정하고 있습니다. 그러므로 기간제교원도 교원으로서 전임으로 근무한 것으로 보아, 자격연수를 받기 위한 교육경력으로 산정할 수 있습니다.

## 4. 퇴직교사의 유치원 원장 자격취득에 대한 문의

Q 초등학교에서 1급 정교사로 23년간 재직하고 있습니다. 퇴직 후에 유치원을 운영하려고 하는데, 유치원 원장 자격을 따려면 어떻게 해야 하나요? 교직경력 20년 이상이면 사립유치원 원장을 할 수 있습니까?

A 「교원자격검정령」에 따르면 선생님의 경우 전문대학졸업자 이상으로서 3년 이상의 교육경력을 가진 자에 해당되어 원장자격 인정기준에 해당될 것으로 판단됩니다. 사립유치원 원장 자격증을 취득하기 위해서는 신청인을 당해 유치원의 원장으로 임용하겠다는 임용권자의 결정이 있은 후, 시·도 교육감에게 인정기준에 의한 유치원 원장 자격 무시험검정 신청을 하시면 됩니다(교육과학기술부 교직발전기획과2008520).

영역: 전직과 전보 및 임용

## 1. 군복무 중 교원임용시험 합격에 따른 임용유보 가능 여부

Q 군복무 중 임용시험을 합격하였습니다. 군 제대 시기까지 임용유보를 하려고 하는데, 얼마까지 유보할 수 있습니까?

A 임용후보자명부의 유효기간은 그 명부를 작성한 날로부터 1년으로 하고 있으나, 임용권자 또는 임용제청권자가 필요하다고 인정할 때에는 교사임용후보자명부의 유효기간을 1년의 범위 안에서 연장할 수 있다고 규정하고 있어 법적으로는 최대 2년까지 유효합니다. 따라서 임용후보자명부를 작성한 날로부터 2년까지 임용유보가 가능하다고 판단됩니다.

## 2. 현직교사의 타 시·도 임용시험 응시 가능 여부

Q 현재 중학교 교사입니다. 타 시·도 전출이 어려울 것 같아서 타 시·도에서 임용시험을 보고 싶습니다. 현직교사가 임용시험을 보는 것은 가능합니까?

A 「교육공무원임용령」 제11조의 3(응시자격)에 따르면, 임용시험의 응시자격은 채용 예정직에 해당하는 교사자격증(중등학교 교사의 경우에는 채용 예정직에 해당하는 표시과목이 기재된 교사자격증)을 취득한 자로 규정하고 있습니다. 또한 현직 여부에 따른 별도의 임용시험 응시제한 조항은 없습니다. 따라서 자격증을 소지하였다면 임용시험 응시가 가능합니다.

## 3. 휴직 중 전보신청 가능여부

Q 현재 육아휴직 중인데, 전보를 하고 싶은 생각이 있습니다. 육아휴직 중에도 전보 내신이 가능합니까?

A 전보는 원칙적으로 근무하고 있는 교원을 대상으로 하므로, 휴직 중인 교사는 전보 내신이 어려울 것으로 판단됩니다. 다만 전보 일자 전에 복직 예정이 확실한 경우, 전보 내신서 제출 기간 중 복직 신청서류와

함께 전보내신서를 제출하면 전보내신이 가능할 것으로 판단됩니다.

## 4. 타 시·도 전보의 절차와 기준

Q 개인적인 사정으로 타 시·도로 전보를 신청하고 싶은데, 신청절차와 방법은 무엇입니까?

A 시·도 교육감은 「교육공무원임용령」 제13조의 3(인사교류) 제1항의 규정에 의해 인사교류계획을 수립하여 실시하고, 「교육공무원인사관리규정」 제18조(전보계획)의 규정에 의하여 제반 여건을 종합적으로 고려하여 전보계획을 수립하여 시행하게 됩니다. 전보는 교육감의 자율적인 임용권으로서 교원은 시·도별로 정해진 인사관리기준의 적용을 받습니다. 현재 시·도 간 교원의 전보는 1대1 교류를 원칙(일방전보 제외)으로 하고 있으며 방법은 전보 신청 시에 선생님께서 희망지역을 기재하여 관할교육청으로 제출하시면 됩니다. 다만, 전출 순위에 있어서 장애등급 2급 이상인 장애인 부양자, 「국가유공자 등 예우 및 지원에 관한 법률」 제4조(적용 대상 국가유공자) 및 제5조(유족 등의 범위) 해당자, 부부별거자 및 직계존속 별거자 등에게는 우선순위가 부여됩니다. 시·도별로 우선순위와 절차는 다소 상이할 수 있으므로 관할교육청에 선생님께서 원하는 지역으로 전보가 가능한지의 여부를 확인하시기 바랍니다.

## 5. 사립학교에서 취득한 가산점 실적 등의 공립학교에서의 인정여부

Q 사립학교에서 공립학교로 임용되었을 경우 해당 교원의 사립학교 근무 중의 도서·벽지 가산점 경력 및 실적을 인정받을 수 있습니까?

A 교육공무원으로서 해당 직위에서 「도서·벽지교육진흥법」에 규정된 도서·벽지 지역에 있는 교육기관 또는 교육행정기관에 근무한 경력에 대해서는 소정의 가산점을 평정하고 있으며, 이 경우 공립과 사립의 근무경력에 차이를 두고 있지 않으므로 사립학교 근무경력자가 공립학교 교원으로 임용되었을 경우 당해 교원의 사립학교 근무 중의 도서·벽지 가산점 경력 및 실적을 인정받을 수 있습니다.

**영역: 경력인정 및 호봉 승급**

## 1. 법정수학연한 초과 시 학·경력 중복 인정 여부

Q 올해 신규 임용된 교사입니다. 학력과 경력은 2004.3.1. 4년제 대학 입학, 2005.3.1.~2006.2.28. 휴학, 2006.3.1. 복학, 2009.3.1.~2010.2.28. 일반회사 근무, 2010.2.28. 4년제 대학 졸업입니다. 호봉산정 시 학교 졸업 전에 일반 회사에서 근무했던 경력을 인정받을 수 있습니까?

A 학력과 경력의 중복문제를 판단하기 위한 수학기간 산정은 휴학 등을 제외한 실제로 수학한 기간만으로 계산합니다. 실제 수학기간이 법정 수학연한을 초과할 경우에는 실제 수학기간 중 최초 입학일을 기준으로 법정 수학연한만큼의 기간을 수학기간으로 봅니다. 또한 수학기간은 실제 입학일과 졸업일이 아니라 학기 단위로 산정을 합니다. 선생님의 경우 수학기간은 2004.3.1.~2005.2.28., 2006.3.1.~2009.2.28.입니다. 따라서 2009년 3월 이후 회사를 다닌 경력은 인정이 가능합니다.

## 2. 임용 전 에듀케어와 수업보조 경력

Q 올해 3월 1일자로 발령받은 신규교사입니다. 교사자격증을 취득하고 임용 전에 유치원과 초등학교에서 '에듀케어'와 '수업보조'로 근무한 경력이 있습니다. 이 경우 호봉상으로 얼마나 인정받을 수 있습니까?

A 교사자격증을 취득한 이후 경력으로, 「국가공무원복무규정」에서 정하는 1일 근무시간(총 근무시간의 합이 8시간) 근무자인 경우에 「공무원 보수규정」를 적용하여, 국가기관에서 근무한 국·공립학교 및 유치원의 경력은 8할을, 사립학교 및 유치원에서 근무한 경력은 5할을 인정함이 타당합니다.

## 3. 대학교 조교 근무 경력

Q 임용 전 2년간 대학교에서 행정조교로 근무하였습니다. 경력환산율이 어떻게 됩니까?

A 임용 전 대학조교로 근무한 경력은 정원 내에서 유급, 상근으로 근무한 경우에 한하여 경력이 인정됩니다. 「공무원보수규정」에 의하여, 연구전담 조교로 근무하였다면 연구에 종사한 경력으로 보아 10할을 인정하고, 행정조교 등으로 근무하였다면 국공립대인 경우 국가나 지방자치단체에서 근무한 경력으로 보아 8할을, 사립대인 경우 법인에서 근무한 경력으로 보아 5할을 적용할 수 있습니다.

## 4. 인우보증만으로 경력인정이 가능한지 여부

Q 교사가 되기 전에 일반회사에서 근무를 했던 사실에 대하여 호봉 재획정을 하고 싶은데요, 회사가 도산하여 없어졌을 경우라도 경력 인정을 받을 방법이 없을까요? 당시 회사에 같이 다니시던 분에게 인우보증을 받으면 가능합니까?

A 호봉 재획정을 위한 누락 경력 시에 시·도 교육감은 전직 재직기관장이 발급한 경력증명 증빙서류가 구비되었을 때에 한하여 이를 누락경력으로 인정할 수 있습니다. 「공무원보수 등의 업무지침」(행정안전부예규 제241호, 2009529)에 의하면 인우증명, 사실증명 등은 객관적 증빙자료로 볼 수 없으나, 국민건강보험공단자료, 금융기관보수 입금 내역, 세무서 근로소득납세증명 등은 객관적 증빙자료로 인정할 수 있을 것으로 판단됩니다.

## 5. 휴직 기간의 호봉 승급 기간 산입 시기

Q 작년 3월부터 병역휴직 중입니다. 병역휴직 기간은 호봉에 포함된다고 들었는데, 확인해보니 제 호봉은 입대할 때와 같은 호봉이었습니다. 호봉 승급이 안 되는 것인지요?

A 병역휴직, 유학휴직, 고용휴직, 육아휴직(최초 1년의 범위 내), 법정의무 수행 휴직, 노조전임 휴직 기간의 호봉승급 기간 포함은 복직 시에 호봉을 재획정하여 휴직 기간을 승급 기간에 포함시키게 됩니다. 따라서 선생님의 경우 아직 휴직 중이므로 승급 기간에 반영이 되지 않으며 복

직 시 호봉 재획정 이후 승급이 됩니다.

## 6. 징계로 인한 승급제한기간의 산입

Q 2009년 2월 13일 감봉처분을 받았습니다. 징계로 인한 승급제한기간은 언제 다시 산입할 수 있습니까?

A 징계처분을 받은 자의 승급제한기간(정직: 18월, 감봉: 12월, 근신 또는 견책: 6월)은 징계처분의 집행이 종료된 날부터 다음의 기간(정직: 7년, 감봉: 5년, 근신 또는 견책: 3년)이 경과한 날의 다음 달 1일에 호봉을 재획정하여 승급기간에서 제외되었던 기간은 승급기간에 산입됩니다. 다만, 징계처분을 받고 그 집행이 종료된 날부터 해당 기간이 경과하기 전에 다른 징계처분을 받은 때에는 각각의 징계처분에 대한 승급제한기간을 합산한 기간이 경과하여야 합니다. 선생님의 경우 감봉 처분을 받았으므로 3년이 경과한 날의 다음 달인 2014년 3월 1일에 12개월의 호봉 승급제한기간을 산입하여 호봉을 재획정해야 합니다.

## 7. 전직 시 호봉 재획정 가능 여부

Q 중학교 전문상담교사로 근무하다 중학교 영어과 2급 정교사로 발령 받았을 시 호봉 재획정하다 사유가 됩니까?

A 「초 · 중등교육법」 제21조(교원의 자격) 제2항에 따르면 교원의 자격에는 정교사(1급, 2급), 준교사, 전문상담교사(1급, 2급), 사서교사(1급, 2급), 실기교사, 보건교사(1급, 2급), 영양교사(1급, 2급)가 있습니다. 전문상담교사와 영어 정교사는 자격종별이 서로 다르기 때문에 전문상담교사에서 영어 정교사가 되신 것은 '전직'입니다. 선생님처럼 전직하신 경우는 「공무원보수규정」 제9조(호봉의 재획정하다) 제1항 제1호 '새로운 경력을 합산하여야 할 사유[교육공무원의 경우에는 자격이나 학력 또는 직명(대학이나 전문대학만 해당)의 변동이 있는 경우를 포함]가 발생한 경우'에 해당합니다. 즉, 자격 변동이 있는 경우로 호봉을 재획정해야 하는 사유에 해당합니다.

## 8. 동반휴직 기간 중 석·박사학위 취득 시 경력인정

Q 남편이 미국에 주재원으로 파견됨에 따라 동반휴직하게 되었고, 이 기간에 석사학위를 취득하였습니다. 석사학위 취득기간을 호봉획정의 경력으로 인정받을 수 있습니까?

A 「교육공무원법」 제44조(휴직) 제1항 제7호에 의거 무보수인 동반휴직 중 자비로 대학원에 출석하여 석·박사학위를 취득하였을 경우 휴직사유에는 부합되지 않으나 휴직명분을 유지하면서 학위취득을 한 점은 평소 직무 중에 취득한 학위(야간과정에 한함)를 인정하고 있는 사례로 미루어, 학위취득 기간이 다른 경력과 중복되지 않는 한 「공무원보수규정」 제3류 제나항 '연구에 종사한 경력'으로 보아 호봉승급을 위한 경력으로 인정받을 수 있습니다.

## 9. 유학휴직 중 조기 복직한 교원의 호봉 산입 및 보수 환수

Q 박사학위취득을 위하여 유학휴직을 하였다가, 개인사정으로 중도에 학업을 중단하고 복직하였습니다. 동 휴직기간을 승급기간에 산입하는지와 동 휴직기간 중 지급된 보수의 환수조치 여부는 어떻게 됩니까?

A 「공무원보수규정」 제15조(승급기간의 특례) 제3호에 의하면 외국유학을 하기 위하여 휴직한 경우는 그 휴직기간을 승급기간에 산입하므로 교원이 개인사정으로 1년 이내에 학업을 중단하고 복직한 경우라도 동 휴직기간을 승급기간에 산입할 수 있으며, 동 휴직기간 중 지급된 보수는 환수조치할 수 없습니다.

## 10. 징계 취소 시 직위해제 처분기간의 승급기간 산입

Q 징계의결요구를 사유로 직위 해제되고 해임처분을 받았으나, 해임처분이 법원에서 징계양정 과다를 이유로 취소되고 다시 징계의결을 하여 불문경고처분을 받은 경우에 처음 징계의결요구를 사유로 한 직위해제 처분기간을 승급기간에 산입할 수 있습니까?

A 「공무원보수규정」 제15조(승급기간의 특례) 제4호에 의하면 ① 징계의결이 요구되어 직위해제 처분을 받은 사람이 징계위원회의 의결로 그 징계의결요구가 기각되거나 ② 그 직위해제 처분 또는 직위해제 처분의 사유가 된 징계처분이 소청심사위원회 또는 법원의 결정이나 판결에 의하여 무효 또는 취소되는 경우와 ③ 형사사건으로 기소되어 직위해제 처분을 받은 사람이 법원의 판결에 의하여 무죄의 선고를 받은 경우, 그 직위해제 처분기간을 승급기간에 산입하도록 되어 있는바, 당초의 해임 처분이 비록 그 이유가 징계양정 과다라고 하더라도 일단 법원에 의하여 취소되었다고 할 것이므로 그 뒤의 재징계 의결 요구여부와 관계없이 당초의 징계의결요구를 사유로 한 직위해제 처분기간은 승급기간에 산입하는 것이 타당합니다.

**영역: 복무**

## 1. 기간제교사의 연가일수 산정

Q 중학교에서 1년간 기간제교사로 근무하게 되었습니다. 연가일수는 며칠을 받을 수 있습니까?

A 기간제교원의 연가는 「국가공무원복무규정」 및 「교원휴가업무처리요령」(교육부예규 제12호)을 준용하되, 휴가일수는 동일학교 근무연수에 상관없이 계약기간을 기준으로 산정합니다. 따라서 계약기간 3월 이상 6월 미만은 3일, 6월 이상 1년 미만은 6일, 1년 이상은 9일의 연가 사용이 가능합니다. 또한 연가실시에 있어 정규교원의 복무기준에 따라 연가는 부득이한 경우를 제외하고는 휴업기간인 방학 중에 실시하도록 하고 있습니다.

## 2. 근무시간 이후 상을 당했을 경우의 경조사 휴가일수 산정

Q 저녁에 상을 당했을 경우 경조사 휴가는 사유가 발생한 당일부터 계산을 합니까? 아니면 그 다음날부터 계산을 합니까?

A 경조사 휴가가 2일 이상인 경우에는 그 사유가 발생한 날을 포함하여 연속으로 실시하여야 합니다. 휴가기간 중에 포함된 공휴일과 주5일 수업제의 휴무토요일은 휴가일수에 포함됩니다. 다만, 퇴근시간 이후에 상을 당한 경우에는 당일은 경조사 휴가일수에서 제외하고 그 다음날부터 경조사 휴가일수를 계산할 수 있습니다.

### 3. 경조사 휴가 대상이 되는 친족의 범위

Q 경조사 휴가일수를 산정할 때 그 대상이 되는 친족의 범위는 어떻게 됩니까?

A 경조사 휴가 대상이 되는 친족의 범위는 다음과 같습니다. 첫째, 직계존속에는 부모·조부모·증조부모뿐만 아니라 외조부모와 외증조부모도 포함되고, 양자·양녀로 입적된 경우에는 양부모와 친생부모 모두 포함됩니다. 그러나 계부·계모는 인척으로 직계존속에 해당되지 않습니다. 둘째, 본인 및 배우자의 부모의 형제자매와 그 형제자매의 배우자에는 백숙부모뿐 아니라 고모(부), 이모(부), 외숙부(모)가 모두 포함됩니다. 셋째, 본인 및 배우자의 형제자매와 그 형제자매의 배우자로는 형제자매뿐 아니라 형수, 제수, 형부, 제랑, 매형(제), 처남댁, 동서가 모두 해당됩니다.

### 4. 경조사 휴가의 사후 사용 가능 여부

Q 올해 봄에 결혼을 하고 개인사정으로 신혼여행을 가기가 어려워 경조사 휴가를 사용하지 않았습니다. 봄에 사용하지 않은 경조사 휴가를 올 가을에 사용할 수 있습니까?

A 「교원휴가업무처리요령」에 따르면, 경조사 휴가가 2일 이상인 경우, 그 사유가 발생한 날을 포함하여 전후에 연속하여 실시해야 합니다. 당시에 사용하지 않았다고 해도 추후 사용할 수 있는 것은 아니므로, 올 봄에 경조사 사유가 발생한 것에 대한 휴가를 올 가을에 사용할 수 없습니다.

## 5. 출산휴가의 배치 기준일

Q 출산휴가를 신청할 때, 정확하게 예정일 후 45일이 확보되도록 신청했습니다. 예정일보다 늦게 출산하여 산후 45일이 확보되지 않을 경우 문제는 없습니까?

A 「교원휴가업무처리요령」에 의하면, 출산휴가 시 휴가기간의 배치는 조산의 우려가 있는 등 특별한 경우를 제외하고는 의료기관의 진단서에 의한 출산예정일을 기준으로 하도록 되어 있습니다. 따라서 예정일이 지나 출산을 하였다고 하더라도 휴가기간의 배치가 산후 45일이 되어야 한다는 규정을 위반하였다고는 볼 수 없습니다.

## 6. 육아시간 신청방법

Q 육아시간을 신청할 때 일정기간 동안의 신청을 한 번에 할 수 있습니까? 아니면 월별, 주별로 해야 합니까?

A 「국가공무원복무규정」 제3장 휴가 및 「공무원근무사항에 관한 규칙」, 「교원휴가업무처리요령」에 의한 육아시간의 운영 및 허가에 관한 사항은 해당 근무상황부에 사용기간과 매일의 사용시간을 기재하여 학교의 장이 일괄결재로 처리하고 있으므로 월별·주별 신청이 가능합니다. 다만, 사용시간이 변경될 경우에는 다시 결재를 받아야 합니다.

## 7. 휴가기간의 공휴일 및 휴무 토요일의 산입

Q 10일간의 일반병가 사용 후 21일간의 연가 사용으로 사실상 휴가기간이 30일 이상인 경우, 기간 계산 시 공휴일 및 주5일 수업제의 휴무 토요일을 산입해야 합니까?

A 병가와 연가는 별개의 요건에 따라 운영되므로 그 기간을 따로 계산해야 합니다. 따라서 각각 30일을 초과하지 않으므로 공휴일 및 주5일 수업제의 휴무 토요일은 산입하지 않습니다.

## 8. 교사의 대학교 출강 가능 여부

Q 현직 공립 중학교 교사로 몇 년 전 박사학위를 취득하였습니다. 이번 학기에 교육대학원 시간강사로 강의를 하러 갈 기회가 생겼습니다. 강의 시간이 일과 시간에 해당되는 날도 있어서 복무규정에 위배되지 않는지 알고 싶습니다.

A 임용권자가 공적인 사업으로 추진하는 경우 등에 한하여 임용권자의 겸임발령이 가능하며 이때는 출장(출강)으로 복무관리를 할 수 있습니다. 그러나 대부분의 사적인 대학 출강은 「국가공무원법」 제64조(영리업무 및 겸직 금지) 및 「국가공무원복무규정」 제26조(겸직허가)에 의하여 임용권자(교육감 또는 위임된 허가권자)의 겸직허가를 받아야 하며, 위임 여부는 관할교육청에 확인하셔야 합니다. 허가권자는 담당직무 수행에 지장이 없는 경우에 한하여 겸직허가를 할 수 있으며, 겸직허가를 받은 경우, 업무 시간의 시간강사 출강은 연가 범위 내에서 조퇴 등을 활용하여 처리가 가능합니다.

## 9. 현직교사의 퇴근 후 무료교습 가능 여부

Q 현직교사가 퇴근 후 형편이 어려운 근로청소년을 무보수로 가르칠 경우에도 과외교습 금지에 해당하는지 궁금합니다.

A 현직교원은 「학원의 설립·운영 및 과외교습에 관한 법률」 제3조(교원의 과외교습 제한)에 따라 초·중·고등학교 또는 이에 준하는 학교의 학생이나 학교 입학 또는 학력 인정 검정 시험 준비생에게 과외교습을 해서는 안 됩니다. 다만, 동법 제2조(정의) 제4호 및 동법 시행령 제3조(과외교습에 해당하지 아니하는 교습행위)에 따라 근로청소년에 대한 교습행위는 '과외교습'에 해당하지 않는 봉사활동으로 볼 수 있어 교습이 가능합니다.

## 10. 점심시간 또는 방과 후 종교 활동 가능 여부

Q 교원이 점심시간이나 방과 후 시간을 이용하여 특정 종교의 학생들과 종교 활동을 하는 것은 가능한가요?

A 「교육기본법」 제6조(교육의 중립성) 제2항의 규정에 의하면 국가 및 지방자치단체가 설립한 학교에서는 특정한 종교를 위한 종교교육을 하여서는 아니 된다고 규정하고 있으며, 「국가공무원법」 제59조의2(종교중립의 의무) 및 「국가공무원복무규정」 제4조(친절 · 공정) 제2항에 따라 공무원은 종교 등에 따른 차별 없이 직무를 수행하여야 한다고 규정하고 있습니다. 따라서 교원의 경우 점심시간도 정규근무시간에 해당하므로, 특정 종교의 종교 활동을 하는 것은 바람직하지 않을 것으로 판단됩니다.

## 11. 관리자의 수업참관 관련 법적 근거

Q 수업 중 교장, 교감이 불시에 수업참관을 해도 되는 것인지요? 가능하다면 그 근거는 무엇인지 궁금합니다.

A 「초 · 중등교육법」 제20조(교직원의 임무) 제1항 및 제2항은 교장은 교무를 통할하고 소속 교직원을 지도 감독하며 학생을 교육하고 교감은 교장을 보좌하여 교무를 관리하도록 규정하고 있고, 동조 제3항은 교사는 법령이 정하는 바에 따라 학생을 교육하도록 규정하고 있으므로, 교장 및 교감은 소속 교원의 학생교육에 관하여 필요한 일체의 사항에 대해 지도 · 감독할 수 있으며, 수업 중 교장 · 교감의 수업참관은 가능합니다(교육과학기술부 복지 81811-275, 99. 12. 6). 다만 교장, 교감이 수업을 참관하고자 한다면 사전에 이를 알리는 것이 바람직하다고 판단됩니다.

## 12. 교육공무원 고충심사 안내

Q 교육공무원의 근무에 대한 고충이 있을 때 처리해 주는 고충심사 제도가 있다고 들었습니다. 고충심사는 어떤 경우에 어떻게 청구합니까?

A 교육공무원은 교직활동 중 인사·조직·처우 등 각종 근무여건과 기타 신상문제에 대하여 인사상담이나 고충의 심사를 청구할 수 있습니다. 청구는 고충심사청구서로 하여야 하며, 일정한 서식은 없으나 청구인의 주소, 성명, 생년월일, 소속기관명 및 직급, 청구의 취지 및 이유 등이 기재되어야 합니다. 심사청구 방법은 위 내용을 기재한 고충심사청구서를 해당 고충심사위원회의 설치기관의 장에게 제출합니다. 교감 이하 교원은 보통고충심사위원회(교육감)에, 교장 또는 보통고충심사에서 불인용되거나 기각된 경우에는 중앙고충심사위원회(교육부장관)에 제출하시면 됩니다. 이때 청구서를 받은 기관은 접수한 날로부터 30일 이내(부득이한 경우 30일 연장)에 처리해야 합니다.

**영역: 휴직과 복직**

### 1. 해외에서 1년 이상 연수 시 유학휴직 가능 여부

Q 해외어학연수를 1년간 다녀오고 싶은데, 어학연수 사유로도 유학휴직을 신청할 수 있습니까?

A 「교육공무원법」 제44조(휴직) 제1항 제5호에 따라 외국에서 1년 이상 연수(박사 후 과정이나 어학연수과정)시 휴직 신청이 가능합니다. 이 때 일정수준 이상의 어학점수(토익 730점, 토플 CBT 213점, 텝스 680점)와 입학허가서 및 유학휴직 신청서를 작성하여 지역교육청에 신청하여 심사를 받아야 합니다. 유학휴직은 학기 단위로 할 수 있으므로 심사는 1월과 7월에 있으며 12월과 6월 말까지 신청하여야 합니다. 다만, 「교육공무원인사관리규정」 제24조(휴직의 결정)에 의거하여, 임용권자인 시·도 교육감이 교육과정운영, 교원 수급, 소요 예산, 휴직목적의 적합성, 복직 후 교육발전 기여 가능성 등 각급 기관의 실정을 종합적으로 고려한 자체 심사 기준을 마련하여 휴직 허가 여부를 결정할 수 있도록 되어 있습니다. 따라서 상세한 기준, 기간 및 선발과정은 관할 교육청에 문의하시기 바랍니다.

## 2. 유학휴직 예정학교 변경 가능 여부

Q 석사학위 취득을 위해 유학휴직을 허가받은 교사입니다. 그런데 원래 입학 예정이었던 학교가 아닌 곳에서 다른 전공으로 바꾸고 싶은데 가능합니까? 또 만일 석사학위를 조기에 취득한다면 남은기간 동안 박사학위 과정에 진학할 수 있습니까?

A 휴직자가 당초 휴직 시에는 대학에서 석사학위 취득을 목적으로 휴직 허가를 받았다면 임용권자의 허가 없이 대학을 옮기거나 다른 학위를 취득하는 것은 당초 휴직의 목적에 벗어나므로 휴직사유가 소멸된 것으로 간주합니다. 이 경우 임용권자는 해당 선생님을 지체 없이 복직시킬 수 있습니다. 다만, 본인의 귀책사유가 아닌 부득이한 사유로 인해 대학 또는 학위과정을 변경해야 할 경우에는 임용권자에게 신고를 하고 허가를 받아야 합니다. 또, 당초 석사학위 취득을 목적으로 휴직을 하고 유학 중 석사학위를 조기에 취득한 경우에도 휴직사유의 소멸로 볼 수 있습니다. 따라서 휴직기간이 남았다는 이유로 박사과정을 계속 이수할 수는 없습니다.

## 3. 질병휴직 복직 후 다시 질병휴직 가능 여부

Q 10개월간 질병휴직한 후 복직하여 근무하던 중 동일질병으로 병가, 연가 모두 사용했을 경우 또 다시 1년의 질병휴직을 신청할 수 있습니까?

A 질병휴직 후 복직한 자가 복직 후 근무상태가 정상적으로 상당기간 지속되었다면 새로운 질병의 발생으로 1년간의 새로운 질병휴직을 부여할 수 있을 것입니다. 다만, 위의 해당자는 복직 후 계속적으로 병가를 사용하여 통원치료를 하는 등의 상태로 볼 때 복직 후의 근무상태가 정상적인 것으로 보기 어려운 바, 법정 병가기간 및 법정연가일수를 다 사용한 후 휴직의 잔여기간인 2개월 범위 내에서 질병휴직을 신청할 수 있을 것으로 판단됩니다(교육과학기술부 교원정책과 200688). 이때 상당기간이란 질병휴직자의 복직 후 근무상태, 질병의 완치 정도 등 사실관계를 종합적으로 고려하여 판단할 사항이며, 정상적으로 근무했는지 여

부'도 해당교사의 복무를 지도 · 감독하는 자의 의견 등을 참작하여 판단할 사항입니다(교육과학기술부교원12116-1006, 2000.10.21).

## 4. 영양교사 임용 전 공무원 재직 시 육아휴직을 한 경우

Q 올해 영양교사로 임용되었습니다. 임용 전에 일반직(식품위생직)공무원으로 근무하였고 육아휴직을 6개월간 사용한 바 있습니다. 교사 임용 후 육아휴직을 신청할 때 종전에 사용했던 기간이 산입됩니까? 아니면 교사로서 새롭게 적용됩니까?

A 육아휴직은 자녀 1인에 대해 적용되는 것이므로 일반직 영양사일 때 6개월 사용한 것이 교육공무원으로 전직된 경우에도 6개월 사용한 것으로 처리됩니다.

## 5. 육아휴직 중 대학원 학위취득

Q 육아휴직 중인 중학교 교사입니다. 현재 대학원 5학기 과정의 논문을 쓰고 있습니다. 육아휴직 중 논문을 쓰고 졸업한 것이 학점으로 인정될 수 있나요? 또 이것이 향후 승진할 때 연구점수로 반영될 수 있습니까?

A 「교육공무원법」 제44조(휴직) 제1항 제10호의 규정에 의한 육아휴직 기간 동안 학위취득을 했다면, 휴직의 목적에는 부합하지 않으나 휴직명분을 유지하면서 학위취득을 한 점은 평소 직무 중에 취득한 학위를 인정하고 있는 사례로 미루어, 학위취득 기간이 다른 경력과 중복되지 않는 한 「공무원보수규정」의 제3류 제나항 '연구에 종사한 경력'으로 보아 호봉승급을 위한 경력으로 인정할 수 있다고 사료됩니다. 이 경우 평정 가능한 학위 여부는 평정권이 있는 시 · 도교육청에서 판단할 수 있습니다.

## 6. 육아휴직 관련 학기단위 휴·복직 예외사항

Q 출산휴가 중인 교사입니다. 육아휴직은 학기단위로 실시하는 것이 원칙인 것으로 알고 있습니다. 학기 중간에 출산휴가가 끝날 경우 육아휴직을 하려면 다시 근무하다가 휴직을 신청해야 합니까?

A 「교원육아휴직처리지침」(교육과학기술부, 200811)에 따르면 육아휴직의 휴·복직 허가는 학기 단위를 원칙으로 합니다. 다만, 동 지침에 따르면 출산휴가 후 기간의 단절 없이 계속하여 육아휴직을 사용할 경우에는 「교육공무원인사관리규정」 제24조(휴직의 결정)에 의거하여 임용권자가 자체 심사기준을 마련하여 학기단위 휴·복직 허가 원칙의 예외 허용이 가능할 것으로 판단됩니다.

## 7. 휴직사유 변경 가능 여부

Q 남편의 해외근무로 2년간 동반휴직 중 출산을 하였는데, 육아휴직으로 휴직사유 변경이 가능합니까?

A 휴직사유를 변경하여 다시 휴직을 명하는 것은 복직 등 다른 임용행위 없이 휴직 중인 자에게 다시 휴직이라는 임용상의 이중 인사발령을 명하는 것이 되어 인사발령의 절차상에 문제가 있습니다. 따라서 복직절차를 거친 후 다시 다른 사유로 휴직을 명하는 것이(복직된 날에 동일자로 다른 사유로의 휴직을 명할 수 있음) 타당할 것으로 판단됩니다. 다만, 당초 허가받았던 동반휴직에 대하여 복직을 할 경우 동반휴직 사유가 소멸된 것으로 인정되어, 육아휴직 종료 후 남편의 해외근무 잔여기간에 대하여 다시 동반휴직을 신청하기는 어렵습니다(교육과학기술부 민원조사실, 2006818).

## 8. 휴직연장 신청 기한

Q 작년 2학기부터 올해 1학기 말까지 육아휴직을 하고 있습니다. 휴직을 연장하고 싶은데, 언제까지 신청하여야 합니까?

A 육아휴직은 1년 이내의 휴직기간을 사용한 후 여교원의 경우 2년의 범위 내에서 휴직기간 연장을 하여 총 3년 동안 휴직이 가능합니다. 휴직 중에 있는 자가 규정된 휴직기간의 범위 내에서 휴직기간을 연장하고자 할 때에는 「교육공무원인사관리규정」 제25조(휴직기간 연장)에 따라 휴직기간 만료 전 15일까지 신청하여야 합니다. 다만, 휴직의 절차에 관한 상세한 사항은 시 · 도교육청별로 임용권자가 지침을 마련하여 시행하고 있으므로, 관할 교육청의 지침을 확인하여 처리하시기 바랍니다.

**영역: 승진**

## 1. 2009년부터 시행되는 승진규정 변경사항

Q 2009년도부터 적용되는 승진규정 변경사항에는 어떤 것들이 있습니까?

A 2009년 1월 1일부터 적용되는 「교육공무원승진규정」의 개정 사항은 직무연수성적 평정, 연구실적(연구대회입상 / 학위취득) 평정, 가산점 평정, 경력평정의 기간계산, 근무성적 평정기간입니다. 직무연수성적과 연구실적 평정 등에 관한 조항은 평정 시점에서 해당하는 실적이 있는 경우에 적용되는 것이므로, 2009년 이후에 취득한 연구대회 1등급이나 석사학위만이 상향된 점수를 적용받는 것이 아니라, 2009년 이전에 이수한 직무연수나 취득한 학위 등도 개정된 규정을 적용 받게 됩니다. 이를 두고 흔히 '소급적용'이라고 말하고 있으나, 이는 '소급적용'이 아니라 평정 시점에 해당 실적에 대한 평정을 하기 때문에 법령에 의해 새로운 방식을 적용하여 평정하는 것입니다. 경력평정의 기간계산과 관련하여서는 기간 계산 시 1월 미만은 '일'단위로 계산하게 됩니다. 교장 승진 및 자격 연수대상자의 명부작성 시 근무성적 산정기간은 2년(60%, 40%)에서 3년(50%, 30%, 20%)으로 조정됩니다. 교감승진 및 자격연수 대상자의 명부작성 시 근무성적 산정 기간은 매년 1년씩 확대 실시하여 2016년 평정 시에는 10년으로 산정하도록 2007년에 개정되었으나, 2009년 11월 26일 입법 예고된 「교육공무원승진규정」 개정안에 따라 최근 5년 이내의 평정한 합산점 중 가장 유리한 것부터 3개년의 합산점을 평균하여 산정하도록 개정되었습니다.

## 2. 교사 다면평가 내용과 절차

Q 교사에 대한 다면평가가 도입되었는데, 구체적인 내용은 무엇입니까?

A 「교육공무원승진규정」 제28조의 2(근무성적평정 및 다면평가의 실시는)에 의거 매년 12월 31일을 기준으로 하여 해당 교사의 근무실적·근무수행능력 및 근무수행태도에 관하여 근무성적평정과 다면평가를 정기적으로 실시하고, 다면평가 점수의 30%와 근무성적평정의 결과 70%를 합산하게 됩니다. 다면평가자는 근무성적의 확인자가 평가대상자의 근무실적·근무수행능력 및 근무수행태도를 잘 아는 동료교사 중에서 3인 이상으로 구성해야 합니다. 그 밖에 다면평가자 구성에 관한 기준 및 절차 등 세부적인 사항은 승진후보자명부작성권자인 교육감이 정할 수 있도록 되어 있습니다.

## 3. 석사학위 취득실적의 자격연수성적 평정

Q 중등 1급 정교사 자격 취득 후에 교육대학원에서 석사학위를 취득하였습니다. 1급 정교사 자격연수 점수가 좋지 않아 대학원 이수성적을 1정 자격연수성적으로 대체하려고 하는데, 이런 경우 대체가 가능한지 궁금합니다.

A 「교육공무원인사관리규정」 제12조(교감·원감 및 교장·원장 자격연수 대상자 지명을 위한 순위명부작성) 제1항 제1호에 의거 교(원)감 자격연수 응시대상자 순위명부작성 시 평정하는 자격연수는 '1급 정교사·전문상담교사 또는 1급 정교사 자격증 취득 후의 사서교사'로 정하고 있습니다. 따라서 석사학위 취득실적을 자격연수성적으로 평정 받으려면 1급 정교사 자격연수 전 석사학위취득실적으로 1급 정교사 자격을 취득해야 합니다. 1급 정교사 자격 취득 후에 석사학위를 취득한 경우, 대학원 이수성적을 1급 정교사 자격연수성적으로 대체할 수 없음을 양지하시기 바랍니다.

## 4. 학위취득실적평정 인정 기준

Q 대학원에서 논문을 쓰지 않고 학칙에 의한 학점에 의해 취득한 석사학위가 연구실적 평정대상인 학위취득에 해당합니까?

A 「교육공무원승진규정」 제36조(학위취득실적평정)에 따르면, 학위취득 실적평정은 논문을 대상으로 평정하는 것이 아니라 학위취득실적을 평정대상으로 하는 것입니다. 따라서 학위를 취득하였다면 논문 작성여부는 무관한 것으로 판단됩니다. 또한 학위취득실적평정은 학위취득실적을 대상으로 한다는 규정에 따라, 대학원 편입의 경우에도 정규 교과 과정을 통해 학위(석사 또는 박사학위)를 취득하였다면 연구실적 평정대상으로 간주할 수 있습니다. 다만, 학위취득실적평정은 당해 직위나 전직된 경우 직전 직위에서 취득한 학위를 연구실적으로 평정하고 있습니다. 따라서 임용 전 학위취득실적은 평정대상이 되지 않습니다.

## 5. 주간 대학원에서 취득한 학위실적 인정 여부

Q 「교육공무원승진규정」상 연수성적 중 주간 대학원에서 취득한 학위를 학위취득실적평정에 포함시킬 수 있습니까?

A 교원은 「국가공무원복무규정」 제9조(근무시간 등), 「국가공무원법」 제56조(성실 의무) 및 제58조(직장 이탈 금지)의 규정에 의하여 정해진 근무시간을 준수하며 지정된 근무지에서 성실하게 근무하여야 할 의무가 있으므로 만약 소속 상관의 허가를 받지 않고 근무 시간 중 대학원에서 수강하여 학위를 취득하였다면 직장을 이탈하여 이뤄진 행위이므로 연구실적으로 평정하는 것은 어렵습니다. 주간 대학원에서 취득한 학위가 공무원으로서 정당한 절차에 의하여 취득한 것이라면 이를 입증할 수 있는 관련 서류(주간대학원이 발급하는 야간 강좌 관련 증명 또는 커리큘럼 사본, 학교장의 허가를 입증할 수 있는 내부 결재 공문, 근무상황기록부 등)를 구비하여 평정 서류에 첨부하여 제출하여야 합니다.

## 6. 타 시·도 전보 시 농어촌학교 가산점 적용 여부

Q 현재 제가 근무하는 학교는 교육감이 지정한 읍·면·동 지역의 선택가산점을 적용 받고 있습니다. 내년에 타 시·도로 전보할 예정인데, 제가 받았던 선택가산점이 전보 후에도 유효합니까?

A 「교육공무원승진규정」 제41조(가산점) 제4항 제2호에 의하면 선택가산점의 경우, 명부작성권자가 특별히 지정한 읍·면·동 지역의 농어촌학교 중 세부항목 및 점수의 기준을 정하여 산정할 수 있습니다. 시·도간 전출입 등으로 인하여 명부작성권자가 바뀔 경우, 평정 시 소속기관의 가산점 규정을 적용받게 됩니다. 따라서 전입하는 소속 시·도교육청의 기준에 따른 농어촌 지역 가산점을 적용받게 되므로, 이전 시·도교육청의 기준에 따른 선택가산점은 적용받기 힘들 것으로 판단됩니다. 다만, 선택가산점 인정에 관한 사항은 시·도교육청별 지침에 따라 상이하므로, 관할교육청의 선택가산점 인정 지침을 확인하여 처리하시기 바랍니다.

**영역: 징계**

## 1. 사립학교 교원의 징계의결 시 절차

Q 사립학교 교원의 징계 사유가 발생한 경우 징계 절차는 어떻게 됩니까?

A 「사립학교법」 제61조(징계의 사유 및 종류) 제1항에 의거하여 교원의 임면권자는 징계의결을 요구해야 하며, 교원징계위원회의 징계의결 결과에 따라 징계처분을 하여야 합니다. 또한 「사립학교법」 제53조의2(학교의 장이 아닌 교원의 임면) 제1항 제1호에 의하면 학교법인 및 법인인 사립학교 경영자가 설치·경영하는 사립학교의 교원의 임면은 당해 학교의 장의 제청으로 이사회 의결을 거치도록 하고 있습니다.

## 2. 직위해제 중 근무 여부 및 지급되는 보수액

Q 직위해제 처분을 받은 경우 출근을 하여야 합니까? 또 직위해제 기간 동안의 보수 지급은 어떻게 됩니까?

A 「국가공무원법」 제73조의 3(직위해제) 제3항, 제4항에 비추어 보면 직위해제처분만 받은 공무원의 경우 출근을 해야 할 의무가 없으나, 직위해제처분을 받은 공무원이라 하더라도 대기명령을 함께 받은 경우에는 임용권자 등의 교육훈련 또는 특별한 연구과제 부여 등의 조치에 응하기 위하여 근무처에 출근하여야 할 의무가 있습니다(서울고법 19911212 선고 91구5435 제10특별부 판결 참조). 직위 해제된 자에 대하여는 봉급의 8할을 지급하게 됩니다. 다만, 징계 의결이 요구 중이거나 형사사건으로 기소되어 직위 해제된 자가 직위해제일로부터 3개월이 지나도 직위를 부여받지 못할 때에는 봉급의 50퍼센트를 지급합니다.

## 3. 1심에서 무죄판결 후 복직 가능 여부

Q 형사사건으로 기소되어 직위 해제하다 교육공무원이 1심에서 무죄판결을 받았으나 검찰의 항소제기로 인해 2심에 계류 중에 있을 때 복직을 시킬 수 있는지 여부와 복직 시기는 어떻게 됩니까?

A 「국가공무원법」 제73조의 3(직위해제) 제1항 제4호에 의하면 형사사건으로 기소된 자는 직위를 해제해야 하는바, 1심에서 무죄판결을 받았다 할지라도 검찰의 항소제기에 의하여 소가 계속 진행 중일 경우에는 직위해제 사유가 소멸되었다고 볼 수 없습니다.

## 4. 불문경고의 효력

Q '불문경고'를 받았는데, 어떤 불이익을 받게 됩니까?

A '불문경고'는 벌률상의 징계처분은 아니나 위 처분을 받지 아니하였다면 차후 다른 징계처분이나 경고를 받게 될 경우 징계감경사유로 사용될 수 있었던 표창 공적의 사용 가능성을 소멸시키는 효과와, 1년 동안 인사기록카드에 등재됨으로써 그동안 표창 대상자에서 제외되는 등으로 사실상 징계에 준하는 불이익이 따르는 행정처분에 해당합니다(대법원 2002.7.26. 선고 2001두3532 판결).

## 5. 소청심사 청구 절차

Q 징계를 받았는데 너무 과한 징계라고 생각될 때 소청심사를 청구하려면 어떻게 해야 합니까?

A 각급 학교 교원의 징계처분과 그 밖에 그 의사에 반하는 불리한 처분을 받은 때에는 그 처분이 있었던 것을 안 날부터 30일 이내 교원소청심사위원회에 소청심사청구서를 제출하여 심사를 청구할 수 있습니다. 이때 30일의 기준은 우편으로 청구할 경우 소인이 찍힌 날이 아니라 도달된 날을 기준으로 하며, 청구서에 결격사유가 있을 경우 7일 이내에 보완을 요청할 수 있습니다.

**영역: 학사 및 기타**

## 1. 출석으로 인정받을 수 있는 결석인 경우

Q 학생이 신종 플루에 감염되어 학교를 오지 못할 경우에 출결 처리는 어떻게 해야 합니까?

A 「학교생활기록작성 및 관리지침」 제8조(출결상황) 제2항 및 [별지 제8호]에 따르면 학생이 지진, 폭우, 폭설, 폭풍, 해일 등의 천재지변 또는 법정 전염병으로 출석하지 못한 경우에는 출석으로 인정하도록 되어 있습니다.

## 2. 학생 조퇴의 처리 기준

Q 조퇴 처리 시 학생이 반드시 수업을 조금이라도 받아야 성립되는 것인지, 아니면 1교시 이전에도 조퇴가 성립하는지요? 만일 1교시 이전에 조퇴하는 것이 성립되지 않는다면 결석으로 처리해야 하는지 궁금합니다.

A 「학교생활기록작성 및 관리지침」에 의거하여 조퇴는 학교장이 정한 소정의 하교시간 이전에 하교하는 것을 말합니다. 학교장이 정한 등교시간 이후, 하교시간 이전에는 언제든지 가능하며 등교시간은 1교시 수업 시작 시간과는 다른 개념으로 학교장이 정한 시간으로 통상 수업 및 학

교조회 전 일정 시간으로 학교 소재지역의 특성을 고려하여 정할 수 있습니다. 특정시간을 등교시간으로 정한 경우에도 그 시간 이전에 학생이 등교하여 자습, 독서, 운동 등 활동을 하다가 특별한 사정으로 정해진 등교시간이 개시되기 이전에 귀가한 경우에도 학생이 학교에 출석하였다가 귀가한 것으로 보아 조퇴로 처리함이 타당합니다.

## 3. 지각, 조퇴, 결과의 횟수가 진급에 영향을 미치는지 여부

**Q** 학생의 1년간 결석일수가 65일, 지각, 조퇴, 결과가 합하여 30회를 넘을 때 진급이 가능한지 궁금합니다.

**A** 「초·중등교육법시행령」 제50조(수료 및 졸업 등)에 의거 학년수료 및 진급조건은 해당 학년 수업일수의 3분의 2 이상을 출석하는 것입니다. 결석이 아닌 지각, 조퇴, 결과 등은 횟수에 상관없이 출석일수에 포함됩니다. 그 이유는 지각, 조퇴, 결과 3회를 결석 1일로 계산하는 것은 개근, 정근 여부를 판단하기 위한 것이기 때문입니다. 따라서 결석 65일을 제외한 출석일수가 해당학년 수업일수의 3분의 2 이상일 경우 해당학년의 수료 및 상급학년 진급이 가능합니다.

## 4. 장기입원 학생의 재택 수업 가능 여부

**Q** 담임하고 있는 반의 한 학생이 교통사고로 중상을 입고 병원에 입원하여 치료를 받고 있습니다. 현재 결석일수가 거의 수업일수의 3분의 1에 육박해 가는데, 재택 수업으로 출석 인정이 가능한지와 성적처리는 어떻게 할 수 있는지 궁금합니다. 또한 계속 학교에 나오지 못하여 정원 외 유예가 된다면 다시 출석할 때 학년은 어떻게 됩니까?

**A** 만성질환으로 인해 학업을 지속하기 어렵고 교육적 지원이 요구되는 학생을 건강장애 학생으로 선정하여 병원학교 수업이나 화상강의 수업을 통해 출석을 인정하고 있습니다. 교통사고로 인해 다리를 다쳐 장기 입원한 경우 건강장애에 해당되지는 않으나 건강장애학생을 위한 화상강의기관 등에 관할 교육감이 위탁하여 출석인정을 받는 방안을 적용할

수 있습니다. 수업은 학생의 건강상태에 따라 계획이 수립되고 조정될 수 있으며 초등학생은 일일 최소 1시간, 중등학생은 최소 2시간 이상의 수업이 규정되어 있습니다. 평가관리는 학생이 소속한 학교의 성적관리 규정에 의하여 처리할 수 있을 것으로 판단됩니다. 또한 유예 대상자가 되어 정원 외 관리되었을 시 학칙에서 정한 교과목별 이수인정평가를 실시하고 결과에 따라 학년을 정할 수 있습니다.

## 5. 학생의 해외연수에 대한 학적처리

Q 학칙이 정한 기간을 초과한 해외어학연수에 대한 학적처리는 어떻게 해야 합니까?

A 해외여행을 할 경우, 「학교생활기록작성 및 관리지침」의 체험학습 처리절차에 따라 체험학습계획서를 제출해 학교장 승인을 받아 실시하고 실시 후 결과보고서를 제출한 상태에서 체험학습 실시 내용과 방법이 사전 승인한 바에 적합하다고 인정되는 경우 학칙이 정한 바에 의해 학교장이 사전 승인한 기간에 대해서만 출석으로 처리할 수 있습니다. 다만, 학교장 승인 없이 이루어진 체험학습, 학칙이 정한 기간을 초과한 기간의 체험학습 등 개인적인 어학연수, 해외여행 등은 체험학습으로 인정할 수 없으며 해당기간은 무단결석 처리하여야 합니다(교육과학기술부 국민참여교육센터, 학교정책과-946). 학생이 불법유학으로 무단결석이 7일 이상 지속되는 경우, 보호자에게 취학의무 위반에 대한 조치를 취해야 하고, 연락두절 등의 경우에는 교육청 및 읍·면·동에 통보하여 취학의무 독려에 만전을 기해야 합니다. 무단결석 개시일로부터 3개월이 경과한 이후에는 계속 결석처리하지 않고 해당학년의 정원에서 제외해 별도로 학적을 관리해야 합니다(정원 외 관리). 이는 의무교육 연한 내에 취학하고자 할 경우 취학을 허가하기 위해 별도로 학적을 관리하는 것으로 의무교육대상자는 제적할 수 없음에 의한 불가피한 조치입니다.

## 6. 학교생활기록부 정정 시 업무 처리

Q 개명 절차 간소화 이후, 학생이 개명을 하여 주민등록등본을 받아 놓았는데, 개명과 관련된 서류 처리 절차가 궁금합니다.

A 학교생활기록부 정정사항은 생활기록부 정정대장을 마련하여 학년도 단위로 작성하여 증빙서류와 함께 합철하며, 일련번호는 별도의 학년도 간 일련번호를 부여하여 기재합니다. 학급 담임(담당)교사는 정정대상자의 학교생활기록부 정정 전 출력물과 정정 입력 후 출력물 및 정정사유 증빙서류(입력착오, 성적산출 잘못, 보조부 기재 잘못 등)를 첨부하여 학교장이 정정 내용 및 입력상황을 확인할 수 있도록 하여야 합니다. 마찬가지로 각종 보조부의 내용에 오류가 있는 경우 당해 학교의 규정에 따라 보조부의 정정 결재부터 시행한 후 학교생활기록부를 정정합니다. 관련서류는 개명전후의 이름이 나와 있는 관련서류를 증빙하면 됩니다.

## 7. 학교폭력 신고의 의무

Q 담임교사나 보건교사 또는 상담교사가 학교폭력 사실을 알고 가 · 피해학생에 대해 혼자 해결하기 위해 보호자를 불러 원만히 해결토록 하는 것도 법에 저촉되는지 궁금합니다.

A 「학교폭력예방 및 대책에 관한 법률」 제20조(학교폭력의 신고의무)에는 학교폭력 현장을 보거나 그 사실을 알게 된 자는 학교나 관계기관에 신고하여야 하고, 누구라도 학교폭력의 예비 · 음모 등을 알게 된 자는 이를 학교의 장 또는 학교폭력대책자치위원회에 고발할 수 있습니다. 다만, 교원이 이를 알게 되었을 경우에는 학교의 장에게 보고하여야 한다고 규정하고 있어 학교장의 지시나 학교폭력대책자치위원회의 요청이 없이 담임교사나 보건교사 등이 자체적으로 처리하는 것은 신고 의무위반에 해당될 수 있을 것입니다. 신고를 받은 기관은 이를 가해학생 및 피해학생의 보호자 또는 소속 학교의 장에게 통보하도록 하고 있으므로 학교장은 경찰에 신고가 된 사건의 경우 통보요청을 할 수 있습니다.

다만, 학교폭력대책자치위원회의 심의결과에 따라 상담실시 등의 조치가 취해지면 상담교사나 보건교사, 담임교사 또는 외부 상담전문가 등에게 역할을 부여할 수 있습니다. 신고는 법적인 의무사항임을 분명히 인식하여야 하며 신고하는 절차는 학교폭력 현장을 보거나 그 사실을 안 학생, 학부모, 교사 등은 해당 학교의 학교폭력대책자치위원회나 학교장에게 신고하거나 관계기관(경찰, 검찰 등)에 신고하면 됩니다.

## 8. 학교폭력과 가해학생 출석정지 및 전학조치 불복 시 처리

Q 「학교폭력예방 및 대책에 관한 법률」에 따르면 폭력관련 가해학생에 대하여 출석정지 조항이 생겼습니다. 그러면 학교 내외에서 폭력이 아닌 다른 문제로 인하여 학생을 처벌할 경우에 유기정학, 무기정학, 출석정지 규정을 만들어서 적용할 수 있는지, 아니면 예전의 선도위주의 학생 처벌이 지금도 유효한지 궁금합니다.

A 「학교폭력예방 및 대책에 관한 법률」 제17조(가해학생에 대한 조치) 및 「초 · 중등교육법시행령」 제31조(학생의 징계 등)에 따르면 초등학생과 중학생에 대한 출석정지는 오로지 폭력 가해자에 대해서만 학교폭력대책자치위원회의 심의를 통해 조치할 수 있습니다. 다른 비행에 대해서는 불가능합니다. 고등학생에 대해서는 모든 비행에 대한 출석정지 조치가 가능하나 그것도 퇴학 직전의 단계에 취하는 조치입니다.

초 · 중 · 고등학생의 경우에는 「초 · 중등교육법시행령」 제21조(초등학교의 전학절차) 제3항, 제73조(중학교의 전학 등) 제5항 및 제89조(고등학교의 전학 등) 제5항에 의해 교육장 또는 교육감이 전학 조치를 취할 수 있습니다. 다만, 초등학생의 경우 보호자 1인의 동의가 반드시 필요합니다. 이 경우 학교는 다시 학교폭력대책자치위원회를 개최하여 가중처벌을 할 수 있는 법적근거가 없는 만큼 「초 · 중등교육법시행령」 제31조(학생의 징계 등)에 의해 선도위원회를 열어 적절한 조치를 취하는 것이 바람직하다고 사료됩니다. 가해학생이 고등학생이라면 퇴학처분까지도 가능합니다.

## 9. 가정폭력으로 인한 전학 관련 사항

Q 아버지의 가정폭력으로 인하여 합의 이혼한 상태에서 어머니가 양육권 분쟁 중인데, 현재 학생들은 피신한 상태에서 학교를 못 나오고 있고 아버지는 계속 아이들의 소재를 물어봅니다. 학생들의 비밀 전학이 가능합니까?

A 전학의 경우 주소지 이전을 원칙으로 하고 있으나, 「초·중등교육법시행령」 제21조(초등학교의 전학절차) 제3항에 따라 가정폭력, 학교폭력 등 학생의 학교생활부적응 또는 가정 사정 등으로 인해 학생의 교육환경을 바꾸어 줄 필요가 있다고 학교장이 인정하는 경우, 전학의 특례를 적용하여 초등학교의 경우는 보호자 1인의 동의를 얻어 주소지 이전 없이 교육장에게 당해 학생의 전학을 추천할 수 있고, 중·고등학교의 경우는 교육장(교육감)이 학교를 지정하여 전학하게 할 수 있습니다. 또한 양육권 분쟁 중이라고 하더라도 어머니는 친권자로서의 권리가 있으며, 양육권 역시 현재까지는 유지하고 있으므로, 보호자로서 전학 요구가 가능할 것으로 판단됩니다. 가정폭력으로 인한 비밀 전학의 경우 「가정폭력범죄의 처벌 등에 관한 특례법」 제18조(비밀엄수 등의 의무) 제3항에 따라 피해자인 아동의 교육 또는 보육을 담당하는 학교의 교직원은 정당한 사유가 없는 한 해당 아동의 취학·진학·전학 또는 입소(그 변경을 포함한다)의 사실을 친권자를 포함하여 누구에게든지 누설하여서는 안 되기 때문에, 폭력가해자인 학생의 아버지에게 해당 아동의 소재를 알려주어서는 안 됩니다.

## 10. 불법체류자 자녀의 취학 가능 여부

Q 지역 이주노동자의 자녀가 저희 학교에 취학을 원하는데, 문제는 학부모가 현재 불법체류 중입니다. 이런 경우라도 취학이 가능한가요? 가능하다면 어떤 서류가 필요합니까?

A 불법체류자의 자녀라 하더라도 그 자녀에 대한 교육은 의무교육의 취지와 인권존중의 차원에서 배려되어야 한다는 국제협약을 존중하여 2001

학년도부터 학교장의 재량으로 입학이 허용되고 있습니다. 「초·중등교육법시행령」 제19조(재외국민 자녀의 입학절차 등)에 근거하여 취학 허용을 위해 아동의 연령을 확인할 수 있는 출생증과 출입국증명서 또는 외국인등록사실을 증명할 수 있는 서류를 제출하거나 임대차계약서, 거주사실에 대한 인우보증서 등으로 거주사실 확인을 대신할 수 있습니다.

## 11. 무호적 상태의 학생 입학처리 절차

Q 학생의 나이는 14세이지만 가정 사정으로 인해 호적을 올리지 못한 상황입니다. 이 학생이 입학할 수 있는 방법이 있습니까?

A 「호적법」상의 무적자라는 이유로 취학기회를 부여하지 아니할 수 없으므로 병원의 발육상태확인(진단)서 등을 근거로 취학통지서를 동사무소로부터 발부받은 후 거주지 관할 초등학교에서 취학신청을 받아 적절하게 조치할 수 있습니다. 이때 취학기회 부여와 학사업무를 위한 구체적인 절차나 방법은 동사무소와 지역교육청, 해당 취학학교가 협의해서 결정할 수 있습니다.

## 12. 대안학교 학생의 중학교 재취학

Q 2007년 9월 1일부터 미인가 대안학교를 다니는 동안 정원 외 관리되던 학생이 이전에 다니던 중학교를 다시 다니려고 할 경우 학적 처리는 어떻게 하면 됩니까?

A 정원 외로 관리되던 중학생이 다시 의무교육을 받고자 중학교에 다니게 될 때는 재취학을 하게 됩니다. 재취학을 희망하는 경우 정원 외 학적 관리된 학년 이하의 학년에 재취학하거나, 「초·중등교육법시행령」 제29조(유예자 등의 학적관리)에 의거 학칙이 정하는 바에 따라 '교과목별 이수인정 평가위원회'를 개최하여 학생의 학년을 정할 수 있습니다. 또한 정원 외 학적관리 중인 학생이 재취학할 경우 재취학 당시 해당 학년 수업일의 수학 가능성을 인정한 것이므로 수업일수가 당해학년도

수업일수의 3분의 2 이상에 미달하여도 해당 학년 수료에 영향을 받지 아니합니다.

**영역: 각종 복지 제도**

## 1. 맞춤형 복지제도의 세부 내용

Q 맞춤형 복지제도에 관한 세부적인 내용을 알고 싶습니다.

A 공무원의 다양한 복지수요를 효과적으로 충족시키고 정부의 생산성을 높이기 위하여 공무원이 자신의 선호와 필요에 따라 자신에게 적합한 복지혜택을 선택할 수 있도록 하는 맞춤형 복지제도가 시·도교육청별로 시행되고 있습니다. 「공무원후생복지에 관한 규정」 및 「맞춤형복지제도업무처리지침」에 따라 복지항목의 구성은 정부 차원에서 설정하고 전체 공무원이 의무적으로 선택하는 필수 기본 항목(생명·상해보험의 선택안으로 5천만 원~2억 원의 범위 내에서 단일안 또는 복수안)과 운영기관별로 의무적으로 선택하는 선택기본항목(본인 및 가족 의료비 보장보험, 건강검진 등)과 운영기관별로 설정하여 각 개인이 자유롭게 선택하는 자율항목(건강관리·자기계발·여가활용·가정친화 등에 관한 항목)으로 구성되어 있습니다. 복지 점수는 기본 복지 점수 300점(1점은 1천 원에 상당), 1년 근속당 근속 복지 점수 10점(최고 300점), 가족 복지 점수(배우자 100점, 직계존비속 1인당 50점)로 구성됩니다. 가족 복지 점수의 경우 부양가족은 4인 이내로 한정하되, 자녀의 경우 4인이 초과되어도 모두 인정합니다. 또한 운영기간의 장은 이 외에 예산절감액, 소속공무원의 업무 성과, 포상금 또는 집행 잔액이나 복지카드 수수료 등 맞춤형 복지 제도의 운영수익이 발생한 범위 내에서 소속 공무원에게 이를 정산하여 재배정할 수 있습니다. 복지점수는 연도별로 부여하고, 남은 복지점수의 이월이나 금전청구는 불가합니다.

## 2. 성과상여금지급을 위한 근무기간 산정

Q 현재 육아휴직 중인 여교사입니다. 2009년 1월 1일부터 2009년 2월 28일까지 2개월 간 근무하면서 4시간의 조퇴를 사용했습니다. 동년 3월 1일자부터 현재까지 육아휴직 중인데, 올해 성과금을 받을 수 있나요?

A 교육과학기술부의 「2009년 교육공무원성과상여금평가기준」에 의하면 지급대상은 실제 근무기간이 2개월 이상이며, 지급기준일을 기준으로 해당기관에 소속되어 있는 교육공무원이어야 합니다. 조퇴 4시간의 경우 8시간 미만이므로 1일 휴가로 산정되지 않았기 때문에 2개월 이상 근무한 것으로 볼 수 있습니다. 다만 1일 휴가라도 사용하였을 경우에는 지급 대상에서 제외됩니다. 또한 지급기준일 현재 파견 중인 자와 휴직(군 입대 휴직자도 포함), 기타 사유로 직무에 종사하지 않고 있는 자도 지급대상에 포함됩니다. 따라서 선생님은 성과급 지급 대상자가 됩니다.

## 3. 재직기간 합산 가능 여부

Q 교사로 임용되기 전에 공무원으로 근무한 경력이 있는데, 재직기간 합산을 신청하였으나 재직기간 합산을 할 수 없다는 답변을 들었습니다. 재직기간 합산신청 기한이 별도로 정해져 있는지 알고 싶습니다.

A 현행 「공무원연금법」 제24조(재직기간의 합산방법)의 개정에 따라, 재직기간 합산 신청이 언제라도 가능합니다.

## 4. 출퇴근 중 발생한 교통사고의 공상 해당 여부

Q 출퇴근길에 교사가 교통사고를 당할 경우 공무(사립교원: 직무)상 재해로 인정, 요양비를 청구할 수 있습니까?

A 출퇴근길에 발생한 교통사고는 공무(직무)상의 재해로 인정받을 수 있습니다. 그러나 요양비 지급은 매우 제한되어 있습니다. 기본적으로 주민등록상의 주소와 학교 사이의 통상 출근코스 · 시간대 · 교통수단 등을

이용하였어야 하고(이런 사실들을 객관적으로 입증할 수 있어야 함), 사고발생에 본인의 귀책사유나 중과실이 없어야 합니다. 가해자와 합의한 경우 가해자가 지급한 보상액과 보험에 가입한 경우 수령한 보험금액 등을 요양비에서 제외하고 지급하므로 실익은 크지 않을 수도 있습니다. 그러나 일정기간 이상의 입원치료가 필요할 경우 공무(직무)상 병가나 휴직을 얻을 수 있으며, 동 기간은 보수나 경력 등에 있어서 불이익을 당하지 않으므로 공무(직무)상 재해 승인 신청을 하시는 것이 유리할 것입니다.

## 5. 국공립 및 사립학교 교사의 사망조위금 청구 및 지급

Q 직계존속 사망 시 사망조위금 청구는 재직 중 신청이 한 번만 가능한지 아니면 직계존속 사망 시 그때마다 신청이 가능한지 여부와 사망조위금 지급 청구 소멸시효가 궁금합니다.

A 「공무원연금법」 제41조의 2(사망조위금) 규정에 의한 사망조위금은 직계존속 사망 시마다 청구가 가능합니다. 사망조위금은 단기 급여로 급여의 사유가 발생한 날(사망한 날)로부터 3년 이내에 청구를 하지 않을 때에는 시효로 인하여 그 권리가 소멸됩니다. 사망조위금의 신청은 「공무원연금법시행령」 제36조의 2(사망조위금지급대상 및 청구절차)에 따라 사망조위금청구서에 사망 및 사망자와의 관계를 증명할 수 있는 서류를 첨부하여 연금취급기관장의 확인을 받아 공단에 제출합니다. 이때 담당공무원은 행정정보의 공동이용을 통하여 주민등록표등본(부양하던 공무원의 경우에 한함)을 확인하여야 하며, 신청자가 확인에 동의하지 아니하는 경우에는 주민등록표등본을 제출해야 합니다.

교육공무원뿐만 아니라 사립학교 교원도 배우자 또는 직계존속이 사망한 때에 사망조위금을 지급받을 수 있음에도 일선 사립학교 교원은 이를 알지 못해 혜택을 받지 못하고 있는 사례가 종종 있습니다. 사립학교교원의 경우 「사립학교교직원연금법」 제42조(「공무원연금법」의 준용)의 규정에 따라 「공무원연금법」의 사망조위금 규정을 준용하여 지급하고 있습니다.

## 6. 휴직 중 기여금 납부

Q 휴직 중에 기여금 납부를 하지 않고 복직한 후에 복직한 달부터 기여금을 두 달분씩 내고 있는데, 학교행정실로부터 작년 기여금도 올해 인상분으로 내야 한다고 합니다. 올해 인상분으로 휴직한 기간의 기여금을 납부하는 것이 맞습니까?

A 「공무원연금법」상의 기여금은 급여에 소요되는 비용으로 공무원으로 임용된 달부터 퇴직한 날의 전달 또는 사망한 달까지 최대 33년의 범위 내에서 매달 납부하여야 합니다. 공무원이 육아휴직, 해외유학휴직 등으로 인하여 보수를 지급 받지 못할 경우에는 기여금을 납부하지 아니합니다. 이로 인해 미납된 기여금은 「공무원연금법시행령」 제63조(병역복무휴직자 등의 기여금 납부)에 의거 복직 후 이를 납부하는 달의 기여금을 기준으로 납부하게 됩니다. 그 이유는 미납기간 동안의 이자를 가산하여 미납금을 징수할 경우 그에 따른 혼란을 최소화하고 업무를 원활히 운용하고자 하는 취지에 근거한 것입니다. 따라서 기여금을 올해 인상분으로 내는 것은 적법 · 타당합니다.

## 7. 퇴직급여의 압류 가능 여부

Q 「공무원연금법」상 퇴직급여에 대해 압류가 가능한지 궁금합니다.

A 공무원연금제도는 공무원에 대한 사회보장 제도의 일환으로서 공무원 및 그 유족의 생활안정과 복리후생에 기여함을 목적으로 운영하는 제도이기 때문에 급여수급권자의 생활보장을 실질적으로 확보하기 위해 「공무원연금법」 제32조(권리의 보호)에 '급여를 받을 권리는 이를 양도압류하거나 담보에 제공할 수 없다'라고 규정하고 있습니다. 따라서 급여수급권(퇴직일시금, 퇴직연금, 퇴직수당 등)은 어떠한 목적으로든 제3자에게 양도되거나 담보에 제공할 수 없을 뿐 아니라, 채권확보를 목적으로 압류할 수도 없습니다. 다만, 연금인 급여(퇴직 · 유족 · 장해연금)는 국세징수법과 지방세법 등 기타 법률에 의한 체납 처분의 대상은 될 수 있습니다. 그리고 공단에서 퇴직급여를 지급한 예금통장에 대해서는 압

류가 가능합니다.

## 8. 해외이민 또는 국적상실자의 연금지급 가능 여부

Q 퇴직하고 해외로 이민을 갈 생각입니다. 연금수급 예정자가 해외로 이민을 가거나 국적을 상실할 경우 해당 연금은 어떻게 지급됩니까?

A 「공무원연금법」 제44조(연금지급의 특례) 제1항에 따라 연금인 급여를 받을 권리가 있는 자가 외국에 이민하게 된 때에는 본인이 원하는 바에 따라 연금인 급여에 갈음하여 출국하는 달의 다음 달을 기준으로 한 4년분의 연금에 상당하는 금액을 일시에 지급받을 수 있습니다. 또한 동법 동조 제2항에 따라 연금인 급여를 받을 권리가 있는 자가 국적을 상실한 때에는 본인이 원하는 바에 따라 연금인 급여에 갈음하여 국적을 상실한 달의 다음 달을 기준으로 한 4년분의 연금에 상당하는 금액을 일시에 지급받을 수 있습니다.

**영역: 각종 수당**

## 1. 신규임용자의 이전비 지급 여부 및 이전비 지급 절차

Q 올해 3월 신규로 임용 예정된 교사입니다. 타 시 · 도로 임용이 예정되어 있는데, 이 경우 이전비가 지급됩니까? 또 지급받기 위해서는 어떤 절차가 필요한지 알고 싶고 미리 받을 수도 있습니까?

A 이전비는 부임의 명령에 따른 근무지 변경으로 거주지를 이전하면서 발생된 이사화물운송비용을 국가가 일정 범위 안에서 실비를 보전해 주는 제도입니다. 부임의 명이란 전보 · 파견 · 신규임용 등의 행위에 의해 새로 임용된 직위가 소재하는 지역으로의 이전을 말하는 것으로 신규교사로 임용되는 경우에도 이에 해당합니다. 이때 이전비 산정을 위해 채용당시 거주지를 구임지로 보아 이전비 지급을 받을 수 있습니다. 이전비를 지급받기 위해서는 거주지를 이전한 날의 다음날부터 기산하여 6월 이내에 거주지의 변경을 확인할 수 있는 증빙서류(주민등록등본 또는 초본 등) 및 이사화물 운송내역(이동구간, 이동거리, 운송비와 적재, 하

차에 소요되는 인건비 등)을 확인할 수 있는 증빙서류(이사비용 계산서 등)를 구비하여 새로 부임한 근무기관에 이전비 지급을 신청해야 합니다. 불가피한 사정으로 주민등록이 정리되지 못한 경우에는 실제 거주지 이전을 증빙할 수 있는 서류(임대차 계약서, 공과금 납부영수증 등)가 필요합니다. 이전비는 해당지역으로의 명을 받거나 부임의 명을 받을 것이 객관적으로 명백하여 이전한 경우의 실비 범위 내에서 지급하기 때문에 이전이 예견된 상태에서는 이전비를 미리 받을 수는 없습니다.

## 2. 장애를 가진 60세 미만 직계존속의 가족수당 지급여부

Q 현재 장애 등급 6급인 아버지와 함께 거주하고 있는 교사입니다. 60세가 되지 않아도 부모님이 장애가 있을 경우에는 가족수당 지급대상이 된다고 들었는데, 제 경우에도 가족수당 지급대상이 됩니까?

A 「공무원수당 등에 관한 규정」 제10조(가족수당) 제2항 제2호에 따라 가족수당 지급대상에는 60세 미만의 직계존속 중 장애의 정도가 심한 사람도 포함됩니다. '장애의 정도가 심한 사람'이란 법령에 의한 장애(상이, 장해)등급에 해당하는 사람 또는 그에 준하는 사람으로서 행정안전부장관이 정하는 사람을 말합니다. 따라서 선생님의 경우에는 가족수당 지급대상이 됩니다.

## 3. 가족수당의 소급 지급 가능 여부

Q 올해 회갑을 맞으신 어머니가 계신데, 가족수당 지급대상이 되는지 궁금합니다. 만일 지급대상이 된다면, 가족수당을 뒤늦게 청구할 경우 몇 년까지 소급 받을 수 있습니까?

A 「공무원수당등에 관한 규정」 제10조(가족수당)에 의거, 본인 및 배우자의 60세(여자인 경우 55세) 이상의 직계존속은 부양가족의 범위에 해당합니다. 또 가족수당은 그 지급사유가 발생한 날이 속하는 달부터 지급할 수 있으며, 공무원 본인이 부양가족신고를 하지 않아 가족수당을 지급받지 못한 경우에도 그 이후 부양가족을 신고하면 지급사유가 발생한

날이 속하는 달까지 소급지급이 가능합니다. 그러나 본인의 과실로 인해 부양가족신고를 하지 아니한 경우, 가족수당을 지급받을 수 있는 권리의 소멸시효는 3년이므로 가족수당을 청구한 시점으로부터 3년 이전의 기간은 지급받지 못하게 됩니다.

## 4. 병가 중 보수 지급

Q 병가를 60일 정도 신청할 예정입니다. 병가 기간 중에 봉급은 다 나오는 걸로 알고 있는데, 수당도 다 받을 수 있습니까?

A 「공무원수당 등에 관한 규정」 제19조(수당 등의 지급방법) 제6항에 따르면, 병가를 포함한 공무원의 30일 이상의 휴가 기간의 보수 지급은 봉급은 전액을, 수당은 시간외근무수당 등 일정한 요건을 필요로 하는 수당을 제외한 제수당 및 실비보상 등 전액을 지급합니다. 또한 담임업무수당은 임시 담임교사(또는 부담임교사)를 명하여 담임업무를 대행하도록 하였더라도 대체발령이 없는 한 원래의 담임교사에게 담임업무수당을 지급해야 합니다.

## 기타

## 저자소개

**김종운(jongun22@dau.ac.kr)**

동아대학교 대학원 교육학과 교육학 박사(교육상담 전공)
현 동아대학교 교육학과 교수

**김영훈(kimsuwan@korea.ac.kr)**

고려대학교 대학원 교육학과 교육학 박사(교육철학 및 교육사 전공)
현 명지대학교 교육대학원 외래교수

**김효은(hermine96@hanmail.net)**

동아대학교 대학원 교육학과 교육학 박사(교육상담 전공)
현) 사남초등학교 보건교사

**박서희(parkseuhee@daum.net)**

동아대학교 대학원 교육학과 교육학 박사(교육행정 전공)
현 동아대학교 교육학과 초빙교수

**이태곤(5460201@hanmail.net)**

동아대학교 대학원 교육학과 교육학 박사(교육상담 전공)
현) 사하초등학교 부장교사

예비교사를 위한 **교직실무**

**초판 1쇄 발행** / 2019년 8월 15일
**초판 2쇄 발행** / 2021년 4월 15일
**초판 3쇄 발행** / 2023년 1월 5일
**초판 4쇄 발행** / 2024년 2월 5일

**공저자** / 김종운 · 김영훈 · 김효은
박서희 · 이태곤
**발행인** / 이 중 수
**발행처** / **동 문 사**

서울특별시 서대문구 홍제원 1길 12
(홍제동 137-8)
Tel: 02)736-3718(대), 736-3710, 3720
Fax: 02)736-3719
**등록번호**: 1974.04.27 제9-17호
**가격**: 25,000원

ISBN: 979-11-6328-117-7(93370)
E-mail: dong736@naver.com
Homepage: www.dongmunsa.com

저자와의 합의하에 인지는 생략합니다.